Dervla Murphy, Jahrgang 1931, sagt über sich selbst, sie habe ganz offensichtlich einen Hang zu ungewöhnlichen Ländern und Orten. Als Entdeckerin will sie aber nicht gesehen werden. Geboren in Dublin, reist sie Mitte der 1960er Jahre per Fahrrad von Irland nach Indien; sie bereist u.a. die Anden, Südafrika, Nepal, Äthiopien und Rumänien, immer per Rad, zu Fuß oder mit einfachsten Beförderungsmitteln. Und immer in engem Kontakt mit den Einheimischen, deren Lebensumstände und Denkweisen sie interessieren, und die sie feinfühlig in ihren Büchern festhält. Insofern könnte man sie, die auch bereits ihre Autobiografie vorgelegt hat, doch eine »Entdeckerin vieler besonderer Lebensweisen auf vier Kontinenten« nennen.

Von derselben Autorin bei Frederking & Thaler: »Im Land des Löwenkönigs«.

Dervla Murphy

Das wilde Herz Europas

Als Frau allein durch die Karpaten

Aus dem Englischen
von Uta Haas

SIERRA

Die Deutsche Bibliothek – CIP-Einheitsaufnahme
Ein Titeldatensatz für diese Publikation ist bei
der Deutschen Bibliothek erhältlich.

REISEN · MENSCHEN · ABENTEUER

© 2002, überarbeitete Neuausgabe
SIERRA bei Frederking & Thaler Verlag, München
In der Verlagsgruppe Random House GmbH
Alle Rechte vorbehalten
© 1992 by Dervla Murphy
John Murray Publishers Ltd., London
Titel der Originalausgabe: Transsylvania and beyond
Titelfoto: Corbis Stock Market, Düsseldorf
Umschlaggestaltung: Atelier Seidel, Altötting
Produktion: Sebastian Strohmaier, München
Satz: Uhl + Massopust, Aalen
Druck und Bindung: Clausen & Bosse, Leck
Papier: Das Papier wurde aus chlorfrei gebleichtem Zellstoff hergestellt
ISBN 3-89405-159-0
Printed in Germany

www.frederking-und-thaler.de

Meinen vielen Freunden
in Rumänien – Rumänen, Ungarn,
Szekler, Juden, Roma, Sachsen,
Schwaben und Serben

Inhalt

Zur Geschichte Rumäniens

Das heutige Rumänien* besteht im Wesentlichen aus drei früher einmal selbstständigen Territorien, die jedoch durch die gemeinsame griechisch-orthodoxe Religion und die rumänische Sprache miteinander verbunden waren: Moldawien, die Walachei und Transsilvanien**. 1859 schlossen sich die beiden Ersteren zum Fürstentum Rumänien zusammen. Aus dem Fürstentum wurde 1881 das Königreich Rumänien. Dagegen kam Transsilvanien erst 1920 durch den Vertrag von Trianon zu Rumänien.

Während der Pariser Friedensverhandlungen 1919 waren die politischen Verhältnisse auf dem Balkan für die meisten Mitglieder der britischen Delegation in höchstem Grade verwirrend. Lloyd George soll damals ziemlich irritiert gefragt haben: »Wo um alles in der Welt liegt dieses Gebiet (Transsilvanien), auf das Rumänien so scharf ist?« Wahrscheinlich hätte ihm nur Harold Nicolson, der britische Balkanexperte, sagen können, dass es sich, soweit es die Konferenz betraf, um das Gebiet zwischen dem Karpatenbogen und dem Apusenigebirge – das eigentliche Kernland Transsilvaniens – sowie Crisana, Marmarosch und einen Teil des Banats handelte.

Ein historischer Überblick ist auf den Seiten 343 ff. zu finden.

---

* Gemeint ist das Rumänien zur Zeit der Rumänien-Reisen von Dervla Murphy in den Jahren 1990/91.

** Das hier und im Folgenden verwendete Transsilvanien ist gleich bedeutend mit Siebenbürger (Anm. d. Red.)

Reisegebiet von Dervla Murphy in den Jahren 1990/1991

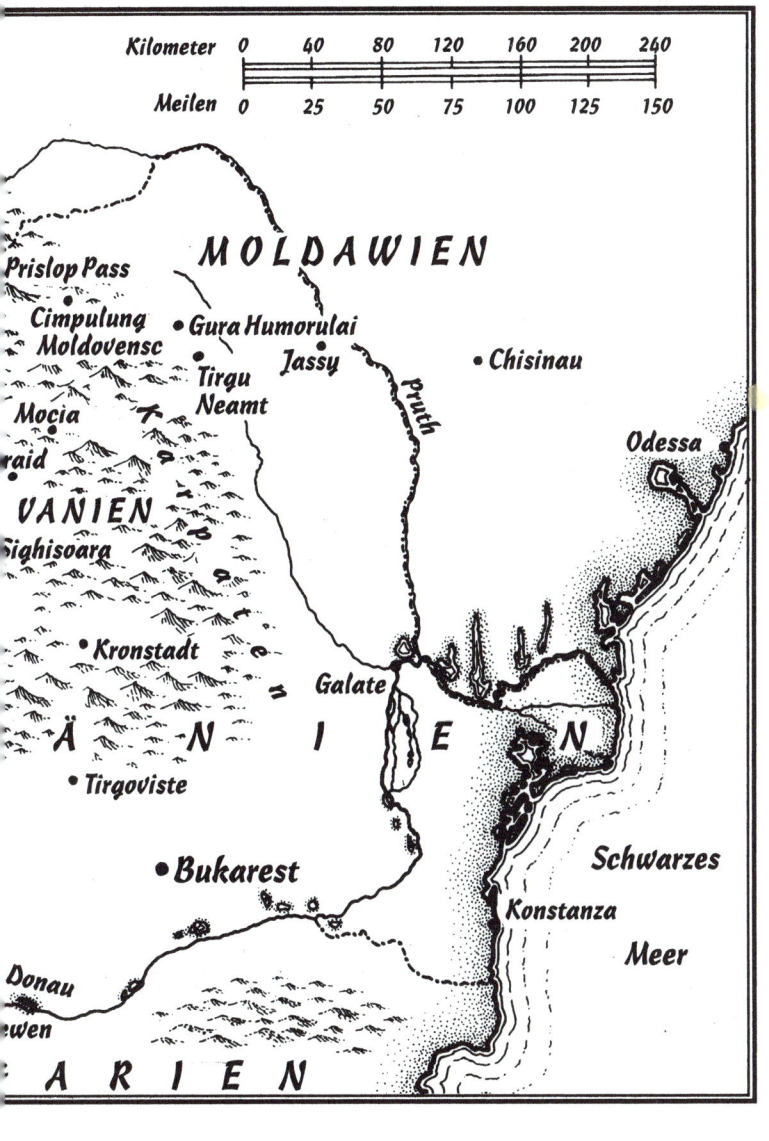

Vorwort

Am Neujahrstag 1990 waren wir alle in Hochstimmung. In wenigen Monaten war aus dem kommunistischen Block ein Europa Felix geworden, Länder, die glücklich waren, frei zu sein. Und ich selbst feierte meine persönliche Freiheit, ein für mich bisher unerreichbares Land endlich erforschen zu können.

Schon vor langer Zeit hatte es das Schicksal bestimmt, dass mich meine erste Europa-Felix-Reise nach Transsilvanien führen sollte. Es muss 1940 gewesen sein. Ich erinnere mich vage daran, dass meine Eltern über den 2. Wiener Schiedsspruch diskutierten, durch den der Hitler Rumänien zwang, Nordtranssilvanien an Ungarn abzutreten. Ich war damals acht Jahre alt und hatte vorübergehend die Lektüre von Just Williams *Biggles and the Coot Club* gegen Walter Starkies *Raggle-Taggle* ausgetauscht – normalerweise hatten Bücher für Erwachsene keine so verlockenden Titel. Ich begriff zwar kaum die Hälfte des Gelesenen, aber auf der letzten Seite stand mein Entschluss dennoch fest: Auch ich würde eines Tages mit den Roma durch Transsilvanien wandern. Schon der Name war Verheißung. Dagegen interessierte mich das politische Schicksal der Region überhaupt nicht. Für die nächsten Jahre waren mein Traumziel und das Transsilvanien auf der mit Fähnchen markierten Landkarte meines Vaters für mich zwei völlig verschiedene Orte …

Dann schloss Churchill seinen infamen Tauschhandel mit Stalin: »Sie können Rumänien und, was drumherum ist, haben, wenn Griechenland Teil unserer Einflusssphäre bleibt.« 1950, als ich zu meiner ersten Radtour durch Europa aufbrach, war Rumänien seit drei Jahren ein kommunistischer Staat. Transsilvanien hatte man – wie Tibet und Zentralasien – mit Bedauern »als irgendwo am Ende der Welt« abgeschrieben.

Ende der 70er-Jahre wurde Nicolae Ceaușescu – soweit besteht heute Einigkeit – in einer besonders unerfreulichen Art geisteskrank, und seine Frau Elena immer skrupelloser, habgieriger und dominierender. Während der 80er-Jahre sickerten zunehmend grausamere Berichte über Ceaușescus »Terrorstaat« durch. Eine strikte Zensur hatte die Bevölkerung geistig isoliert. Zu viele Nahrungsmittel wurden in den Westen exportiert, um Darlehensschulden abzutragen, und die Bevölkerung hungerte. Um jede Samisdat-Bewegung im Keim zu ersticken, musste jede Schreibmaschine bei der Polizei angemeldet werden. Von jedem Ehepaar verlangte man fünf Kinder, Abtreibungen waren gesetzlich verboten, und Elena gründete die »Baby-Polizei«, um die Frauen monatlich untersuchen zu lassen. Als der Präsident einen alten Plan wieder aufgriff, mehr als 7000 Dörfer mit Kirchen und allem Übrigen dem Erdboden gleichzumachen und die (zumeist älteren) Kleinbauern zwangsweise in enge Wohnblocks umzusiedeln, sorgte dies für Schlagzeilen in den westlichen Medien. Im April 1989 brach die Europäische Union wegen der immer krasser auftretenden Menschenrechtsverletzungen endlich die Handelsbeziehungen zu Rumänien ab. Aber der Westen hatte viel zu lange vor den Ceaușescus gekatzbuckelt und in Rumänien bewusst nur den lukrativen Handelspartner und geschätzten antisowjetischen Verbündeten innerhalb des Warschauer Paktes gesehen.

Am frühen Morgen des 22. Dezember 1989 brachte der World Service im Rundfunk eine Reportage aus einem der bedrohten Dörfer. Der Reporter erkundigte sich freundlich, welchen Einfluss dieses seltsame Experiment sozialer Umgestaltung auf die Bauern haben würde. »In einem Wohnloch können wir keine Schweine, Hühner oder Kühe halten« – die Stimme der alten Frau zitterte vor Verzweiflung und Hilflosigkeit vor dem Unfassbaren. Wie sollte sie sich ein Leben ohne ihre Tiere vorstellen? Ein älterer

Mann weinte, während er den Interviewer flehentlich bat, doch zu versuchen, wenigstens die 400 Jahre alte Dorfkirche zu retten; ihre Fresken, erzählte er, seien in ganz Europa berühmt, und was wäre mit all den Ausländern, die früher gekommen seien, um sie zu sehen? War es diesen einflussreichen Persönlichkeiten nicht möglich, die Kirche vor den Bulldozern zu retten? Auch dem Reporter war die Erschütterung anzumerken, als er das alte transsilvanische Dorf beschrieb (ohne einen Namen zu nennen: die Securitate war noch an der Macht), mit seiner noch immer kraftvollen Volkskunsttradition – Schnitzerei und Weberei, Volkslied und Volkstanz. Auch mich erfüllten damals Trauer und hilflose Wut. Zur Frühstückszeit fand meine Tochter ihre unsentimentale Mutter den Tränen nahe.

»Nun mal Kopf hoch!«, sagte sie. »Den Bauern passiert nichts. Hast du die neuesten Nachrichten nicht gehört? In Bukarest putscht die Armee gegen Ceaușescu!«

Am Weihnachtstag entschloss ich mich, sobald wie möglich nach Transsilvanien zu reisen. Ich brannte darauf, das Glück der Rumänen mit ihnen zu teilen. Natürlich würde es nach wie vor viel Elend, Spannungen, Differenzen und Verdächtigungen geben: Die Rumänen mussten den Umgang mit der neuen Freiheit erst lernen, und in diesem Prozess würde die derzeit vorherrschende Euphorie erfahrungsgemäß bald einen kräftigen Dämpfer bekommen. Da ich politisch völlig unbedarft bin, würde es mir schlecht anstehen, auch nur zu versuchen, das darauf folgende Intrigenspiel zu verstehen – das sich ohnehin auf die Städte beschränken würde. Das Einzige, was ich wollte, war, unter der einfachen Landbevölkerung der »anderen Hälfte« meines Kontinents umherzureisen, während für sie eine neue Zeit anbrach.

So wie »man« im August London verlässt, so traf »man« sich im Januar 1990 in Temesvar und Bukarest. Und so gehörte offenbar auch ich zu denjenigen, die vom tragischen Glanz des »neuen« Rumäniens angezogen wurden. Jedenfalls nahmen es mir meine Freunde nicht ab, dass ich mich schlicht auf eine Reise durch Transsilvanien freute – und nicht hinfuhr, um Material für ein Buch zu sammeln. Für sie waren Reisen und Schreiben – was mich betraf – Teile eines Ganzen. Sie meinten: »Ferien? … Unmöglich!« – Die Ereignisse gaben ihnen nachträglich Recht.

Schon im Bus nach München dämmerte es mir, dass ich mich auf ein Risiko einließ. Einem 50 Jahre alten Traum nachzujagen, ist ein gefährliches Unternehmen. War es vernünftig, mehr zu erwarten als eine entfernte Ähnlichkeit zwischen Walter Starkies Transsilvanien und dem der Nach-Ceauşescu-Zeit? Und doch war ich mir im tiefsten Innern – dort, wo wir unsere unlogischen Gewissheiten verwahren – absolut sicher, dass es richtig war, die Reise zu machen.

1

Ohne Gepäck über die Grenze

In der Tür zum leeren Restaurant des Budapester Westbahnhofs blieb ich verblüfft stehen. War ich in die 1890er Abteilung eines mitteleuropäischen »Viktoria und Albert Museums« geraten? Vergoldete Kronleuchter warfen ein weiches Licht auf makellose Damasttischdecken. Die Tische standen in weitem Abstand voneinander auf einem tintenblau/karminrot gemusterten Marmorfußboden. Die mit pompösen Schnitzereien verzierten Mahagonistühle waren mit dunkelgrünem Samt gepolstert. Langsam schritt ich in die Mitte des Raumes, vorbei an kannelierten Porphyrsäulen. Burgunder- und silberfarbene Tapeten schimmerten an den Wänden, über denen goldene Rosetten aus dem Stuck herauswuchsen. Silberne Kerzenleuchter verzierten die viereckigen Marmorpfeiler in den Ecken und zu beiden Seiten der gerafften Übergardinen. Man erwartete jeden Moment das Eintreten von Erzherzögen.

Statt dessen wurde die Tür von einem großen, dünnen, leicht gebeugt gehenden jungen Mann mit langem mausgrauem Haar und blassblauen, geröteten Augen aufgestoßen. Auch er schien einen Moment lang durch dieses Relikt kaiserlicher Prachtentfaltung verwirrt. Dann fasste er mit einem Blick auf mich und meinen Rucksack Mut und meinte: »Okay, setzen wir uns.«

Ich nickte. »Hier ist niemand, der etwas dagegen haben könnte.«

Mit einem Blick auf meinen London-Arad-Gepäckanhänger vermutete Klaus: »Reporter?«

»Nein«, sagte ich, »nur Tourist.«

»*Tourist?* Wieso? Auf Touristen sind wir in Rumänien nicht eingerichtet; nichts zu essen und keine Heizung in den Hotels – nichts!«

»Ich habe ein Zelt – und eine Menge Trockennahrung.«

»Ein Zelt!«, schnaubte Klaus. »Ist Ihnen entgangen, dass bei uns Schnee liegt? Außerdem lässt Sie die Securitate ohnehin nicht campen; sie hasst Fremde. Fahren Sie nach Hause.«

»Es ist ein Himalaya-Zelt«, versuchte ich ihn zu besänftigen. »Und ist die Securitate nicht verschwunden – aufgelöst, zerschlagen?«

»Das glauben auch nur Fremde«, entgegnete Klaus, »sie hat noch immer die besten Waffen und könnte jetzt sogar noch gefährlicher sein. Die übrigen Ceauşescus könnten eine Gegenrevolution durchführen. Mein Vetter ist letzte Woche aus Temesvar weggegangen. Er will nicht in einem Land leben, das keine Regierung hat. Er ist dafür, dass bis zur Wahl das Militär die Macht übernimmt. Im Augenblick können doch alle diese Verbrecher – Securitate, Parteiaktivisten und Polizei – machen, was sie wollen.«

Klaus, ein Banater Schwabe aus einem Dorf nahe Temesvar war 1988 illegal bei Kikinda über die Grenze gegangen und hatte seither in Deutschland gearbeitet. Seine nächtliche Flucht durch das flache Banat war nicht besonders schwierig gewesen, hatte aber dennoch Mut verlangt. Wäre er gefasst worden, hätte man ihn für drei Jahre ins Gefängnis stecken können. Sein 14-jähriger Bruder war beim Aufstand am 17. Dezember schwer verwundet worden, und obgleich seine bäuerlichen Eltern von einer Rückkehr abgeraten hatten, hatte er das Gefühl, dass er gebraucht wurde. Sein Kommen würde eine Überraschung für sie sein: »Ich hoffe, sie sind nicht böse. Sie haben jetzt Pässe, und ich möchte sie nach München mitnehmen. Dort kann mein Bruder eine gute medizinische Versorgung bekommen, damit er wieder gehen lernt. Wir leben seit zweihundert Jahren in unserem Dorf, aber seit das Land kommunistisch geworden ist – und besonders seit Ceauşescu an die Macht kam –, sind die meisten unserer Nachbarn nach

Deutschland zurückgekehrt. Ich wollte, dass meine Eltern mit mir zusammen fliehen, aber sie hatten damals zu viel Angst. Nicht vor der Flucht, sondern davor, in der Fremde zu leben, in Deutschland.«

Im Hintergrund tauchte ein Ober auf, warf einen kurzen Blick auf uns und verschwand taktvoll wieder.

Klaus betrachtete stirnrunzelnd mein Notizbuch. Schlechte Angewohnheiten sind schwer abzustellen, und so führte ich wie immer Tagebuch, diesmal jedoch – wie ich damals dachte – nur für meine Tochter Rachel. »Sie *sind* Reporter!«, beharrte er. »Warum vertrauen Sie mir nicht? Ich bin Ihr Freund. Ich kann Sie nur warnen. Wenn Sie sich in Rumänien in der Öffentlichkeit Notizen machen, kann das für Sie gefährlich werden. Ich war fast zwei Jahre im Westen und weiß, wie ihr denkt. Ihr kennt keine Unterdrückung und glaubt deshalb, ihr könnt euch überall frei bewegen. Aber in Rumänien wird man es Ihnen nicht abnehmen, wenn Sie behaupten, Touristin zu sein, und gleichzeitig Berichte schreiben.«

Die Tür öffnete sich abermals, und eine zerbrechlich wirkende junge Frau mit einer Pelzkappe zerrte zwei zum Bersten volle Koffer über die Schwelle. Dann verschwand sie noch einmal, um vier zusammengebundene Pappkartons zu holen. Klaus eilte zu ihr, um ihr zu helfen. Sie sprachen rumänisch.

Maria war Szeklerin und lebte jetzt mit ihrem Ehemann in Wien. Die beiden bemühten sich um Visa für Kanada, machten sich aber nicht viel Hoffnung… Maria war seit drei Jahren nicht mehr zu Hause gewesen. Vor der Revolution hatte sie Angst gehabt, dass man sie nicht wieder ausreisen lassen würde. Auch jetzt noch schien sie verängstigt. Ihre Hände zitterten, während sie eine Zigarette nach der anderen rauchte. »Ich muss meiner Familie ein paar Luxusartikel bringen, aber ich halte es hier nicht lange aus – es ist zu schrecklich.« Sie machte eine Pause, sah mich gespannt an und fragte: »Sind Ihnen die Szekler ein Begriff?« Ich versicherte ihr, dass dies der Fall sei. »Dann wissen Sie auch, dass wir verfolgt werden?« Ihre Stimme wurde schrill. »Die Rumänen wollen uns umbringen, falls wir unsere Kultur nicht aufgeben. Sie wissen, dass Transsilvanien uns seit tausend Jahren gehörte? Den Szeklern und den Ungarn, bis wir 1920 ausgetrickst und betrogen wurden und Rumänien uns das Land wegnahm!«

Ich blickte zu Klaus hinüber, der einen der Leuchter anstarrte. Dies war nicht sein Problem.

Maria lehnte sich vor und tippte mir mit scheußlich rosafarbenen Fingernägeln auf den Arm. »Haben Sie verstanden, was ich gesagt habe?« Ihr Ton war verzweifelt, ihre Angst greifbar. Vor ihrer Rückkehr in eine – wie sie es empfand –bedrohliche Welt verlangte es sie nach Trost, nach ein wenig Mitgefühl mit ihrer Situation.

Etwas unsicher meinte ich: »Wir haben in etwa ähnliche Schwierigkeiten in Nordirland. Auch dort werden viele Leute …«

Plötzlich sah Klaus auf seine Uhr und rief: »Kommt! Der Zug fährt bald ab!« Er warf sich seinen Rucksack über die Schulter, nahm Marias beide Koffer und eilte zur Tür.

Ich folgte als Letzte. Mein riesiger Rucksack war derart schwer, dass es etwas dauerte, bis ich ihn geschultert hatte. Auf dem wenig belebten Bahnsteig wurde ich sofort von vier jungen rumänischen Roma umringt, die mich höflich fragten: »Tauschen Sie Dollar?« Maria und Klaus, die bereits in den Zug stiegen, beobachteten die Szene, und Klaus winkte heftig. »Kommen Sie!«, rief er. »Kümmern Sie sich nicht um die Roma. Das sind schlechte Menschen! Kommen Sie!«

Die dunkelhäutigen Jugendlichen starrten mich erwartungsvoll an. Sie boten mir 60 Lei für den Dollar, obgleich mir Klaus erzählt hatte, der inoffizielle Kurs liege bei 80 bis 90 Lei. Ihre Anoraks und ausgefransten Jeans waren schmutzig, ihre Augen vor Erschöpfung rot gerändert, und ihr stumpfes, ungekämmtes Haar wies auf einen ernsten Vitaminmangel hin. Damals schwammen die meisten Westeuropäer auf einer Woge von Sympathie für alle Rumänen, und ich fühlte mich nicht versucht, mit ihnen zu feilschen. Wir setzten uns auf eine Bank, und ich holte 20 Dollar aus meinem Geldgürtel. Ich zählte die im Austausch überreichten, ekelhaft schmutzigen und nahezu unleserlichen 100-Lei-Noten und stellte fest, dass sie mir eine zu viel gegeben hatten. Als ich ihnen den überzähligen Schein zurückgab, waren die Jungen von Dankbarkeit geradezu überwältigt; einer von ihnen holte einen verschrumpelten Apfel aus der Tasche und drückte ihn mir in die Hand. Dann stieg ich hastig in den letzten Wagen ein – wenige Augenblicke, bevor der Zug pünktlich um 20.15 Uhr abfuhr.

Auf der Suche nach meinen Freunden ging ich den Gang hinunter. Die beiden letzten Wagen waren leer. Dieser Teil des Zuges repräsentierte den berühmten »Orient-Express«. Aber die graubraunen Kunstledersitze waren hart, die Korridorfenster dreckig, überall auf dem Fußboden lagen Schalen von Sonnenblumenkernen, und die Klos stanken widerlich. Am Ende des vorletzten Wagens hinderte mich eine verschlossene Tür daran, zu meinen Freunden Klaus und Maria zu kommen.

Ich setzte mich auf einen Eckplatz, band den langen Gürtelriemen des Rucksacks um mein rechtes Handgelenk und las den *Rough Guide to Eastern Europe*, wobei ich gelegentlich eindöste. Niemals zuvor hatte ich so viel an Gewicht mitgeschleppt. In Arad würde es sich indessen erheblich verringern, sobald ich erst mehrere Kleidungsstücke übereinandergezogen und die schweren »Luxusgüter« verteilt haben würde: Medikamente, Seife, Schokolade und Kaffeebohnen. Die leichteren Dinge – Kent-Zigaretten, Strumpfhosen, Kondome, Tampons, warme Socken und Shampoo-Kissen – wollte ich unterwegs verschenken und für »Bestechungen« verwenden.

Der Grenzkontrollpunkt – ein schlecht beleuchteter ländlicher Bahnhof – wirkte um 1.15 Uhr rumänischer Zeit verlassen (11.15 Uhr Greenwich-Zeit). Aber schon bald erschienen zwei uniformierte Gestalten mit harten, unbewegten Gesichtern in der Abteiltür. Meinen Pass ignorierten sie seltsamerweise, starrten mich nur einen Moment schweigend an und verschwanden. Sekunden später sah ich sie in der Nähe auf dem Bahnsteig, wo sie sich mit zwei anderen Uniformierten unterhielten. Dann kamen sie zurück, und der Zolloffizier sagte auf Englisch: »Visakontrolle! Schnell, steigen Sie aus – schnell! Der Zug fährt in fünf Minuten weiter!« Ich protestierte; normalerweise werden Touristenvisa im Zug überprüft. »Schnell!«, wiederholte der Offizier, wobei er in das Abteil kam, während ich – leicht alarmiert durch seine Schroffheit – den Rucksack von meinem Arm losband. Der Polizeioffizier drückte sich an ihm vorbei, nahm mich grob am Arm und zog mich halbwegs in den Korridor. Instinktiv beugte ich mich zur Seite und ergriff meine »Hatchards«-Plastiktüte mit meinen Notizbüchern und Kugelschreibern.

Meine Bewacher brachten mich ans Ende des Bahnsteigs, wo bereits zwei schwer beladene, ungarische Bauern standen, die einzigen Passagiere, die hier ausgestiegen waren. Da ich es eilig hatte, wieder in den Zug zu kommen, hätten sie sicher nichts dagegen gehabt, wenn mein Pass zuerst abgestempelt worden wäre. Aber ich musste sieben oder acht Minuten warten, während ihre Papiere sorgfältig geprüft und erörtert wurden. Danach wurde mein Pass ohne weitere Verzögerung abgestempelt und die Einreiseerlaubnis erteilt.

Wieder im Zug, glaubte ich zunächst, im falschen Wagen zu sein – bis ich meine weggeworfene Londoner Streichholzschachtel sah. Im Übrigen war das Abteil leer. Trotzdem brauchte ich einen Moment, um zu begreifen, dass man mir meinen Rucksack gestohlen hatte. Das Ausmaß der Katastrophe machte sie für mich buchstäblich unfassbar. Als ob ich durch Nichtakzeptanz das Ganze rückgängig machen könnte, stand ich da und schob die Realität beiseite. Dann sah ich plötzlich klar und geriet in Panik. Ich sprang auf den Bahnsteig und rannte auf die weit entfernt, im Schatten einer halb offenen Tür stehenden Offiziere zu.

»Alles gestohlen!«, gellte ich. »Mein ganzes Gepäck ist weg! *Alles!* Irgend jemand hat meinen Rucksack gestohlen!« Als ich näher kam, zuckten sie mit den Schultern und winkten uninteressiert ab. Dann verschwanden sie in dem hell erleuchteten Raum und knallten die Tür zu.

Ich sah den dunklen, leeren Bahnsteig hinauf und hinunter und fragte mich, wo die beiden anderen Uniformierten geblieben waren… Meine Mitpassagiere schliefen; niemand stand an den Korridorfenstern. Die Stille wurde lediglich vom Zischen der Dampfheizung des Zuges unterbrochen. Inzwischen zitterte ich vor Aufregung am ganzen Körper. Es schien witzlos, weiterzufahren. Das einzig Vernünftige würde sein, auf den nächsten Zug in Richtung Heimat zu warten. Ich zögerte; und plötzlich wurde mir klar, dass ich – so weit gekommen – Transsilvanien nicht einfach den Rücken kehren konnte. Und die Idee, zu versuchen, mit nichts als den unzureichenden Kleidungsstücken, die ich auf dem Leib trug, zu überleben, hatte einen gewissen makabren Reiz. Das Ganze appellierte an das, was ein paar Leute unfreundlich als meinen Hang zum Masochismus bezeichnen. Natürlich würde meine Reise einen anderen Verlauf nehmen; der *Rough Guide* (ebenfalls gestohlen) hatte mich gerade daran erinnert, dass das »Leben in Rumänien im Winter buchstäblich gefährdet ist, es sei denn… Sie sind wie für einen kurzen Ausflug in den Himalaya ausgerüstet« – und genau so war ich angekommen. Ich konnte nun also nicht mehr tief in die Berge wandern und war stattdessen völlig von der Gastfreundschaft der Rumänen abhängig.

Der Zug setzte sich ruckend in Bewegung, als ich in ein halb volles Abteil kletterte, mit sauberen, mit Vorhängen versehenen Fenstern und weichen, altgoldfarbenen Samtsitzen. Einen Moment schwankte ich, ob ich meine Freunde suchen sollte; ihr Mitleid hätte mir gut getan. Aber mein Pech hätte sie nur zusätzlich belastet, und sie hatten genug eigene Probleme.

In einem leeren Abteil nahm ich eine Bestandsaufnahme meiner irdischen Besitztümer vor: Kompass, Taschenlampe, Kamm und Schweizer Taschenmesser steckten in meinen Taschen. Und in meiner »Hatchards«-Tüte waren – außer meinen Notizbüchern und Kugelschreibern – eine Karte und eine Flasche Whiskey, die – Gott sei Dank – nicht mehr in meinen Rucksack hineingegangen war. Nach ein paar Schlucken hörte das Zittern auf. Ich zählte mein

Geld: £ 165 und $ 310. Nutzloser Reichtum. Damals konnte man in Rumänien nicht einmal eine Zahnbürste kaufen, geschweige denn einen Schlafsack oder ein Zelt, und die Rumänen würden sich, obgleich arm, nicht für ihre Gastfreundschaft bezahlen lassen.

Das Bahnhofsrestaurant in Arad – groß, schmutzig, trostlos und kalt – ist die ganze Nacht über geöffnet. Auf der einen feuchten, beigefarbenen Wand markierte ein helles Rechteck den Platz, den Ceauşescu vor kurzem geräumt hatte. Unter einer einzigen schwachen Glühbirne saßen ein Dutzend abgerissener, unrasierter Männer und unterhielten sich heiser murmelnd – wenn überhaupt –, während sie an ihren Gläsern mit Ersatzkaffee aus gemahlenen Eicheln nippten. Sie beobachteten mich aus den Augenwinkeln, ohne die Köpfe zu wenden. Als ich einen von ihnen grüßte, der allein neben der Tür saß, verzogen sich seine Lippen zu einer nervösen Parodie eines Lächelns, und er setzte sich an einen anderen Tisch. Während ich auf den Tresen zuging, überlegte ich, dass Männer, die die Nacht in einem Bahnhofsrestaurant zubringen, wohl kaum »Durchschnittsbürger« sind.

Auf den langen Regalen hinter dem Tresen standen zwei staubige Flaschen mit Pseudo-Fruchtgetränken, die aber – wie ich später herausfand – nur jemand als trinkbar bezeichnen konnte, der sich in der Sahara verlaufen hat. Das Angebot an Essbarem beschränkte sich auf ein paar graue, schmierige Würste, die fatal an Hundescheiße erinnerten, und drei blasse Teigrollen, aus denen eine grüne Gallertmasse herausquoll. Während ich vor diesem Angebot zurückschreckte, merkte ich, dass mich die Kellnerin unruhig beobachtete. Anscheinend war mir der erlittene Schock noch anzusehen. Sie war eine abgehärmte junge Frau mit schlechten Zähnen und einem hässlichen Geschwür im Nacken. »Irlanda« verwirrte sie, aber sie langte über den Tresen, um mir begeistert die Hand zu schütteln, wobei sie mich in Rumänien willkommen hieß. Als ich für das große Glas lauwarmen »Kaffees« bezahlen wollte, schob sie meine Lei lachend zurück, klopfte ans Glas, rümpfte die Nase und sagte: »Nu bun!« (Nicht gut.)

Während ich an einem kleinen, runden, roten, ringsum von Zigaretten angesengten Plastiktisch saß, überlegte ich mir meinen nächsten Schritt. Sollte ich den Diebstahl im Polizeihauptquartier von Arad melden? Theoretisch: ja. Das schuldige uniformierte Quartett – andere Täter kamen nicht in Frage – bildete schlicht eine Grenzmafia, die auch für andere unvorsichtige Ausländer eine Gefahr darstellte. Dennoch fehlte mir der Mut zu einer Konfrontation mit ihren Kollegen in Arad (eine beschämende Feststellung), da diese wahrscheinlich vom gleichen Kaliber waren und mich ohne weiteres unter irgendeinem Vorwand ausweisen konnten. Ich erinnerte mich an die Bemerkung von Klaus' Vetter über das Leben in einem Land ohne Regierung. Vor dem Diebstahl hatte mich dieses politische Defizit nicht beunruhigt; jetzt war das anders. Niemand konnte zur Verantwortung gezogen werden. Wenn irgendein Polizist in Arad beschloss, mich auszuweisen, an wen hätte ich mich wenden können?

In diesem Moment brachte mir die Kellnerin ein dampfendes Glas »Kaffee« und entschuldigte sich, dass das erste Glas kalt gewesen sei. Ihr grobes, abgestumpftes Gesicht wurde durch ihr Lächeln fast schön. Sie war die erste von zahlreichen Rumänen, deren spontanes Mitgefühl einem selbst erfahrenen – größeren – Unglück entsprang.

Aufgewärmt durch ein warmes Getränk und ein wenig Freundlichkeit verließ ich um drei Uhr das Restaurant. Ich verspürte den unwiderstehlichen Drang, zu laufen, zu laufen und zu laufen, weiter und immer weiter, bis sich mit der körperlichen Erschöpfung mein seelisches Gleichgewicht wieder einstellen würde. Als ich durch die unbeleuchteten, menschenleeren Schluchten zwischen den Hochhäusern in östlicher Richtung durch Arad wanderte, hatte ich plötzlich das Gefühl, dass dies alles nicht wirklich sein konnte und ich gleich aufwachen würde. Im wirklichen Leben geht niemand mitten in der Nacht bei Eiseskälte und Nebel los – ohne Mütze, ohne Handschuhe und nur mit einer Flasche Whiskey im Gepäck –, um ein unbekanntes und kürzlich traumatisiertes Land zu erforschen. Dieses überwältigende Gefühl absoluter Unwirklichkeit hielt bis zum Morgengrauen an; ohne mein Gepäck fühlte ich mich hilflos und verwundbar wie eine Schnecke ohne Haus.

Am Rand von Arad entdeckte ich im wachen Licht des Halbmonds vor einer *alimentara* (Lebensmittelhandel) einen Stapel Kästen mit Milchflaschen. Ich nahm mir eine Literflasche heraus und legte 50 Lei in den Kasten – wie ich später lernte, 45½ Lei zu viel. Danach folgte ich vier Stunden lang einer ebenen, vereisten Landstraße, wobei ich mich am äußersten Rand hielt, da die Teerdecke äußerst glatt war.

Die Straße wurde zu beiden Seiten mehrere Meilen weit von eingeschossigen Wohnhäusern gesäumt, und die Gebäude der Kollektivfarm verströmten einen kräftigen Geruch von Schweinemist und Gärfutter: ein herrlicher Duft nach vier Tagen Budapest mit seiner Übelkeit verursachenden Luftverschmutzung. Kein Autolärm störte die kalte, windstille Ruhe. Aber etwa ab vier Uhr begannen sich lange, von munter trabenden Pferdegespannen gezogene Bauernwagen in Richtung Arad in Bewegung zu setzen. Das langsam herankommende und wieder verebbende Hufegetrappel wirkte tröstlich; genauso wie das Krähen der Hähne, das sich nun wie ein Netz aus Tönen über die gesamte weite Ebene ausbreitete.

Inzwischen war das dumpfe Gefühl von Unwirklichkeit in heftigen Groll umgeschlagen: einen Groll, den man wie etwas Physisches im Herzen spürt. Ich erinnerte mich an ein ähnliches Ereignis auf den Galapagos, auf dem Heimweg im Februar 1979, als Rachel und ich aus Peru zurückkamen. Betäubt von der äquatorialen Hitze hatte ich unser gesamtes Bargeld, Traveller-Schecks, die Rückfahrkarten nach Guayaquil und unsere Flugtickets von Quito nach London einen Moment unbeaufsichtigt auf dem Tresen im Dorfladen liegen gelassen. Alles war gestohlen worden, was uns in eine höchst unangenehme Situation brachte. Da es von dort weder eine postalische noch eine telefonische Verbindung zur Außenwelt gab, hätten wir bis in alle Ewigkeiten am Äquator gesessen – 600 Meilen draußen im Pazifik –, hätte uns nicht die vertrauensvolle Großzügigkeit eines jungen norwegischen Ehepaares gerettet, das uns das Fahrgeld nach Quito lieh – wo ein Mitarbeiter der Britischen Botschaft die hilflosen Iren bis zum Eintreffen der Ersatzsumme großmütig unterstützte. Trotzdem hatte mich die Sache damals seelisch nicht so mitgenommen wie der Diebstahl meines Gepäcks. Ich hatte das Ganze selbst verschuldet: Wer seine Brieftasche in einer unterprivilegierten Gegend auf einem Ladentisch liegen lässt, verdient es nicht anders. Außerdem ging es dabei nur um Geld. Demgegenüber war der Diebstahl meines Rucksacks und seines gesamten Inhalts ein echter Verlust. Viele der gestohlenen Dinge hatten mich als Teil meiner Reiseausrüstung in 27 Jahren durch vier Kontinente begleitet und waren für mich unersetzlich. Ich war so sehr an sie gewöhnt, dass sie quasi zu einem Teil meiner selbst geworden waren – zumindest empfand ich dies so, nachdem ich sie verloren hatte. Zu Beginn einer Reise muss ich mir häufig anhören, ich sei geizig, modernere Modelle und eine verbesserte Technologie hätten längst einen großen Teil meiner Ausrüstung überflüssig gemacht. Nur wenige scheinen zu verstehen, dass der sentimentale Wert einer Reiseausrüstung weit über ihrem Geldwert liegen kann. Meinen gestohlenen Rucksack samt Inhalt zu ersetzen, würde mehr als $ 1500 kosten, einschließlich der Medikamente im Wert von $ 400. Trotzdem berührte mich der finanzielle Verlust lange Zeit überhaupt nicht. Erst einmal musste ich über meine Beraubung hinwegkommen – und die Enttäuschung, eine Wanderung auf unbestimmte Zeit verschieben zu müssen, die ich mir seit 50 Jahren vorgenommen hatte.

Gegen sechs Uhr marschierten zahlreiche Gruppen von Bauern zu ihren Kollektiv- oder Staatsfarmen, ohne in der Finsternis zu ahnen, dass ein Fremder (seit Jahrzehnten eine Seltenheit in dieser Gegend) unter ihnen weilte. Es war ein fast unheimliches Gefühl, endlich unter Rumänen zu sein und sie dennoch nicht sehen zu können.

Eine Stunde später war es wenigstens hell genug, dass ich auf einem Wegweiser den Namen »Ghioroc« entziffern konnte. Ich bog von der Hauptstraße nach Norden in einen unebenen, schmalen Weg ein. In der einfarbigen Dämmerung – in der das Grau langsam das Schwarz verdrängte – fiel es schwer, sich vorzustellen, dass irgendwo zu meiner Rechten die Sonne aufgegangen war. Ringsum erstreckte sich das flache braune Ackerland bis zum Horizont; ich sah kein Haus, keinen Menschen, kein Tier, keinen Zaun, keinen Baum – nicht einmal einen Busch oder einen Vogel. Aber bald danach tauchte nicht allzu weit entfernt, hinter einer sich auflösenden Wolkenbank schwach erkennbar, eine Kette niedriger, buckeliger Hügel auf. Ich legte meine erste Pause ein und setzte mich an den gefrorenen Straßenrand, um meine Milch zu trinken – die, kaum überraschend, zu wenigstens 50% aus Wasser bestand. Solange ich rasch marschiert war, hatte ich trotz meiner dünnen Kleidung nicht gefroren, aber jetzt begann ich nach wenigen Augenblicken vor Kälte zu zittern. Nach einem Schluck Whiskey – um die kalte Milch zu neutralisieren – lief ich daher weiter.

Ghioroc ist eine Bergbaustadt am mit Abfall übersäten Ufer eines Sees – im Winter ein großes Oval aus solidem flaschengrünem Eis. Um 8.15 Uhr bevölkerten zahlreiche Arbeitergruppen – Männer wie Frauen – die alte Dorfstraße. Sie wirkten halb verhungert und entweder ängstlich oder herausfordernd. Niemand erwiderte meinen Gruß. Im Ort herrschte eine angespannte, düstere Atmosphäre, und ich vermied es, mich allzu neugierig umzusehen, um nicht bei irgendeinem Spitzel der Securitate den Verdacht zu wecken, ich spioniere Rumäniens Hüttenwesen aus. Während des »Frühstücks« hatte ich meine weitere Route festgelegt: auf einem unbefestigten Weg durch die Berge von Ghioroc zum Dorf Siria, wo ich sicherlich ein Quartier für die Nacht finden würde. Mein Vorhaben missfiel jedoch einem dicken jungen Mann, der kurz zuvor den Arbeitern eine flammende Rede gehalten hatte. Als ich in den Weg einbiegen wollte, brüllte er wütend hinter mir her und zeigte auf die Asphaltstraße. Im Gegensatz zu allen anderen war er gut angezogen; er trug einen modischen Anzug sowie eine hüft-lange Lederjacke. Ohne diesen Befehlston hätte ich ihn für einen hilfreichen Menschen gehalten, der mich davor bewahren wollte, dass ich mich verlief. Aber so gehorchte ich artig, ohne den Versuch zu unternehmen, ihm meine Lage zu schildern; das Schwert der Deportation hing noch immer über mir.

Hinter Ghioroc wurde das monotone Farmland von einer hüge-ligen, teilweise bewaldeten Landschaft abgelöst, wie man sie auch in Irland findet. Zu beiden Seiten der sich dahinschlängelnden Straße lagen zahlreiche kleinere Dörfer: Reihen gepflegter Häuser mit roten Ziegeldächern inmitten sauberer, kleiner Gärten. Aber ich sah nur ein paar ältere bzw. alte Leute. Ich unternahm mehrere Versuche, mit ihnen ins Gespräch zu kommen, indem ich meine Karte auseinander faltete und vorgab, nach dem Weg zu suchen, aber niemand sprach mich an: Noch vor wenigen Wochen war es verboten gewesen, mit Fremden zu reden.

Zwei Stunden später kam endlich die Sonne durch und der Nebel verschwand. Fast gleichzeitig schenkte mir ein rotbäckiger alter Mann in einem abgerissenen Arbeitskittel, der unter dem Torbogen seines ungewöhnlich großen Bauernhauses stand, ein scheues Lächeln. Meinen Gruß erwiderte er auf Deutsch. Seine Familie war vor Generationen mit einer Gruppe Angelsachsen nach Rumänien gekommen und hatte sich hier, weit entfernt von ihrer Heimat, im südlichen Transsilvanien angesiedelt. Jetzt leb-ten nur noch er und seine halbgelähmte Frau auf dem Hof; er wies auf sie, als sie über den großen viereckigen Hof hinter dem Torbo-gen humpelte. Einer ihrer Söhne war Lehrer in Brasov, die ande-ren drei und eine Tochter waren nach Deutschland emigriert. Ich hoffte schon, er würde mir seine Gastfreundschaft anbieten, als mich die alte Dame bemerkte und ihm mit ängstlicher Stimme et-was zurief. Darauf schüttelte er mir hastig die Hand und zog sich zurück, wobei er die hohe hölzerne Doppeltür sorgfältig hinter sich schloss.

Als ich mich eine Stunde später der Stadt Lipova näherte, fiel mir auch hier auf, dass alle an der Straße gelegenen Häuser – einige waren neu, andere hatte man kürzlich ausgebaut – hübsch gestrichen und geschmückt waren und Gardinen vor den Fenstern hatten. Niemand wäre bei ihrem Anblick auf die Idee gekommen, dass Rumänien seit Jahren in einer tiefen Wirtschaftskrise steckte. Aber natürlich war es für einen Fremden unmöglich, etwas zu essen zu kaufen, und langsam hatte ich einen Bärenhunger. Immerhin war ich 21 Meilen gewandert und hatte seit Budapest nichts mehr gegessen. Im letzten Laden am Stadtrand, einem sehr viel kleineren Geschäft als der üblichen *alimentara*, versuchte ich es verzweifelt noch einmal, und die liebenswerte Frau hinter dem L-förmigen Tresen hatte Mitleid mit mir. Unter dem Ladentisch holte sie ein halbes, steinhartes Brot hervor, für das sie nicht einmal eine Bezahlung annehmen wollte. Um es überhaupt kauen zu können, erstand ich noch eine Flasche »Aperitif«, eine leicht alkoholische, rotbraune Flüssigkeit, die nicht näher zu identifizieren war. Rückblickend muss ich sagen, dass ich schon besser gegessen habe, aber ich war so hungrig, dass ich Brot und »Aperitif« restlos vertilgte.

Elena, meine rundliche Gastgeberin – eine Vierzigerin mit krausem schwarzem Haar und ungesunder Blässe – war begeistert, die Bekanntschaft einer Ausländerin zu machen. Ihre graublauen Augen glänzten vor Aufregung, als sie zu mir an den hohen eisernen Holzofen kam und mich einlud, auf einer Bierkiste Platz zu nehmen, wobei ich mir gleich einen nadelförmigen Splitter in den linken Oberschenkel jagte. Während ich mühsam auf meinem Brot herumkaute, beantwortete ich mit Hilfe zweier Miniwörterbücher, so gut es ging, ihre Fragen. Unterdessen blätterte Ion – ihr stämmiger, leicht kahl werdender Ehemann, höflich aber weit reservierter als sie – in einem abgegriffenen Geschäftsbuch, wobei er heftig schnaufte und vor sich hin flüsterte.

Weitere Kunden tauchten zunächst nicht auf, obgleich die langen Regale vom Boden bis zur Decke voll gepackt waren. Dieser Laden entsprach dem Prototyp aller rumänischen Geschäfte der damaligen Zeit. Drei Dinge wurden angeboten: Das eine Regal enthielt den »Aperitif« – der, wie sich später erwies, schlimme Nachwirkungen hatte, was das Vorhandensein so vieler hundert Flaschen erklärte. Das zweite Regal – hinter Ion – enthielt angerostete Schraubgläser mit farblosen Tomaten und ganzen, in gräulichgrüner Chemie schwimmenden Birnen. Das einzige weitere zum Verkauf stehende Nahrungsmittel war eine pudrige Substanz – angeblich Mehl. Schließlich kamen auch zwei alte Männer herein, um sich davon je eine magere Ration in ihre Stoffbeutel füllen zu lassen. Sehnsüchtig fragten sie nach Zucker und Salz, aber beides gab es nicht. Wahrscheinlich verbreiteten sie die Neuigkeit – »Eine Fremde ist hier!« –, denn bald darauf füllte sich der Laden mit jungen Männern und Jugendlichen, die zunächst so taten, als sei ich für sie Luft, während sie sich die Hände am Ofen wärmten und herumalberten. Dann, beruhigt durch Elenas vertraulichen Umgang mit mir (die Rumänen fallen sich dauernd um den Hals), wurden sie zurückhaltend freundlich.

Die Stimmung änderte sich, als ein geschniegelter Fettwanst den Laden betrat, der bereits um 12 Uhr mittags stark nach Whiskey roch – ein Luxus, den sich kein anständiger Rumäne leisten kann. Sein sanftes Gesicht passte nicht recht zu seinen dünnen Lippen und den engstehenden, nervös zwinkernden Augen. Kurz angebunden verlangte er das Geschäftsbuch zu sehen – worauf Ion es zuschlug, unter den Ladentisch warf und ihn anbrüllte: »Ceaușescu ist tot!«

Die jungen Leute bekundeten ihren Beifall, klatschten in die Hände und lachten höhnisch; als Elena sich ihnen anschloss, tat ich es ebenfalls. Auf ein flüchtiges Zeichen eines der Jugendlichen hin holte Elena eine schmutzige, zerlumpte »Ceaușescu«-Fahne mit intaktem kommunistischem Emblem hervor, die der Jugendliche umgehend dazu benutzte, die weichen italienischen Schuhe des Kerls zu polieren. Danach putzten sich alle jungen Männer reihum ihre (sich zumeist in ihre Bestandteile auflösenden) Schuhe damit, bevor sie auch mir die Fahne reichten. Von dieser symbolischen Geste begeistert, tat ich es ihnen nach, wobei ich dem Widerling ruhig in die Augen sah. Den Ausdruck verwirrten Hasses, mit dem er das Geschäft verließ, sollte ich nicht so bald vergessen.

Wenige Augenblicke später – für irgendeine Absprache war keine Zeit – kamen zwei weibliche Pendants in den Laden, aufwendig geschminkt und in Nylon-»Pelzmäntel« gehüllt. Abermals änderte sich die Stimmung drastisch. Es wurde totenstill: Allen saß plötzlich die Angst im Genick. Eine der Frauen holte eine Reihe Dokumente hervor und verteilte sie auf dem Ladentisch, während die andere sich an Ion wandte. Im selben Moment, als die beiden erschienen waren, hatte sich Elena von mir zurückgezogen und war wieder auf ihren Platz hinter dem Tresen zurückgekehrt. Gleichzeitig vermied sie bewusst jeden Blickkontakt mit mir. Plötzlich wandte sich eine der Frauen an mich und bat mich ganz höflich um meinen Pass – und erklärte sofort mein Visum für ungültig. Sie behauptete, es habe nur für 15 und nicht für 30 Tage ausgestellt werden dürfen, und ich hätte £ 20 (vorrevolutionärer Preis) statt der von der rumänischen Botschaft in London geforderten £ 8,50 zahlen müssen. Woher wusste sie so viel über Visagebühren? Wer war dieser Drachen? Hatte sie es auf ein Bestechungsgeld abgesehen? Durch den vorausgegangenen Vorfall ermutigt, schüttelte ich entschlossen meine Angst vor einer möglichen Ausweisung ab und folgte unerschrocken Ions Beispiel. »Ceauşescu ist tot!«, erklärte ich und streckte die Hand nach meinem Pass aus. Die Visaexpertin starrte mich mit einer solchen Gehässigkeit an, dass ich einen Moment lang meine Kühnheit bedauerte. Dann wählte ich die angemessenste Verteidigung und starrte ungerührt zurück. Sekunden später drehte sie sich um, schleuderte meinen Pass auf den Ladentisch und schikanierte nun den armen Ion.

Ich brach sofort auf. Es tat mir Leid, dass ich mich nicht von Elena verabschieden konnte; aber sie wollte offensichtlich jeden Eindruck vermeiden, freundschaftlich mit mir gesprochen zu haben. Und für mich wäre es unklug gewesen, mich länger in

Reichweite dieser unerklärlich mächtigen Weiber aufzuhalten. Erst später begriff ich den Wert dieses Zusammenstoßes: Nachdem ich ihn überlebt hatte, hatte ich keine Angst mehr vor der rumänischen Bürokratie.

Der Himmel war wolkenlos und die Sonne fast warm, während ich dem Tal des Muros folgte – »zwischen Wald und Wasser«. Ich hoffe, Patrick Leigh Fermor wird nicht so unbesonnen sein, je in dieses Tal zurückzukehren. Als er im Juni 1934 hier entlangkam, erlebte er »die Bäume am Fuß der Hügel… mit wilden Fliederzweigen zwischen ihren Ästen… Die Frauen auf den Feldern trugen Taschentücher unter ihren wagenradgroßen, geflochtenen Strohhüten… Hellfarbene Rinder mit weit ausladenden Hörnern grasten hier in großer Zahl… Wo immer Hengste und Stuten mit ihren Fohlen frei herumliefen, waren mit Sicherheit auch ein paar zerlumpte Zelte aufgeschlagen. Das Leben in jenen schilfreichen Flusswindungen verlief träge und ruhig im schläfrigen Bann von Wachstum und ungetrübtem Überfluss.«

Ich dagegen erinnere mich an schnelle, auf die Nerven gehende Lastwagen mit beißenden Abgaswolken. Auf der engen Hauptverkehrsstraße war ich mehrmals gezwungen, mich in den Graben zu retten. Nur wenige Lastwagen hatten rumänische Nummernschilder. Sie kamen aus ganz Europa – einer sogar aus Albanien. Unter anderem war auch ein Konvoy aus sechs schneeweißen, gigantischen Kühlwagen des Roten Kreuzes aus Luxemburg darunter. Die gelegentlich auftauchenden einheimischen Wagen – alt und überladen – waren nach Jahren strengster Benzinrationierung erst seit kurzem wieder auf Achse und zeigten stolz die seltsam prägnante nachrevolutionäre Fahne mit dem Loch in der Mitte.

Während meines Siebenmeilenmarsches stieß ich nur auf ein einziges Relikt der Starkie/Leigh-Fermor-Ära: einen Schäfer in einem knöchellangen Schaffellmantel und einem hohen schwarzen, kegelförmigen Hut. Er hatte dem tosenden Verkehr den Rücken gekehrt und beobachtete auf seinen Hirtenstab gestützt seine Herde. Sie graste zwischen den Baumstümpfen auf dem erodierten Ödland, und obgleich Schaffelle täuschen können, konnte man sehen, wie mager sie waren. Wo hatte wohl der Großvater des Schäfers 1929 bzw. 1934 seine Schafe geweidet? Mit Sicherheit nicht auf Ödland.

Schwermut befiel mich, als sich plötzlich indigoblaue Wolken auftürmten und ein kalter Sprühregen niederging. Dies war ein kritischer Moment. Ich konnte es mir nicht leisten, nass zu werden, da ich nichts zum Wechseln und keine Möglichkeit hatte, meine Kleidung wieder zu trocknen. Aber ohne Regenmantel musste ich zwangsläufig nass werden… Als der kalte Nieselregen in Graupel überging, überholte mich ein Traktor, der eine Ladung Feuerholz zog, und der Fahrer bot mir an, mich ein Stück mitzunehmen. Der Traktor war ein vorsintflutliches Modell – in Irland bezahlen die Leute viel Geld dafür, derartige Maschinen in Aktion zu sehen. In der Kabine waren bereits zwei Passagiere, von denen sich der eine auf den Schoß des anderen setzte, um mir Platz zu machen. Während wir in Richtung Birzawa tuckerten, überlegte ich mir, dass ein Trinkgeld in diesem Fall sicher nicht schaden würde… Als Neuankömmling hatte ich noch viel zu lernen. Als ich dem Fahrer 100 Lei anbot –mehr als den Tageslohn eines Traktorfahrers auf einer Staatsfarm – errötete mein Retter vor beleidigter Verlegenheit.

Im bäuerlichen Rumänien ist »Menschen helfen Menschen« noch kein kommerzielles Unternehmen.

Das große Dorf Birzawa lag halb verborgen unter sanften, langsam herabschwebenden Schneeflocken. Nachdem er mir meinen *faux pas* vergeben hatte, für einen Akt der Freundlichkeit bezahlen zu wollen, zeigte mir der Fahrer ein Café, wo ich vielleicht – er klang nicht sehr optimistisch – etwas zu essen bekommen könnte. Die Tür führte direkt von der Straße in einen kleinen, niedrigen Raum, wo eine ältere Witwe in Schwarz mit viel zu großen Gummistiefeln mich aus dem Zwielicht heraus voller Misstrauen musterte. Sie hatte absolut nichts anzubieten, nicht einmal Kräutertee oder Eichelkaffee, und schien über meine Naivität leicht indigniert. Plötzlich fühlte ich die Anstrengungen meines langen Marsches nach einer schlaflosen Nacht. Ich ließ mich in einen wackeligen Sessel fallen und holte meine letzte Minizigarre heraus – was einen Entsetzensschrei hervorrief. Die Witwe deutete auf ein »Rauchen verboten«-Schild, murmelte aufgeregt etwas von Polizei, winkte mich zur Tür und zeigte auf ein nahe gelegenes Restaurant.

Mein Eintritt löste bei den ungefähr 30 Männern, die dort an den steinernen Tischen hockten und mit ihren leeren Kaffeegläsern herumspielten (der Vorrat an gemahlenen Eicheln war gerade zur Neige gegangen), einen leichten Alarm aus. Alle starrten mich schweigend an – außer zwei Armeeoffizieren, die vor dem großen Fenster zur Straße saßen, wo es noch hell genug war, um Backgammon zu spielen. Sie hatten die Kragen ihrer Mäntel hochgestellt und die Ohrenschützer ihrer Pelzmützen heruntergeklappt. Ich wählte einen leeren Ecktisch gegenüber der Tür und überlegte, ob der Wirt vielleicht ein Zimmer und Bettzeug zu vermieten hätte. Inzwischen betrachtete ich den Verlust meines Schlafsacks als die größte Katastrophe – vom praktischen Standpunkt aus gesehen. Mit ihm hätte ich eine Nacht in einer Scheune, einem Stall oder Schuppen überleben können; *ohne* ihn würde ich vielleicht nicht einmal eine Winternacht in diesem ungeheizten Restaurant überstehen. Von einem Wirt war jedoch bisher nichts zu sehen.

Plötzlich stand ein dunkelhäutiger junger Mann auf und kam leicht schwankend auf mich zu, wobei er eine Flasche selbst gebrannten *tuica* aus der Tasche zog und seinen Schal abnahm. »Frig!«, (kalt) murmelte er, drückte mir die Flasche in die Hände und wickelte mir seinen Schal um den Hals. Als hinter ihm jemand kicherte, fuhr er mit wütendem Gesicht herum – und stürzte beim Angriff auf seinen Beleidiger schwer zu Boden. Im gleichen Moment erschien der Wirt, ein gut aussehender, gutgewachsener, sauber gekleideter, etwa 30 Jahre alter Mann. Er trat meinem auf dem Bauch liegenden »Beschützer« kräftig ins Hinterteil und machte eine Bemerkung, die alle zum Lachen brachte. Betroffen legte ich ihm die Hand auf den Arm, um ihn zu bremsen, aber er schüttelte sie unwillig ab. Im gleichen Moment öffnete sich die Tür zur Straße und drei Roma-Frauen kamen herein. Ihre langen, wirbelnden, leuchtenden Röcke schienen Licht in die düstere Höhle zu bringen. Der Wirt ließ den Blick von ihnen zu mir und dann zu dem stöhnenden Betrunkenen wandern. »Tigani!«, erklärte er, wobei in diesem Wort eine in Jahrhunderten angesammelte Verachtung mitschwang. 1950 hätte ich ihm in hellem Zorn eine Standpauke gehalten – auch wenn er kein Wort verstanden hätte. 1990 drehte ich mich nur um und nahm einen Schluck Whiskey, wobei ich die Flasche vorsichtshalber in der Plastiktüte ließ. Inzwischen hatten die drei Frauen – die zwar klein, aber recht kräftig waren – ihren Landsmann auf die Füße gestellt und trugen ihn halb zur Tür, wobei sie die anderen Gäste völlig ignorierten.

Der Wirt setzte sich mir gegenüber und entschuldigte sich für den Mangel an Kaffee und Alkohol und bot mir eine Zigarette an. Offensichtlich fühlte er sich keineswegs verlegen. Hätten wir uns unter anderen Umständen kennen gelernt, hätte ich ihn für einen umgänglichen Burschen gehalten, was er im Grunde sicher auch war. Ein Zimmer hatte er nicht zu vermieten, aber man sah ihm an, dass ihm das Problem meiner Unterbringung ernsthaft Sorgen bereitete. Schließlich schickte er seine Frau in den Schnee hinaus, um sich nach einer passenden Unterkunft für mich umzusehen.

Gleichsam als sei durch das Gespräch des Wirts mit mir ein Embargo aufgehoben, scharten sich in der nächsten halben Stunde sämtliche Männer des Dorfes um mich, baten, sich meinen Pass ansehen zu dürfen, blätterten in meinen Notizbüchern und brüteten über der Straßenkarte von Rumänien – eine faszinierende Neuheit –, wobei ihre schwieligen, ungewaschenen Zeigefinger aufgeregt von einem bekannten Namen zum nächsten sprangen. Viele von ihnen beflügelte nicht nur die Neugier – offensichtlich hatten nicht nur Roma *tuica* in ihren Jackentaschen.

Die Frau des Wirts kam von ihrer Umfrage in Begleitung von Livia zurück, der »Café-Witwe«, die mich wie eine alte Freundin begrüßte, sowie einer ungewöhnlich korpulenten Frau mit straff zurückgekämmtem Haar, einem runden, wettergegerbten Gesicht und einer markanten Hakennase. Annas engstehende, haselnussbraune Augen blickten müde und traurig; ich erfuhr bald, dass ihr Mann, ein Chemiearbeiter, krebskrank war und in einem Krankenhaus in Arad lag. Eine langbeinige Vierzehnjährige blieb einstweilen hinter Mamas breitem Rücken unsichtbar. Anna wollte mich liebend gern aufnehmen, aber Livia bestand à conto unserer früheren Bekanntschaft darauf, dass dieses Privileg ihr zukommen müsse. Ein Zyniker hätte nun auf den Gedanken kommen können, dass sie scharf auf Dollar waren. Weit gefehlt: Tatsächlich ging es ihnen nur um den Besuch einer Ausländerin. Als der Chef schließlich den Streit zu Annas Gunsten entschied, wurde vereinbart, dass Livia uns später besuchen sollte.

Bei sanftem Schneefall eilten wir die Hauptstraße hinauf. Annas Wohnung lag im Erdgeschoss eines der zahlreichen rechteckigen, vierstöckigen Mini-Wohnblocks, die man vor 15 Jahren an die Stelle der reihenweise abgerissenen Bauernhäuser gesetzt hatte. Der unbeleuchtete, zwischen zwei Blocks gelegene Durchgang zu den Wohnungen auf der Rückseite war so eng, dass sich meine Gastgeberin »dünn machen« musste, um sich hindurchzuquetschen. Dann stolperten wir in absoluter Finsternis über unebenes, matschiges Gelände, wobei Anna mich an die Hand nahm, und stiegen schließlich sechs Steinstufen – von denen zwei gefährlich wackelten – zu einer verzogenen Holztür hinauf, die in einen winzigen Flur führte. Dort schüttelte mir der schlaksige, pickelige und von einem Ohr zum anderen grinsende 18-jährige Bogdan wortlos die Hand und zog mich in einen überheizten Wohn-Schlafraum, der fast vollständig von zwei Doppelbettcouchen ausgefüllt wurde.

»Onkel« war uns gefolgt – er wohnte nebenan. Er hatte eine Flasche von seinem eigenen, hervorragenden, vollmundigen Wein mitgebracht, der wunderbar durchwärmte. Während er sie entkorkte, holte Anna eine Keramikplatte, auf der Salamischeiben, in

Stücke geschnittene Rinderwurst, dünne Scheiben *slanina* (geräucherter Schinkenspeck) und Würfel eines Feta-ähnlichen Käses künstlerisch angeordnet waren. Hinter ihr erschien Ada, die Gläser mit sauer eingelegten Pilzen und Gurken sowie einen riesigen Teller mit Brot hereinbrachte. Alles war hausgemacht und schmeckte herrlich, bis auf das säuerliche, klebrige grau-braune Brot; ich möchte es jedem selbst überlassen zu erraten, womit damals in Rumänien das Mehl »verlängert« wurde. Ich hatte kein so fürstliches Mahl im »hungernden Rumänien« erwartet. Sein promptes Erscheinen zeigte jedoch, dass die Bauern selbst in dieser schlechten Zeit noch über geheime Quellen verfügten, wenngleich das Gebotene mit Sicherheit nicht jeden Tag auf den Tisch kam. Unglücklicherweise entfaltete gerade jetzt der Aperitif seine »durchschlagende« Wirkung, und mein Mangel an Appetit verursachte eine allgemeine Enttäuschung und Besorgnis.

Die eine Ecke des Zimmers nahm ein riesiger, sechs Fuß hoher, cremefarbener Kachelofen ein, der verschwenderisch mit Holzscheiten von einem sauber aufgeschichteten Stoß gefüttert wurde. In einer anderen Ecke stand eine Vitrine aus Walnussholz, in der orangefarbene Glasfische auf ihrer Schwanzflosse standen, grüne Glasenten schwammen, rosafarbene Glaspudel Männchen machten und rote Glaskaninchen umherhoppelten. (Onkel arbeitete in einer Glasfabrik.) Hinter dieser Menagerie konnte man eben noch ein paar schöne, geschliffene böhmische Gläser erkennen. Meine Bewunderung trieb Anna Tränen in die Augen: Sie waren ein Hochzeitsgeschenk gewesen – vor 20 Jahren. Neben einem großen kompakten Radio stand ein überdimensionaler Fernseher – das Einheitsmodell für alle Rumänen und vergleichsweise billig, da das Fernsehen Ceauşescus liebstes Propagandamittel war. Über den Betten hingen farbenprächtige, etwa 4 x 2 Fuß große Wandteppiche, auf denen das »Letzte Abendmahl« (eine genauere Beschreibung wäre Blasphemie) sowie eine romantische Berglandschaft dargestellt waren – backsteinrote Rehe tranken aus einem stahlblauen, von limonengrünen Bäumen umrahmten See, während lachsrot die Sonne aufging (oder unterging?). Der angrenzende Raum war sehr viel größer und ebenfalls überheizt – meinetwegen. Neben dem Ofen stand ein Doppelbett; acht schlichte, klösterlich anmutende Stühle umringten einen schönen eichenen Esstisch; auf der hübschen, dazu passenden Anrichte standen in langer Reihe leere schottische Whiskey-, englische Gin- und französische Cognacflaschen.

Nur das voll gestopfte Badezimmer entsprach den Vorstellungen von »Ceaușescus Rumänien«. Auf den nackten Wänden wuchs schwarz-grüner Schimmel, von der mit schmutziger Wäsche gefüllten kleinen rostigen Badewanne war längst die Farbe abgesprungen, das schmutzige Klo hatte nie funktioniert, der Stöpsel des Waschbeckens ließ sich nicht bewegen und das Rohr des eisernen Ofens hatte die Decke geschwärzt. Bogdan – dessen im Selbstunterricht erlerntes Englisch erstaunlich gut war – erklärte mir, dass die Mieter dieser Wohnblocks bereits seit 15 Jahren auf einen Wasseranschluss warteten und sich noch immer die täglich benötigte Menge vom nächsten Brunnen holen mussten.

Die schneebedeckte Livia kam gerade rechtzeitig, um Mr. Iliescu zu sehen, der im Fernsehen eine überzeugende Rede hielt. Alle hörten andächtig zu und applaudierten am Schluss. Sie versicherten mir, er sei ein *guter* Mann, der die Nation von den Ceaușescus befreit, Heizung und Stromzufuhr normalisiert, ausländische Fernsehprogramme wieder zugelassen und den Lohn vieler Arbeiter erhöht habe – auch Bogdans.

Inzwischen war auch Dorana gekommen, eine gepflegte, lebhafte Nachbarin mit rotblond gefärbtem Haar. Sie machte sich sofort daran, das Geheimnis zu lösen, das meine neuen Freunde schon den ganzen Abend über beschäftigt hatte: Wieso reiste ich ohne Gepäck? Ohne Mütze, Handschuhe, Schal, warme Strümpfe, Regenmantel und Nachtzeug? Hatte mir niemand gesagt, dass in Transsilvanien Winter sei? War es in Irland das ganze Jahr über warm? Meine traurige Erzählung weckte Scham und Mitleid, überraschte aber niemanden. Alle nickten melancholisch und waren sich einig, dass Polizei und Zolloffiziere schlechte Menschen seien – eine Verallgemeinerung, der zu widersprechen ich mich nicht veranlasst fühlte.

Ada machte sich an ihre Schularbeiten, während Onkel und Bogdan sich einen Western ansehen wollten. Mir fielen fast die Augen zu, aber Dorana bestand darauf, dass wir Frauen zu ihr hinübergehen sollten, um etwas ganz Besonderes zu probieren: doppelt destillierten Aprikosen-*tuica*. Im Grundriss war ihre Wohnung mit Annas identisch, wirkte aber größer, da sie allein darin lebte. Ihre beiden Söhne arbeiteten in einer Fabrik in Oradea; ihr Mann war vor kurzem mit einer bezaubernden jungen Frau aus Bukarest durchgebrannt, die man als Lehrerin nach Lipova versetzt hatte. Die Fotografie ihres Ehegatten zierte noch immer den Fernseher: Er hatte ein dreifaches Kinn, herunterhängende Mundwinkel und einen Bürstenschnitt. Die bezaubernde junge Frau musste ziemlich verzweifelt gewesen sein… Aber möglicherweise war es auch mehr eine Frage der Versorgung als anderer Bedürfnisse gewesen, die die Romanze angeheizt hatte. Als Ingenieur in Lipova hatte der Ehegatte Anspruch auf eine dortige Wohnung – eine weit bessere, als einer eben flügge gewordenen Lehrerin zustand.

Doranas *tuica* war in der Tat etwas Besonderes; etwas Ähnliches habe ich kaum je probiert. Während er mich durchströmte, fiel es mir zunehmend schwerer, wach zu bleiben – zumal Dorana, besorgt wegen meiner zu dünnen Bekleidung, darauf bestanden hatte, dass ich es mir mit einem Berg buntbestickter Kissen im Rücken und eingewickelt in eine weiche selbstgewebte Decke auf ihrem Bett gemütlich machte. Doch es war meine Pflicht, hellwach zu bleiben und mich zu bemühen, mit Hilfe eines Wörterbuchs und Zeichensprache zahllose Fragen über die Trivialitäten des täglichen Lebens im Abendland zu verstehen und zu beantworten.

Schließlich meinte Anna, es sei vielleicht Zeit für mich, schlafen zu gehen. Nun bestand Dorana darauf, mir neue Socken und eine Trainingshose zu schenken, die zwar schon ziemlich ausgebeult war, sich aber bald als unbezahlbar erweisen sollte. Für mich, die ich beladen mit Thermosocken für die Not leidende Bevölkerung über die Grenze gekommen war, entbehrte das Ganze nicht einer gewissen Ironie. Aber derart abhängig zu sein, ist eine gute Lektion in Sachen Bescheidenheit. Und – zumindest was die Rumänen angeht – man lernt so sehr schnell die beste Seite ihres Volkscharakters kennen.

Meine »Bewegungstherapie« zeigte ihre Wirkung: Ich schlief zehn Stunden tief und fest, ohne von meinem Rucksack zu träumen.

2

Gast des Staates

Anna brachte mir ein ideales Frühstück: einen großen Teller Zusammengekochtes aus Kohl, Karotten und zartem Rindfleisch. Es folgten zwei Becher sehr süßen Kräutertees. Und als Abschiedsgeschenk stopfte sie mir noch ein Pfund eingelegte Gurken, ein Kilo gekochte Rinderwurst – köstlich gewürzt – und ein altbackenes Brot in meine Plastiktüte.

Nun kam für mich ein etwas peinlicher Augenblick, aber ich hatte vorausgeplant. Niemand brauchte schließlich zu erfahren, dass ich Ada ein Geldgeschenk gab … Sie packte gerade ihre Schultasche – der Unterricht begann um 8 Uhr –, als ich mich von ihr verabschiedete und ihr beim Händeschütteln heimlich ein paar Dollarnoten zusteckte. Sie spielte jedoch nicht mit, sondern öffnete ihre Hand und starrte das Geld an, als sei es irgendein giftiges Insekt, um dann entgeistert ihre Mutter anzusehen. Sofort trat Anna hinzu, nahm das Geld und stopfte es mir ärgerlich wieder in die Tasche. (Später stellte ich mich etwas geschickter an: Das jeweils jüngste Familienmitglied fand einen an sie/ihn adressierten Umschlag, nachdem ich bereits weit weg war.)

Eisiger Nebel hatte den abendlichen Schneefall abgelöst. Ich hatte das Gefühl, dass es wesentlich kälter geworden war als am Vortag, und sehr bald zog ich Doranas Trainingshose über meine eigene. Auf der Karte war ein Weg eingezeichnet, der nach Norden in die Berge führte, und kurz darauf befand ich mich in einem Gebiet, das sich seit den Tagen von Starkie/Leigh Fermor in nichts verändert hatte. Auf dem unebenen Sandweg, dessen Oberfläche jetzt tief gefroren war, war ich mutterseelenallein.

Meilenweit wanderte ich durch eine unbewohnte Gegend stetig bergauf; zu meiner Linken dichte Buchenwälder und zu meiner Rechten offenes Weideland, das sich bis zum unsichtbaren Fluss erstreckte. Dahinter erhob sich ein weiterer, steiler, bewaldeter Gebirgskamm. Der Raureif hatte jeden der blattlosen Bäume versilbert, sodass sie unter dem tiefen, düsteren Himmel seltsam leuchteten. Nur das gelegentliche Gezänk der Eichelhäher und der ansatzweise Gesang von Distelfinken und Amseln durchbrach die winterliche Stille.

Als ich in die Flussebene hinabstieg, kam die Sonne durch. Der Fluss war trotz seiner starken Strömung fast völlig zugefroren. Ich befand mich nun inmitten hügeligen Ackerlandes – zu hügelig, um kollektiviert zu werden. Die einzelnen Dörfer bestanden aus langen Reihen stabiler, einstöckiger Wohnhäuser, die alle frisch in kontrastierenden Farben gestrichen waren. Die Grundrisse der eigenhändig aus Holz und Stein oder Holz und Ziegeln errichteten Gebäude waren sehr unterschiedlich und ließen eine bemerkenswerte Phantasie erkennen. Die rumänischen Bauern sind stolze Individualisten, was zum Teil Ceauşescus Besessenheit erklärt, sie alle in seelenlose, geisttötende Wohnblocks zu pferchen. Zu jedem rechts von mir, am anderen Ufer des Flusses gelegenen Haus führte eine alte Holzbrücke. Elegante schmiedeeiserne Tore öffneten sich auf saubere Höfe, wo – wie auf den Feldern zwischen den Dörfern – Maisstängel aufgehäuft und kegelförmige Heuhaufen um lange Stangen geschichtet waren. Die Tür- und Fensterrahmen, auch der Scheunen und Ställe, waren sorgfältig geschnitzt, ebenso wie die Dächer über den jeweiligen Brunnen. In jedem Hof wuchsen Weinstöcke, deren Ranken an Spalieren befestigt waren. Im Sommer bilden sie einen kühlen Baldachin, unter dem man den Wein vom Vorjahr genießt. In den Gärten gediehen sorgfältig beschnittene Obstbäume – Äpfel, Pflaumen, Aprikosen, Kirschen und Birnen. Und daneben blieb noch viel Platz, um genug Gemüse anzubauen, um einen Vorrat für den Winter anzulegen. Es gab jedoch auch ein paar Neubauten, die befürchten ließen, dass selbst

Transsilvanien in absehbarer Zeit von einer milderen Version der irischen »Bungalow-Pest« befallen werden könnte.

Im Winter besteht keine Notwendigkeit, früh aufzustehen. Erst als der Himmel aufklarte, begann sich weihrauchähnlicher Kiefernrauch mit dem Duft der dampfenden Misthaufen zu vermischen. Auf ihnen frühstückten bereits die Truthühner, wobei die Puter häufig innehielten, um ein prächtiges Rad zu schlagen. Dann füllte sich Hof um Hof mit lärmenden Perlhühnern und einer prächtigen Vielzahl bunter Hühner und stolzer Hähne. Graue und weiße Gänse hielten auf ihrem Weg zum gefrorenen Fluss inne und zischten mich angriffslustig an – und marschierten dann frustriert, ihre langen Hälse nach allen Seiten drehend, nicht unähnlich einer Schar indignierter Gouvernanten, über das Eis. Ein magerer alter Mann in einem für ihn viel zu langen, geflickten Armeemantel, in dessen Saum er sich dauernd verwickelte, führte eine ausgemergelte Kuh zum Flussufer, wo er das Eis mit einer Axt aufschlug. Sofort kamen von allen Seiten quakend und flügelschlagend die Gänse und Enten herbeigeeilt, und auch ich blieb stehen, um einen Schluck Wasser zu trinken. Meine Hände waren im Nu taub. Der alte Mann erwiderte meinen Gruß mit einem erschrockenen Blick und einem undeutlichen Gemurmel; dass ich Ausländerin war, hatte er offensichtlich erst gemerkt, als ich ihn ansprach.

Auf den größeren Gehöften trieben ältere Frauen das Vieh hinaus. Sie trugen Schultertücher, gestreifte Schürzen über wadenlangen, weiten Röcken und bestickte Mieder aus Schafleder. Eine der Frauen brachte ein paar braune und weiße Schafe sowie ein neugeborenes Lamm an eine geschützte Stelle, wo die Sonne das harte gelbe Gras aufzutauen begann. Die Aufsicht überließ sie einem weißen, wolligen Hirtenhund, wobei ich mich fragte, ob er wohl auf seinem Posten bleiben würde. Ich wusste damals noch nicht, dass rumänische Hirtenhunde ein ausgeprägtes Verantwortungsbewusstsein entwickeln.

Schwarz-weiß gescheckte Schweine mit ausgesprochen kurzen

Rüsseln wanderten auf dem Weg entlang und fraßen die unwahrscheinlichsten Dinge, wie morsches Holz und Tauenden. Da aber Rumänien nie ernsthaft versucht hat, das Klassensystem abzuschütteln, gab es auch hier eine örtliche »Schweine-Elite«: drei halbwüchsige Eber, die aus einem acht Fuß langen, geschnitzten, uralten Holztrog fraßen. Ihr Quieken und ekstatisches Grunzen war noch 30 Yards weit zu hören.

Draußen konnte man noch wenig tun, und so sah ich nur zwei Männer bei der Arbeit – der eine schnitt an Flussufer weinrote Weidenzweige, der andere brachte mit einem von zwei wohl genährten Ponys gezogenen Karren Mist aufs Feld. Ein paar Wochen zuvor hatte die Revolution in Rumänien selbst die Invasion der USA in Panama aus den Schlagzeilen der Weltpresse verdrängt. Aber was hatte sie für diese Bauern bedeutet?

Hinter dem letzten Dorf führte der Weg wieder bergauf in Richtung auf eine Ansammlung sanfter, tannendunkler Berge. Die Sonne schien strahlend auf die steilen, leicht verschneiten und von Bäumen gesäumten Felder und Wiesen mit ihren Heuschobern. Eine Vesperpause schien mir wegen des Risikos der Unterkühlung zu gefährlich, und so nahm ich nur einen Schluck Whiskey – er ging rapide zur Neige – und marschierte weiter.

Dann wurde der Weg zu einem abschüssigen Pfad durch einen Mischwald aus Eichen, Ahorn, Birken, Buchen und den würdevollen, hoch aufragenden Fichten, die keinerlei Ähnlichkeit mit ihren kümmerlichen, kommerziell gezüchteten Vettern aufweisen. Ich genoss die Illusion völliger Abgeschiedenheit, die alte Wälder suggerieren, selbst wenn man weiß, dass sich in der Nähe Dörfer befinden. Auf dem geschützten Abhang hatte sich der Pfad in dicken, schwarzen Morast verwandelt, und meine schmatzenden Schritte waren das einzig wahrnehmbare Geräusch. Als ich zu einem schmalen Grat kam, öffnete sich zu meiner Linken eine lange, schattige Schlucht, während rechts von mir strahlende Helligkeit war: die beschneite Flanke eines dünnbewaldeten Berges. Bald darauf hatte ich den Pass erreicht – einen offenen, breiten, sonnigen Sattel, auf dessen blendender Schneedecke sich die Spuren von Füchsen oder Wölfen kreuzten. (Nur ein Experte kann den Unterschied erkennen.)

Verzaubert blieb ich eine Weile stehen, um den Abstieg noch ein wenig hinauszuzögern. Die Brombeer- und Himbeerranken zwischen den Haselnusssträuchern, spindeldürrem Zwergholunder und knorrigen Birnbäumen trugen noch rostbraune Blätter. Die mit Buchenblättern bedeckten Hänge vor mir glühten rotgolden in der Mittagssonne. Dahinter erstreckte sich das dichte Grün der Fichten bis zum silbergrauen Gipfel eines schroffen Berges. Die Luft roch nach Schnee und Harz, nach Sauberkeit und Frieden. Ich vermied jeden Laut, denn die Stille war ein wesentlicher Teil dieser Schönheit. Vor fast 70 Jahren hatte ein Schamane der Inuit zu Knud Rasmussen gesagt: »Die besten Zauberformeln sind die, die einem kommen, wenn man ganz allein draußen in den Bergen ist. Sie sind immer die wirksamsten. Die Kraft der Einsamkeit ist stärker als unser Verstand.«

Der Abstieg – sehr viel steiler als der Aufstieg – war schwierig. Der Pfad, der hier einer tief in den Hang eingegrabenen Wasserrinne folgte, war zu einer drei Yards breiten Eisbahn geworden. Ästhetisch bot er einen wunderschönen Anblick, mit seinen durchsichtigen Schleifen, Windungen und Wellen aus glitzerndem Eis, durch das die Sonne hindurchschien. Aber er zwang mich, mir meinen Weg durch höher gelegenes Gelände zu suchen, und dieses Ausweichmanöver wurde zu einer anstrengenden Kletterei. Ich hätte es mir zwar leichter machen können, wäre dann aber Gefahr gelaufen, den Pfad aus den Augen zu verlieren.

Am Ende der Rinne – am Ufer eines zugefrorenen Flusses – stieß der Pfad auf einen Fahrweg, der durch ein sich verbreiterndes Tal zwischen buchenbewachsenen Hängen langsam bergab führte, bis zu den Holzhütten einer Waldarbeitersiedlung – im Vergleich zu den bunten Bauernhäusern armselige Behausungen. Wie schon am vorhergehenden Nachmittag hatten sich plötzlich dunkle Wolken zusammengeballt, und es begann zu graupeln.

Während ich losrannte, um mich irgendwo unterzustellen, kam langsam ein Fahrzeug in Sicht: etwas Langes, das unter seiner Schmutzschicht nicht sofort als Bus zu erkennen war. Drei junge Frauen kamen aus den Hütten und liefen durch den Graupelschauer zur Haltestelle, aber ich war zuerst da. Als sich die Tür öffnete, trat ich etwas zur Seite, um eine Mutter mit ihrem Baby aussteigen zu lassen. Der Fahrer rief mir etwas zu, merkte, dass ich Ausländerin war und gab mir deutlich zu verstehen, dass ich nicht einsteigen dürfe. Ich stellte mich dumm, kletterte in den Bus und hielt ihm einen 100-Lei-Schein hin. Ärgerlich stieß er meine Hand weg und zeigte nach draußen. Ich zuckte mit den Schultern, und während die drei anderen Frauen einstiegen, setzte ich mich auf den Platz hinter ihm. Er nahm ihre 5 Lei Fahrgeld und versuchte, bei ihnen Unterstützung zu finden. Aber sie sahen mich nur leicht nervös von der Seite an und gingen in den hinteren Teil des Busses. Als der Fahrer meinen Pass verlangte, zeigte ich ihm mein Visum. Er betrachtete es stirnrunzelnd und starrte mich dann prüfend an. Missbilligend drohte ich ihm mit dem Finger und sagte streng: »Das Visum hat mir Ion Iliescu gegeben.« Der Name tat seine Wirkung. Der Fahrer drehte sich um, schloss die Tür und startete den Motor. Die 5 Lei Fahrgeld wies er jedoch zurück und murmelte etwas von »Militär«.

Als Liebhaberin von Schrottautos wusste ich diesen Bus zu schätzen: Langsam schlichen wir von Schlagloch zu Schlagloch, während die losen Sitze klapperten, ein freischwingendes Stück Dach mich zu enthaupten drohte und mir durch ein Loch im Boden der Morast gegen die Beine spritzte. In zwei Dörfern, die im wirbelnden Nassschnee nur undeutlich zu erkennen waren, sammelten wir drei weitere Passagiere auf. In Buteni, einem großen Dorf an einer Teerstraße, machte ich Anstalten auszusteigen – worauf den Fahrer vor Aufregung fast der Schlag traf. Seine Bestürzung war so offensichtlich echt, dass ich mich bereit erklärte, bis zur Stadt Sebis weiter mitzufahren; wenn ich ihn richtig verstand, wollte er mich dort den Militärbehörden übergeben. Wir tankten in Buteni, wo eine alte Frau mit ihrer Hausgans zustieg. Diese saß gemütlich in ihrem Korb und war offensichtlich an Busreisen gewöhnt. Sie war ein ausgesprochen schönes Tier mit einer winzigen rosafarbenen Schleife am Schopf; aber sie war hinterhältig. Als ihre Besitzerin den Korb hochhob, um ein paar Säcken auszuweichen, fand sie Gefallen an meinem rechten Ohr und schnappte so scharf zu, dass es blutete. Dies amüsierte den ganzen Bus – einschließlich des Fahrers. Zu meiner großen Überraschung brüllte er vor Lachen; bis dahin hatte ich ihn nicht gerade für einen heiteren Burschen gehalten.

Unsere Ankunft in Sebis fiel mit einem großartigen, karmesinroten Sonnenuntergang zusammen. Nachdem alle ausgestiegen waren, fuhr der Fahrer mit mir zum Armeehauptquartier, einem schönen alten Gebäude – einem ehemaligen ungarischen Herrensitz –, auf dem nun die rumänische Fahne mit dem Loch wehte, das aber sonst nichts Militärisches an sich hatte. Er lehnte sich aus dem Fenster und rief die Wache herbei; diese holte den Dienst habenden Offizier, und der wiederum drei höhere Offiziere. Dann durfte ich aussteigen, während der Fahrer nervös der weiteren Entwicklung der Dinge harrte.

Die Offiziere begrüßten mich höflich, und einer fragte mich auf Englisch: »Können wir Ihnen helfen? Was haben Sie für Schwierigkeiten?« Ich sagte ihm, dass *ich* keine Probleme hätte, anscheinend aber der Fahrer irgendeine Art Rückversicherung benötige. Daraufhin wurde dieser mit einer verächtlichen Geste entlassen, und der Englisch sprechende Offizier wies mir den Weg zum Hotel. Dann schüttelte mir das Trio die Hand und zog sich aus der rapide zunehmenden Kälte wieder in seine zweifellos überheizte Messe zurück.

Ohne die Plakette am Eingang wäre man nie auf die Idee gekommen, dass Sebis' großes, düsteres Hotel zur 1. Klasse, Kategorie A, gehört. Ich war einigermaßen entnervt, als ich vom Eingang aus acht mit Maschinenpistolen bewaffnete Soldaten in der im Übrigen leeren Halle erblickte. Konnte es sein, dass in Sebis bereits eine Konterrevolution ausgebrochen war? Mir wurde jedoch schnell klar, dass sie mich überhaupt nicht bemerkt hatten – so gebannt starrten sie auf den Fernsehschirm, wo ein Rugbyspiel zwischen Wales und Frankreich lief. Später gestanden mir die jungen Rekruten, dass ihre furchteinflößenden Waffen nicht geladen seien. Sie trugen sie lediglich mit sich herum, um ein Gefühl für sie zu bekommen.

Die gespannte Aufmerksamkeit meiner Gefährten war weniger der Qualität des Rugbyspiels als der Tatsache zuzuschreiben, dass sie ein vom Westen ausgestrahltes Fernsehprogramm sahen – für ihre Generation etwas völlig Neues. In Abständen drehten sich die Englischsprechenden unter ihnen nach mir um und erklärten stolz: »Wir sind jetzt *frei*!« oder: »Dies ist unsere Freiheit!« oder: »Jetzt können wir die ganze Welt sehen!« Ihr Bier, das sie anscheinend als eine Art »Eintritt« bestellt hatten, rührten sie nicht an, und als einer der Jungen mir seine Flasche anbot, verstand ich auch warum. Damals war das rumänische Bier (nach meinem Umrechnungskurs kostete der Liter fünf Pence) eine fade, säuerliche Zumutung: mit irgendwelchen kristallinen Rückständen durchsetzt, praktisch alkoholfrei und nach Seifenpulver schmeckend – vielleicht ein verzweifelter Versuch, es zum Schäumen zu bringen.

Kurz nach dem Schlusspfiff erhoben sich meine Gefährten, rückten unbeholfen ihre Waffen zurecht, nahmen ihre Pelzkappen ab und marschierten einer nach dem anderen an mir vorbei, um sich zu verabschieden, wobei sich jeder respektvoll verbeugte und mir die Hand küsste. Sie waren liebenswürdige Jungen; der Gedanke, dass man ihnen das Töten beibrachte, machte mich krank.

Am hinteren Ende der weitläufigen, kalten, spärlich beleuchteten Halle musste ich mehrmals auf den Tresen des Empfangschefs klopfen, bis Irina erschien. Sie war so klein, dass nur ihr mit einer Pelzkappe bedeckter Kopf und ihre in ein Tuch gehüllten Schultern zu sehen waren, als sie in wortlosem Erstaunen zu mir aufsah, bevor sie meinen Pass nahm und sich in ein Hinterzimmer zurückzog. Nach einer ganzen Weile kam sie zurück und sagte in korrektem Englisch: »Willkommen in unserem Land! Aber es tut mir Leid, wir müssen von Ihnen dreihundert Lei pro Nacht nehmen. Es ist zu viel, aber es ist der Preis für Touristen. Es tut mir außerdem Leid, dass es im Restaurant nichts zu essen gibt. Dies ist keine gute Zeit für Touristen. Aber Ihr Zimmer ist warm. Seit der Revolution hat unsere Front der Nationalen Rettung für eine bessere Heizung gesorgt.«

Irina machte ein jämmerlich schuldbewusstes Gesicht, als ich meine 300 Lei bezahlte – der Durchschnittslohn eines Rumänen für drei Tage. Dann trat eine schlaksige, uniformierte Figur aus dem Dunkel heraus – einer der vielen überflüssigen Pagen des Hotels – und brachte mich nach oben. »Lassen Sie ihn Ihr Gepäck tragen«, drängte Irina. Als sie hörte, dass ich keins hatte, lachte sie nervös. Offensichtlich bestätigte dieser Umstand ihren ersten Eindruck, dass sie es mit einer Irren zu tun hatte.

Mein warmes Doppelzimmer brüstete sich mit Nachttischlampen, Fernseher, Telefon und eigenem Bad. Aber in den Lampen waren keine Glühbirnen, Fernseher und Telefon blieben stumm, und Wasser tröpfelte lediglich mit Unterbrechungen aus dem Kaltwasserhahn des Waschbeckens. Immerhin funktionierte die Klospülung – sofern man geduldig mit der Hydraulik experimentierte. Da ich kein Waschzeug besaß, war die Wasserversorgung für mich uninteressant; um mir das Gesicht zu waschen, genügte mir das angefeuchtete Ende des schmuddeligen kleinen Hotelhandtuchs.

Ich tat mich gerade an Annas Gaben gütlich, als ein Klopfen an der Tür zwei verlegen aussehende junge Männer ankündigte. Liviu war dunkel und stämmig, Gabi – selbst nach unseren Maßstäben – sehr groß. Es quälte sie, dass das Hotel mir den Preis für Touristen abverlangt hatte. Gabi gab mir meine 300 Lei zurück, während Liviu erklärte: »Sie sind selbstverständlich Gast Rumäniens. Da Ceauşescu die Touristen ausgebeutet hat, ist es unsere Pflicht, sie herzlich bei uns aufzunehmen.« Mein Einwand, dass ich 300 Lei für einen durchaus vernünftigen Preis hielt, wurde ignoriert. Sie verbeugten sich und gingen. Später erzählte mir Irina, dass die beiden in Temesvar studiert und aktiv an der Revolution teilgenommen hatten. Jetzt arbeiteten sie im Komitee ihrer Heimatstadt mit. Das Komitee war eine spontan zusammengetretene Gruppe, die die örtlichen Parteibosse abgelöst hatte. Daher hatte Irina auch die Entscheidung der jungen Männer akzeptiert, dass ich nichts zu bezahlen brauchte. Diese Komitees waren in den kleinen Städten sehr einflussreich, bestanden aber nicht sehr lange – ihr praktisches Know-how blieb weit hinter ihrem Idealismus zurück.

Am nächsten Morgen um acht Uhr meinte Irina, dass möglicherweise kurz nach zehn Uhr Frühstück serviert werde, aber sie konnte es nicht *versprechen*… Ich versicherte ihr, ich sei bestens mit Essen versorgt, hätte aber gern ein Glas Kräutertee oder Eichelkaffee. Sie wand sich: Es gab weder das eine noch das andere. Dann entschuldigte sie sich noch einmal: wegen des Wetters. Normalerweise sei es im Januar viel kälter, mit heftigem Schneefall und anschließendem stundenlangem Sonnenschein. Gemeinsam schauten wir durch die Graupelschleier auf Sebis' »systematisiertes« Stadtzentrum, das selbst an einem milden Frühlingstag wenig anziehend gewesen wäre. »Heute können Sie nicht weiterwandern«, stellte Irina fest. Ich stimmte ihr zu und ging wieder auf mein Zimmer.

Seit meinem Abschied von Arad hatte ich meine Bücher infolge meiner abwechslungsreichen Tagesabläufe noch nicht vermisst. Jetzt versetzte mich die Feststellung, dass ich zum ersten Mal in meinem Leben nichts zu lesen hatte, in Panik. Glücklicherweise erinnerte ich mich an einen kleinen Taschenkalender, den man mir beim Abflug in London gegeben hatte: Er enthielt Gedrucktes. Ich fand darin zahllose gärtnerische Ratschläge und widmete mich gerade der Kurzbiografie von Sir John Paxton, als Liviu und Gabi kamen, um mir zu sagen, dass auch meine zweite Nacht in Sebis auf Staatskosten gehe. Da Sonntag war, hatten sie Zeit für eine Unterhaltung. Gabi kritisierte: »Es muss noch viel getan und reorganisiert werden – auch am Sonntag. Aber in diesem Land sind die

Leute schon an einem Wochentag schwer zur Arbeit zu bewegen, und am Sonntag ist es ganz unmöglich!«

Meine Freunde wollten wissen, wie das Ausland Rumäniens Revolution aufgenommen habe – damals eine häufig gestellte Frage. Ich erzählte von unserer staunenden Bewunderung für den Mut der unbewaffneten jungen Leute und unserer Hochstimmung über den sichtbaren Triumph der Volksmacht.

»Aber wieso waren Sie erstaunt?«, fragte Gabi. »Wenn Sie jung gewesen wären und in Rumänien unter Ceauşescu gelebt hätten, wären Sie nicht auch bereit gewesen, Ihr Leben zu riskieren, um die Dinge zu ändern?«

Und Liviu fügte hinzu: »Und es mussten die Jungen sein, die etwas unternahmen, die anderen waren zu zermürbt und terrorisiert. Aber wer nicht unter Ceauşescu gelebt hat, kann sich das nicht vorstellen, und deshalb waren Sie erstaunt.«

Wie ich später feststellte, waren diese beiden jungen Männer politisch weit scharfsichtiger als der Durchschnitt. Was die unmittelbare Zukunft anging, waren sie pessimistisch und meinten, ihr Land brauche wenigstens ein Jahr, um den ersten Versuch zu wagen, demokratische Wahlen abzuhalten. »Und auch dann«, erklärte Liviu, »kann es bestenfalls ein *Versuch* sein.«

Wir trennten uns nach ein paar – wie ich hoffte für uns alle – sehr informativen Stunden. Zur Abendbrotzeit wollten wir uns wieder im Restaurant treffen. Vielleicht würde es kein Abendessen geben, aber sehr wahrscheinlich würde eine Zigeunerkapelle spielen und ein bekannter einheimischer Sänger nachrevolutionäre Balladen vortragen.

Es hatte zwar inzwischen aufgehört zu graupeln, aber die tiefhängenden grauen Wolken ließen es selbst mittags nicht richtig hell werden. Während ich durch die Stadt bummelte, zog mich ein entfernter, eher leidenschaftlicher als melodischer Chorgesang zu einer kleinen orthodoxen Kirche, wo im Anschluss an die Sonntagsmesse ein Trauergottesdienst stattfand. Das Gebäude war kürzlich restauriert worden. Wände und Decke waren mit leuchtenden, pompösen Fresken zu konventionellen byzantinischen Themen geschmückt. Alle kommunistischen Führer Rumäniens haben die orthodoxe Kirche stets finanziell unterstützt, indem sie Restaurierungen wie Neubauten verschwenderisch finanzierten und den örtlichen Popen ein monatliches Einkommen von 2000 Lei garantierten, indem sie ihre anderen Einkommensquellen aufstockten. Den höheren Priestern haben sie sogar noch weit mehr gezahlt.

In der zahlreich versammelten Gemeinde waren zwar alle Altersgruppen vertreten, aber den Hauptanteil stellten verhutzelte alte Weiblein mit schwarzen Kopftüchern. Kurz nach meiner Ankunft deckten die Trauernden Körbe mit groben Brötchen auf bzw. wickelten riesige, runde Brotlaibe aus. Ihre Opfergaben versahen sie mit einer brennenden Kerze und hoben sie dann feierlich hoch über ihre Köpfe, senkten sie hinab und hoben sie abermals in die Höhe. Währenddessen schwangen der in goldbestickte Gewänder gehüllte Pope und zwei kaum weniger prächtig gekleidete erwachsene Messdiener in der Mitte der Kirche Weihrauchfässer und stimmten einen feierlichen Gesang an. Hier stand ein von großen Kerzen umgebener, reich verzierter Messingtisch, auf dem sich zwei gigantische Keramikbecken mit irgendeiner dunkelbraunen klebrigen Substanz befanden. Die Zeremonie schloss mit der Verteilung von Brot und eben jener Masse. Im Nu hatte auch ich ein Dutzend Brötchen und zahlreiche Klumpen der in Papierservietten gewickelten Süßigkeit erhalten. Das sie begleitende Lächeln und Händeschütteln war rührend; leider konnte ich mich nur mit dem Popen unterhalten, der allzu sehr der schlimmsten Sorte irischer Gemeindepriester ähnelte: plump, selbstgefällig, berechnend und sich seiner Macht über die Menschen nur zu bewusst. Die Brötchen erwiesen sich als eben noch essbar, obgleich sie von einer verdächtig gummiartigen Beschaffenheit waren. Aber das klebrige Zeug – außergewöhnliche Versionen menschenfeindlichen Konfekts – konnte ich unmöglich runterwürgen. Unmittelbar nach der Revolution war allein der Anblick der meisten rumänischen Esswaren und Getränke unvorstellbar widerwärtig.

Sebis – nicht mit dem weit größeren Sebes nahe Alba Julia zu verwechseln – liegt an den Ufern eines verunreinigten Flusses am Fuß einer langen, bewaldeten, von Wölfen bewohnten Bergkette. In der Nacht hatte ich ihr Geheul gehört: für mich der schaurigste Klang überhaupt, der in mir jedes Mal eine absurde atavistische Furcht weckt. Gabi erzählte, die »einfachen Leute« (ein rumänischer Euphemismus für Bauern) litten an chronischer Wolfsphobie, obgleich seit dem Winter 1962/63 kein Erwachsener von ihnen getötet worden war. Damals waren ihnen unabhängig voneinander drei Förster zum Opfer gefallen. Besonders makaber und für jeden unbegreiflich war gewesen, dass sie zwar jedes Mal die Stiefel gefressen, die Skalpe aber liegengelassen hatten, was die Tragödien um so grauenvoller machte. In den letzten Jahrzehnten waren zwar im Winter gelegentlich kleine Kinder von ihnen angegriffen worden, aber Gabi und Liviu machten dafür eher die sorglosen Eltern verantwortlich als die hungrigen Wölfe.

Den kalten, dunklen Nachmittag nutzte ich zu einer Wanderung durch Sebis und Umgebung, um mich auf das von Ceauşescu heimgesuchte Transsilvanien einzustellen. Dieser Prozess wurde mir dadurch erleichtert, dass ich inzwischen in Sebis zwei gute Freunde gefunden hatte, die darauf hofften – soweit politisch alles gut ging –, mich bald in Irland besuchen zu können. So begann sich bereits jetzt mein Interesse am Transsilvanien meiner Träume in Neugier auf das heutige Transsilvanien zu verwandeln.

Bevor Sebis zwangsweise in einen »agro-industriellen Komplex« umgewandelt wurde, war es eine kleine attraktive Stadt mit einer wohlhabenden bäuerlichen Umgebung. Heute ist das ganze Gebiet hässlich, verarmt und deprimierend; die schönen bodenständigen Bauernhäuser sind abgerissen und durch triste Reihen unsolide gebauter Landarbeiterwohnblocks ersetzt worden. An diesem Sonntagnachmittag war niemand in der Nähe, der mich daran hätte hindern können, mir die skandalösen Folgen der »Kollektivierung« eingehend anzusehen. Während ich durch knöcheltiefe Jauche zwischen zusammengebrochenen, verrosteten Traktoren watete, entdeckte ich Tiere, die unter KZ-ähnlichen Bedingungen gehalten wurden. Ein irischer Bauer, der ihnen auch nur halb so viel Leid zugefügt hätte, wäre ins Gefängnis gewandert. Aber kein irischer Bauer wird je in diese Gefahr geraten: Irisches Vieh bringt seinem Eigentümer Geld. Um mich zu trösten, erinnerte ich mich, dass Bauernhöfe im Winter nun mal nicht ihren besten Eindruck machen.

Beim Abendessen erklärten meine Freunde, das neue Regime solle das Land sofort wieder privatisieren. Für uns klingt das abgedroschen; wir neigen dazu, einfach zu nicken, statt Fragen zu stellen. Denn: Wie kann die Auflösung eines Dorfkollektivs und die Rückgabe des Lands an die ehemaligen Eigentümer (oder ihre Nachkommen) nach 40 Jahren sozialen Umbruchs gerecht organisiert werden, in denen der Boden ausgelaugt wurde und die meisten jungen Leute in die Städte abgewandert sind? Weiter: Ein Leben lang ist den Bauern nur ein Sklavenlohn gezahlt worden – ausgenommen das »Elitekorps« der Traktorfahrer und Mechaniker, die mehr als Akademiker verdient haben. Woher also soll der einzelne die Mittel nehmen, um heruntergewirtschaftete Felder und krankes Vieh wieder hochzubringen? Und wie kann man die jüngere Generation dazu überreden, ihren festen Arbeitsplatz in der Stadt mit geregelter Arbeitszeit, tariflichem Lohn und moderner Komfortwohnung gegen ein ungewisses Einkommen, unbegrenzte Arbeitszeit und die sonstigen materiellen Nachteile eines selbstständigen Bauern einzutauschen? Als die Kollektivierung begann, wurden Tausende von Bauern, die ihre Mitarbeit verweigerten, eingesperrt und bestraft. Wird es 40 Jahre später nötig sein, ihre Kinder und Enkel einzusperren und zu bestrafen, weil sie sich weigern, auf die Äcker ihrer Vorfahren zurückzukehren?

Ein weiteres Problem: Wer soll über die Aufteilung der riesigen Staatsfarmen entscheiden, Ländereien, die einst dem Adel gehörten? Soll man diese Millionen Hektar an Bauern verteilen, die nie eigenes Land besessen haben, den Nachkommen der ärmsten Leibeigenen der einstigen Feudalherren? (In Rumänien hat sich das Feudalsystem länger gehalten als sonst irgendwo in Europa.) Es entspräche einer ausgleichenden Gerechtigkeit; aber würden diese Leute damit zu Rande kommen? Könnte es für den Staat nicht klüger sein, jene möglicherweise fruchtbaren Äcker gerade an die reichsten und dynamischsten Dorfbewohner zu verpachten, an jene, die es am besten verstanden haben, während der kommunistischen Zeit den schwarzen Markt zu ihren Gunsten zu manipulieren?

Romantische Städter behaupten, sagt Gabi, dass der bloße Besitz von Ackerland eine unmittelbare chemische Reaktion in den Bauern bewirken und sie zu harter Arbeit und Effizienz anregen werde. Dies könnte sogar stimmen, wenn es sich nicht mehrheitlich um alte Menschen handelte. In der ganzen Zeit des Kommunismus haben die Dorfbewohner viel Energie und Initiative darauf verwandt, auf kleinstem Raum ein Maximum an Nahrung zu produzieren. Andernfalls wäre in Rumänien in den 1980er Jahren buchstäblich eine Hungersnot ausgebrochen. Aber Liviu und Gabi befürchten, dass jene, deren Häuser abgerissen wurden, und die damals ihre Gärten verloren haben, für immer demoralisiert sind. Als gedankenloses Rad im kollektiven Getriebe haben sie verlernt, Verantwortung für etwas zu übernehmen, das über den engsten häuslichen Bereich hinausgeht.

In dem überfüllten Hotelrestaurant konnte jeder Gast nur eine Portion lederartigen Rinder-Kebab mit steinhartem Brot bekommen. Etwas anderes gab es nicht, nicht einmal Pickles oder eingelegte Gurken, obgleich die örtlichen Läden mit diesen »Delikatessen« voll gestopft waren. Das Hotel habe eben seine Zuteilung an Pickles aufgebraucht – erklärten mir meine Freunde –, und zugewiesene Rationen seien nicht übertragbar, auch wenn sich die Sachen in den Geschäften stapelten: Eine *alimentara* erhält ihr Kontingent, und ein Hotel erhält sein Kontingent – und damit basta…

»Aber«, protestierte ich, »ihr hattet doch eine Revolution! Wie lange soll dieser Unsinn noch weitergehen?« Sie wechselten einen düsteren Blick. »Wer weiß?«, meinte Gabi. »Wo können wir anfangen?«, ergänzte Liviu. Mehr als jedes andere Land des Ostblocks schien Rumänien unfähig, auf diese Frage eine Antwort zu finden; oder es war – aus Gründen, die sich mir nach und nach von selbst erschlossen – gar nicht willens, danach zu suchen.

Die Zigeunerkapelle tauchte nicht auf; sie hatte mittags irgendwo anders gespielt und war zu ausgiebig mit *tuica* bewirtet worden. Aber mit nur einer Stunde Verspätung kam wenigstens der Balladensänger, ein dunkelhäutiger junger Mann mit boshaft funkelnden Augen und lockigem, schulterlangem, pechschwarzem Haar. Er trug jene Art von Jeans, die die Gefahr einer Kastration in sich bergen, und ein »I love Jesus«-T-Shirt über einem Rollkragenpullover. Seine grinsende blonde Freundin begleitete ihn auf einem verstimmten Klavier, das in einer Ecke des Esssaals stand; ihr schwarzer Freizeitanzug war vorn und hinten mit einem Totenkopf geschmückt. Die Anti-Ceauşescu-Balladen waren an mich verschwendet, bewirkten aber beim übrigen Publikum ein fast hysterisches Gekicher, gefolgt von tumultartigem Applaus und Getrampel – selbst bei einer Gruppe melancholisch wirkender Armeeoffiziere, die nah an unserem Tisch saßen.

An einem Mitteltisch des Saales hatten drei Jugendliche eine an einem Hirtenstab befestigte Fahne des »Freien Rumäniens« mitgebracht, die sie von Zeit zu Zeit fröhlich schwenkten. Ich fand die Allgegenwart dieser im Triumph verstümmelten Fahnen seltsam bewegend. Sie wehten auf Regierungsgebäuden, Armee- und Polizeibaracken, Kirchen und Schulen, Privathäusern, den Balkonen der Wohnblocks – und *en miniature* an Lastwagen, Traktoren, Bussen, Zügen, Straßenbahnen, Motorrädern, Autos und Pferdewagen. Ihre sauber herausgeschnittene Mitte schien mir äußerst anschaulich die plötzliche Schicksalswende Rumäniens zu symbolisieren. Als ich vorschlug, sie als ein angemessenes, ständiges nationales Emblem zu behalten, herrschte zunächst Schweigen.

Dann meinte Gabi mit gesenktem Blick zögernd: »Aber vielleicht... wird sie eines Tages wieder geflickt werden?«

Als ein Ober an unserem Tisch vorbeiging, um den Offizieren am Nebentisch ein paar etikettierte Weinflaschen zu bringen, war ich sofort Feuer und Flamme. (Meinen Whiskey hatten wir im Verlauf unseres Vormittagsgesprächs ausgetrunken.) Aber mein Vorschlag, uns auch eine Flasche zu gönnen, wurde verächtlich abgetan... »Das ist kein Wein, sondern reine Chemie. Die gesamte Weinernte wird exportiert, ausgenommen nur, was wir privat keltern.«

Auch ohne Alkohol und trotz des unterschwelligen Pessimismus meiner Freunde fühlte ich mich plötzlich beschwingt. Vor einem Monat noch hätten sich die meisten Rumänen auch mit viel Phantasie diese Szene nicht vorstellen können. Ich blickte mich um; Jahre der Entbehrungen hatten die Menschen überempfindlich gegen Kälte gemacht, und so trugen alle Woll- oder Pelzmützen sowie Schaffelljacken oder schwere, dunkle Anoraks. Mir dagegen kam die Raumtemperatur gerade richtig vor – und vom ökologischen Standpunkt weit vernünftiger als in unseren westlichen »Treibhäusern«. Viele Gesichter trugen die Spuren langjähriger Ermüdung und Überanstrengung, aber jetzt wirkten sie entspannt, manche sogar heiter. Zumindest in *einer* Hinsicht war diese Revolution ein voller Erfolg: Nach Jahrzehnten, in denen nur das Schweigen Sicherheit geboten hatte, fühlten sich jetzt alle Rumänen frei, laut ihre eigene Meinung in der Öffentlichkeit zu äußern – selbst in Gegenwart von Mitgliedern der Sicherheitskräfte. Wir nehmen diese Freiheit als so selbstverständlich garantiert hin, dass ich erst hier richtig begriff, was sie für jene bedeutet, für die sie etwas Neues ist.

Mein Eindruck in Sebis und während der nächsten 14 Tage war der eines verwirrten und dankbaren Volkes, das seine Befreiung von einem teuflisch effizienten Terroristenstaat feierte, der eine kleine Minorität benutzt hatte, um eine standhaft antikommunistische Mehrheit zu unterdrücken. Dies war indessen irreführend, wie viele erste politische Eindrücke – was Liviu und Gabi mir hätten sagen können. Vielleicht waren sie abergläubisch und deshalb mir gegenüber nicht ganz offen: Vielleicht wollten sie ihre Befürchtungen nicht äußern, um das Unglück nicht herbeizureden.

Nachdem meine Freunde gegangen waren, blieb ich in der Hoffnung auf weitere interessante Begegnungen noch ein wenig sitzen. Das Rumänische stellt keine unüberwindliche Schranke dar, wenn beide Seiten an einem Gespräch interessiert sind. Aber niemand wollte sich mit mir einlassen. Überall auf meiner Tour in jener so bedeutsamen Zeit sorgte mein Erscheinen in einem Restaurant oder an anderen öffentlichen Orten für atmosphärische Spannungen; die einfache Bevölkerung war noch immer unsicher, wie sie auf den freundlichen Annäherungsversuch einer unerklärlicherweise allein reisenden Fremden reagieren sollte. Ihre Reaktionen waren niemals feindselig. In einigen Dörfern erinnerte mich meine Aufnahme – sehr unpassend – an die Semien-Region in Äthiopien, wo der örtliche Häuptling mir höflich seine Gastfreundschaft anbot, während sich alle anderen vor mir zurückzogen.

Vor ihrem Abschied hatten mich meine Freunde gewarnt, dass das Graupelwetter anhalten würde. In der richtigen Annahme, dass ich den Charme Sebis' bereits voll ausgekostet hatte, hatten sie daher vorgeschlagen, das nächste Ziel meiner Reise, das weiter nördlich gelegene Marmarosch per Fahrzeug anzusteuern. Dort würde das Wetter eher der Jahreszeit entsprechen: richtige Schneestürme, unterbrochen von sonnigen Tagen, ideal zum Wandern. Sie arrangierten für mich eine Mitfahrgelegenheit nach Oradea. Dort würde ich rechtzeitig ankommen, um den Zug nach Baia Mare zu erreichen. Und von dort könnte ich dann bei gutem Wetter zu Fuß über die Berge nach Marmarosch wandern…

3

Erstens kommt es anders

24 Stunden später lag ich in einem Bett in einem Hotelzimmer in Satu Mare mit einer pflaumengroßen Beule auf dem Kopf, sensationellen Kopfschmerzen und heftigen Schmerzen am unteren Teil meiner Wirbelsäule. Ich erinnerte mich, wie das Sebis-Auto auf seinen abgefahrenen Reifen langsam von einer steilen, vereisten Straße rutschte – so langsam, dass ich den Fahrer noch fragen konnte: »Ist etwas mit der Steuerung nicht in Ordnung?« Dann folgte dieses »Das-darf-nicht-wahr-sein« (eher Ungläubigkeit als Angst), als der Wagen über den Straßenrand stürzte.

Als ich wieder zu mir kam, lang ich auf Säcken hinten auf einem Getreidelaster einer Staatsfarm. Er war in kurzem Abstand hinter uns hergefahren und hatte Schneeketten, ein Luxus, den sich private Autohalter damals nicht leisten konnten. Der Fahrer unseres Wagens lag neben mir, noch immer bewusstlos und aus beiden Ohren blutend. Man hatte uns mit Schaffellen zugedeckt. Es schneite leicht. Der Gehilfe des Lastwagenfahrers saß zwischen uns, und als ich die Augen öffnete, strich er mir sanft übers Haar und sagte »spital«.

Ich erinnere mich nur vage daran, dass mein Mitopfer ins Krankenhaus aufgenommen wurde, wo er innerhalb weniger Stunden starb, was mir einen ziemlichen Schock versetzte, als ich davon erfuhr. Mir verweigerte man die Aufnahme, offensichtlich, weil ich noch laufen konnte, wenn auch mit Schwierigkeiten. Daraufhin halfen mir der Lastwagenfahrer und sein Gehilfe, einen Bus nach Oradea zu finden. Seltsamerweise waren sie sehr darauf bedacht, dass ich nicht von der örtlichen Polizei vernommen wurde.

Von Oradea, wo kein Hotel Lei ohne Umtauschbeleg annehmen wollte, bekam ich einen Zug nach Satu Mare. Ich erinnere mich flüchtig, dass ich zum *gara* ging und mich für die Fahrkarte anstellte – aber seltsamerweise so, als sei das Ganze eine Tortur gewesen, über die ich gelesen habe, aber keine eigene Erfahrung. Bus- und Bahnfahrt sind weiße Flecken. Und auch bei meiner Ankunft in Satu Mare muss ich noch halb bewusstlos gewesen sein. Als ich den Ort im März – wiederum mit dem Zug – noch einmal besuchte, konnte ich mich nicht an den Weg vom *gara* zum Hotel Centru erinnern.

An jenem Abend habe ich mich damit getröstet, dass es mir am nächsten Morgen schon wieder besser gehen würde. Tatsächlich fühlte ich mich schlechter. Ich war vor Schmerzen so steif, dass ich mich nur an den Möbeln entlang ins Badezimmer schleppen konnte. Ich verspürte heftig pochende Schmerzen im unteren Teil des Rückens, aber Adrian, ein junger Ober, der mich in meinem Zimmer besuchte, um Dollar einzutauschen, lachte nur über meine Vorstellung, ich könne in Satu Mare Schmerzmittel bekommen.

Da ich nichts zu lesen hatte, verbrachte ich den größten Teil des Tages damit, einen durch die Gedächtnislücken leicht verschwommenen Bericht über mein Missgeschick an Rachel zu schreiben. Ich hatte mich bemüht, das Ganze möglichst von der humorvollen Seite zu nehmen, aber… meine Tochter, die sich damals in London aufhielt, fand den Brief überhaupt nicht komisch. Sie benachrichtigte sofort ihren Patenonkel (meinen Verleger), und die beiden verbündeten sich zu einer schändlichen Aktion, die mich in äußerste Verlegenheit brachte, als sie – sehr viel später – ihre Indiskretion gestanden. Alarmsignale wurden in alle Richtungen ausgesandt: an das Auswärtige Amt, die Britische Botschaft in Bukarest, das Rumänische Ministerium für Kultur, das Internationale Rote Kreuz, den British Council… *Bitte*, ob mich jemand finden könnte und mir angemessene Hilfe und Unterstützung zukommen sowie London wissen lassen, wo ich war und wie es mir ging?

Für jemanden, der die Meinung vertritt, dass Reisende, die sich in Schwierigkeiten bringen, sich – sofern überhaupt möglich – auch selbst wieder hinaushelfen sollen, war dies eine unvorstellbare Erniedrigung. Natürlich verteidige auch ich meine Unabhängigkeit nicht bis zum Äußersten; in Quito haben wir uns – wie berichtet – die diplomatischen Verhätschelungen gern gefallen lassen. Und als wir 1979 in der Nähe von Lima von Perus berüchtigter politischen Polizei verhaftet wurden, haben wir sofort ein SOS an die britische Botschaft gesandt und wurden prompt befreit. Aber solche Hilferufe sollten meiner Meinung nach auf größere Krisen beschränkt bleiben.

Gegen Abend hatte die Einzelhaft in meinem Zimmer ohne Bücher bei mir mitleiderregende Buchstaben-Entzugserscheinungen verursacht. Adrian war verwirrt. »Dies ist gut«, versicherte er mir und schaltete den Fernseher ein – um mir das Gegenteil zu beweisen. Satu Mare bekommt ungarische, tschechische und russische Programme. »Sie können den ganzen Tag fernsehen«, versuchte er mich zu trösten. »Hier! Sehen Sie! Eine lustige Show aus Amerika auf Englisch!« Als er den Ton lauter stellte, schauderte es mich und ich bat ihn, den Fernseher auszumachen. »Gibt es in Satu Mare vielleicht einen Englischlehrer?«, erkundigte ich mich verzweifelt.

Adrian überlegte. »Vielleicht diese alte Dame; sie arbeitet nicht mehr – möchten Sie sie treffen? Ich kann sie finden.«

»Bitte, versuchen Sie's!«, bat ich. »Und bitte erzählen Sie ihr, dass ich mir gern ein paar englische Bücher von ihr leihen würde.«

Eine Stunde später kam Adrian mit Agnes zurück, einer dynamischen, älteren ungarischen Dame, die mit einem rumänischen Russischlehrer verheiratet war. Als sie aus ihrer Einkaufstasche zwei 1980 in Moskau gekaufte Bücher von Iris Murdoch herauszog, begann ich vor Erleichterung fast zu schluchzen. Begeistert über meine Reaktion strahlte Adrian mich an und klopfte mir heftig auf die Schulter: unter den gegebenen Umständen ein schmerzhafter Beweis seiner Zuneigung. Als Agnes sah, wie ich zusammenzuckte, wollte sie meine Verletzungen sehen und beschloss daraufhin, sich um Schmerztabletten zu bemühen. Sie habe Beziehungen ... Aber zum ersten Mal versagte selbst *ciubuc* ...

Agnes und ihr geselliger Freundeskreis waren so anhänglich, dass ich erst eins der beiden Bücher gelesen hatte, als ich nach Baia Mare weiterzog. Obgleich die Speisekammer des Hotels gerade eine fruchtbare Phase des Zuteilungszyklus erlebte, bestanden meine Freunde darauf, für alle meine Mahlzeiten, einschließlich des Frühstücks, selbst zu sorgen. Für sie war der Gedankenaustausch mit einer Ausländerin ein kostbares Geschenk; für mich war ihre (ungarische) Sicht der besonderen Probleme Transsilvaniens nicht weniger wertvoll: gleichzeitig aufschlussreich, traurig machend und beunruhigend.

Meine Gesprächspartner vertraten die Ansicht, dass die nachrevolutionäre Begeisterung der Ungarn von Furcht gedämpft werde – ein Eindruck, der sich auch andernorts wiederholt bestätigte. Das politische Boot war aufgelaufen, und obgleich es ein verhasstes Gefängnis war, hatten es die Ungarn verstanden, sich aus der Sache herauszuhalten. Jetzt, da es immer noch festsaß, waren sie verwirrt und nervös. Ob diese Reaktion vernünftig war oder nicht, ist ziemlich unerheblich: Das ungute Gefühl war nun einmal da und beunruhigte sie. Agnes und Ihre Freunde neigten dazu, ihre Ängste nur indirekt auszudrücken, obgleich sie davon ausgingen, dass ich als Irin aus dem katholischen Westen selbstverständlich pro-ungarisch eingestellt sein müsste.

Die 40-jährige Eva, die fließend Englisch sprach, zeigte sich vor allem besorgt über die Auswirkungen, die der Zugang zum Westfernsehen auf die »einfachen Rumänen« ausübte. Die Revolutionäre betrachten dieses Recht als ein wichtiges Symbol der Freiheit, aber die Menschen könnten leicht den Boden unter den Füßen verlieren, bevor das Land die geweckten Wünsche erfüllen kann. Die Folge wären erhebliche Unzufriedenheit und Rebellion. Noch vor einem Monat wussten die meisten Leute nicht, wie benachteiligt sie im Vergleich zu den übrigen Europäern waren, im Osten wie im Westen. Jetzt sehen sie jeden Tag Filme über das normale Leben und beginnen ihre Situation zu begreifen. Es könnte sein, dass sie nicht die Geduld haben, darauf zu warten, bis die wirtschaftlichen Missstände beseitigt sind, was noch eine sehr lange Zeit dauern wird! Die Massen könnten bald gefährlich werden. Die Rumänen sind sehr hitzige Menschen, sehr wild und ungestüm...

Ich wandte ein, dass die rumänischen Fernseher, die ich bisher gesehen hätte, mir nicht den Eindruck gemacht hätten, dass sie genug von der Außenwelt enthüllen könnten, um die Mehrheit aufzustacheln.

Meine leicht ironische Bemerkung fanden sie keineswegs komisch. »Also werden sie bessere Fernseher haben wollen«, entgegnete Eva erbittert. »Sie werden sich erst recht hintergangen fühlen, weil sie die guten Filme, die gesendet werden, auch weiterhin nicht sehen können. Dann wird es Ärger geben.«

Evas Schwägerin wurde noch deutlicher; sie und ihre Familie wollten nach Ungarn auswandern. »Sie haben keine Ahnung, wie *gewalttätig* die Rumänen sind. Von einem Moment zum anderen können sie sich wie die Wilden benehmen. Und sie hassen uns! Wenn sie aus irgendeinem Grund in Wut geraten, werden sie uns angreifen. Zurzeit hat das Land keine Regierung, nicht einmal eine schlechte. Polizei und Armee wüssten nicht, wie sie sich in einer Krise verhalten sollten. Sie haben keinen Chef. Für uns ist dies eine sehr gefährliche Zeit. Transsilvanien ist meine Heimat, meine einzige Heimat – ich gehöre hierher, ich gehöre nicht nach Ungarn. Aber ich habe zwei Kinder zu schützen, und so müssen wir gehen...«

Einige Zeit später, als in Transsilvanien wirklich Blut floss und ich einiges über den Hintergrund dieses Blutvergießens erfuhr, schien mir der Satz »Sie hassen uns« ein etwas schiefes Bild abzugeben. Das fanatisch nationalistische Ceaușescu-Regime hatte die Ungarn in der Tat gehasst und versucht, ihre Kultur auszurotten. Aber Rumänen, Ungarn und Sachsen hatten gleichermaßen unter

Ceauşescu gelitten, allerdings mit einem wichtigen Unterschied: Ungarn und Sachsen konnten – was Tausende ausnutzten – eine Auswanderungserlaubnis bekommen. Unglücklicherweise erhielt die Anti-Ungarn-Kampagne Ceauşescus immer wieder neue Nahrung von Seiten der ungarischen Regierung, aber auch der ungarischen Exilanten-Lobby, die unermüdlich tendenziös gefärbte Berichte über das »Problem Transsilvanien« in Westeuropa und Nordamerika verbreiten. Dies ärgert natürlich die Rumänen, die über keine vergleichbaren internationalen Beziehungen verfügen, um ihre Seite der Medaille zu präsentieren. Insofern war die nachrevolutionäre Intensivierung der rumänisch-ungarischen Spannungen das Werk von Außenstehenden, die allerdings über zahlreiche Komplizen im Inland verfügten.

Am Mittag meines dritten Genesungstages zeigte ich mich vorsichtig wieder in der Öffentlichkeit, wobei ich mich schwer auf einen wunderschön geschnitzten Wanderstab stützte – ein Geschenk von Eva. Vor dem Vertrag von Trianon im Jahr 1920 hieß Satu Mare Szatmarnemeti und war die Hauptstadt der ungarischen Provinz Szatmar und zugleich ein größeres Handelszentrum am Fluss Szamos. Die Ungarn behaupten, dass die Stadt damals mit dem Verlust ihres Hinterlandes jenseits der Grenze nicht nur ihren Wohlstand, sondern auch ihren Charakter eingebüßt habe, was zutreffend sein mag. Trotzdem genoss ich meinen ersten Ausflug, wenngleich mir jeder Schritt stechende Schmerzen bereitete. Das Stadtzentrum ist vom Charakter her noch immer ungarisch, ebenso wie eine große Minderheit der Bevölkerung – obgleich ich nicht herausbekommen konnte, *wie* groß ihr Anteil ist. Das Fehlen zuverlässiger Zahlen ist ein Handicap, das jeder akzeptieren muss, der über Rumänien schreibt. Unzuverlässige Zahlen gibt es natürlich reichlich; den Druckerpressen Ceauşescus entströmten Statistiken zu jedem Thema – von Ackerbau bis Zoologie –, alle dazu bestimmt, den Beweis zu erbringen, wie einmalig gesegnet unter allen Nationen die Sozialistische Republik Rumänien war.

In der Nähe der drei ins Auge fallenden, aber nicht weiter erwähnenswerten Basiliken – orthodox, römisch-katholisch und calvinistisch – saßen auf dem nassen, kalten Bürgersteig zahlreiche verstümmelte Bettler: ausrangierte Bürger, die das Bild der gesegneten Sozialistischen Republik ernsthaft verunstalteten. Aber natürlich waren sie Ceauşescus Blicken verborgen geblieben. Dies war die erste Stadt, in der ich mich etwas intensiver umsah, und es bedrückte mich, wie viele der Vorübergehenden hochgradig unterernährt waren. Ihre Gesichter erinnerten an die Fotos der hungernden europäischen Flüchtlinge am Ende des Zweiten Weltkrieges. Im Gegensatz hierzu war die Mehrheit gut angezogen, und diese Diskrepanz machte den fundamentalen Wahnsinn der Diktatur Ceauşescus besonders deutlich. Einen wirklich ernsten Mangel an Bekleidung habe es nie gegeben, erklärten mir meine Freunde am Abend. Die manische »Energiespar-Kampagne« war stets von der Ermahnung begleitet gewesen, sich warm anzuziehen, und da man kaum etwas zu essen kaufen konnte, hatten die Menschen ihr Geld für Kleidung ausgegeben. Aber vieles war »II. Wahl«; unvorstellbare Modelle, düstere Farben und schlecht gearbeitet. Die »I. Wahl« war – zumindest theoretisch – nur für den Export bestimmt.

Benzin war noch immer sehr knapp, und die Stadtautobusse fuhren mit Gas, das sie in riesigen, torpedoähnlichen Behältern auf dem Dach mitführten. Es gab weit mehr gummibereifte Pferdewagen als Autos. Die glänzenden (nicht kollektivierten) Pferde oder Ponys hatten sauber zu Zöpfen geflochtene, hochgebundene Schweife und trugen an ihren Kummets lange rote Quasten zum Schutz gegen den »bösen Blick«.

Die meisten Geschäfte waren zu drei Vierteln leer; als ich nach einer Zahnbürste fragte, wurde ich ausgelacht – ganz nach Temperament spöttisch oder freundlich. Die Regale der verwaisten *alimentara* waren dagegen wie üblich voll gestopft – hier mit riesigen Gefäßen eingelegter Äpfel, Dosen mit Brombeermarmelade und Flaschen trüben »Karottensafts«. Brot gab es reichlich. Wenige

Stunden nach der Machtübernahme hatte die Front die Ausgabe zusätzlichen Mehls für den häuslichen Gebrauch angeordnet. Vor einem kleinen Laden blieb ich stehen, um ein paar seltene Delikatessen zu bewundern: ein kleiner Berg verschrumpelter, fleckiger Äpfel, vier Bündel keimender Zwiebeln und ein paar Rote Bete. In diesem Moment hielt neben mir ein Lastwagen vom Kollektiv, und zwei Männer brachten zwei Säcke halbverfaulter Kartoffeln. Bis dahin war die Straße fast leer gewesen. Jetzt jedoch hasteten plötzlich ganze Gruppen keuchender Männer und Frauen herbei und bildeten sofort vor dem Laden eine ordentliche Schlange. Für mich war es unbegreiflich, wie so viele Menschen hier gleichzeitig hatten ankommen können. Aber die Rumänen hatten die Kunst des fairen Schlangestehens längst perfektioniert, und alle schienen mit dem eingenommenen Platz zufrieden. Zusätzlich hatten sie ein informelles Zuteilungssystem erfunden: Es galt als unanständig, bei solchen Gelegenheiten mehr zu verlangen, als einem zustand. Während ich die Szene beobachtete, bekam ich den Eindruck, dass Rumänien wahrscheinlich eine ziemlich lange Zeit ohne Regierung auskommen könnte – dank des anhaltenden Impulses von 45 Jahren Dirigismus.

Geistige Nahrung war ebenfalls rar. Vier Bücherläden wiesen aufschlussreich leere Regale auf, die kurz zuvor noch mit den Pseudowerken Nicolae Ceauşescus voll gestopft gewesen waren. Einen Monat später konnten die Rumänen dann mit Genugtuung im Fernsehen verfolgen, wie jene Machwerke tonnenweise eingestampft wurden, um daraus neues Papier für, wie sie hofften, wirkliche Bücher zu gewinnen – oder politisch unabhängige Zeitungen und Zeitschriften. In der Zwischenzeit standen den Bewohnern von Satu Mare praktisch nur die kompletten Werke von Mihai Eminescu (1850–89) in einer wunderschönen Jahrhundertausgabe von 12 Bänden im Format der *Encyclopaedia Britannica* zur Verfügung. Eine französische Grammatik und drei deutsche Lehrbücher über das Ingenieurswesen stellten die Verbindung zum Ausland her.

Am nächsten Morgen fühlte ich mich bereits ein klein wenig beweglicher und beschloss, nach Baia Mare zu trampen: ein Versuch, um mir darüber klar zu werden, ob ich meine Reise abbrechen sollte oder nicht. Nach einer Fünfmeilenwanderung im Schatten verwahrloster Hochhäuser und verkommener Industrieanlagen erreichte ich die weiten, ebenen Felder einer Staatsfarm. Obgleich der Himmel wolkenlos war, blies mir hier ein eisiger, alles durchdringender Wind aus dem etwa 20 Meilen entfernten Russland entgegen. Bisher hatten mich erst drei Lastwagen überholt – alle mit überfüllten Kabinen. Unterdessen protestierte mein Rücken, aber wegen der Kälte wagte ich nicht, eine Pause einzulegen. Ich bedauerte, nicht den Zug genommen zu haben, als ein klappriger Lieferwagen neben mir hielt, dessen Fahrer mich für eine Rumänin gehalten hatte.

(Meine Figur, Hautfarbe und Kleidung führten häufig zu diesem Irrtum.) Zunächst schien er völlig konsterniert, aber als er sah, wie ich mich unter Schmerzen abmühte einzusteigen – mein Rücken war plötzlich völlig steif –, sprang er heraus, um mir zu helfen, und bot mir einen durchwärmenden Schluck *tuica* an.

Gheorghe, ein fröhlicher junger Mann mit einem runden, geröteten Gesicht und einem ölverschmutzten Arbeitsanzug, sprach zwei Worte Englisch: »private enterprise«. Diese Worte wiederholte er mehrmals stolz, wobei er mit dem Daumen auf seine Ladung wies – Brocken rostiger Maschinenteile, die von einer Fabrik in Satu Mare stammten, und die Gheorghe auf eigene Rechnung an Roma in Baia Mare verkaufen wollte. Ich hatte nicht den Eindruck, dass er selbst sie gekauft hatte, aber ich dachte bei mir, dass der freie Markt ja irgendwo beginnen muss.

Während unserer 50-Meilen-Fahrt weidete sich Gheorghe an der Hinrichtung Ceauşescus, indem er sich zu mir umdrehte, zwei Finger an die Schläfe legte, »tot« zusammensackte und sich vor Lachen ausschütten wollte. Von Zeit zu Zeit warf er den Kopf zurück und sang triumphierend: »*Jos Communismul! Jos Communismul!*« (Nieder mit dem Kommunismus.) Als wir anhielten, um Zigaretten zu kaufen, zog er ein unscharfes Zeitungsfoto von Iliescu aus der Brieftasche und streichelte es liebevoll: Ein *guter* Mann regierte jetzt das Land… Dann überreichte er mir ein Passbild von sich, auf dessen Rückseite er sauber seinen Namen geschrieben hatte, und bat mich um ein Foto von mir. Ich bedankte mich und bedauerte, keinen größeren Vorrat an Bildern mitgebracht zu haben; wie mir bald klar wurde, war der Austausch von Fotografien unter den »einfachen Leuten« ein wichtiges Ritual.

Plötzlich türmten sich hinter der weiten, gepflügten Ebene vor dem nördlichen Himmel dunkelblaue Berge auf. Ihre Hänge waren nur leicht verschneit. Ihr Anblick versetzte mir einen heftigen Stich. Ich war in vier Stunden von Satu Mare aus auf ebener Straße ganze zehn Meilen weit gelaufen, und trotzdem hatte mein Rücken selbst diese leichte Übung erheblich übel genommen. Es war klar, dass es mit dem Wandern für einige Zeit vorbei sein würde.

Als wir eine Brücke überquerten, sahen wir Baia Mare tief unter uns liegen. Gheorghe machte mich überflüssigerweise darauf aufmerksam, dass es eine sehr große Stadt mit vielen Fabriken sei. Er schien auf sie unerklärlich stolz zu sein. Von einem Bergbauzentrum aus vorrömischer Zeit hatte sie sich letzthin zu einer grotesken Zusammenballung umweltverschmutzender Hochhäuser am vergifteten Sasar entwickelt. Da ich es zumeist vermeide, mir solche Orte näher anzusehen, kann ich sie hinterher auch nur sehr oberflächlich beschreiben. Ich möchte jedoch darauf hinweisen, dass *The Rough Guide* zahlreiche kleinere Touristenattraktionen auflistet (die ich allerdings überhaupt nicht attraktiv fand): das Haus Iancu de Hundeoara, eine Barockkathedrale, den Stephansturm, ein mineralogisches Museum und ein Heimatmuseum.

Gheorghe bestand darauf, mich ins Stadtzentrum zum Hotel Carpati zu bringen, das man für möglicherweise auftauchende Touristen am chemieverseuchten Sasar errichtet hatte. Ich hatte nichts dagegen; der Gedanke, mich sofort hinzulegen, war verlockend. Aber das Schicksal wollte es anders. Wie in Oradea wurden auch hier meine Lei zurückgewiesen, weil ich kein Umtauschzertifikat einer Bank besaß, und in »harter Währung« kostete das Einzelzimmer $ 50. (Eine interessante postrevolutionäre Veränderung: *The Rough Guide* nannte für 1988 einen Zimmerpreis von $ 28.) Ich protestierte, dass man in Sebis und Satu Mare kein solches Zertifikat von mir verlangt habe. Die junge Frau an der Rezeption sah mich entschuldigend und traurig an: »Hier hat man uns noch nichts davon gesagt, es anders zu machen.« Offensichtlich wurde Rumänien damals von autonomen, örtlichen Fraktionen regiert, von denen sich einige noch an die alten Gesetze hielten und andere nicht – und wieder andere sie zu ihrem persönlichen Vorteil modifizierten.

Ich zog mich in das riesige überfüllte Restaurant zurück, wo ich den letzten leeren Tisch bekam und darüber nachdachte, was ich als Nächstes tun sollte. Die vier gut aussehenden jungen Kellnerinnen strahlten, bedienten sehr zügig und hatten noch Zeit für kleine, fröhliche Wortgeplänkel mit den Stammgästen. Tischtuch und Serviette waren – wie damals in den meisten dieser Hotels – gestärkt und makellos. Nach und nach ebbte dann Ceauşescus Terroreinfluss ab, und der allgemeine Standard verschlechterte sich. Als ich im März in die Karpaten zurückkehrte, war alles deutlich schmuddeliger.

Das Restaurant war nicht wegen des Mittagessens so überfüllt – es aßen nur ein paar Leute hier –, sondern wegen des erträglich aussehenden Biers. Als ich mir zwei Flaschen bestellte, entlarvte mein Akzent mich als Ausländerin, und drei Männer am Nebentisch baten mich, doch zu ihnen an den Tisch zu kommen. Obwohl in Rumänien Französisch die erste Fremdsprache ist, hatte ich – wohl als Ausgleich für meine sonstigen Missgeschicke – das Glück, eine erstaunlich große Zahl Englisch sprechender Rumänen zu treffen.

Mihai und Justinian waren Mitte dreißig, sahen aber älter aus; das Leben unter Ceauşescu hatte sie schneller altern lassen. Tiberiu – groß, zu dünn, mit einem länglichen, blassen, empfindsamen Gesicht – hatte gerade die Universität beendet. Alle drei arbeiteten in den hiesigen Fabriken, aber Tiberiu hoffte, noch einen Fortbildungskurs im Ausland absolvieren zu können. »Ich habe meinen Pass!«, strahlte er, nahm ihn aus der Jackentasche und schwenkte ihn über seinem Kopf. »Gestern bekommen – jetzt können alle einen Pass haben! Bitte sagen Sie mir, welches in Europa die beste Universität für Chemotechnik ist.«

Bevor ich antworten konnte, warf Mihai ungehalten ein: »Aber du hast nicht genug Geld, um Dollar zu kaufen – und du kennst niemanden im Westen. Für dich ist es unmöglich, hier wegzugehen. Ohne Dollar kannst du nicht im Ausland leben.«

Justinian nickte und meinte: »Es ist nicht gut, jedem einen Pass zu geben, wenn er ihn nicht benutzen kann. Es macht die Leute unzufrieden und wütend.«

»Aber in einer Demokratie«, warf ich ein, »müssen die Menschen frei reisen dürfen, sofern sie die Mittel dafür aufbringen. Letzteres ist *ihr* Problem; aber es ist die Pflicht des Staates, Pässe auszustellen.«

Justinian schien verwirrt. Mihai schüttelte den Kopf und meinte melancholisch: »Wir müssen noch viel über Demokratie lernen – alles! Können Sie uns ein paar Bücher schicken, wenn Sie nach Hause kommen? Wir müssen Demokratie *studieren*. Niemand in Rumänien versteht, was das wirklich ist…«

Ich versprach mein Möglichstes zu tun, behielt meine Gedanken aber lieber für mich – dass man demokratisches Verhalten nicht aus Büchern lernen kann.

Die Stimmung in diesem Restaurant war für die Mittagszeit an einem gewöhnlichen Wochentag überaus fröhlich. Und zwar nicht wegen der konsumierten Getränke; Baia Mares in Strömen fließendes Bier, das man gerade noch genießen konnte, hatte kaum zwei Prozent Alkohol. Als ich eine Bemerkung über die allgemeine Beschwingtheit machte, erwiderte Tiberiu: »Die Ceauşescus sind tot, und darüber sind wir Tag und Nacht glücklich!« Er trank sein Bier aus und nahm sich aus einem neben seinem Stuhl stehenden Korb eine neue Flasche.

Justinian stieß mit mir an und sagte: »Wir sind *frei*! Ich glaube, ihr im Westen wisst gar nicht, was Freiheit bedeutet, weil ihr sie immer gehabt habt. Für uns bedeutet sie, dass wir rufen können: ›Jos Ceauşescu! Jos Ceauşescu!‹« – was er voller Freude tat, und die jungen Männer und Frauen an den anderen Tischen lachten und stimmten mit ein, die Kellnerinnen applaudierten und ein grinsender alter Mann warf seine Pelzmütze hoch in die Luft.

»Wenn wir das vor sechs Wochen getan hätten«, meinte Mihai, »wäre die Securitate gekommen, hätte uns zusammengeschlagen und eingesperrt. Und wenn wir uns nur fünf Minuten mit Ihnen unterhalten hätten, hätten sie uns gezwungen, unser Gespräch Wort für Wort zu wiederholen.«

»Und wenn Sie nun nicht die Wahrheit gesagt hätten…?«

»Wir hätten die Wahrheit sagen *müssen*«, erwiderte Justinian, »vielleicht kannten sie sie nämlich schon. Wir wurden überall abgehört. Hätten wir also die Wahrheit nicht gesagt, hätten sie uns umso mehr geprügelt.«

»Und wie wird es weitergehen?«, fragte ich. »Ist es gut, schon so bald Wahlen durchzuführen? Können sich die politischen Parteien in wenigen Monaten organisieren?«

Sie sahen sich an, zweifelnd, und zögerten mit ihrer Antwort. Dann sagte Justinian: »Wir brauchen eine Regierung und geordnete Verhältnisse. Im Augenblick hat niemand niemandem zu gehorchen. Das ist nicht gut, aber es wäre noch schlechter, wenn wir nicht Iliescu hätten. Er ist ein starker, ehrlicher Mann. Er kann die Sicherheit im Land bis zur Wahl aufrechterhalten, insoweit haben wir Glück gehabt. Und Petru Roman ist auch gut. Aber wir haben zu viele Parteien – achtzehn!«

Mihai runzelte die Stirn. »Jeder, der irgendeine Idee hat und nicht weiß, wie er sie anbringen soll, gründet erst mal eine Partei. Mir gefällt diese Art Politik zwar nicht, aber man sagt uns, das sei eben demokratisch.«

(Dieses Gespräch fand im Januar statt. Bis zum 20. Mai – dem Tag der Wahl – hatten die Rumänen den Überblick über ihre Parteien völlig verloren. Gerüchteweise sollten es 75 gewesen sein, oder waren es 78? Drei Monate später waren es 102…)

Plötzlich saß Mihai wütend und mit geballten Fäusten am Tisch. »Ausländer denken, unsere Demokratie wird ein Witz! Warum kommen so viele Reporter hierher und behandeln uns wie Tiere im Zoo? Wir besitzen Stolz und Würde; wir sind keine verrückten Traumtänzer, die der Westen belächeln kann!«

»Vielleicht meinen die Leute aus dem Westen, wir *müssen* verrückt sein«, sagte Justinian, »weil wir so lange gewartet haben, bis wir die Ceaușescus getötet haben.«

»Und vielleicht *sind* wir es sogar!«, meinte Tiberiu.

Mihai warf ihm einen finsteren Blick zu. »Wir sind ein *tapferes* Volk; unsere Revolutionäre hatten keine Waffen, aber sie hatten den Mut, sich zu erheben und sich zu Tausenden töten zu lassen, um Freiheit für uns alle zu erringen.«

Das lange Schweigen, das seinen Worten folgte, war ein wenig unbehaglich.

Schließlich sagte Tiberiu: »Hier in Baia Mare wurde niemand getötet.« Mihai erhob sich abrupt und ging zum Telefon. Justinian ging zur *toaleta*. Tiberiu fuhr leise fort: »An Orten, wo niemand gestorben ist, ist es schwierig. Wir sind frei, ohne dafür gekämpft zu haben. Wir verspüren deswegen einen gewissen Groll.«

»Sie meinen, Sie fühlen sich schuldig?«, fragte ich. »Oder schämen Sie sich, dass Sie nicht auf die Straße gegangen sind, um die Securitate herauszufordern?«

»Schuldig«, erwiderte Tiberiu, »das ist das richtige englische Wort, das ich gesucht habe.«

Als die beiden anderen zurückkamen, wiederholte Justinian: »Wir sind glücklich, dass wir Iliescu haben. Nachdem wir die Ceaușescus los waren, hatten wir am nächsten Tag alles – mehr zu essen, Heizung, Licht, Pässe. Und die Freiheit, viele Zeitungen haben zu können mit unterschiedlichen Nachrichten, sowie höhere Löhne und Pensionen für Bergleute und Landarbeiter. Und jeden Tag ausländische Filme im Fernsehen.«

Mihai nickte. Tiberiu spielte mit seinem Bierglas herum und schwieg. Ich bemerkte nicht zum ersten Mal ein gewisses Durcheinander darin, wie die Rumänen ihre Revolution sahen. Viele schienen zu glauben, dass der Umsturz von »Tausenden tapferer, unbewaffneter Helden« bewirkt worden sei und zugleich von dem »starken, anständigen Iliescu.«

Wir diskutierten mehr als vier Stunden. Meine Freunde hätten eigentlich kurz nach unserem Zusammentreffen wieder an ihre Arbeit gehen müssen, aber sie waren von ihrer neuen Freiheit, in aller Öffentlichkeit mit Ausländern reden zu können, so fasziniert, dass sie mich unwiderstehlich fanden: die erste Ausländerin, die sie seit der Revolution gesehen und die einzige Fremde, mit der sie sich je ganz normal unterhalten hatten. Ein ums andere Mal sauste einer von ihnen zum Telefon, um sich mit durchsichtigen Gründen bei irgendeinem Vorgesetzten zu entschuldigen, und kam eilig zurück, sich neugierig erkundigend: »Worüber habt ihr gesprochen? Erzählt mir, was ich verpasst habe!«

Damals missverstand ich dies gelegentliche Schwänzen der Nachmittagsschicht als ein Symptom der allgemeinen nachrevolutionären Euphorie, eine natürliche Reaktion gegen eine lebenslange Gängelung. Der umherwandernden Fremden erschien dies zunächst attraktiv und bequem – jeder ließ überall alles aus der Hand fallen, um sich zu unterhalten, Ratschläge zu erteilen, zu belehren. Aber mir wurde sehr bald klar, dass diese lasche Einstellung gegenüber der Arbeit ein höchst verhängnisvolles Problem für Rumänien ist, das zu ernsten Sorgen Anlass gibt, wenn man die Zusammenhänge betrachtet: Entweder haben die Leute nur einen Scheinjob – was häufig der Fall ist –, oder aber sie sehen in ihrer Arbeit die Unterstützung eines Systems, das sie verachten, sodass sie eine gewisse Befriedigung darin finden, ihre Arbeit schlecht zu machen. Was unter Ceauşescu zu viele ungestraft tun konnten, wenn sie nur darauf achteten, politisch eine reine Weste zu behalten.

Diese Form der Korruption wird auch von jenen als legal betrachtet, die sich selbst als »Intellektuelle« bezeichnen: die an der Universität ausgebildete (nach unserem Sprachgebrauch nicht unbedingt »intellektuelle«) neue Mittelschicht. An einem Sommermorgen saß ich (weit von Baia Mare entfernt) bei einer Freundin in der Küche. Wir führten eine fesselnde Diskussion über die Unterschiede der Korruption von Polizei und Securitate. Plötzlich sah meine Freundin auf die Uhr und rief: »Zehn Uhr dreißig! Ich bin also auch korrupt! Ich müsste eigentlich seit zweieinhalb Stunden arbeiten, aber ich ziehe es vor, mich mit dir zu unterhalten. In diesem Land sind wir alle korrupt – wusstest du das?«

Ich fühlte keine Veranlassung, etwa aus Höflichkeit zu widersprechen. Inzwischen hatten mir zahlreiche Rumänen jeglicher Couleur versichert, dass niemand die letzten 45 Jahre hätte überleben können, ohne die normalen Regeln der Rechtschaffenheit über Bord zu werfen. Dies ist zweifellos richtig. Aber wie ein Historiker mir ganz offen sagte (und mir mehrere andere Freunde durch die Blume zu verstehen gaben), fiel es den Rumänen nicht allzu schwer, diese bald üblichen Unredlichkeiten zu praktizieren, die für das Überleben unter dem Kommunismus unentbehrlich waren. Der Historiker sagte: »Wir sind ein halborientalisches Land. In der Walachei und in Moldawien gaben jahrhundertelang die Osmanen den Ton an. In Transsilvanien waren die Rumänen unter ungarischer Herrschaft als Minderheit so diskriminiert und benachteiligt, dass jeder Betrug gegenüber den Regierenden gerechtfertigt erschien. Wir haben keine Tradition, *nicht* korrupt zu sein.«

Bei Sonnenuntergang war die Bierquelle des Hotel Carpati längst versiegt und das Restaurant fast leer. Mein Rücken protestierte auf dem kurzen Weg zum Klo mit Höllenqualen. Ich musste versuchen, wenigstens in der Hauptstadt Schmerztabletten zu bekommen. Aber als ich verkündete, ich wolle mit dem Nachtzug nach Bukarest fahren, erklärte Tiberiu: »Das geht nicht! Sie müssen sich zuerst einen Schlafplatz im Zug reservieren lassen. Sie kommen jetzt mit mir in meine Wohnung, und morgen früh kaufen wir eine Platzkarte für den Abend.«

Mihai fuhr uns durch lange, breite, gerade, schwach beleuchtete Boulevards zu Tiberius Wohnblock. Ringsum standen Kräne: dunkle, winkelförmige Schatten gegen den Nachthimmel. Tiberiu erklärte:»Ceauşescu ist hier einmal mit dem Hubschrauber rübergeflogen und entdeckte dabei die kleinen unbebauten Flächen zwischen den Häuserblocks. Er sagte, dass diese Lücken mit weiteren Blocks für die umliegenden Bauern ausgefüllt werden müssten – dann könne man ihr Dorf abreißen. Deshalb hat nun niemand in irgendeinem der Wohnblocks Licht, Luft oder Platz. Wisst ihr im Westen, dass er verrückt war?«

Alina erwartete Tiberiu bereits. Sie wirkte angespannt. Die beiden hatten ihr eigenes Problem – weitab vom Staatsterrorismus. Da nicht im »heiligen Stand der Ehe«, konnten sie nicht zusammenleben. Obgleich Alina bereits 22 war, bestanden ihre Eltern darauf, dass sie stets um Mitternacht zu Hause war – und mussten folgerichtig hintergangen werden. Zum Glück lebten Tiberius Eltern, die genauso ungeschickt gewesen wären, weit entfernt und bedeuteten daher keine Gefahr.

Alina war ärgerlich, weil Tiberiu so spät kam und sie sich eine nette Überraschung ausgedacht hatte, die aber seine sofortige Kooperation erforderte: Sie konnte die Nacht in seiner Wohnung verbringen. Eine Freundin in Satu Mare hatte sie zu sich eingeladen, und sie hatte ihren Eltern erzählt, sie habe die Einladung angenommen. Um jedoch jedwedes Aufkommen elterlichen Verdachtes zu verhindern, musste Tiberiu sofort seinen Freund in Satu Mare anrufen, damit dieser seine Schwester bat, Alinas Vater in der Fabrik anzurufen – er hatte Nachtschicht – und ihn nach der genauen Ankunft des Zuges zu fragen.

Ich habe mich niemals so überflüssig gefühlt. Das winzige Appartement war auf eine Person zugeschnitten und hatte unmöglich Platz für ein Liebespaar plus Gast. Während Tiberiu die sechs Stockwerke hinuntereilte, um vom öffentlichen Telefon in der Eingangshalle aus zu telefonieren, sah ich auf meine Uhr und erklärte, ich könne nicht lange bleiben, da ich noch kein Hotelzimmer hätte.

Alina starrte mich entgeistert an, und einen Moment lang sah es so aus, als würde sie anfangen zu weinen. »Aber Tiberiu hat gesagt, Sie würden bei *uns* bleiben.« Sie presste ihre Hände wie im Gebet zusammen und bettelte: »Bitte, bitte, gehen Sie nicht!« Sie war klein, begann schon ein wenig rundlich zu werden, und hatte ein breites, freundliches, zu blasses Gesicht mit großen, ziemlich traurigen braunen Augen, die jetzt bittend auf mich gerichtet waren.

Als Tiberiu zurückkam, war ich überzeugt, dass das Privileg, einen ausländischen Gast zu haben, wirklich alles andere überwog. Es war seltsam rührend, dass meine Gesellschaft so hoch veranschlagt wurde – und sich ihr Wert verdoppelte, als mein Beruf herauskam. Autoren werden, wie ich feststellen sollte, in Rumänien sehr respektiert. Und Bücher werden häufig als wertvollster Besitz eines Einzelnen angesehen; besonders ausländische Bücher, da es sehr lange her ist, dass vom Kommunismus nicht infizierte Bücher im Land veröffentlicht wurden.

Alina sprach ein fließenderes Englisch als Tiberiu. Sie hatte an der Universität von Klausenburg Englisch und Französisch studieren wollen, aber ihr Vater hatte keine »saubere« Akte – er war 1986 bei einem Disput in der Fabrik unliebsam aufgefallen –, und so hatte sie keinen Studienplatz bekommen.

Die beiden waren das erste von mehreren jungen Paaren, mit denen ich Freundschaft schloss und die mir erzählten, dass für sie der Weg der wahren Liebe mit zahlreichen Hindernissen gepflastert war, persönlichen wie offiziellen. Unter Ceauşescu war es unverheirateten Paaren verboten zusammenzuwohnen, was zum Teil die hohe Scheidungsrate bei der Gruppe der unter Dreißigjährigen erklärt. Was die Familie betraf, so verblüffte es mich, dass so viele Eltern noch immer strikt puritanische Ansichten vertraten, obgleich die Religion keine dominierende Rolle mehr spielt.

Während wir unser Abendessen aus Rührei und altbackenem Brot verzehrten, fragte ich Alina: »Warum sind Ihre Eltern so streng? Sind sie sehr religiös?«

Sie sah auf ihren Teller und stocherte gereizt in ihrem Essen herum, bevor sie antwortete. »Sie glauben an Gott und gehen Ostern zur Kirche. Aber ich glaube nicht, dass sie aus religiösen Gründen so streng sind, sondern vielmehr, weil unsere Freunde und Verwandten mich für eine schlechte Frau halten würden, wenn sie von Tiberiu wüssten – ich meine, dass wir miteinander ins Bett gehen. Es ist die Tradition, nicht die Religion.« In den folgenden Monaten bekam ich häufig diese Erklärung für elterliche Verbote.

»Das größte Problem ist«, sagte Tiberiu, »dass wir unsere Eltern lieben, sehr sogar. Wir wollen sie nicht betrüben. Sie haben sich Sorgen gemacht und Entbehrungen auf sich genommen, um uns satt zu bekommen, als wir heranwuchsen – wobei sie oft selbst gehungert haben. So müssen wir ihre Art zu denken respektieren, selbst wenn dies sehr mühsam ist.«

Und Alina fügte hinzu: »Unsere beiden Eltern wären glücklich, wenn wir heirateten, und im letzten Jahr wollten wir dies auch tun – aber es wäre Unrecht, Kinder zu bekommen, solange es für sie nicht genug zu essen gibt. Und wir könnten die Strafsteuer für Kinderlosigkeit nicht bezahlen.«

»Im nächsten Juni«, sagte Tiberiu, »werde ich fünfundzwanzig. Unter Ceaușescu hätte ich dann ein gleichhohes Bußgeld dafür zahlen müssen, dass ich *nicht* verheiratet bin. Aber nun hat Iliescu alle diese Gesetze aufgehoben, sodass wir vielleicht bald heiraten können.«

»Warum vielleicht?«, fragte ich.

»Wegen der Wohnungsfrage«, erwiderte Alina müde. »Wenn wir heiraten, verliert Tiberiu sein Appartement – es ist nur für *eine* Person bestimmt. Aber es ist schwierig, eine größere Wohnung zu finden, und so müssen wir unter Umständen jahrelang bei meinen Eltern in ihrem kleinen Haus wohnen. Und das möchten wir nicht, obgleich wir sie lieben.«

»Vielleicht ändert Iliescu ja auch die Wohnungsgesetze«, meinte ich. »Dann könntet ihr beide hier wohnen.«

Tiberiu schüttelte den Kopf. »Nein! Er ändert nur die Gesetze, über die sich die Leute im Ausland aufgeregt haben – Babysteuer, Abtreibungsverbot und das Verbot empfängnisverhütender Mittel. Von all den anderen schlechten Gesetzen haben die Leute im Ausland nie gehört, wie zum Beispiel, dass wir nicht frei wählen dürfen, wo wir leben wollen, und andere Dinge – viele andere Dinge! Also werden diese nicht geändert. Aber vielleicht wird unsere neu zu wählende Regierung entgegenkommender sein…«

Alina brauste auf. »Iliescu ist ein guter Mann. Er hasste Ceauşescu, und Ceauşescu fürchtete ihn und hat ihn bestraft.«

Tiberiu zuckte mit den Schultern. »Was für eine Bestrafung? Direktor eines Verlages zu sein? Eine solche Bestrafung würde mir auch gefallen! Iliescu ist ein Freund Gorbatschows. Sie haben zusammen in Moskau studiert und sind seit damals befreundet. Also steht er ständig unter russischem Einfluss, was für uns bedeutet: dem Einfluss unseres Feindes.«

Es gibt keinen Beweis dafür, dass Iliescu und Gorbatschow sich als Studenten kennen gelernt haben, aber ich habe dieses Gerücht überall in Rumänien häufig gehört. Ich fragte: »Glauben Sie nicht, dass Gorbatschow zu einer neuen und anderen Sorte Russen gehört? Hat er nicht den Zerfall des Kommunismus in ganz Europa eingeleitet?«

Tiberiu lächelte mich nachsichtig an. »Der Westen kann das nicht verstehen. Ihr lasst euch täuschen, weil Gorbatschow eine andere Art von *Kommunist* ist. Aber ein Kommunist wird er immer bleiben, und Iliescu auch. *Perestroika* und *Glasnost* sind nur zwei neue Soßen auf derselben vergifteten Speise.«

Tiberius Wohnung war ein »Single«-Appartement mit heißem Wasser für jeweils zwei Stunden am Morgen und am Abend (seit der Revolution). Die kleine Küche enthielt eine Spüle aus Aluminium, einen dreiflammigen Gasherd, aber keinen Kühlschrank. Die Nahrungsmittel wurden auf dem Balkon gelagert – sofern es überhaupt etwas zu lagern gab –, den man von beiden Zimmern durch eine Balkontür betrat. Das links vom Eingang gelegene

Badezimmer war ein fensterloses Kabuff, in dem zwischen Bad, Toilette und Waschbecken gerade noch eine Person Platz hatte. Der Flur, der zu klein war, um ein Fahrrad hineinzustellen, bot immerhin etwas zusätzlichen Stauraum – in Tiberius Fall für Bücher. In Polen und Moskau habe ich erlebt, dass ganze Familien in einer solchen Wohnung lebten. Für kommunistische Verhältnisse wohnten die meisten Rumänen nicht schlecht.

Jede freie Stelle an den Wänden des Wohn/Schlafraums war mit den Porträts von Pop-Stars dekoriert, die ein nach Österreich emigrierter Cousin von Alina geschickt hatte. Aber es war nur Platz für ein halbes Dutzend, da die eine Wand völlig von einer typischen, modernen rumänischen Schrankwand eingenommen wurde, etwa sechs Fuß hoch und acht Fuß breit. Sie enthielt Bücherborde, Schubladen für Wäsche, Nahrungsmittel und Geschirr, ein Fach für Nippes und einen schmalen Kleiderschrank. Obenauf standen jene Dinge, die wohlhabendere Leute auf ihren Kaminsims stellen. Die meisten dieser aus Sperrholz gefertigten Schrankwände sehen recht hübsch aus, haben aber häufig ihre Tücken: klemmende Schubladen, lose Türknöpfe und ausbrechende Scharniere, die man unmöglich wieder befestigen kann. Die besten rumänischen Möbel, die wirklich sehr hübsch sind, wurden natürlich exportiert, zumeist nach Russland – wie alle guten rumänischen Erzeugnisse.

Es war bereits nach Mitternacht, als wir uns zurückzogen. Die Nachricht vom Besuch einer Ausländerin hatte sich schnell verbreitet und ganze Mannschaften aufgeregter Nachbarn angelockt, die mir Geschenke mitbrachten und mich baten, bei meinem nächsten Besuch bei ihnen zu wohnen. Bei unseren Gesprächen ging es hauptsächlich um Politik im weitesten Sinn. Tiberius Vorbehalte gegenüber Iliescu wurden allgemein missbilligt, obgleich viele ihre Zweifel an der Fähigkeit der Rumänen äußerten, innerhalb weniger Monate nach der Revolution »demokratisch zu werden«.

Ich schlief unruhig, da ich häufig durch teuflische Schmerzen geweckt wurde. In den frühen Morgenstunden traf ich meine Entscheidung: Sollte ich in Bukarest keine wirksamen Schmerzmittel auftreiben, würde ich es in Belgrad versuchen.

Zum Frühstück (wiederum Rühreier und altbackenes Brot) erschien Mihai, der bereits am *gara* gewesen war und mir eine Fahrkarte für den Nachtzug besorgt hatte. Zu Ehren ihres ausländischen Gastes hatten Tiberiu und Alina ihren jeweiligen Chefs mitgeteilt, sie litten an »Magenverstimmungen« – eine aus nahe liegenden Gründen überzeugende Entschuldigung. Es war ein herrlicher sonniger Morgen, aber als Mihai anbot, uns zu Baia Mares verschiedenen Touristenattraktionen zu fahren, musste ich zugeben, dass ich zu starke Schmerzen hatte, um eine Sight-Seeing-Tour genießen zu können. Worauf Mihai und Tiberiu meinetwegen ernsthaft besorgt lossausten, um – vergeblich – zu versuchen, ein Medikament aufzutreiben.

Alina stellte mir einige sehr eindringliche Fragen und riet mir dann, sofort nach Hause zu fahren und die Geschichte untersuchen zu lassen. Aber ich erklärte ihr, dass mir der Gedanke unerträglich sei, Rumänien schon wieder zu verlassen, nachdem ich eben erst nach einer Wartezeit von 50 Jahren angekommen war. Und noch während ich sprach, war auf einmal alles klar.

»Mir scheint«, stellte ich selbst erstaunt fest, »dass ich eigentlich viel länger hier bleiben möchte, als ich geplant hatte. Na ja... mir ist gerade eben etwas aufgegangen: Ich möchte ein Buch über Rumänien schreiben.«

4

Bukarest
unter einer schwarzen Eisschicht

In dem überfüllten Zug nach Bukarest sprachen zwei der drei jungen Männer, die das Liegewagenabteil mit mir teilten, ein wenig Englisch. Der dritte, ein rotbäckiger Rekrut aus der Nähe von Sighet, weinte leise vor sich hin, während er sich aus dem Gangfenster hängend von seinen Eltern verabschiedete. Da er keinen Studienplatz bekommen hatte, standen ihm 15 Monate harter Arbeit auf einer Staatsfarm bevor – oder eine vergleichbare, unbezahlte Arbeit. Eingeschriebene Studenten brauchten nur neun Monate abzuleisten.

Nach dem »Ruhetag« in Baia Mare (geistig war er ganz schön anstrengend gewesen) war es mir möglich, ein paar Stunden im Gang zu stehen und an dem allgemeinen Überschwang teilzuhaben – einer Hochstimmung, die so ansteckend war, dass sie mich bis zu einem gewissen Grad meine Schmerzen vergessen ließ. Wilde Gerüchte machten die Runde und wurden – gewöhnlich – geglaubt. Nicu Ceaușescu hatte angeblich – obgleich er im Gefängnis saß – für den nächsten Tag (26. Januar) eine Gegenrevolution vorbereitet, um so den Geburtstag seines Vaters zu feiern. Tausende libyscher Söldner sollten bereits heimlich nach Jugoslawien geflogen worden sein und standen kurz davor, die Grenze zu überschreiten. Die Bereitschaft, derartigen Unsinn zu glauben, insbesondere wenn er darauf abzielt, Nicht-Rumänen in ein schlechtes Licht zu setzen, schien mir damals lediglich bedauernswert. Später habe ich gesehen, dass es eine gefährliche Schwäche ist, die die einfachen Leute (und auch viele andere) leicht zu Opfern von Manipulationen werden lässt.

Zwischen den Gerüchten verkündete jedermann laut seinen Hass auf den Kommunismus, sein Vertrauen in Iliescu und seine unglaubliche Freude, *frei* zu sein. Noch lange nachdem ich mich auf meinem sauberen, bequemen Bett im Liegewagen ausgestreckt hatte, stieß man überall im Wagen mit *tuica* auf die *libertate* an. Es war genau einen Monat her, dass die Ceauşescus hingerichtet worden waren.

Während der fast schlaflosen Nacht begann ich zu fürchten, Alina könne vielleicht doch Recht gehabt haben. Als wir pünktlich um 7.30 Uhr in Bukarest ankamen, konnte ich mich kaum bücken, um meine Stiefel anzuziehen, und musste um Hilfe bitten, um vom Waggon auf den Bahnsteig zu kommen. Rumäniens Eisenbahnwagen sind alles andere als behindertengerecht – was ich bei anderer Gelegenheit bestätigt fand, Monate nach meiner zweiten Katastrophe.

An jenem grauen, nebligen Morgen mit Temperaturen weit unter dem Gefrierpunkt zeigte sich Bukarest nicht von seiner besten Seite. Sogar im *Centru* waren Straßen und Bürgersteige trügerisch mit schmutzigem, festgetretenen Schnee bedeckt, und die schwarzen Eisflächen dazwischen gaben mir fast den Rest. Hier zu stürzen, war genau das, was mir noch fehlte. In der einzigen offenen Apotheke erntete ich von einer totenblassen, heftig schielenden Frau nur ein krampfhaftes Lachen, als ich um Schmerztabletten bat. Alle Hotels verlangten ein Umtauschzertifikat; ohne Zertifikat forderte man für das billigste Zimmer $ 40. Das heruntergekommene alte Gebäude musste einmal ganz hübsch gewesen sein; jetzt lag ein schmutzstarrender, zerrissener Teppich im Foyer, ein gehässiger, unrasierter Mann versah den Dienst an der Rezeption, und die verstopften Toiletten stanken erbärmlich.

Während ich mit der Metro auf der Suche nach einem einfachen kleinen Hotel von einem Stadtteil zum anderen fuhr, starrten mich die Leute ziemlich an. Trotz meiner leichten Bekleidung schwitzte ich erkennbar vor Schmerzen. Es gab nur wenig Möglichkeiten, um sich irgendwo auszuruhen. Die meisten Restaurants und Cafes waren seit der Revolution geschlossen – sogar in den großen Bahnhöfen; und die Atmosphäre im hyperluxuriösen Hotel Intercontinental war unerträglich blasiert. Es gehörte zu den Ceaușescu fördernden Investitionen Amerikas in den frühen 70er-Jahren. Um für das Hotel Platz zu schaffen, hatte man das architektonische Herz des alten Bukarest zerstört. Heute ist nur noch wenig von der Hauptstadt übrig geblieben, die einst als das »Paris des Ostens« galt. Als ich durch die Pendeltür kam, eilte ein prächtig uniformierter Portier auf mich zu, um mich zu verscheuchen; sozial benachteiligten Rumänen ist es nicht gestattet, diesen Tempel des Überflusses zu beschmutzen. Sein Gesicht war sehenswert, als ich ihm sagte, er solle verschwinden. Offensichtlich war er im Umgang mit sozial benachteiligten Ausländern ungeübt und kannte die Regeln nicht: Er zögerte, warf einen nervösen Blick in Richtung Rezeption und erlaubte mir dann, ins Foyer zu kommen, wo ich mich angewidert einen Moment ausruhte, bevor ich freiwillig wieder ging.

Während meines ersten Besuches in Bukarest erlebte ich die Stadt auf zwei Ebenen, die in der Rückschau völlig unterschiedlich scheinen, obgleich sie sich damals überlappten. Einerseits musste ich mit meinen eigenen körperlichen Schmerzen fertig werden, andererseits reagierte ich aber auch auf die seelischen Leiden seiner Bewohner. Der allgemeine Schockzustand, in dem sich Rumänien damals befand, trat in der Hauptstadt besonders krass in Erscheinung. Hier war der Preis für die Revolution bezahlt worden, und viele waren nervös und/oder leicht aggressiv. Die Stimmung war völlig anders als an allen übrigen Orten, wo ich gewesen war.

Als ich kurz nach Sonnenaufgang an der Piata Universitatii aus der Metro kam, wehte mir unvermittelt der Duft brennender Kerzen entgegen – und dann sah ich ihren warmen Schein im frostigen Morgengrauen. Zu Hunderten standen sie flackernd um einen riesigen Berg aus Immergrün, Kränzen und erfrorenen Blumensträußen, die den Platz markierten, wo so viele gestorben waren. Einfache Holzkreuze, eingebettet in das Immergrün, tru-

gen Fotos der Gefallenen und Botschaften von ihren Familien –
oft: »Dem rumänischen Volk«. Auf schlichten Holztafeln hatte
man sorgfältig mit der Hand geschriebene Gedichte zur Erinnerung befestigt und mit durchsichtiger Folie geschützt. Menschen
aller Altersgruppen kreuzten auf ihrem Weg zur Arbeit die breiten Straßen, um weitere Kerzen anzuzünden und einen kurzen
Moment an dieser Erinnerungsstätte zu verweilen. Ohne Zweifel
waren Verwandte und Freunde der Toten darunter; die Mehrheit
wirkte noch immer traumatisiert. Viele bekreuzigten sich wiederholt und beteten vor einer der Ikonen, wobei sie auf dem Eis nie-
derknieten. Ein paar brachten weitere Inschriften mit, die sie mit
kältestarren, tastenden Fingern an die Tannenzweige banden.
Einige beugten sich vor und starrten mit versteinerten Gesichtern angespannt auf die Fotos, als wollten sie sich selbst Mut machen, indem sie sich die Tapferkeit jener Helden ins Gedächtnis
riefen. Das Schweigen war absolut; niemand sprach oder betete
laut oder schluchzte – oder sah seinen Nebenmann an.

Überall in dieser Gegend sah man auf den breiten Boulevards
ähnliche, wenn auch etwas kleinere Gedenkstätten. Wo irgendein
geliebter Mensch erschossen worden war, hatte man grüne Zweige
in die Schusslöcher der Mauern gesteckt. Alle paar Stunden tauchten an den Wänden oder den Fensterscheiben von Läden und Büros neue »politische Erklärungen« auf – handgeschrieben, auf der
Maschine getippt oder primitiv gedruckt. Sofort bildeten sich dann
Gruppen, um leidenschaftlich jeden Satz der letzten Proklamation
zu diskutieren. Ich war damals naiv genug, um von der lodernden
Leidenschaft dieser spontanen öffentlichen Debatten beeindruckt
zu sein, was es mir leichter machte, alle diese ergreifenden Gedenkstätten zu ertragen.

Schließlich kam ich zu einem einigermaßen annehmbaren
Hotel, wo mir die abgehärmte Frau an der Rezeption versicherte,
dass die Front der Nationalen Rettung – die rumänische Interimsregierung FSN – dabei sei, Dokumente an Ausländer auszugeben,
die die Vorlage eines Umtauschzertifikats überflüssig machten.

Dies war das erste Mal, dass die FSN als real existierende Regierung mein Interesse erregte. »Sie meinen, dass die Front wirklich dabei ist, die Dinge neu zu organisieren?«, fragte ich – vielleicht mit einer gewissen unfreiwilligen Skepsis in der Stimme.

Ich hatte sie verärgert. »Unser Führer Iliescu organisiert *alles* und sorgt dafür, dass es uns allen besser geht«, informierte sie mich kurz angebunden.

Es war ziemlich unwahrscheinlich, dass sich die FSN mit meinen unbedeutenden Angelegenheiten abgeben würde; trotzdem reizte mich die Vorstellung, sie in Funktion zu sehen.

»Wo tagt die Front?«, erkundigte ich mich.

»An der Piata Gheorghiu-Dej.« Sie fügte noch hinzu, dass es keine Busverbindung gäbe und ich schon viel Glück haben müsse, um ein Taxi zu finden. Ich brauchte eine Stunde, um hinzukommen, indem ich mich übervorsichtig über das schwarze Eis tastete.

Noch immer bewachten bemannte Panzer die verwüstete Kampfzone, wo sämtliche Häuserwände Kugel- und Granatenspuren aufwiesen. Als ich an der völlig ausgebrannten Universitätsbücherei vorbeikam, fiel mein Blick auf jenen berüchtigten Balkon, hinter dem sich das Hauptquartier der Partei befunden hatte, und auf die düstere Fassade des nahe gelegenen Gebäudes der Securitate. Diese Fassade hätte auch dann ein bedrückendes Gefühl hinterlassen, wenn man nichts über die Geschichte und Funktion des Hauses gewusst hätte. Zwei etwas klein geratene Rekruten mit vom Frost geröteten Nasen und schlechten Zähnen lehnten müde an einem unter dem Balkon stehenden Panzer. Sie setzten mich davon in Kenntnis, dass das FSN-Hauptquartier am Tag zuvor zur Piata Victoriei umgezogen sei, etwa zwei Kilometer in der Richtung, aus der ich gerade gekommen war. Sie trösteten mich: Es gäbe dort eine Metro-Station.

Als ich aus der Station kam, erblickte ich fünf- bis sechshundert Soldaten im Kampfanzug und mit schussbereiten Waffen, die das Gebäude des ehemaligen Außenministeriums umstellt hatten, das die FSN gerade zu ihrem neuen Hauptquartier gemacht hatte – ein lang gestrecktes, trostlos nüchternes Gebäude. 20 Panzer waren zu seinem Schutz aufgefahren und stießen schwarze Abgaswolken aus, was eigentlich nicht hätte sein dürfen, wenn sie in einwandfreiem Zustand gewesen wären. Zivilisten waren nicht zu sehen. Dafür verfolgten fünf- oder sechshundert militärische Augenpaare neugierig meinen Weg, als ich langsam von der Metro-Station über die leere, vereiste Piata schlich. Indem ich mir versicherte, dass die Armee – zumindest theoretisch – pro-demokratisch war, schlitterte ich unerschrocken auf das Zentrum des Kordons zu und sagte ganz beiläufig: »Permiteti mi«, als ob ich mich durch das Gedränge eines Supermarktes bewegte. Ohne zu zögern, traten zwei verwirrt aussehende Soldaten zur Seite, um mich durchzulassen. Erst als ich direkt auf den etwa 50 Yards entfernten Haupteingang zusteuerte, kam ein höherer Offizier hinter mir hergerannt.

»Willkommen in Rumänien«, sagte er feierlich und schüttelte mir die Hand. »Sie sind Engländerin?« Nachdem ich seinen Irrtum aufgeklärt hatte, griff er abermals nach meiner Hand und hielt sie zwischen seinen beiden Händen fest: »Sie sind Irin! Dann müssen Sie besonderes Verständnis für unsere Probleme haben, denn bei Ihnen ist doch ständig Revolution!«

Ich fühlte mich zu schwach, um näher auf die politischen Verhältnisse in Irland einzugehen, fragte ihn aber: »Wieso haben Sie geglaubt, ich sei Engländerin?«

Er lachte. »Sie sehen irgendwie ungewöhnlich aus, nicht wie eine Französin, Deutsche oder Amerikanerin. Und da ich viele englische Bücher gelesen habe, habe ich wohl den Eindruck gewonnen, dass alle Engländer *ungewöhnlich* sind. Dadurch ist mir ein peinlicher Fehler unterlaufen, für den ich um Entschuldigung bitte.«

Ermutigt durch seine Freundlichkeit erkundigte ich mich: »Warum sind hier so viele Soldaten?«

»Eine reine Vorsichtsmaßnahme«, erwiderte der Colonel beschwichtigend, »gestern Abend versammelte sich hier eine große

Anzahl junger Leute. Sie waren ungeduldig, wollten die demokratischen Wahlen *jetzt*. Einige waren sehr wütend auf die Front. Außerdem gibt es vage Gerüchte über einen heutigen Vergeltungsangriff auf dieses Gebäude, um seinen Geburtstag zu feiern. Ich glaube nicht daran, aber wir haben uns vorsichtshalber darauf vorbereitet – getreu dem Motto der englischen Boy-Scouts!« Stolz auf diese Anspielung strahlte er mich an und fügte hinzu: »Natürlich sind Sie uns herzlich willkommen, wenn Sie sich jetzt die Front ansehen wollen. Die Leute freuen sich über jeden ausländischen Besuch – ausländische Hilfe ist für uns jetzt sehr wichtig…«

Mich hatten meine Schmerzen inzwischen so zermürbt, dass ich im ersten Moment nicht gerade sehr wild darauf war, in einem Gebäude herumzuhängen, das möglicherweise jeden Augenblick von der auferstandenen Securitate angegriffen wurde. Aber dann gewann doch meine Neugier die Oberhand, und ich ließ mich von dem Colonel zum Eingang führen, wo er mich an einen stämmigen Leutnant weiterreichte, der mit einer Maschinenpistole, einer langläufigen Pistole und einem blanken, *kukri*-ähnlichen Krummdolch bewaffnet war.

Die riesige, hohe Eingangshalle hatte man durch frisch gezogene Wände in kleine Räume oder Büros eingeteilt. Kostspielig gekleidete Männer eilten hin und her, wobei sie einen gedankenverlorenen oder gereizten, einen ärgerlichen, erschöpften oder auch erschreckten, schlicht allgemein zermürbten Eindruck machten. Die Anzahl der Zivilisten wurde jedoch weit von den auf Posten stehenden bewaffneten Soldaten und den unbewaffneten höheren Offizieren übertroffen, die als politische Berater präsent zu sein schienen. Wie überall damals in Rumänien waren die Beziehungen zwischen diesen beiden Gruppen sehr freundschaftlich – bisweilen sogar herzlich. Später sah ich, dass viele Soldaten auf der Straße und in der Metro spontan von den Leuten umarmt wurden.

Die Atmosphäre war sehr angespannt; verständlich bei der Anfälligkeit der Rumänen für Gerüchte. Alles andere als willkommen, wurde die Ausländerin – wie ich erwartet hatte – ignoriert. Die Front hatte immerhin einen landesweiten nachrevolutionären Wiederaufbau auf dem Tagesplan, sodass man von ihr vernünftigerweise nicht erwarten konnte, dass sie ihre Aufmerksamkeit auch noch den trivialen Bitten eines ramponierten Wanderers schenken konnte. Um mich einen Moment auszuruhen, setzte ich mich an einen kleinen Tisch in einer Ecke. Sitzen zu können, war eine solche Erleichterung, dass ich hoffte, ich würde eine Zeit lang unbemerkt bleiben. Und plötzlich kam mir in den Sinn, dass ich hier unmittelbar erlebte, wie Geschichte gemacht wurde. Um mich herum herrschte offensichtlich totales Chaos, aber aus ihm heraus würde – mit Sicherheit – eine neue Ordnung für Rumänien entstehen.

Nach etwa einer halben Stunde begann ich mich leicht unwirklich zu fühlen, wie unter einer Tarnkappe… Ich verließ meinen Platz und zeigte dem stämmigen Leutnant am Eingangstisch meinen Pass. Er sprach weder Englisch noch Französisch. Nachdem er sehr genau mein Visum studiert hatte, telefonierte er einen hoch gewachsenen jungen Mann mit engstehenden grau-blauen Augen herbei, der einen Nadelstreifenanzug und auf Hochglanz polierte braune Schuhe trug.

»Wir haben die Abteilungen getrennt«, erklärte er mir. »Die Ausländerabteilung ist seit heute nicht mehr hier. Sie ist gestern in ein Gebäude in der Nähe der Piata Gheorghiu-Dej umgezogen – wissen Sie, wo das ist?«

Ich nickte leicht genervt: »Ich komme gerade aus ihrem alten Hauptquartier.«

»Dann brauchen Sie also nur zu einer dort in der Nähe gelegenen Straße zurückzugehen«, sagte der junge Mann, »und die Abteilung wird Ihnen helfen.«

»Könnten Sie vielleicht den Leutnant bitten, mir ein Taxi zu besorgen?«, fragte ich ihn. »Ich habe mir den Rücken verletzt.«

Der junge Mann sah mit einer Mischung aus Verachtung und Feindseligkeit auf mich herab und bemerkte knapp: »In dieser

Stadt ist es nicht möglich, ein Taxi zu rufen.« Dann ließ er mich ohne ein weiteres Wort einfach stehen. Er war der unfreundlichste unter den wenigen unhöflichen Rumänen, die mir begegnet sind.

Draußen erschien glücklicherweise wieder der Colonel und sandte sofort drei seiner Leute in verschiedene Richtungen aus, um eins von Bukarests schwer zu ergatternden Taxis für mich zu requirieren.

Zwanzig Minuten später überraschte es mich schon nicht mehr, dass die Abteilung zur Unterstützung von Ausländern geschlossen war – aber trotzdem von einer Gruppe Rekruten bewacht wurde. Ihr Vorgesetzter – ein bartloser Jüngling –entschuldigte sich: Das Gerücht über den Vergeltungsangriff habe es ratsam erscheinen lassen, Nebenabteilungen heute nicht zu öffnen und das Militär um die Piata Victoriei zu konzentrieren.

Wir hatten unser auf dem Bürgersteig geführtes Gespräch gerade beendet, als ein amerikanischer Akzent mein Ohr erreichte. »Haben Sie ein Problem?«, fragte Vicki.

»Zwei«, erwiderte ich, »ein medizinisches und ein Hotelproblem.«

Vicki adoptierte mich auf der Stelle; nachdem sie kürzlich aus ihrem vierjährigen Exil in Florida zurückgekommen war, hatte sie ebenfalls ein Problem: Kulturschock. Wie sich schnell herausstellte, brauchte sie mich genauso dringend wie ich sie. »Ich bin Zahnärztin«, meinte sie, »und kann herausbekommen, wo man Schmerzmittel bekommt. Kommen Sie, auf geht's! Bis zur Apotheke ist es nicht weit, und dann geht es Ihnen auch bald besser!«

Als wir um die Ecke bogen, standen wir wieder vor der gleichen wie vorhin. Ich hätte heulen können: »Die taugt nichts! Ich habe es hier schon versucht, die haben nichts.«

»Sie werden schon was finden«, meinte Vicki, »sie müssen nur wollen.« Während sie die verhärmte Frau einzuschüchtern versuchte, setzte ich mich auf den Fußboden. Nicht, um ihre Forderung dramatisch zu unterstreichen, sondern weil ich die Schmerzen im Stehen nicht länger aushalten konnte, wo sie weit schlimmer waren als im Sitzen. Schließlich wurde eine Helferin zu irgendeiner geheimnisvollen Quelle für Piofen und Mydocalm entsandt, von denen ich alle vier Stunden je eine Tablette einnehmen sollte. Ich war inzwischen bereit, jeden in Dollar verlangten Preis dafür zu bezahlen, aber die 200 Tabletten kosteten zusammen 30 Lei, etwa 2 Pence. Gelegentlich sind die Rumänen einzigartig immun gegen Korruption.

Nach 15 Minuten hatten die Schmerzen so weit nachgelassen, dass ich auch wieder an andere Dinge denken konnte, wie z. B. ans Essen. Als ich vorschlug, irgendwo zu Mittag zu essen, war Vicki sehr entschieden: »Lassen Sie uns ins Intercontinental gehen. Woanders bekommen wir nichts Vernünftiges.«

»Muss das sein?«, protestierte ich. »Ich war heute morgen dort – es war unerträglich. Es muss doch auch woanders etwas zu essen geben, selbst wenn es nicht so gut ist.«

Vicki starrte mich verblüfft an. »Alle Ausländer mögen das Intercontinental; es ist der einzige zivilisierte Ort in diesem blöden Kaff!« Ganz offensichtlich verlangte es sie danach, in diese Oase der kosmopolitischen Blasiertheit zu entfliehen … Also kämpften wir uns zum Restaurant im 21. (oder war es das 22.?) Stockwerk durch und bekamen ein hervorragendes Menü sowie eine Flasche herrlichen rumänischen Claret für zusammen $ 2.90 (nach meinem Umrechnungskurs).

Ich fragte unseren flinken jungen Ober, woher der knackige Salat komme – der erste Salat, den ich in Rumänien gesehen hatte. »Aus Holland, Madame – mit dem Hilfsflugzeug heute Morgen.« Und das zarte, saftige Rindfleisch? »Aus Irland, Madame. Viele Tonnen kommen als Geschenk mit Kühlwagen.« – »Und der perfekt gereifte Blauschimmelkäse?« – »Italien, Madame – das gesamte Ausland ist sehr, sehr freundlich zu Rumänien.« Offensichtlich fand er es völlig in Ordnung, dass ein staatseigenes Luxushotel sich Nahrungsmittel aneignete, die zur Verteilung an die Not leidende Bevölkerung gedacht waren. Deprimierenderweise fand auch Vicki nichts dabei: »Das alles hilft Rumänien«, argumentierte sie. »Wie sollten wir sonst die Ausländer versorgen, die uns seit der Revolution besuchen? Sie sind an gutes Essen gewöhnt, sie erwarten es – und wir sollten es ihnen geben.«

Vicki aß wie jemand, der am Verhungern war. Sie gab zu, dass dies ihre erste vernünftige Mahlzeit war, seit sie Florida vor drei Wochen verlassen hatte. Aber schon allein der Aufenthalt in dieser amerikanisierten Zuflucht, fern von den Realitäten ihrer Geburtsstadt, war für sie offensichtlich ebenso wichtig wie ein reichliches Essen. Das Intercontinental symbolisierte, was inzwischen ihre Welt geworden war. »Ich brauche es, mich hier ein wenig auszuruhen«, sagte sie, »aber ich habe kein Geld, also geht es nicht. Hier ist man gezwungen, etwas zu bestellen. Die Ober beobachten Leute wie mich, und wenn ich nichts verzehre, werfen sie mich hinaus.«

»Warum sind Sie dann nach Hause gekommen?«, erkundigte ich mich.

»Weil ich Rumänin bin und Rumänien liebe. Wir sind schlechte Exilanten, wir haben dauernd Heimweh, selbst nachdem wir ein Leben lang im Ausland waren. Als die Revolution ausbrach, dachte ich, nun würde alles anders und eilte nach Hause. Jetzt weiß ich, dass es Jahre dauern wird, bis sich etwas geändert hat, falls überhaupt. Ich wollte hier praktizieren – in Florida durfte ich es nicht, weil mein Examen nicht anerkannt wurde. Also musste ich in allen möglichen Scheißjobs arbeiten. Aber ich war verrückt, nach Hause zu kommen und meine gesamten Ersparnisse für die Fahrtkosten auszugeben. Jetzt sitze ich fest und liege meiner Mutter auf der Tasche, die selbst nicht genug hat. Oder meinem Bruder, der seinen gesamten Verdienst dafür braucht, um auf dem schwarzen Markt Nahrungsmittel für seine beiden Kinder zu kaufen …«

Vickis augenblickliches Dilemma war schmerzlich: Sie sehnte sich nach ausländischer Gesellschaft und schämte sich ihres Zuhauses. Nach vielem Hin und Her platzte sie schließlich mit der Einladung heraus, bei ihr zu übernachten: »– falls Ihnen eine wirklich schäbige Unterkunft nichts ausmacht. Das Haus gehört meiner Mutter – mein Vater ist tot; es ist nur eine Hütte… wäre es Ihnen recht?«

Um sie zu beruhigen, gab ich ihr eine anschauliche Beschreibung meines eigenen Hauses in Irland, wobei ich seine Primitivität ein wenig übertrieb.

»Es ist ein ziemlich weiter Weg bis da draußen«, meinte Vicki, »und die Busse sind entsetzlich voll und stickig und langsam – lassen Sie uns ein Taxi nehmen!«

Die Achtmeilenfahrt in einem zerbeulten Dacia durch Straßen voller Schlaglöcher und Schneehaufen – eine Tortur für meinen Rücken – kostete weniger als £ 2. Auf dem Weg kamen wir an dem Gebäude vorbei, das Ceauşescus neue Residenz hatte werden sollen, und womit er alle Paläste der europäischen Herrscher in den Schatten stellen wollte. Um den nötigen Bauplatz zu schaffen, hatte man Hunderte von intakten und geliebten Häusern abgerissen.

Dies veranlasste Vicki zu einer antikommunistischen Hasstirade. Sie war fast beleidigt, als ich sie daran erinnerte, dass es ähnlich extravagante Baupläne auch vor der kommunistischen Zeit gegeben hatte. Schon König Carol II. hatte den Ehrgeiz gehabt, den Buckingham Palace auszustechen, und zu diesem Zweck ebenfalls erbarmungslos die Gebäude der *hoi polloi* abreißen lassen. Vicki war nur eine von vielen meiner Freunde, die es nicht gern hatten, wenn man sie aufforderte, in ihrer Analyse der gegenwärtigen Probleme Rumäniens weiter als bis zur kommunistischen Machtübernahme zurückzugehen.

Den größten Teil des kleinen, schneebedeckten Gartens »der Hütte« nahm ein rostiges Autowrack ein; Beweis dafür, dass Vickis Vater vor seinem plötzlichen Tod 1980 Autobesitzer gewesen war. Statussymbole sind in Rumänien, wie ich herausfand, außerordentlich wichtig. Aber dieses Schrottauto zur Schau zu stellen, schien mir doch ein wenig übertrieben. Als wir durch den tiefen, knirschenden Schnee stapften, wurden wir von Goofy mit fröhlichem Schwanzwedeln begrüßt, einem zottigen, weißen Hirtenhund, der Tag und Nacht neben seiner geräumigen, hölzernen, mit Stroh ausgepolsterten Hundehütte angekettet war. Obgleich er wenig bewegt wurde und niemals ins Haus kommen durfte, war er unerklärlicherweise gutmütig und liebevoll. Dann erschien Mango – glänzend, rauchgrau und wohl genährt –, ein ständig schnurrendes Bündel lebhafter Zuneigung. Da Katzen in Rumänien nicht sterilisiert werden, hatte sie in neun Jahren 12 Würfe produziert, schien aber keineswegs von Familienpflichten zermürbt.

Das solide, mit roten Ziegeln gedeckte, vor etwa 100 Jahren erbaute Fünfzimmerhaus war eines unter mehreren, die – jedes mit eigenem Garten – entlang der Straße aufgereiht standen. Früher war dies einmal ein blühendes Bauerndorf gewesen; jetzt wurde es langsam von Bukarest vereinnahmt. Aber noch immer hatte es seinen Dorffrieden und ein gutnachbarschaftliches Zusammengehörigkeitsgefühl bewahrt, das in Wohnblocks leicht verloren geht – wenngleich in Rumänien seltener als anderswo.

Im Winter wurde nur ein kleiner Raum als gemeinsames Wohn/Schlafzimmer benutzt. Holz für den hohen Kachelofen war teuer und knapp. Vicki entschuldigte sich, dass sie den Ofen nicht gleich anmachte. »Das macht meine Mutter, wenn sie um sechs Uhr nach Hause kommt« – es war 15.45 Uhr. »Ich habe den Trick, Feuer zu machen, verlernt. In Amerika braucht man das nicht.« Es war ein trostloses, verwohntes Zimmer, dessen eine Hälfte von einer Doppelbettcouch eingenommen wurde. Vicki meinte, wenn wir uns quer legten, könnten wir alle drei darauf schlafen – wenn wir unsere Füße auf Stühle legten. (In solchen Momenten wurde die Trauer um den Verlust meines Schlafsacks besonders heftig!) Der Fernseher war vor Jahren zusammengebrochen. Statt dessen wurde sofort ein altes Radio angedreht, das den ganzen Abend über vor sich hin tönte, ohne dass jemand zugehört hätte.

Vicki saß eingewickelt in eine Decke auf dem Sofa. Auch mir hatte sie eine angeboten. Aber mir war es in meiner gefütterten Jacke warm genug, während ich mit Mango auf dem Schoß an einem kleinen Tisch am Fenster saß und auf flache, verschneite Felder hinaussah, die – wie Vicki sagte – ihren Großeltern väterlicherseits gehört hatten. Ihre Eltern waren keine Bauern. Vater hatte in einer *alimentara* gearbeitet und war gerade zum Geschäftsführer befördert worden, als er starb. Mutter war in derselben *alimentara* Kassiererin gewesen und vor zwei Jahren mit 55 in Rente gegangen. Vickis ein Jahr jüngerer Bruder war Atomphysiker und mit einer Chemotechnikerin verheiratet. Mutter ging jeden Tag zum anderen Ende von Bukarest, um auf ihre beiden kleinen Kinder aufzupassen.

Vickis »Kulturschock« war besorgniserregend. Während sie sich auf der Divankante hin- und herwiegte, platzte sie heraus: »Hätte ich unsere Revolution bloß nicht im Fernsehen gesehen! Ich könnte noch in meinem schönen Appartement in Florida sein… Ich ließ mich mitreißen; ich glaubte, es sei eine wirkliche Revolution, dass der Tod aller dieser tapferen Helden ein neues Land für uns alle schaffen würde – all das Blut und Leid… Und ich wollte teilhaben am Aufbau eines neuen Rumäniens. Jetzt kenne ich die Wahrheit. Goofy ist seit sieben Jahren an seine Hundehütte gekettet, er weiß nichts von Freiheit. Wenn ich ihn losmache, läuft er nicht weg. Stattdessen dreht er sich um und geht in seine Hütte zurück. Und genauso verhält sich Rumänien, obgleich die meisten es noch nicht wissen. Sie verwechseln die Befreiung von den Ceauşescus mit einer wirklichen Revolution. Freiheit und Demokratie sind ihnen unbekannt, und sie wissen auch nicht, wie sie sie lernen sollen.«

»Aber Sie haben Freiheit kennen gelernt«, warf ich ein, »vielleicht könnten Sie ihnen helfen, sie zu lernen? Außerdem gibt es nicht viele Rumänen, die fließend drei europäische Hauptsprachen sprechen – Sie könnten eine wertvolle Mitarbeit in den Beziehungen zum Ausland leisten.«

Vicki winkte ungeduldig ab. »Jetzt reden Sie, als hätte es eine wirkliche Revolution gegeben! Welche Rolle sollten Leute wie ich übernehmen, wenn Rumänien wieder in seiner Hundehütte sitzt?

Häftling? Ein gefundenes Fressen für die Securitate, wenn sie wieder auftaucht?...«

Während es langsam dunkel wurde, ging ich hinaus zu dem neben der Hundehütte gelegenen Klohäuschen. Da Goofy emotional von Leuten abhängig war, die zur Toilette gingen, blieb ich stehen und streichelte ihn; sein dichtes Fell war gut gepflegt – von Mutter, wie sich später ergab.

Es war bereits stockdunkel und fror heftig, als Mutter kam, eine Frau, die so fröhlich und locker war wie ihre Tochter trübsinnig und angespannt. Nachdem sie sich schnell vom Schock meines Besuches erholt hatte, begrüßte sie mich auf typisch rumänische Art: Umarmungen, Küsse und besorgte Ausrufe wegen meiner zu dünnen Bekleidung. Flink machte sie Feuer, bevor sie mit einem eisenbeschlagenen Holzeimer zu einem tiefen Brunnen hinter dem Haus ging – offensichtlich eine weitere Arbeit, deren »Trick« ihre Tochter in Florida verlernt hatte.

»Meine Mutter hat keine Ahnung, wie man das Leben genießt«, bemerkte Vicki übellaunig. »Immer nur Arbeit, Arbeit, Arbeit – ohne Unterbrechung, von morgens bis abends. Mich versteht sie überhaupt nicht. Sie hat ihre Möglichkeiten nie genutzt.« (Ich wunderte mich im Stillen, was dies wohl für Möglichkeiten gewesen sein mochten. Bei der Machtübernahme durch die Kommunisten war sie noch ein Kind gewesen.)

Als Abendessen hatte Mutter den harten Rest eines grauen Brotes mit der allgegenwärtigen Brombeermarmelade bestrichen und ungezuckerten Kräutertee gekocht. Etwas anderes war nicht im Haus, und sie freute sich zu hören, dass wir gut zu Mittag gegessen hatten. Ihr Aussehen verriet, dass sie nie ein gutes Mittagessen bekam; obgleich sie ein Jahr jünger war als ich, sah sie aus wie mindestens 75.

»Sie behaupten, es gäbe jetzt mehr zu essen«, bemerkte Vicki, »aber um die Sachen zu bekommen, muss man einen halben Tag im Schnee anstehen. Ich bin das nicht gewöhnt, ich ertrage das nicht...«

Manchmal ist es ein Nachteil, keine bäuerlichen Eltern zu haben; von den Millionen Stadtbewohnern hatte die erste Generation noch die wenigsten Schwierigkeiten gehabt, Ceauşescus dunkles Zeitalter zu überleben.

Um acht Uhr entschuldigte ich mich und rollte mich in meiner Ecke des Bettes zusammen, da ich in der Nacht zuvor buchstäblich kein Auge zubekommen hatte. Am nächsten Morgen würde mich Mutter noch vor Sonnenaufgang zum Centru begleiten; sie musste jeden Tag um sieben Uhr bei ihren Enkelkindern sein. Vicki erklärte, sie stünde nie vor Mittag auf – und selbst dann werde ihr der Tag zu lang…

Das Radio weckte mich um fünf Uhr mit der Durchsage der Temperatur: –3°C, für Bukarester Verhältnisse ein milder Januarmorgen. Aber ich dachte darüber anders als Mutter, und so marschierte ich lieber eine Meile bis zur Endhaltestelle des Oberleitungsbusses, wobei ich im Schein einer Taschenlampe ängstlich den kleinen, frisch überfrorenen Schneehügeln auswich. Obgleich ich mich im Vergleich zum Vortag wieder ganz beweglich fühlte, wurde jede Unvorsichtigkeit oder unfreiwillige Bewegung sofort bestraft. Inzwischen hatte ich beschlossen, die nächste Woche damit zu verbringen, mir die mit Fresken bemalten Kirchen Moldawiens anzusehen. Ich würde jetzt direkt zum *gara* fahren und einen Liegewagenplatz für den Nachtzug nach Jassy buchen. Innerhalb dieser Woche würde sich meine Verletzung entweder gegeben haben oder aber sich als unkurierbar erweisen und damit meine Rückkehr nach London unumgänglich machen.

In Baia Mare hatte ich mit der Niederschrift eines detaillierten Tagebuchs begonnen. An diesem Tag habe ich Folgendes notiert:

Die Metallsitze des Trolleybusses waren so kalt, dass mir das Hinterteil wehtat. An der Endstation füllte er sich mit elend aussehenden Arbeitern: traurige Gesichter, erschöpft, verwirrt, resigniert. Keine Unterhaltung. Bukarest scheint nicht so recht an der nachrevolutionären Euphorie beteiligt. Zu viele haben genug mit ihrem eigenen tagtäglichen Elend zu tun, wozu vielleicht noch persönliches Leid um Verstorbene und Verwundete kommt – und/oder akute Zukunftsangst. Dennoch sind auch hier viele von einem politischen Fieber befallen bzw. trunken von der Freiheit, endlich ihre Meinung sagen zu dürfen. Überall auf den breiten Boulevards, den Metrostationen oder innerhalb der Einkaufsschlangen bilden sich spontan Gruppen, um laut darüber zu diskutieren, was getan oder nicht getan werden sollte, und von wem und wie und wo und wann, wobei das entscheidende Wort häufig »wenn« ist. Fesselnd, wenn auch verwirrend sind für mich die vielen unterschiedlichen, energisch vertretenen Ansichten. Immer finden sich ein paar Englisch sprechende Studenten, die mir alles eifrig übersetzen. Diese Gruppen, die manchmal zu kleinen Menschenansammlungen werden, sind sehr gemischt: alle sozialen und Altersgruppen, Männer und Frauen. Vier weitere Bekannte haben mich gebeten, ihnen »Bücher über Demokratie« zu schicken. Besonders die Jüngeren haben erfasst, dass ihr Land plötzlich in einem zerbrechlichen Schiff in die raue politische See hinausgestoßen worden ist – noch dazu ohne Kompass.

Aber überall spürt man auch Angst. Nicht vor der Securitate (die meisten scheinen überzeugt, dass sie und die gesamte Ceauşescu-Mafia für immer erledigt sind), sondern vor der grundsätzlichen Unveränderbarkeit »des Systems«. Zahlreiche Leute behaupteten, dass Millionen Rumänen ein eigennütziges Interesse daran hätten, dass alles so weiterginge wie bisher; die einzige Veränderung, die sie gewollt hätten, sei der Sturz Ceauşescus gewesen. Ein so korruptes, grausames und zynisches System hinterlässt im ganzen Land auf allen Ebenen einen beängstigenden Rest an unmoralischen Geschäftemachern. Eine junge Frau meinte: »Die ganze Welt hat unsere Revolution für eine großartige Sache gehalten, eine göttliche Eingebung – und das war sie auch. Unsere jungen Leute waren tapfer wie die mythischen Helden. Aber auf dem Tausendkilometermarsch zu

98

wirklicher Freiheit, Stabilität und Wohlstand haben wir bisher nur den ersten Schritt getan.«

Vor allem fürchtet man, dass die Front die Wahlen manipuliert und an der Macht bleibt. Dennoch treten nur wenige für schnellstmögliche Wahlen ein. Die selbst ernannte Interimsregierung handelt zu unentschlossen; was sich in Bukarest stärker bemerkbar macht als anderswo. Viele Geschäfte, Friseure, Hotels, Büros, Apotheken, Restaurants usw. haben geschlossen oder sind nur kurz und zu unregelmäßigen Zeiten geöffnet. Man hat das generelle Gefühl passiver Anarchie – einer Gesellschaft kurz vor dem Zusammenbruch. Ich finde die Stimmung in der Stadt wenig stimulierend, trotz des ständig gebrauchten »unglaublich«, mit dem die Freude ausgedrückt wird, frei politische Schriften verbreiten und diskutieren zu können, in denen genau aufgeführt wird, was der Einzelne denkt, wünscht und glaubt. Zu viel Gewalt und Terror, zu viele Tote und Verwundete haben bei den Bewohnern einen langfristigen Schock hinterlassen. Und abgesehen von jenen unvermittelt aufflammenden politischen Debatten liegt über Bukarest eine seltsame Lautlosigkeit. Die Menschen stehen Schlange, laufen durch die Straßen und fahren mit der Metro oder dem Trolleybus, aber zumeist schweigend und ohne zu lächeln. Wenn sich eine ganze Stadt so benimmt, verursacht das ein etwas unbehagliches Gefühl.

Heute, wie auch gestern, bewachen vier junge Soldaten jeden Fahrkartenschalter der Metro. Den Gerüchten zufolge haben sie die Aufgabe, etwaige mordlustige Reste der Securitate daran zu hindern, an den Menschen auf den Bahnsteigen Rache zu nehmen – mit Sicherheit eine extreme Unwahrscheinlichkeit: Aber zweifellos trägt das Gerücht zur allgemeinen Verunsicherung bei.

In der Abenddämmerung, als die Arbeiter nach Hause gingen, versammelten sich viele um die Hauptgedenkstätte in der Nähe des Intercontinental und verharrten dort ein paar Minuten mit gesenkten Köpfen – dann zündeten sie eine Kerze an und gingen ihres Weges. Diese starke, gemeinsame Gefühlsbezeugung ist umso ergreifender, als sie schweigend erfolgt.

Nach Einbruch der Dunkelheit lud mich ein junges Paar ein, sie zur Piaţa Victoriei zu begleiten, wo erneut eine Anti-Front-Studentendemonstration einem doppelten Kordon aus Soldaten und Panzern die Stirn bot. Es war keine sehr große Menge, nicht mehr als elf- oder zwölfhundert Menschen, die Plakate schwangen, begeistert sangen und trotz ihrer Wut irgendwie eine fidele Stimmung verbreiteten. Ich hatte sie und ihre vielen älteren Verbündeten in Verdacht, dass sie nur aus Spaß an der Freude demonstrierten – eher um ihre befreiten Muskeln spielen zu lassen, als eine ideologische Meinung zu vertreten. Aber meine Begleiter meinten, dass man noch sehr viel mehr von einer studentengeführten Opposition gegen die Front hören werde.

Während des Vormittags kam mir der Gedanke, dass ich vielleicht meinen langmütigen Verleger von meiner Absicht unterrichten sollte, ein Buch über Rumänien zu schreiben. (Er hatte damals andere Pläne für mich.) Da es nicht möglich war, in London anzurufen, ging ich zur Britischen Botschaft, um mir die Telexnummer des Murray-Verlages geben zu lassen – ohne im Geringsten zu ahnen, dass, während ich dort anonym unter den geringschätzigen Blicken eines Portiers in der Halle saß (es war bereits einige Zeit her, dass ich die Kleidung gewechselt oder mich gewaschen hatte), die höheren Ränge der Botschaft sich verzweifelt mit Rumäniens exzentrischem Telefonsystem herumschlugen, in dem vergeblichen Bemühen herauszubekommen, wo ich war und wie es mir ging. Später sah ich zu, wie meine Nachricht per Telex vom nahe gelegenen Hotel Dorobanti abgesandt wurde. Ich bekam eine Kopie sowie eine Quittung über meine $ 5; nur das Telex kam nie in London an.

In dem bedrückend düsteren Foyer des Hotels bemerkte ich, während ich meine Tagebucheintragungen machte, mir gegenüber einen blassen, gut gekleideten älteren Mann, der unbeweglich auf einen Zeitungsausschnitt starrte. Seine Hände zitterten, und er sah so unglücklich aus, dass ich ihn ansprach. Er bat mich neben sich; der Zeitungsausschnitt war ein Foto seines 25-jährigen Sohnes – seines einzigen Kindes –, das am Tag zuvor im Krankenhaus aufgenommen worden war. Seine Mutter stand über ihn gebeugt, und er machte mit der linken Hand das V-Zeichen. Am 22. Dezember war ihm die Wirbelsäule gebrochen und sein Arm derart zerschmettert worden, dass er amputiert werden musste. Er war Architekturstudent in seinem letzten Jahr an der Universität und wird nie wieder gehen können – und vielleicht, ohne adäquate Physiotherapie, auch nie wieder zeichnen. Zwei Tränen rollten seinem Vater übers Gesicht, als er sagte: »Mama und Papa können dies nicht akzeptieren, Gheorghe kann es. Er hat eine Vision, was Rumänien sein kann – und sein muss. Wir hoffen, dass ihn die Zukunft nicht enttäuschen wird. Mama und Papa müssen Gott bitten, ihm Mut zu schenken. Wir selbst haben nicht genug.«

Gheorghe war eins von mehr als tausend Opfern der Revolution, die für den Rest ihres Lebens behindert sein werden; tausend andere wurden schwer verwundet, werden aber genesen. Wie mich Nord-Irland seit langem gelehrt hat, neigen wir zu oft dazu, die auf Dauer körperlich und/oder geistig Behinderten zu vergessen, während wir um die Toten trauern.

Da ich schon früh am *gara* war, hatte ich noch Zeit, mein Tagebuch zu ergänzen:

Die Rumänen sind schockiert, wenn sie erfahren, dass die irische Sprache seit dem frühen 19. Jahrhundert nicht mehr allgemein gesprochen wird. Ich kann verstehen warum. Stellen wir uns ein Rumänien vor, in dem alle Russisch oder Ungarisch oder Türkisch sprechen würden – könnte es sich als unabhängige Nation fühlen? Zugegeben, alle Österreicher und die meisten Schweizer sprechen Deutsch, viele Belgier Französisch; aber sie haben keine eigene Sprache aufgegeben, mit allem, was da-

101

mit zusammenhängt. England jedoch gab uns im Austausch etwas sehr Wertvolles, etwas von dem keiner der Eroberer oder Ausbeuter Rumäniens eine Ahnung hatte. Und jener aufrichtige Respekt vor der Demokratie hat den neuen Irischen Staat während des Bürgerkriegs 1922/23 und den nachfolgenden unruhigen Jahrzehnten gerettet. Rumäniens Vorkriegs-Pseudodemokratie erwies sich bei vielen Gelegenheiten als blasser Schein. Ich fürchte, den Rumänen ist mit »Büchern über Demokratie« nicht viel geholfen. Es ist nun einmal keine mechanische, politische Technik, sondern eine gemeinsame geistige Haltung, die eine lange Zeit braucht, um sich zu entwickeln.

5

Auf Umwegen
zu den bemalten Klöstern

Betrachtet man die Karte, so führt der kürzeste Weg von Bukarest nach Moldawien nicht eben über Oradea. Dennoch war dieser Ort mein nächstes Reiseziel. Das Schicksal hatte offensichtlich verfügt, dass ich in Rumänien nichts auf direktem Weg erreichen sollte. Jedenfalls waren bereits morgens um sieben Uhr alle Plätze im Nachtzug nach Jassy ausgebucht. Dann traf ich Paula, die vergeblich versucht hatte, einen Liegewagenplatz nach Oradea zu bekommen. Sie erklärte mir: »Seit der Revolution ist die halbe Bevölkerung ständig und überall unterwegs, um Familien und Freunde zu besuchen. Auch dies ist eine Art, die Freiheit zu feiern. Für die Wirtschaft ist das natürlich nicht gut – die Leute kommen mit irgendeiner albernen Entschuldigung und lassen ihre Arbeit liegen oder gehen auch einfach so. Und ihre Chefs trauen sich nicht, etwas dagegen zu sagen. Das ist eine der negativen Folgen, dass wir keine richtige Regierung haben: das Gefühl, es gibt keine Aufsicht, wir können tun und lassen, was wir wollen; die Polizei hat Angst vor uns. Und dann sind unsere Züge natürlich jetzt geheizt und bequem. Früher waren sie im Winter so kalt, dass eine lange Reise gefährlich werden konnte. Häufig sind Menschen in den Zugabteilen an Unterkühlung gestorben.«

Paula und ich waren uns sofort sympathisch. Sie schlug vor: »Warum kommen Sie nicht heute Abend mit mir nach Oradea? Sitzplätze sind noch zu haben. Sie können dann von dort den Temesvar-Jassy-Express nehmen. Dann hätten wir die ganze Nacht, um zu reden – ich würde mich sehr gern noch länger mit Ihnen unterhalten, okay?«

Ich war einverstanden; da die Fahrkarte 1. Klasse £ 1.25 kostete, brauchte ich in Bezug auf meine Reisekasse kein schlechtes Gewissen zu haben. Paula strahlte, umarmte mich, buchte meinen Platz – und sauste davon, um den Tag an der Universität mit der Übersetzung wissenschaftlicher Texte zu verbringen.

14 Stunden später saßen wir auf unseren nummerierten Plätzen in einem modernen Großraumwagen, dem einzigen dieser Art, den ich in Rumänien gesehen habe. Das allseitige Wohlbefinden wurde jedoch in erheblichem Maß durch die im Innern herrschende tropische Temperatur, beeinträchtigt. Paula vermutete, das Personal habe vergessen, wie man die Heizung reguliere. Dann meinte sie: »Ich bin so froh! Ich atme jedes Mal auf, wenn ich Bukarest wieder verlasse! Es ist der schlimmste Ort in Rumänien – ist das bei allen Hauptstädten so?«

»Ich bin da befangen«, gestand ich, »ich kann mit den meisten Großstädten nichts anfangen. Aber der heutige Tag war interessant. Ich bin herumgebummelt und habe mich mit den Leuten unterhalten – alle waren freundlich, bis auf das Personal in den Touristenhotels. Stimmt es übrigens, dass die meisten von ihnen Ex-Informanten der Securitate sind?«

»Kluge Leute«, erwiderte Paula, »glauben nicht an das ›Ex‹.«

Unterdessen hatten sich unsere Mitreisenden – in Hemdsärmeln und Blusen – in ernste, lautstark geführte politische Diskussionen gestürzt. Mir fiel auf, wie aufmerksam sie einander dabei zuhörten und wie geordnet diese Gespräche abliefen – im Vergleich zu den politischen Diskussionen in irischen Eisenbahnen.

Paula lächelte. »Dies sind alles Intellektuelle, die unsere neue Redefreiheit auch respektieren. Vor sechs Wochen hätten sie kein Wort miteinander gewechselt. Jeder hätte Angst gehabt, seine Gedanken zu verraten. Jetzt diskutiert jeder mit jedem über alles, was an sich das Natürlichere für uns ist – wir neigen dazu, spontan und offen unsere Meinung zu sagen. Von Haus aus sind wir weder Geheimniskrämer noch misstrauisch.« Als sie eine Bemerkung über die freie Marktwirtschaft aufschnappte, die ihr nicht gefiel, drehte sie sich unvermittelt um und stürzte sich in ökonomische Gewässer, die für mich jedoch zu tief waren. Wie überall in Rumänien war jeder höflich bemüht, das Gesagte für mich zu übersetzen. Aber als sie merkten, dass ich, als »Kapitalistin«, von Wirtschaft keine Ahnung hatte, betrachteten sie mich ungläubig und enttäuscht.

Als unsere schwitzenden Gefährten schließlich nach Mitternacht in einen unruhigen Schlummer gefallen waren, wurde Paula schwermütig. »Diese ganze unorganisierte fremde Hilfe, diese Tausende von Tonnen jede Woche – wer verteilt sie? Sie hätten sehen sollen, was mit manchen – wie vielen? – dieser Nahrungsmittel geschieht. Okay, wir brauchen Unterstützung – besonders medizinische Hilfe, und zwar sehr viel. Aber das Ganze müsste auch überwacht werden. Rumänische Ärzte können sehr korrupt sein – wenn Sie einen armen Doktor treffen, wissen Sie, dass er ehrlich ist. Es geht das Gerücht um, dass uns das Rote Kreuz hochmoderne medizinische Apparate für Krankenhäuser im Wert von dreißig Millionen Dollar geben will, aber was nützt uns das, wenn wir niemanden haben, der damit umgehen kann? Und werden uns alle diese Unterstützungen nicht dazu verleiten, noch weniger zu arbeiten? Das Ausland kann Rumänien nicht wieder aufbauen, das müssen wir selbst tun. Augenblicklich verfallen wir in Selbstmitleid, was nicht gesund ist. Ich beobachte es sogar an mir und meinen Freunden – ich glaube, das ist die Reaktion auf den jahrelangen Druck. Aber die anderen Länder sollten dies nicht noch durch sentimentale Gefühle für ›das arme Rumänien‹ unterstützen. Ich stamme aus Temesvar und bin erst vor fünf Jahren nach Oradea gezogen. Und ich glaube, Sie werden die Menschen in Temesvar realistischer und objektiver finden – wir haben uns geistig immer mehr dem Westen verbunden gefühlt. Bukarest hält sich gerne für weltoffen, aber vom historischen Standpunkt aus ist Temesvar die einzige kosmopolitische Stadt in Rumänien. Bukarest lebt dagegen noch immer im Schatten der Osmanen und des importierten Königtums. Ein weiterer Irrtum des Auslands betrifft unsere Arbeiter. Man meint, dass die bis dato unterdrückte Arbeiterschaft nach der Befreiung vom Kommunismus nun so leben könnte wie ihre westlichen Kollegen und begreift nicht, dass sie ausschließlich *marxistisch* zu denken gelernt hat. Heute erklärt jedermann, er sei Antikommunist, weil er Ceauşescu als Symbol des Kommunismus betrachtet. Aber während er dies sagt, denkt, fühlt und reagiert er noch immer zu hundert Prozent marxistisch, wie er es von seinem siebten Lebensjahr an gelernt hat. Wie sollten sich die Menschen auch von heute auf morgen ändern, nur weil Ceauşescu tot ist? Sie sind geistig verstümmelt, wahrscheinlich für immer. Unsere Generation wird sich immer vor der Freiheit fürchten, weil sie das Gegenteil von dem ist, was man ihr eingebläut hat. In allen Ländern sind die Arbeiter zumeist einfache Leute. Mit 25, 35, 45 Jahren können sie nicht so einfach alles Bisherige über den Haufen werfen und neue Wege gehen. Für einen wirklichen Wandel wird erst die nächste Generation sorgen – die Kinder, die jetzt in die Grundschule gehen und deren Gehirnwäsche vor einem Monat gestoppt wurde …«

Früh am nächsten Morgen in Oradea besorgte mir Paula eine Fahrkarte für den Zug um 9.50 Uhr nach Jassy und erinnerte mich noch einmal daran, dass ich in Gura Humorului aussteigen musste: »Sie werden dort zur Abendbrotzeit ankommen, aber es könnte sein, dass Sie kein Abendessen bekommen«, warnte sie, »besser, Sie versuchen, hier noch etwas Brot zu kaufen.« Da infolge der Benzinknappheit kaum Taxen fuhren, reichte meine Zeit leider nicht, sie zu einem gemeinsamen Frühstück in ihre Wohnung zu begleiten.

Auf der Suche nach dem Bahnhofsrestaurant musste ich mich durch eine dichte Menschenmenge drängen, in der sich zahlreiche Roma (Händler/Schmuggler) auf ihrem Weg von oder nach Ungarn befanden. (Oradea liegt nah an der Grenze.) Im Restaurant gab es weder »Tee« noch »Kaffee«, weil die Heißwasserversorgung zusammengebrochen war. Der überfüllte Raum diente lediglich als Wartesaal. An der einen Wand befanden sich zahlreiche

Automatenfächer, die jeweils einen Teller mit drei jener nur zu bekannten, graubraunen »Fleisch«-Rollen enthielten. Als ich eine freundliche Kellnerin fragte, ob sie »bun« (gut) seien, ließ sie ihren Bizeps spielen und schnitt eine Grimasse – was soviel heißen sollte wie: »nur für kräftige Zähne«. Ihre kleine Pantomime zauberte ein Schmunzeln auf viele Gesichter; trotz der Härte des täglichen Lebens sind die Rumänen leicht zum Lachen zu bringen. Als ich mir eine Rolle kaufte – meine Schmerztabletten wirkten nicht auf leeren Magen –, wurde dies von einigen Männern mit ironischem Beifall bedacht, die mir anschließend mit einer Art bewunderndem Respekt zusahen, wie ich an der undefinierbaren Masse herumnagte. Ich stellte wieder einmal fest, dass ich mich noch nicht an die miserable Versorgungslage gewöhnt hatte. Dabei ging es mir nicht um mich persönlich – ich habe genug Fett auf den Rippen –, aber es machte mich wütend, wenn ich das unzumutbare Angebot in Restaurants wie diesem mit dem Überfluss verglich, der den reichen Rumänen (und ausländischen Besuchern) in den Touristenhotels zur Verfügung stand.

Aus dem rußigen, dämmerigen Bahnhof – in dem es penetrant nach ungewaschener Kleidung und Urin roch – trat ich in einen klaren, sonnigen, erfrischend kalten Morgen hinaus. Meine Suche nach Brot führte mich die Calea Republicii hinunter zur Piata Republicii; alles in österreichisch-ungarischem Barock und Klassizismus – ein angenehmer Kontrast zu den Bauten der Ceaușescu-Ära. Die vielen *alimentara* boten die üblichen unzähligen, abstoßenden Gläser, Dosen und Flaschen an. Von den *magazins* zeigte das eine in seinem 20 Yards langen Schaufenster lediglich vier Kochtöpfe. Ein zweites hatte zwei Jacketts und ein paar Hemden zu bieten, und ein drittes sechs Kunstledergürtel und einen Schirm… Eine schnell aufrückende Schlange signalisierte den Verkauf von Brot. Nachdem ich mir einen altbackenen Kilolaib gesichert hatte, verzichtete ich darauf, mich auch für eine Dose Brombeermarmelade zwecks Geschmacksverbesserung anzustellen. Auf dem Rückweg kam ich an einer jungen Roma vorbei, die an einer Straßenecke ihre Waren anpries: »Antibabypillen! Antibabypillen!« Ich trödelte ein wenig in ihrer Nähe herum, neugierig, wer ihre Kunden sein mochten. Aber alle jungen Frauen, die auf dem Weg zur Arbeit vorbeikamen, hatten zu viel Verstand, um den Kauf zu riskieren.

Paula hatte mir geraten, nur 1. Klasse zu fahren, um meine Chance zu erhöhen, Englisch sprechende Mitreisende zu treffen. In Oradea hatte ich keine entsprechende Fahrkarte mehr bekommen, aber mein Glück blieb mir treu. Neben mir saß Liana – eine verkrüppelte junge Frau, die mit ihrer ungesunden Blässe, ihrem stumpfen, gespaltenen Haar, ihren Zahnstümpfen und abgebrochenen Fingernägeln für ein Anti-Ceaușescu-Plakat hätte Modell stehen können. Sie errötete, als sie entdeckte, dass ich Irin bin: Sie hatte noch nie zuvor jemanden getroffen, dessen Muttersprache Englisch ist. Sie kam aus Brasov, absolvierte gerade ihren »obligatorischen Dienst« in einer Banater Dorfschule und hatte sich ihr Englisch mit Hilfe der alten Schulbücher ihrer Mutter und des World Service der BBC selbst beigebracht. Zunächst war sie schrecklich gehemmt: »Ich habe kein Englisch mehr gesprochen, seit meine Mutter vor fünf Jahren starb – weil die Ärzte sie einen Tag auf die Operation warten ließen. Deshalb bin ich mir nicht sicher, ob Sie mich verstehen können.«

Lianas Grammatik und ihr Wortschatz waren indessen so hervorragend, dass ich mit ihrer Aussprache keinerlei Schwierigkeiten hatte. Sie beschrieb ihre »Lehrjahre« als Zuhörerin des World Service in einem Brasover Wohnblock: »Ich habe den Sender immer spät nachts eingeschaltet. Wir wussten, die Securitate war zu faul, nächtliche Kontrollen durchzuführen!«

»Was wäre passiert, wenn Sie geschnappt worden wären?«

Liana fröstelte. »Wir wären alle bestraft worden, die ganze Familie, auch meine Schwestern. Ich weiß nicht wie – alles war ungewiss; das war ein Teil des Schreckens. Es konnten hohe Geldstrafen sein, Gefängnis, Verlust des Arbeitsplatzes oder der Wohnung, keinerlei Beförderung mehr für irgendein Mitglied der

Familie – es war von Ort zu Ort verschieden und hing auch vom jeweiligen Chef der Securitate ab. Manche konnte man bestechen, wenn man genügend Lei hatte. Andere nicht – falls man es bei ihnen versuchte, fiel die Strafe umso härter aus. Aber wir hatten mehr Angst vor den Spitzeln als vor den Offizieren. Wenn neue Mieter in der Nähe einzogen, war es schrecklich. Monatelang lebten wir in Furcht, bis irgendetwas passierte, das uns zeigte, dass sie ungefährlich waren – obgleich man sich bei den meisten Leuten nie *ganz* sicher sein konnte, auch nicht bei Freunden – wegen der Einschüchterungen und Erpressungen.«

»Aber worüber hätten die Leute berichten können, mal abgesehen von Ihrem Radio?«

Ein trauriges Lächeln huschte über ihr Gesicht: »Sie haben Glück, das nicht zu verstehen! Wir mussten zwangsläufig jeden Tag gegen irgendein Gesetz verstoßen, wenn wir überleben wollten. Meist ging es ums Essen oder um Medikamente, wenn jemand krank war. Die Eltern meines Vaters sind Bauern, und er brachte uns aus ihrem Dorf Nahrungsmittel mit, die sie in ihrem Kollektiv gestohlen hatten – es war nur wenig, aber ohne sie wären wir vor Hunger krank geworden. Es gab weder Fleisch noch Käse, Milch, Eier oder Butter – in den letzten Jahren nicht einmal mehr für eingetragene Parteimitglieder.«

»Kannten Sie die örtlichen Securitate-Offiziere? Und waren sie alle schlecht?«

»Ja, man kannte sie – aber sie waren nicht durch die Bank schlecht. Von einigen wussten wir, dass sie Verständnis für unsere Lage hatten, besonders seit 1986. Damals wurde ein Gesetz erlassen, wonach es verboten war, länger als vier Stunden am Tag die Heizung anzustellen und länger als sechs Stunden eine Vierzig-Watt-Birne brennen zu lassen. Aber keiner von den Securitate-Leuten machte je von seinem Recht Gebrauch, jede Wohnung zu jeder Zeit zu betreten, um die Einhaltung dieser Verbote zu überwachen. Woanders taten sie es, und ein paar Leute kamen ins Gefängnis, weil sie Ölöfen benutzt hatten, die aus Ungarn oder Jugoslawien hereingeschmuggelt worden waren. Manchmal roch auch ein Spitzel das Öl, erstattete Bericht und bekam dafür Geld und sonstige Vergünstigungen. Wenn dann der Securitate-Offizier vielleicht Mitleid hatte und keine Strafe verhängte, zeigte der Spitzel ihn an und bekam noch mehr Geld, und der Offizier wurde bestraft. Die Spitzel waren *alle* schlecht. Und es gab Tausende von ihnen – in ganz Rumänien vielleicht Millionen. Wir fragen uns, was sie zukünftig tun werden. Sie sind an ihr Zubrot gewöhnt – womit werden sie es sich jetzt verdienen? Ich kenne einen, der meine Schwester angezeigt hat und heute in Bukarest als Übersetzer für französische Journalisten arbeitet – für hundert Dollar am Tag! Er hat der Securitate berichtet, dass meine Schwester ihr Schlafzimmer beschädigt, indem sie Löcher in den Fußboden gemacht habe: Sie hatte für ihre beiden Kinder ein Zelt aufstellen müssen – wenn sie es fest zumachte, hatten sie es drinnen etwas warm. Was wir jetzt haben, ist kein normaler Winter – andernfalls wären Sie in Ihren dünnen Sachen längst erfroren!«

Ich fragte Liana – wie schon viele andere vorher –, wie es komme, dass es in den rumänischen »Waisenhäusern« so viele AIDS-Opfer gäbe. (Die meisten der in diesen Heimen lebenden Kinder sind von ihren Eltern ausgesetzt worden, also keine Waisen im eigentlichen Sinn.) Sie war verwirrt, hatte noch nichts davon gehört … Und überhaupt, was genau war AIDS?

Als ich meine Reise antrat, war »Children-With-AIDS« *das* Thema im Hinblick auf Rumänien, das die meiste Aufmerksamkeit in der Öffentlichkeit erregte. Dennoch habe ich im Januar 1990 außerhalb von Bukarest niemanden getroffen, der von dieser überaus beschämenden Besonderheit des eigenen Volkes etwas wusste. Im Juni 1989 hatte das Bukarester Institut für Virologie einen Bericht erstellt, wonach durchschnittlich fast jedes fünfte Kind in diesen »Heimen« HIV-positiv war. Daraufhin hatte Ceaușescu kategorisch erklärt, AIDS trete nur in kapitalistischen Ländern auf. Der Bericht wurde konfisziert, und die damit befassten Ärzte der Weltgesundheitsorganisation gegenüber zu einer falschen Aussage gezwungen. In einem Interview mit Christopher Walker von *The Times* erklärte Dr. Gheorghe Jipa, Direktor des Victor Babes Infectious Diseases Hospital: »Das Ganze ist die unmittelbare Folge der Grausamkeit Ceauşescus. Er hat verhindert, dass Maßnahmen zur Überprüfung der Blutkonserven getroffen wurden und mit seiner Politik jene bedrohliche Unterernährung verursacht, die der Grund dafür war, dass viele dieser Kinder überhaupt Bluttransfusionen bekamen. Der Diktator hat mehr für die Fütterung seiner Hunde ausgegeben als für diese Kinder. Für ihn waren sie kein Thema. Uns hat man für den Fall, dass wir darüber reden würden, mit dem Tod gedroht. Die Securitate war überall, selbst hier in diesem Krankenhaus.«

Liana zeigte sich – wie viele andere Rumänen – total desinteressiert, als ich sie auf die Kinderheime im Allgemeinen und AIDS im Besonderen ansprach. Alle machten den Eindruck, als hätten sie selbst schon zu viele eigene Sorgen, um sich auch noch mit dem Schicksal abgeschobener Kinder zu belasten, bei denen es sich noch dazu in der Mehrzahl um Roma handeln sollte, was aber schon aus demografischen wie psychologischen Gründen höchst unwahrscheinlich ist.

Ein halbes Jahr später, im Juni 1990, war die Kenntnis von diesem grausamen Vermächtnis Ceauşescus bereits ziemlich weit verbreitet – wenngleich man über die Gründe weiterhin im Dunkeln tappte. Präzise Informationen waren noch immer selten. Totengräber lehnten es ab, die Leichen der kindlichen Opfer zu bestatten – seit dem 1. Januar waren 70 Kinder gestorben –, und einige Eltern weigerten sich, der offiziellen Aufforderung nachzukommen, ihre toten Kinder abzuholen. Aber niemand sprach über dieses Thema, wenn ich nicht davon anfing, nicht einmal jene, die immer wieder erbittert die vielen anderen Verbrechen der Ceauşescus anprangerten.

Hinter Klausenburg – wo Liana ausstieg – gab es der Zug auf, sich als »Express« zu gerieren und wurde zu einem 25 Stundenkilometer »schnellen« Bummelzug. Schon bald füllte sich das Abteil mit Gestalten, die an Buchillustrationen aus dem 19. Jahrhundert erinnerten: bärtige Männer in reichbestickten, handgearbeiteten Gewändern, mit langen Messern in ihren Gürteln, knorrigen Pranken, knochigen Gesichtern und tief liegenden Augen. Sie stanken noch mehr als ich. Im übrigen aber hätte ich mir keine angenehmeren Reisegefährten wünschen können – freundlich, höflich und warmherzig. Auch sie redeten pausenlos über Politik, während der Zug langsam, ganz langsam zwischen verschneiten, bewaldeten Hügeln höher und höher hinaufkletterte, wobei er in jedem winzigen Dorf eine Pause von 15 bis 20 Minuten einlegte. Da ich keinen Dolmetscher hatte, bekam ich nur mit, dass sie wohl einstimmig für Iliescu waren, aber keineswegs darüber einig, wie er das Land regieren sollte.

An einer Haltestelle stiegen ein stämmiger Förster und sein schlaksiger Sohn zu. Sie setzten sich mir gegenüber und packten ihr Frühstück aus: ein bröckeliges Brot und ein Stück *slanina*. Der Vater schnitt den Schinkenspeck mit einem langen Dolch in dünne Scheiben, während der Sohn sich mit dem Brot abquälte. Als ich höflich ablehnte mitzuhalten, obgleich mir das Wasser im Mund zusammenlief, sahen sie mich so empört an, dass ich gar nicht anders konnte, als ein etwas sperriges, aber köstliches »Sandwich« anzunehmen. (Damals wurde das rumänische Brot erst durch *slanina* genießbar.) Zum Nachtisch gab es saftige Äpfel mit einem Geschmack, der bei uns inzwischen aus der Mode gekommen ist. Der Dolch wurde dazu benutzt, meinen Apfel zu schälen, das Kerngehäuse zu entfernen und ihn in Scheiben zu schneiden – ein überflüssiges Zugeständnis an die vermutlich verwöhnte Ausländerin. Dann wischten sich Vater und Sohn ihre fettigen Hände an der Gardine ab und legten mir nahe, dies ebenfalls zu tun; aber albernerweise ließ mich meine Anpassungsfähigkeit im Stich.

Bald darauf stellte ich mich an ein offenes Gangfenster und importierte damit das Image von den »verrückten Iren« in die Karpaten. Wir hatten inzwischen die Grenzzone der Provinz erreicht, ein offensichtlich unbewohntes Gebiet mit steilen, dicht bewaldeten Bergen und tiefen, engen Schluchten, an deren Rändern 20 Fuß lange Eiszapfen hingen. Jeder Baum trug eine schwere Schneelast; saubere, vom Wind modellierte Schneewehen begleiteten den Weg; jeder Fluss war zu Eis erstarrt – und hoch oben an einem Felsen spiegelte sich ein herrlicher roter Sonnenuntergang in einem gefrorenen Wasserfall und verwandelte ihn vorübergehend in eine Feuersäule.

Die Außentemperatur muss mindestens –30°C betragen haben. Dennoch zählte ich im (ungefähren) Abstand von jeweils einer halben Meile 18 einsame Wachsoldaten in offenen Wachhäuschen, die man mittels hoher Metallstelzen auf gleiche Höhe mit dem Gleis gebracht hatte. Zuerst hatte ich den Verdacht, dass es sich vielleicht um Attrappen handelte; es schien mir unmöglich, dass Menschen so etwas lange überleben konnten. Aber dann sah ich, wie einige sich ein wenig bewegten. Vielleicht hatten sie einen Ofen neben sich stehen, aber ich bezweifle es. Später erfuhr ich, dass die Wachen alle zwei Stunden abgelöst werden. Dass sie noch 1990 dort standen, war für eine gefährliche, weltweite Krankheit symptomatisch: militärische Paranoia. Selbst damals müssen einige Betonköpfe in Bukarest noch immer das »Drohen« einer russischen Invasion befürchtet haben.

Als es dunkel wurde, verringerte der Zug seine Geschwindigkeit noch weiter, gleichsam als könne er den Weg nicht mehr sehen, was in der Tat der Fall gewesen sein mag; ich hatte längst aufgehört, mich in Rumänien über technische Handicaps zu wundern. Beim letzten Halt vor Gura Humorului erschien ein müde aussehendes Paar; Vater trug ein sehr mageres Kleinkind auf dem Arm. Mutter und ich radebrechten in Pidgin-Deutsch. Sie war Ärztin, stammte aus Sibui und lebte seit drei Jahren »im Exil« in Moldawien. Ihr Mann und ihr Sohn hatten sie über das Wochenende besucht. Sie sah die beiden sehr selten; ihre Mutter kümmerte sich um das Kind. Aber vielleicht würde ja die Front bald erlauben, dass jeder sich seinen Arbeitsplatz frei wählen konnte … Ihr eigener Wohn/Schlafraum war für das Kind zu kalt, und so wollten sie bei einem Freund in Gura Humorului bleiben, der mich selbstverständlich zu meinem, etwa zwei Meilen vom stockdunklen *gara* entfernten Hotel am anderen Ende der Stadt fahren würde. Unsere zufällige Begegnung ersparte es mir, stundenlang durch die um 19.30 Uhr bereits völlig verwaisten und unbeleuchteten Straßen zu wandern.

Das Hotel war ein trister, 1960 gebauter Kasten und wurde von einer kleinen, vierschrötigen Bäuerin geführt, die ständig in eine braune Decke gehüllt war und über ihrem Kopftuch noch eine Pelzkappe trug. Sie begrüßte mich mit erstauntem Missfallen: Das Hotel-Restaurant war seit drei Jahren geschlossen; in Gura Humorului gab es im Winter nichts zu essen; warum war ich nicht wie die vielen anderen Touristen im Sommer gekommen? (Jene »vielen« Touristen – zumeist exkommunistische Busreisende – kommen hier nur durch, weil sich in der Nähe zwei der berühmten bemalten Kirchen Moldawiens befinden.) Mein im ersten Stock gelegenes, großes, sauberes, spärlich möbliertes Zimmer war zum Ersticken überheizt, und das große Fenster ließ sich nicht öffnen – weder von mir noch von Alex, dem einzigen Gast außer mir, einem stämmigen jungen Bauingenieur aus Konstanza. Er zeigte mir auch gleich die *toalet* am Ende eines breiten Ganges, dessen Wände in voller Länge von seltsamen Zickzackrissen durchzogen waren. Er riet mir, auf eine gewisse Distanz zu gehen, bevor ich an der Kette zog – manchmal versprühe der Tank eine kalte Dusche. Außerdem warnte er mich auch vor den Einheimischen. »Diese Moldawier sind wild und grob, alles Schmuggler und Räuber – seien Sie vorsichtig!«

Bei Sonnenaufgang machte ich mich auf die Suche nach etwas Essbarem; leichtsinnigerweise hatte ich mein ganzes aus Oradea mitgebrachtes Brot am Abend aufgegessen. Ursprünglich muss das aus soliden Holzhäusern an den Ufern eines schnellfließenden Gebirgsflusses errichtete Gura Humorului eine attraktive und lebendige Stadt gewesen sein – Marktzentrum für viele recht wohlhabende Dörfer in den umliegenden Tälern. Unter den Kommunisten aber ist es zu einem industrialisierten Schlachtfeld geworden, in dem ehemalige Bauern überflüssige Waren in unsolide gebauten Fabriken herstellen. In der Nähe meines Hotels wurde gerade eine Reihe solider, in leuchtenden Farben gestrichener Bauernhäuser abgerissen, um Platz für eine weitere Fabrik zu schaffen, und riesige Kräne waren dabei, einen neuen Wohnblock aus Fertigbauteilen zu errichten. Unberührt vom politischen Umschwung ging die hirnlose Bauerei weiter: für mich ein angsteinflößendes Symbol.

Die zahlreichen Restaurants waren geschlossen – nichts Ungewöhnliches an einem frühen Sonntagmorgen; aber sie sahen auch nicht so aus, als würde es dort an einem anderen Tag etwas zu essen geben. Dann erblickte ich ein offenes Café, das in jenem pompösen, kommunistischen Stil gebaut war – 70 x 30 Yards mit durchgehender Glasfront –, der den chronischen Mangel an allem Notwendigen umso ärgerlicher macht.

Das Nahrungsangebot signalisierte Ungenießbarkeit. Ein Dutzend Männer, Frauen und Kinder – dumpfer Blick, eingefallene Wangen, blau vor Kälte – saßen an rostigen Metalltischen und tranken Ersatz-Fruchtsäfte aus etikettenlosen Flaschen. Obgleich sie halb verhungert aussahen, war niemand der Versuchung erlegen, etwas von den angebotenen Speisen zu essen. Sie starrten mich ungläubig an, als ich – um eine Grundlage für meine Tabletten zu schaffen – ein Brötchen und ein Stück Kuchen aß bzw. sie wie ein gieriger Hund verschlang, nur um den Geschmack möglichst schnell los zu werden. Im Nachhinein tut es mir Leid, dass ich keine Proben der Ceaușescu-Nahrung zur Analyse mit nach London genommen habe; es wäre aufregend, genau zu wissen, was in jenen synthetischen Substanzen enthalten war, die den Rumänen im Januar 1990 offeriert wurden. Und das in einem Land, das naturgemäß sämtliche Grundnahrungsmittel selbst produziert.

Trotz der Schmerztabletten nahm mein Rücken den Fünfmeilenmarsch durch ein breites, schattiges Tal hinauf zum Kloster Humor ziemlich übel. Der Weg führte durch lang gestreckte Dörfer. In den meisten Gärten standen große, durch spitze Holzdächer geschützte und mit Plastikblumen geschmückte Kruzifixe. Die vielen kleinen Kirchen konnten die zahlreichen Gläubigen aller Altersgruppen und beiderlei Geschlechts kaum fassen. Dies ist eine der wenigen Gegenden Europas, wo die Bauern sonntags noch ihre traditionellen Trachten anlegen. Die Frauen trugen leuchtend gestreifte, knielange, schwingende Röcke, braune Mieder aus Schafleder sowie selbst gestrickte Strümpfe und handgewebte Kopftücher. Die Männer – junge wie alte – wirkten in ihren eng anliegenden weißen Hosen aus fein gesponnener Wolle, den dazu passenden langen Kasacks, den blendend weißen Schaffelljacken und hohen schwarzen Schaffellhüten sehr würdig. Jedes der Gewänder war kunstvoll und farbenprächtig bestickt – eine vom Aussterben bedrohte Kunst, da sich niemand mehr solche Stücke leisten kann.

Die bemalten Kirchen von Moldawien, die erst ungefähr 50 Jahre nach dem Fall von Konstantinopel (1453) entstanden sind, hat man als »nachgeborene Kinder der byzantinischen Kunst« bezeichnet. Die Stürme von rund 450 Wintern haben die Fresken an den nördlichen und nordöstlichen Außenseiten fast völlig zerstört. Über jene, die überdauert haben, schrieb Josef Strzgowski im Jahr 1913: »Kein anderes Land auf der Welt bietet uns etwas Ähnliches« – eine Feststellung, die von niemandem bestritten wurde. Man glaubt, dass die nach wie vor leuchtenden Farben aus Krapp (Färberröte), Ocker oder unreifen Weizenähren, Indigopflanzen oder Lapislazuli, Holzkohle oder Ruß und Goldstaub gewonnen würden. Experten vermuten, dass die Farben zunächst mit wetterfestem Eigelb und Rindergalle vermischt wurden, bevor man sie auf den aus Kalk und Sand bestehenden Putz auftrug. Man fragt sich, wer als Erster entdeckte, dass Rindergalle wetterbeständig ist. Und wie es kommt, dass so viele dieser geheim gehaltenen handwerklichen Entdeckungen in den darauf folgenden Jahrhunderten wieder in Vergessenheit gerieten.

Das Kloster Humor steht einsam am Ende des Tales. Von seiner ursprünglichen Befestigung zeugen nur noch wenige Spuren. Es ist ein langes, schlichtes Gebäude mit einem steilen Schrägdach, aber ohne Turm, inmitten einer ebenen Graslandschaft – die an jenem Morgen mit dünnem Eis überzogen war. Dahinter erhob sich beschützend ein Halbkreis aus mit Fichten bewachsenen Spitzen und Bergrücken dunkel gegen den tiefblauen Himmel. Niemand war zu sehen – keine Bewegung, kein Laut. Ich saß auf einer alten Holzbank in der warmen Sonne und betrachtete Humors Südwand.

Diese Fresken überwinden die Zeit: Man ist zwar auf ihre Schönheit vorbereitet, nicht aber auf die unheimlich anmutende Fähigkeit der unbekannten Künstler, uns ihre Gefühle und das, was sie bewegt hat, über vier Jahrhunderte hinweg mitzuteilen. Für die des Lesens und Schreibens unkundigen Bauern – die die Kirchen nicht betreten durften und das, was sie draußen von der auf Slawonisch zelebrierten Messe mitbekamen, nicht verstanden – bot diese »Bilderwand« die einzige Möglichkeit zur religiösen Unterrichtung. Uns erfreuen die Bilder noch heute durch eine herrliche, sublime Komik, die häufig eine direkte Verbindung aufzeigt zwischen dem Humor der Moldawier im 16. Jahrhundert und den zahlreichen hintersinnigen schwarzen Witzen, mit denen sich die Rumänen heute Luft machen. Am bemerkenswertesten sind im Kloster Humor die kleinen, unterhaltsamen Details, mit denen sämtliche 24 Stanzen eines Preisliedes auf die Jungfrau Maria geschmückt sind. Dieser Hymnus erinnert daran, dass Maria im Jahr 626 n. Chr. persönlich einschritt, um die Armeen der Perser und Araber in die Flucht zu schlagen, die seinerzeit Konstantinopel belagerten. Der Künstler jedoch hat die Belagerer – die man am Ende in ein von Teufeln wimmelndes Inferno stürzen sieht – als zeitgenössische Türken und Tataren dargestellt. (Die fürstlichen Patrone erwarteten von ihren Künstlern, dass sie den allgemeinen Widerstand gegen die Osmanen schürten: eine dringende politische Notwendigkeit während jenes kritischen Jahrhunderts in Moldawien.)

Humor ist an die Stelle einer älteren Kirche getreten, die in den frühen 1520er Jahren zerstört wurde. Der Neubau wurde teilweise von Petru Rares, einem illegitimen Sohn Stephans des Großen finanziert – um bestimmte, ihm feindlich gesinnte orthodoxe Geistliche versöhnlich zu stimmen. 1527 wurde Petru nach einem langen Exil am polnischen Hof durch ein äußerst dubioses Verfahren auf den Thron manövriert. Seine nachfolgende Karriere hat R. W. Seton-Watson zu folgender Beurteilung veranlasst:

Es ist nicht zu leugnen, dass das kaleidoskopische Wesen seiner Perfidie selbst in den Annalen des 16. Jahrhunderts einmalig ist. Und es steht außer Frage, dass er völlig unfähig war, das zu tun, was nach Meinung eines modernen rumänischen Historikers damals möglich gewesen wäre – nämlich, die breite Masse der Rumänen unter dem Banner Habsburgs zu sammeln und sie gegen den ungarischen Adel auszuspielen, der die völlige Anarchie jener Zeit nutzte, um seine Feudalmacht zu stärken.

Dies wurde 1933 geschrieben; der Kommunismus trägt also nicht die alleinige Schuld am heutigen traurigen Stand der rumänischen Geschichtsschreibung.

Ungefähr 20 Yards von meiner Bank entfernt stand der hohe Glockenturm des Klosters, eine offene hölzerne Plattform unter einem Schindeldach. Plötzlich erschien ein älterer, völlig in Schwarz gekleideter Mann und kletterte die leiterähnlichen Stufen hinauf, um im Wechsel die sieben Glocken zu läuten – vom zarten Klingeln bis zum sonoren Bass. In bestimmten Abständen pausierte er, um sehr schnell auf einem herabhängenden Holz zu trommeln, was mich an die hängenden Steine erinnerte, die man in Äthiopien benutzt, um die koptischen Christen zum Gebet zu versammeln. Dies war so richtig ein Moment, um »die Seele baumeln zu lassen«; nur ich und die Berge und die lebendigen, sonnenbeschienenen Fresken und jene alten Rhythmen, deren Klang vom ganzen stillen Tal Besitz zu ergreifen schien.

Mein Rückweg in die Stadt – westlich des Flusses Humor, um die Straße zu vermeiden – führte mich durch mehrere, sich hinziehende, hügelige Dörfer, wo man mich sehr argwöhnisch betrachtete. Vielleicht hatte man den Bauern noch nicht mitgeteilt, dass sie wieder mit Fremden reden durften. Vielleicht hatte sich bei ihnen aber auch im Verlauf der Geschichte ein ewiges Misstrauen gegen jeden Außenseiter eingenistet. Glücklicherweise ist – oder war damals – die Industrialisierung Gura Humoruluis nicht so schlimm, dass sie die gesamte ländliche Umgebung gleich mit verpestete, indem man sie noch meilenweit sah und roch. Hier beeinträchtigte daher nichts meine Freude an der erstaunlichen Kreativität, die sich in den alten Mustern und Dekorationen der hölzernen Bauernhäuser ausdrückte, die alle mit einem bis unter das Dach reichenden Vorrat an symmetrisch geschnittenem und aufgestapeltem Feuerholz versehen waren – offensichtlich eine weitere traditionelle Kunstform. Auf den unbefestigten Wegen drängten sich ganze Scharen von Gänsen, Putern und Enten. Ein Liebhaber »seltener Züchtungen« wäre über die Vielfalt an Hühnern und Hähnen in Verzückung geraten: mit Haube, »behost«, mit Halskrause, einige pechschwarz, einige in schimmerndem Pfauengrün, andere in einer Mischung aus allen denkbaren Farben. In jedem Hof waren ein paar Schweine oder Schafe angebunden – oder beides – sowie ein Hund: entweder ein großer weißer Hirtenhund oder ein kleiner niedlicher Mischling. Die meisten Tiere sahen besser genährt aus als der Bevölkerungsdurchschnitt.

Bei meiner Rückkehr ins Hotel saßen meine in ihre Decke gehüllte Wirtin und ihre Freunde zusammengekauert auf einem unbequemen Sofa in der »Eingangshalle« und sahen fern. Alex und ich leisteten ihnen Gesellschaft, um die Nachrichten zu sehen. Anschließend folgte ein tschechischer Film über die Revolution in Bukarest. Es waren erschreckende Bilder, und die Schlussszene zeigte Hunderte von Toten, die man in Leichenhallen gebracht hatte, wo sie von den schwer geprüften Verwandten identifiziert werden mussten – zumeist den Eltern. Typisch war eine Bäuerin, die sich verzweifelt abmühte, ihren starren, nackten Sohn von einem primitiven Sarg herunterzuziehen, während ihr anderer Sohn, dessen Schuljungengesicht vor Schmerz verzerrt war, ihr klar zu machen versuchte, dass sein Bruder tot war. Am Ende waren alle Zuschauer – Männer wie Frauen – in Tränen aufgelöst.

Alex drehte sich zu mir um und fragte: »Glauben Sie, dass es gut ist, solche Filme jetzt zu zeigen? Was steckt dahinter? Alle diese einfachen Leute hier weinen, man hat sie traurig gemacht, erschüttert. Warum tut man das? Aus welchem Grund? Warum nutzt man nicht die Sendezeit, um ihnen etwas über Demokratie zu erzählen, über das Wahlsystem, über die freie Marktwirtschaft, über all die Veränderungen, von denen wir hofften, die Revolution würde sie uns bringen? Der Film zielt allein gegen Ceauşescu. Wann werden sie endlich im Fernsehen etwas gegen den Kommunismus bringen?« Ich warf ein: »Sie sehen die Zukunft pessimistisch?« Alex stand auf und runzelte die Stirn. »Sie halten mich für pessimistisch? Sie sind nur zu Besuch hier, Sie wissen nichts über Rumänien. Ich meine, ich bin eher realistisch. Noapte buna!«

Im Verlauf der Nacht erinnerte mich mein Rücken in regelmäßigen Abständen immer wieder vorwurfsvoll daran, dass ich tagsüber fast 15 Meilen gelaufen war. Die Schrift stand an der Wand, aber ich wollte sie nicht sehen.

Früh am nächsten Morgen – es war bedeckt und etwas weniger kalt – erstand ich einen Laib Brot als Unterlage für meine Brombeermarmelade; meine müßigen Fragen nach Tee oder Kaffee hatte ich aufgegeben. Danach machte ich mich schön langsam nach Voronet auf, wobei ich dahinschlurfte wie ein Patient in einem Altersheim.

Das idyllische Dorf liegt drei Meilen von der Stadt entfernt zwischen steilen, damals leicht verschneiten, bewaldeten Bergen verborgen. Zahlreiche Häuser säumen die Straße, manche davon zweigeschossig, und alle mit einem geräumigen Hof und Garten mit wunderschönen – zum Teil neuen –Scheunen, deren Türen, Fenster und Dachtraufen kunstvoll geschnitzt sind. Selbst die eisenbeschlagenen hölzernen Wassereimer waren passend zu den Gittern und den Dächern der Brunnen verziert – und erinnerten an Illustrationen zu *Little Grey Rabbit*. Aber leider werden auch hier bereits schreiende Farben an Stelle von Teer und Holzbeize modern. Ich blieb einen Moment stehen und sah beim Bau zweier neuer Wohnhäuser zu: Alles wurde in Holz ausgeführt einschließlich der Dächer. Man verzichtet dabei auf das Ausheben von Fundamenten und setzt die Holzkonstruktion direkt auf eine vier Fuß hohe Mauer aus großen, mit Mörtel verbundenen Steinen. Hier scheint die alte Handwerkstradition noch nicht in Gefahr; es tat gut, die jungen Leute zusammen mit ihren Großvätern bei der gemeinsamen Arbeit an etwas Schönem zu sehen.

Voronets Ruf als »Sixtinische Kapelle Moldawiens« hat dem Ort einen Parkplatz, einen Laden für Touristen – im Winter nicht so sehr störend, da geschlossen – und einen Kartenschalter neben dem hübschen Torbogen am Eingang beschert. Nach dem *Rough Guide* hing in diesem Torbogen früher ein riesiges Foto von Ceauşescu, wie er »hochrangige ausländische Gäste« – den Schah von Persien und Farah Diba – durch Voronet führte. Obgleich das Tor offen stand, war glücklicherweise momentan niemand zu sehen, um mir eine jener Führungen angedeihen zu lassen, die einem jegliche Freude am ästhetischen Genuss verderben.

Voronet feierte 1988 sein 500-jähriges Bestehen. Alle befestigten Klöster Moldawiens, die sowohl militärischen wie geistlichen Zwecken dienten, wurden im 15. oder 16. Jahrhundert von Bojaren oder Fürsten gegründet und mit riesigem Grundbesitz und zahlreichen Leibeigenen ausgestattet. Unerklärlicherweise überstanden sie unbeschadet die schrittweise Eroberung des Landes durch die Osmanen, die zeitlich mit dem Anbringen der Fresken zusammenfiel. Warum sparten die türkischen Truppen, die nur wenige Burgen verschonten, diese Kirchen aus, auf deren Außenwänden sie als das Übel schlechthin dargestellt waren?

Stefan der Große errichtete Voronet 1488 in nur wenigen Monaten zur Erinnerung an einen seiner zahlreichen militärischen

Siege. Die Fresken stammen jedoch aus einer späteren Zeit – zwischen 1547 und 1550. Das makabre Schauspiel und die phantasievolle Ausmalung des Jüngsten Gerichts an der Westfront müssen alle wahren Gläubigen mit Entsetzen erfüllt haben – was zweifellos beabsichtigt war, um die Leibeigenen gefügig zu halten. Meine Lieblingsfiguren waren wilde, halbmythische Tiere, die an menschlichen Körpern herumwürgten und dabei sehr an eine Katze erinnerten, die einen zu großen Fischkopf zu schnell hintergeschlungen hat und ihn nun wieder los werden will. Weniger amüsant war im Hinblick auf den späteren Antisemitismus in Moldawien die Darstellung der Juden, die hier vor den Türken dienerten.

Auf dem Rückweg bot mir ein älterer Mann an, mich ein Stück auf seinem Wagen mitzunehmen. Er trug traditionelle Tracht, die allerdings nicht ganz so makellos war wie am Sonntag, sondern abgetragen und fleckig. Er hatte ein freundliches Lächeln, fröhliche blaue Augen, einen langen weißen Schnauzbart und glänzende rote Wangen. Sein mit roten Quasten geschmückter, flott trabender Brauner glänzte ebenfalls. Er zog einen langen, schmalen, ausgewogen proportionierten und – natürlich – wunderhübsch geschnitzten Wagen. Ich wäre liebend gern aufgestiegen, war aber zu steif, um diesen Kraftakt überhaupt zu versuchen.

Um 14 Uhr drängten sich in der Stadt überraschend viele Menschen, zumeist schäbig angezogene, unrasierte, hungrig aussehende Männer, die dort einfach herumhingen. Viele trugen sackartige, hausgemachte Hosen und Fellumhänge oder wadenlange, handgewebte, ringsum mit Leder eingefasste Mäntel – einschließlich der Taschenklappen. Aber irgendwelche freundlichen Gesprächspartner, die ich in Rumänien zu treffen gehofft hatte, waren wieder einmal nicht darunter.

Der Hunger trieb mich, den riesigen neuen Supermarkt zu erforschen, der erst vor ein paar Monaten am Stadtrand eröffnet worden war – eine attraktive, traditionelle, aus roten Backsteinen (und nicht dem üblichen Beton) errichtete Markthalle. Von den hundert nummerierten Ständen waren nur drei geöffnet, in denen alte, grimmige Bäuerinnen ein paar Bündel Knoblauch, fünf gammelige Kohlköpfe (wirklich verfault) und einen kleinen Berg winziger Zwiebeln anboten.

Auf dem Weg zum Hotel sah ich, dass gerade eine Lastwagenladung Alkohol an Gura Humoruluis Restaurants verteilt wurde – ein Ereignis, das garantiert sämtliche rumänischen Männer auf den Plan ruft. Da mein Alkoholspiegel in den letzten Tagen einen gefährlich niedrigen Stand erreicht hatte, eilte auch ich ins nächste Restaurant. Die Lieferung hatte in etwas bestanden, das als »Cognac« bezeichnet wurde. Das Getränk sah auch wie Cognac aus, wärmte und schmeckte wie ein Cocktail aus selbst gebranntem Whisky und Arrak. Jeder Gast hatte vorsorglich drei oder vier Gläser gleichzeitig bestellt – einer der vielen seltsamen Bräuche, die sich in Ceauşescus Rumänien entwickelt haben, wo Waren schnell ausverkauft sind. Als ich es ebenso machte, murmelte die freundliche Kellnerin, als sie meine vier Gläser in einem sauberen Halbkreis anordnete, dass ich für einen Dollar eine ganze Flasche haben könne. »Bun!«, erwiderte ich. Wenig späten glitt eine in Zeitungspapier gewickelte Flasche in meine Hatchards-Plastiktüte – die inzwischen ganz und gar nicht mehr nach »West End« aussah.

Das überfüllte, schmutzige, laute Restaurant hatte einen braunen Steinfußboden, eine leicht nikotingefärbte Decke und dunkelgrüne Wände. Es gab sogar etwas zu essen: knorpelige, gefüllte Fleischbällchen (womit wohl?), zermatschte Dosenerbsen und kleine runde, blassrosa Kissen – ich nehme an, Kartoffelchips à la Ceauşescu. Ich verschlang gerade eine doppelte Portion dieses köstlichen Mahls (»Hunger ist der beste Koch«, wie meine Mutter zu sagen pflegte), als Lilia sich mir verlegen näherte. Sie sprach ein wenig Englisch: Würde ich mich wohl zu ihr setzen, wenn ich fertig war? Ihre Freunde würden mich gern zu einem Cognac einladen. Sie zeigte auf einen Tisch in einer entfernten Ecke, von wo zwei Männer zu mir herüberblickten.

Lilia kam aus Suceava und hatte gerade ihre Prüfung als Tierärztin bestanden. In Gura Humorului hatte sie ihre erste Anstellung gefunden – Bekämpfung von Rinder-TB. Einer der Männer war ihr Ehegatte, ein blasser, dünner Einundzwanzigjähriger mit karottenroten Haaren, der sich große Mühe gab, sich einen Bart wachsen zu lassen, um älter auszusehen. Sie hatten einen zwei Monate alten Sohn; es war eine Mussheirat gewesen. »Verkaufen Sie mir Antibabypillen?«, bat Lilia sehnsüchtig. Ich versuchte ihr zu erklären, dass die Einnahme von Antibabypillen ohne ärztliche Aufsicht (und manchmal sogar mit) gefährlich sei; aber Lilias Englisch reichte nicht so weit… Dennoch gab sie sich alle Mühe, ein Gespräch in Gang zu bringen, und ihre Begleiter hatten eine Menge über die neue Stimmung im nördlichen Moldawien zu erzählen, wo die meisten Menschen Verwandte jenseits des Pruth haben. Die Möglichkeit einer eventuellen Wiedervereinigung mit dem ehemals sowjetischen Teil Moldawiens war für sie viel interessanter als die tagtäglichen Machenschaften der Politiker im fernen Bukarest. Iliescu wurde aber auch hier sehr verehrt.

Der ältere Mann, Petru, war ein Charmeur – Mitte 40, mit einem langen, schmalen, blassen Gesicht, feurigen braunen Augen und einem dichten schwarzen Schnauzbart. Als Lilia mir ihre Adresse aufschrieb und mich drängte, sie bald zu besuchen, steckte er mir den Zettel in die Brusttasche meiner Jacke – holte ihn dann wieder heraus und setzte seine eigene Adresse – ein Dorf nahe der Grenze – hinzu. Petru war sich mit Lilia einig, dass Bukarest nie viel für Moldawien getan hatte – »ob Könige oder Kommunisten, alle gleich schlecht«. Den Namen des Rotschopfs hatte ich nicht herausbekommen, aber auf jeden Fall war er nicht davon abzubringen, dass »wir uns hier unseren Landsleuten jenseits des Pruth weit mehr verbunden fühlen. *Unsere* Hauptstadt ist Chisinau, die Hauptstadt unserer Seelen.« Englischsprechende Rumänen benutzen das Wort »soul« erstaunlich oft.

Wir verließen das Restaurant gemeinsam und verweilten noch einen Moment auf der breiten Terrasse, wo Dutzende von Männern mit ihren Gläsern in der Hand herumstanden, um uns zu verabschieden. Als Petru plötzlich seine Hand in meine Jackentasche steckte, glaubte ich daher, er wollte seiner Adresse noch etwas hinzufügen. Stattdessen fischte er mein Schweizer Messer heraus und sagte: »Für mich!« Plötzlich hatte sein Gesicht einen ganz anderen Ausdruck; jetzt sah er aus wie der fieseste Bandit. Sekundenlang war ich zu verblüfft, um zu reagieren. Dann versuchte ich, ihm das Messer wieder abzunehmen, worauf er es in die andere Hand gleiten ließ und laut fluchte. Wütend schlug ich ihm mit meinem Stock hart gegen sein Schienbein, und als er sich vor Schmerz krümmte, schnappte ich mir mein Messer. Ich hatte ein wenig Angst wegen der möglichen Reaktion der halbbetrunkenen Menge um uns herum; es kam mir komisch vor, dass Petru es gewagt hatte, mich in der Öffentlichkeit zu berauben. So schnell es mein Zustand erlaubte – und ohne Lilia und ihrem Mann noch einen Blick zuzuwerfen –, stieg ich die Stufen hinunter und eilte leicht geschockt in Richtung meines Hotels davon.

Lilia holte mich gleich darauf ein. Sie hatte Tränen in den Augen und sah ganz verängstigt aus. Sie behauptete, Petru sei betrunken, obgleich er zu keiner Zeit auch nur leichte Anzeichen von Trunkenheit hatte erkennen lassen. Sie bat mich, sie doch bitte trotzdem in Suceava zu besuchen. Petru sei nicht wirklich ihr Freund – sie sei keiner von diesen schlechten Menschen. Ihr Mann habe Angst vor Petru, deshalb sei er mir nicht zu Hilfe gekommen ... Ich beruhigte sie, so gut ich konnte, und lud sie für den Abend zu einem weiteren Gespräch ins Hotel ein. Sie sagte zu, kam aber nicht.

Später, als ich in meinem Zimmer saß und schrieb, brannte die Glühbirne durch. Ersatz gab es nicht. Alex erklärte: »Die Stadt wartet derzeit auf die nächste Ladung Schmuggelgut von jenseits des Pruth. Manche Einheimische profitieren bereits vom freien Handel. Sie kaufen in Russland billig in großen Mengen ein: Glühbirnen, Salami, Speiseöl, Schnellkochtöpfe und Batterien – und verkaufen die Waren dann teuer weiter.«

»Aber«, warf ich ein, »ist denn nicht auch in Russland alles knapp?«

»Im Vergleich zu uns *heute*«, erwiderte Alex, »leben sie dort im Überfluss. Vor zehn Jahren war das was anderes – damals kamen viele Polen nach Moldawien, um etwas zu essen zu kaufen.«

An diesem Abend musste ich die Schrift an der Wand zur Kenntnis nehmen. Zögernd entschloss ich mich, mit dem »Express« um 9.15 Uhr nach Temesvar und von dort nach Belgrad zu fahren und dann mit einem Billigflug nach London weiterzureisen. (Von Bukarest gab es damals keine verbilligten Flüge.)

6

Ein grausiges Video in Temesvar

Sehr zum Erstaunen der Einheimischen wurde ich eine wirkliche Bewunderin des rumänischen Eisenbahnwesens. Zugegeben, viele der Züge sind kurz vorm Zusammenbrechen: Gelegentlich gestatten einem klaffende Risse im Fußboden, während der Fahrt den Zustand der Eisenbahnschwellen zu studieren (schlecht). Die Wagen sind gewöhnlich schmutzig und die *toalets* immer katastrophal – schlicht nicht zu benutzen, es sei denn, es macht einem nichts aus, kotbeschmierte Stiefel anzuhaben. Aber alles ist relativ, und bisher waren die Züge stets pünktlich: Sie fuhren auf die Minute genau ab und kamen ebenso auf die Minute genau an. Alles in allem sind sie nicht langsamer als die jugoslawischen Züge, aber die Organisation ist um vieles besser. Wenn man seine Fahrkarte kauft – manchmal (sehr praktisch) an einem Sonderschalter im Hauptpostamt einer Stadt –, bekommt man gleichzeitig eine Platzkarte, und zwar umsonst. Nach meinen Erfahrungen hat dieses System nie versagt. Mein Platz war immer frei, selbst wenn ich unterwegs zustieg und bereits Dutzende von Fahrgästen ohne Platzkarte im Gang standen – jene, die ohne Reservierung durch Bestechung noch hineingekommen waren.

Es gibt keinen Busfernverkehr zwischen den Städten, und manche Szenen auf den Bahnhöfen erinnerten mich an Indien – abgesehen von den bunten Gewändern und Gepäckstücken sowie dem reichhaltigen Angebot an Esswaren und Getränken. Auf vielen Dorfbahnhöfen steigen die Passagiere mit Puten und Gänsen in Körben, Lämmern und Schweinen in Säcken oder Hühnern unter dem Arm zu. 2.-Klasse-Reisen werden häufig von Panflöten und

Volksliedern begleitet, wobei die Musiker rücksichtslos im Takt auf dem unstabilen Fußboden herumstampfen. Ich finde es sehr schön, in einer Gegend zu sein, wo Volksmusik noch zum Alltag gehört und den Menschen dazu dient, die Langeweile zu vertreiben. Aber ich fürchte, auch dies wird sich bald ändern; Transistorradios und Walkmans gelten bei der rumänischen Jugend bereits als Symbole für Freiheit und Kultiviertheit.

Von Gura Humorului aus fuhr ich 2. Klasse. Mir gegenüber saß ein liebenswertes altes Ehepaar mit einem ziemlich großen Schwein in einem Sack, das auf ihrem Schoß lag. Es schlief während der Fahrt, wachte aber bei jedem Halt auf und quiekte mitleiderregend, worauf seine Eigentümer es durch den Sack hindurch streichelten und leise eine Art Wiegenlied summten.

Die Launenhaftigkeit des Klimas in diesem Winter bescherte uns ein herrliches Naturschauspiel, als wir stundenlang in Schrittgeschwindigkeit die Karpaten überquerten: Es war gerade Anfang Februar, aber schon hatte eine kurze Tauwetterperiode das Eis auf der Dorna aufgebrochen und in mächtige Schollen verwandelt, die von der aus einer noch wärmeren Zone flussaufwärts kommenden Strömung kräftig umhergewirbelt worden waren. Dann hatte es wieder gefroren, und was von den Eisbrocken übrig war, wurde zu den merkwürdigsten Formen aneinander geschweißt, die das breite Flussbett in eine verrückt schöne Polarlandschaft verwandelten. Lange Zeit verlief eine Hauptstraße neben der Eisenbahnlinie; sie war kaum befahren.

Hinter Vatra Dornei ging ich auf der Suche nach einem Englisch sprechenden Raucher in die 1. Klasse hinüber. Da das Rauchen in den Abteilen verboten ist, die meisten Rumänen beiderlei Geschlechts aber hoffnungslos nikotinsüchtig sind, verbringen viele Fahrgäste einen großen Teil der Strecke auf den Korridoren.

Hier unterhielt ich mich bald darauf mit Camil, einem jungen Chemiedozenten von der Universität in Jassy. Als er sah, dass ich schlecht stehen konnte, begleitete er mich entgegenkommenderweise in die 2. Klasse –, wo er zu meinem Entsetzen das alte

Ehepaar heftig beschimpfte, weil sie ihr Schwein mit ins Abteil gebracht hatten. Mir gegenüber beklagte er sich: »Diese Leute sind zu primitiv; sie vermitteln Ihnen ein sehr schlechtes Bild von Rumänien.«

»Im Gegenteil«, protestierte ich, »ich fühle mich diesen Menschen verbunden, die eine echte Beziehung zu ihren Schweinen haben.«

Camil sah mich misstrauisch an; im Gegensatz zu den meisten Rumänen besaß er wenig Humor. Dafür teilte er die Neigung seiner Zeitgenossen, den Albtraum Ceauşescu über Gebühr aufzubauschen. 24 Jahre lang, erklärte er, hätten die Rumänen nur kommunistische Propaganda lesen dürfen. Ich enthielt mich eines Kommentars; es stimmte, dass die Rumänen lange genug isoliert worden waren, um eine alarmierende Unkenntnis von und eine totale Gleichgültigkeit gegenüber der übrigen Welt zu entwickeln. Ich habe z. B. niemanden getroffen, der auch nur die leiseste Ahnung von den derzeitigen Problemen Jugoslawiens hatte. Die beiden Länder hätten genauso gut auf unterschiedlichen Kontinenten liegen können.

Camil lächelte verächtlich, als ich erwähnte, dass das Kino in Gura Humorului für die kommende Woche englische, westdeutsche, schwedische, französische und amerikanische Filme angekündigt habe. »Das entspricht genau der neuen Politik«, meinte er, »allen zu zeigen, wie man im Westen lebt. Aber was haben diese primitiven Bauern davon? Die ausländischen Filme beeinflussen sie höchstens negativ, statt sie zu belehren. Man bringt sie nur völlig durcheinander – alles, was sie dort sehen und hören, widerspricht dem, was man ihnen früher zu glauben und zu fühlen beigebracht hat. Unsere Revolution kam so plötzlich, dass wir mit dem Erfolg noch nicht richtig umgehen können. Sie war einmalig, weil Ceauşescu einmalig war. Jetzt vergleicht man ihn mit Hitler, was ziemlich dumm ist. Der Größenwahnsinn der Nazis war ›gesünder‹. Die Ceauşescu-Mafia betrachtete Rumänien als ihr persönliches Eigentum. Sie war nur am eigenen Gewinn interessiert, und dafür ließen sie Rumänien vor die Hunde gehen. Aber sie wollten nicht die Welt erobern. Die Nazis waren zugleich von einer Art Idealismus inspiriert, sie waren nicht nur Verbrecher.«

Ich fröstelte unwillkürlich. Dies war die dunkle Seite der rumänischen Psyche, die mir bereits bei einigen anderen Gelegenheiten aufgefallen war. Die Isolation der Rumänen hat (neben anderen Dingen) dazu geführt, dass viele Leute ihre Vorurteile völlig unbefangen aussprechen. Sie können sich einfach nicht vorstellen, welche Wirkung Bemerkungen auf den »normalen« Westeuropäer ausüben wie: »Ich *hasse* Juden!« oder »Roma sind Untermenschen! Wir haben Millionen davon, und sie vermehren sich sehr schnell – irgendwie müssen wir sie los werden …«, Worte, die eine furchtbare Erinnerung wecken. Als Erstes versichert man sich, dass die Leute, die man los werden will, keine menschlichen Wesen sind.

Entgegen sonstigen Gepflogenheiten nannte mir Camil nicht seine Adresse, bevor er in Klausenburg ausstieg; wir hatten wohl doch nicht dieselbe Wellenlänge.

Als es kurz darauf draußen dunkel wurde, breitete sich die Dunkelheit auch im Abteil aus. Die Stromversorgung war ausgefallen – ein alltägliches Ereignis –, und fünf Stunden lang spielte sich alles Weitere in absoluter Finsternis ab. Der Schaffner versah seinen Dienst im Schein einer schwachen Taschenlampe, die er sich um den Hals gehängt hatte. Für mich hatte das Ganze etwas Surreales: Menschen, die sich angeregt miteinander unterhielten, ohne sich jemals gesehen zu haben; viele bekannte Worte waren zu hören – Demokratie, Wirtschaft, Freiheit, Ceauşescu, Kollektive, Wahl, Iliescu, Securitate …

In Oradea stieg – mit einigen Schwierigkeiten – ein junges Paar zu. Unser Wagen war der letzte des Zuges und wurde daher vom matten Schein der Bahnhofsbeleuchtung nicht mehr erreicht. Mit Hilfe meiner Taschenlampe fanden sie schließlich ihre Plätze, und nachdem wir festgestellt hatten, dass ich erst am nächsten Tag um

13 Uhr von Temesvar nach Jimbolia weiterfahren konnte, luden sie mich spontan ein, die Nacht über bei ihnen zu bleiben.

»Morgen«, meinte Maria, »kann ich Ihnen zeigen, wo die Revolution begann. Ich bin ziemlich wütend, dass die Front inzwischen den Leuten einzureden versucht, die Revolution sei von Bukarest ausgegangen. Sie beansprucht allen Ruhm für sich selbst; es soll so aussehen, als habe *Iliescu* das Ganze inszeniert.«

Stunden später, auf dem Bahnhof in Temesvar, beäugten wir einander erst einmal neugierig – und mussten gleichzeitig lachen. »Nur in Rumänien«, grinste ich, »kann es passieren, dass eine umherziehende Ausländerin eingeladen wird, ohne dass ihre Gastgeberin sie zuvor in Augenschein nehmen konnte!« Maria – klein und drahtig – hatte lockiges schwarzes Haar, große, leuchtende, braune Augen und ein fröhliches Lächeln. Radu war ziemlich groß und sehr schmal, seine Stimme war sanft, sein graues Haar lichtete sich bereits; mit 34 sah er eher wie 44 aus.

In der überfüllten Tram erzählte mir Maria voller Stolz, dass Temesvar eine der ersten Städte mit einer Straßenbahn gewesen sei. Schon 1864 habe es hier eine Pferdebahn gegeben. Zwanzig Jahre später wurde sie die erste Stadt in Europa, die eine elektrische Straßenbeleuchtung bekam. Heute ist von dieser Straßenbeleuchtung allerdings auffällig wenig zu merken – selbst für rumänische Verhältnisse.

Hoch oben in einem Wohnblock wurde schnell ein üppiges Mahl serviert: Salami, Schafskäse (Radus Eltern sind Bauern), selbst eingelegte Waldpilze, weißes Brot aus Ungarn (von einem ungarischen Freund) und ein kräftiger roter Landwein.

Wie viele ihrer Generation hatten Maria und Radu schon als Studenten geheiratet; »zusammenzuleben« war illegal. »Wir hatten Glück«, meinte Maria. »Es war immer ein Entweder – oder. Entweder scheiterten die sehr jungen Paare an all den täglichen Problemen, oder aber sie führten eine außergewöhnliche Ehe. Unser Baby wurde neuneinhalb Monate nach der Hochzeit geboren – ein ›Unfall‹, aber ohne Verhütungsmittel wussten wir damals nicht, wie wir uns davor hätten schützen können. Niemand machte uns Vorwürfe, aber wegen der schwierigen Zeiten hatte ich dem Baby gegenüber Schuldgefühle.«

Für dieses Baby – Mihai ist inzwischen 10 Jahre alt – haben nicht nur seine Eltern, sondern auch Marias Eltern und ihr (fünf Jahre jüngerer) Bruder viele Opfer gebracht; wenn sie nur noch sechs Scheiben Salami hatten, bekam sie Mihai. Sie hatten ihn so erfolgreich vor den schlimmsten Entbehrungen bewahrt, dass er eigentlich nicht verstand, warum man die Ceaușescus hingerichtet – ja warum es überhaupt eine Revolution gegeben hatte. Über Politik war in seiner Gegenwart zu Hause nie gesprochen worden – als Kind »unzuverlässiger« Eltern wurde er sehr wahrscheinlich in der Schule besonders überwacht. Maria und Radu hatten beide einen negativen Vermerk in ihren Akten, weil sie sich geweigert hatten, als Informanten für die Securitate zu arbeiten. Radu war daraufhin gezwungen worden, in einer weit entfernten Fabrik zu arbeiten, sodass er an sechs Tagen der Woche um 4.30 Uhr aufstehen musste und erst 14 Stunden später wieder nach Hause kam. Maria musste in einer noch entfernteren Dorfschule unterrichten, hatte das Haus morgens um vier Uhr verlassen, musste zweimal den langsam fahrenden Bus wechseln und kam völlig fertig um 17 Uhr zurück. Wären sie in die Nähe ihrer Arbeitsplätze gezogen, so hätten sie sich, wenn überhaupt, nur noch am Sonntag treffen können, und Mihai hätten sie noch weniger gesehen. Da man andererseits aber nur an seinem Arbeitsplatz einen Anspruch auf eine Wohnung hatte, war die Folge, dass sie fünf Jahre lang zusammen mit Marias Eltern in deren Dreizimmerwohnung gelebt hatten, wobei ihr Bruder den einen Raum brauchte, um zu studieren. Nach fünf Jahren endete ihre Strafzeit, und beide erhielten die Erlaubnis, in Temesvar zu arbeiten, wo sie sich bald darauf mit finanzieller Unterstützung ihrer beiden Eltern eine Wohnung kauften. Aber auch danach mussten sich Marias Eltern weiterhin um Mihai kümmern – die übliche Rolle für in der Nähe wohnende Großeltern. Häufig lebt die verwitwete Großmutter oder der

Großvater bei den Kindern oder in ihrer Nähe, und diese gegenseitige Abhängigkeit der Generationen hat für einen starken Familienzusammenhalt gesorgt, während sich die Familienbande im Westen immer mehr lockern.

Nach einer zu kurzen Nacht und zu viel Wein waren wir am nächsten Morgen um sechs Uhr ziemlich verschlafen. Radu musste Mihai bei den Großeltern abholen und zur Schule bringen, bevor er selbst zur Arbeit ging. Maria war entschlossen, mir den »Geburtsplatz« der Revolution zu zeigen, bevor auch sie ihren Dienst antrat. Die Sonne ging über dem vereisten Temesvar auf, als wir mit der überfüllten Straßenbahn in Richtung Piata Huniada fuhren. Maria zeigte auf ein riesiges Transparent, das jeden stolz in der »Ersten Freien Stadt Rumäniens« willkommen hieß. Dann begann sie eine komplizierte Hypothese über die vierzig mysteriösen Leichen zu entwickeln, die in der Nacht vom 17. auf den 18. Dezember von Securitate-Offizieren gewaltsam aus dem städtischen Leichenschauhaus entfernt worden waren, während man den zuständigen Direktor, Dr. Milan Leonard Dressler, mit vorgehaltener Waffe in Schach gehalten hatte. Als wir auf das prächtige Opernhaus zugingen – ein österreich-ungarisches Vermächtnis –, blieb Maria plötzlich vor einer Plakatwand stehen. »Sehen Sie sich das an!«, rief sie. »Man kann sich wirklich auf nichts verlassen – hören Sie!« Und sie übersetzte einen Anschlag, in dem man Dr. Dressler beschuldigte, mit der Securitate zusammengearbeitet zu haben, um die Zahl der bei der Revolution Getöteten zu verschleiern – und ihm mit dem Tod drohte.

Die orthodoxe Kathedrale von Temesvar stammt aus den 1930er Jahren und verbindet geschickt den neobyzantinischen mit dem traditionellen, moldawischen Stil. In ihrem Schatten wurden am 17. Dezember viele junge Demonstranten getötet. Während wir neben den Bergen von Kränzen und frischen Blumensträußen standen und die im Schein der Kerzen betenden Menschen betrachteten, fragte Maria: »Bewegt Sie dies hier nun sehr? Häufig kommen Ausländer hierher. Sie weinen – *sie* wissen, dass unsere Revolution *hier* begann.«

Ich erwiderte ehrlich: »Wenn ich sofort nach meiner Ankunft hierher gekommen wäre, hätte mich dies alles wahrscheinlich mehr berührt. Inzwischen stellen sich mir zu viele Fragen…«

»Ist das der Grund, warum Sie wieder zurückkommen wollen?«, forschte Maria. »Um die Antworten zu suchen?«

»Eigentlich nicht, denn ich erwarte nicht, sie zu finden. Es werden eher noch mehr Fragen auftauchen.«

»Dann kommen Sie also zurück, weil Sie Orte lieben, die Ihnen Fragen aufgeben?«

»Nun, ja – ich denke schon, jetzt wo Sie es sagen…«

Nachdem Maria sich widerstrebend verabschiedet hatte (sie hätte sich den Tag freinehmen können, wollte es aber aus Prinzip nicht tun), machte sich sehr bald eine starke fremdenfeindliche Stimmung breit. Mehrere junge Männer, die ich nach dem Weg fragte, blafften mich auf Englisch an – und zwar ganz unverhohlen: »Wo ist Ihre Kamera?«… »Reporter, verschwinde!«… »Sie kommen zu spät. Hier gibt es kein Blut mehr zu sehen!«

Temesvar wehrte sich ganz offensichtlich gegen seine kürzliche, übertriebene Zurschaustellung in allen Medien. Dreimal wurde ich als Engländerin beschimpft. Aber als ich ihnen meinen Pass zeigte, entschuldigten sich zwei der jungen Männer. Einer von ihnen nahm sich meiner an und erklärte mir eingehend die antienglischen Vorbehalte. »Wir wissen, wie viel Respekt die Ceauşescus überall im Westen genossen, nachdem die englische Königin ihn mit einem hohen Orden ausgezeichnet hatte, übrigens dem gleichen, den sie ihren eigenen Botschaftern verleiht. Später, wenige Stunden, bevor wir ihn erschossen haben, nahm sie dann die Auszeichnung zurück, um Englands guten Ruf zu retten. Sie wollte vermeiden, dass ein Mann, der von seinen eigenen Leuten wegen seiner terroristischen Praktiken exekutiert wurde, als von Elisabeth II. ausgezeichnet in die Geschichtsbücher einging!«

Ion war mitleiderregend klein und sein Nacken voller hässlicher

Geschwüre. Wie viele junge Rumänen wollte er am liebsten nach Australien auswandern. »Ich bin Elektroingenieur; ich bin bereit, hart zu arbeiten und möchte meine Söhne auf eine gute Schule schicken. Sie sind jetzt ein und zwei Jahre alt. Hier sieht die Zukunft für sie schlecht aus. Wir erhalten zwar jetzt sehr viel Unterstützung aus ganz Europa – Tag und Nacht kommen Hunderte von Lastwagen. Aber wer bekommt die Sachen? Ceauşescus Mafia; die das Ausland an der Nase herumführt! Und so wird unser Leben auch zukünftig aussehen.«

Ion drängte mich mitzukommen, um einen Freund im Krankenhaus zu besuchen, der am 17. Dezember beide Beine verloren hatte. »Wenn Sie über Rumänien schreiben, müssen Sie unsere Krankenhäuser *gesehen* haben. Alle Reporter wollen sie sehen. Im Westen gibt es keine ähnlich primitiven Einrichtungen.«

Ich bedankte mich bei Ion, konnte mich aber nicht dazu überwinden, einen beinlosen jungen Mann in der Rolle eines »Reporters« auf der Jagd nach »Material« zu besuchen. Mein Anstand – falls man es so nennen kann – wurde später belohnt, als mir das Schicksal die Gelegenheit verschaffte, rumänische Krankenhäuser als Patientin am eigenen Leib kennen zu lernen.

Ion merkte, dass es mir nicht besonders gut ging und lud mich in seine Wohnung in einem halb verfallenen Wohnblock in erfreulicher Nähe des *gara* ein. Einige der Wohnungen standen leer – Hauptursache schien die Feuchtigkeit zu sein. Abgesehen von Vickis Hütte war sein Appartement die ärmlichste Behausung, die ich bisher in Rumänien gesehen hatte. Andererseits war sie mit teuren elektronischen Geräten überfüllt, zweifellos »Vergünstigungen«, die sich ein unternehmender »Elektroingenieur« verschaffen konnte. Niemand war zu Hause; die Jungs waren in einem staatlichen Kindergarten, ihre Mutter arbeitete. Um mich zu unterhalten, zeigte mir Ion ein Video vom Prozess gegen die Ceauşescus, ihrer Hinrichtung und Beerdigung. Es war der schrecklichste Film, den ich je gesehen habe. An diesem Abend schrieb ich in mein Tagebuch:

Ions Video war grauenhaft, nicht zuletzt wegen meiner eigenen Reaktion. Obgleich ich den Ausgang kannte, verspürte ich eine ungeheure Anspannung, als man N. C. aus dem gepanzerten Wagen zerrte, um ihn seinen Richtern gegenüberzustellen. Und selbst als ich wusste, dass E. C. tot war, ergriff mich eine nicht weniger verrückte Angst – ein ganz primitiver Schrecken –, als ich in ihr Gesicht blickte. (Ich hatte *sie* nie zuvor gesehen und *ihn* nur flüchtig während der Revolution.) Während N. C. den Eindruck eines gefährlichen Irren machte, wirkte sie absolut normal – und ausgesprochen bösartig. Für sie zumindest gab es keine mildernden Umstände wie den paranoiden Größenwahn, unter dem er ganz offensichtlich litt. Während der Film ablief (er schien sich quälend in die Länge zu ziehen), bekam ich feuchte Hände und fühlte mich einem Ansturm unterschiedlichster Gefühle ausgesetzt: einerseits Ekel vor den bevorstehenden Exekutionen, andererseits aber auch das Verlangen, die Leichen der Ceauşescus zu *sehen*. Unwillkürlich wurde auch ich von diesem schrecklichen, primitiven Triumph erfasst endlich Rache üben zu können; aber zugleich war ich entsetzt, dass ich mich zum ersten Mal in meinem Leben vom puren Hass meiner Umgebung hatte mitreißen lassen. (Und zwar wirklich *Hass*, im Unterschied zu der wütenden Ablehnung der Politik gewisser Regierungen oder der tiefen Verachtung gegenüber der bedenkenlosen Habgier gewisser Firmen.) In den letzten Wochen, in denen ich hautnah die bitteren Leiden der Rumänen erlebt hatte, hatte ich bereits mit Unbehagen festgestellt, wie dieser Hass in mir zu schwelen begann. Aber als er so plötzlich aufflammte, war ich dennoch zutiefst erschrocken – nicht nur über mich selbst, sondern vor allem auch, weil ich in diesem Moment begriff, was die Rumänen jahrelang gefühlt haben mussten. Und Hass hat stets eine zerstörerische Wirkung – wie gerechtfertigt, entschuldbar oder unausweichlich er auch sein mag.

Die Ceauşescus mussten am 25. Dezember ohne Verzögerung

hingerichtet und die gesamte Bevölkerung davon überzeugt werden, dass sie tatsächlich tot waren. Solange sie lebten, fühlte sich jeder weiterhin bedroht, da die Gefahr bestand, die Securitate könne sie befreien und wieder an die Macht bringen. Dies begriff ich vollkommen, nachdem ich den Film gesehen und sogar noch vor der toten E. C. diese völlig unsinnige, aber echte Angst empfunden hatte. (Oder hatte ich mich gar nicht vor der toten Frau gefürchtet, sondern vielmehr vor dem, was sie repräsentiert hatte: die Macht des Bösen, eingesetzt zur Knebelung des Einzelnen?) Auch scheint es mir angemessen, dass die Nation durch einen Videofilm vom Tod der Tyrannen unterrichtet wurde, nachdem das Fernsehen eines ihrer beliebtesten Propagandamittel gewesen war. Passend auch die Aura der Unwirklichkeit, die den Gerichtshof umgab. Natürlich bewegte sich jeder außerhalb der Legalität – wer immer damals die Entscheidung traf (Iliescu & Co.?) –, der jenes Scheintribunal einsetzte und die absurde Anklage eines Genozids erhob. Es wäre ehrlicher und zugleich verständlicher gewesen, wenn man die beiden am 23. Dezember »auf der Flucht« erschossen hätte. Aber was dem Gerichtshof nach internationalem Recht an Legalität fehlte, wurde durch eine ausgleichende Gerechtigkeit wettgemacht. Die Ceauşescus hatten einen Staat geschaffen, in dem ein »gerechtes Verfahren« nicht einmal denkbar gewesen war. Und so starben sie letztlich nach den Richtlinien, die sie selbst aufgestellt hatten. Wenn es stimmt, dass sie das Angebot eines »ordentlichen Strafprozesses« abgelehnt haben, in dem sie sich zu ihrer Verteidigung auf Geisteskrankheit hätten berufen können, dann war dies das einzig Konstruktive, das sie je für Rumänien getan haben. Einige Außenseiter hielten es für unnötig barbarisch, die Leichen in allen grauenhaften Einzelheiten zu zeigen: mit Nahaufnahmen von beiden Gesichtern unmittelbar nach der Hinrichtung, während das Blut noch aus E. C.s Körper floss und N. C. dalag wie eine weggeworfene Stoffpuppe, die Beine unter dem Körper nach hinten gebogen. Aber damit die

Rumänen das scheinbar Unmögliche wirklich glauben konnten, war es absolut notwendig, dass sie die Totenschau des Arztes detailgetreu mit eigenen Augen verfolgen konnten. Wenigstens ein halbes Jahrhundert lang waren in Rumänien alle offiziellen Verlautbarungen Lügen gewesen. Ohne jenen grausam plastischen Film hätten viele weiterhin vermutet oder geglaubt, dass die Ceauşescus irgendwie gerettet worden, die Exekutionen Schwindel und die Leichen nur Puppen waren.

Der Kameramann hatte die Pflicht, einige lange Minuten bei den Leichen zu verweilen, besonders auf den Gesichtern unmittelbar nach der Exekution, und dann noch einmal, als sie für das Begräbnis an einem »geheimen« Platz in Bukarest eingesargt wurden. Angeblich hatten sie für sich Särge aus reinem Gold anfertigen lassen, aber sie endeten in einem rohen, hölzernen Armensarg. Und wiederum zeigte die Kamera ihre Gesichter von allen Seiten und blieb auf jeden der beiden Särge gerichtet, während sie mit einem weißen Tuch bedeckt und die Deckel fest geschlossen wurden. Danach Kameraschwenk zum Ort der Beisetzung – offensichtlich die Ecke eines Friedhofs –, wo dicke Schneeflocken sanft zur Erde schwebten. Nachdem man die Särge der Ceauşescus in flache Gräber hinabgelassen hatte, trat ein großer stämmiger Mann vor (Ion kannte ihn nicht) und warf eine Hand voll Erde auf die Särge. Das unangemessen familiäre Geräusch erinnerte daran, dass beide aus bäuerlichen Familien in einem christlichen Land stammten. Dann wurde jedes Grab mit schweren Steinplatten abgedeckt. Das letzte Bild zeigte einen jungen Soldaten, der die Fugen zwischen den Steinplatten mit Zement ausfüllte.

Ion grinste, als er den Videorecorder abstellte. »Tolle Sache! Aber wir hätten sie nicht erschießen sollen. Ich hätte es gern gesehen, wenn sie schön langsam gestorben wären – vielleicht vor Hunger, so wie sie versucht haben, uns umzubringen.« Er war nur einer von zahlreichen Rumänen, die mir gegenüber ähnliche Bemerkungen machten – und mich verdutzt ansahen, wenn ich ihnen nicht begeistert zustimmte.

An der jugoslawischen Grenze fuhr der Zug nach Jimbolia eher im Schritt- als im Fahrradtempo. Ich teilte das Abteil mit einem älteren Ehepaar, das erst vor kurzem in Rente gegangen war, mit zwei Schwestern – etwa Mitte zwanzig – und einer erschöpft wirkenden Mutter, die den Kopf gegen die Schulter ihres 19-jährigen Sohnes gelehnt hatte. Als sich eine politische Diskussion entspann, fiel mir ein weiteres Mal auf, wie aufmerksam – oft respektvoll – viele der älteren Generation den Jüngeren zuhörten, als erwarteten sie die Rettung der Nation nicht von der Front, sondern von den Jungen. (Interessanterweise sind die Frauen in der Öffentlichkeit nicht weniger diskussionsfreudig als die Männer: möglicherweise ein positiver Nebeneffekt des Kommunismus?)

Der junge Mann – Andrei – sprach ein recht eigenwilliges Englisch, aber ohne Hemmungen. Auch er wollte am liebsten nach Australien gehen, und als ich ihn fragte, warum so viele junge Rumänen ausgerechnet dieses Land als ihr Traumziel betrachteten, antwortete er: »Wir mögen Amerika nicht besonders, weil es dort zu viele Juden und Schwarze gibt. Und wir möchten in einem großen Land leben, wo wir Farmland bekommen können – wir sind zumeist Bauern, wir leben gern auf dem Land und nicht in den schmutzigen Städten. Ich habe alles versucht, um Rumänien zu verlassen und irgendwo anders hinzugehen. In Australien wollen sie mich nicht, weil ich kein Geld und dort keine Freunde habe. Im Juni werde ich eingezogen, und meine Mutter wird sich die Augen ausweinen. Mein Vater ist tot. Meine Mutter hat nur noch mich. Entschuldigen Sie, dass mein Englisch nicht sehr gut ist – auf der Schule konnte ich es nicht lernen. Ich musste es mir selbst beibringen, um meine Chancen zu erhöhen, falls ich jemals dieses Land verlassen kann. Können Sie mir nicht helfen? Können Sie mich nicht mit nach Irland nehmen? Ich übernehme jede Arbeit, ich werde Ihr Diener sein! Bitte, versuchen Sie mir zu helfen! Wenn Sie nach Temesvar zurückkommen, besuchen Sie uns doch bitte und seien Sie unser Gast. Wir sind arme Leute, aber wir haben ein großes Herz!«

Abends in Belgrad schloss ich den ersten Teil meines Tagebuches ab:

Armer Andrei. Er hat Recht mit seiner Bemerkung: »Wir haben ein großes Herz.« Jetzt weiß ich, was mich nach dem Unfall hat weitermachen lassen: meine zunehmende Liebe zu Rumänien und jene immer wieder belebenden Begegnungen mit Menschen und Orten. Wie haben es die Rumänen nur fertig gebracht, sich trotz ihrer geschichtlichen Vergangenheit so viel Großzügigkeit, Witz und Lebhaftigkeit zu bewahren?
Ich hatte keine so deutliche Ähnlichkeit im Temperament zwischen Iren und Rumänen erwartet. überhaupt erinnert mich vieles – Positives und Negatives, Triviales und Wichtiges – an das Irland vor 40 Jahren: Die Art, wie sich die Frauen kleiden und ihr kunstloses Make-up; die kindliche Akzeptanz der elterlichen Ordnung und Autorität; die ungeduldige Gradlinigkeit der Heranwachsenden; der Mangel an Luxus-Konsumgütern; der geringe Autoverkehr, selbst auf den Hauptstraßen. Und – besonders signifikant – das Brandmal einer jahrhundertelangen Unterdrückung: ein halb entschuldigender, halb trotziger nationaler Minderwertigkeitskomplex.

Bei meiner Ankunft in London – nach einer Reihe albtraumartiger Schwierigkeiten auf dem Flughafen in Belgrad – fühlte ich mich hinreichend als »Notfall«, um nicht länger zu protestieren, als meine Freunde mich auf schnellstem Weg zu einer Unfallaufnahme brachten. Dort stellte man einen Bruch des Steißbeins und eine Bänderzerrung fest und verordnete mir zwei Wochen strenge Bettruhe. Einen großen Teil dieser Zeit verbrachte ich damit, Buchhandlungen anzurufen, um die vielen Bücher zusammenzubekommen, die ich bei meiner Rückkehr nach Rumänien mitzubringen versprochen hatte – Bücher in Englisch und Französisch über Demokratie; Bücher in Englisch über rumänische Geschichte und Politik; von Exilanten geschriebene rumänische Bücher und eine reiche Auswahl an Schulbüchern für Englisch-, Physik- und Mathematiklehrer. Ich war froh, eine Aufgabe zu haben und auf diese Weise einen kleinen Teil der rührend großzügigen rumänischen Gastfreundschaft ausgleichen zu können.

7

Jimbolia,
fröhliche Feste und böse Vorzeichen

Jene so spontan versprochenen Bücher erschwerten meine Rückreise Anfang März; rechthaberische Freunde protestierten, ich könne mir eine erneute Bänderzerrung zuziehen, wenn ich meine Minibibliothek allein nach Temesvar brächte. So kam Rachel extra aus Skopje nach Zagreb, um mich dort im National-Express zu treffen und mitsamt meinem Gepäck nach Belgrad und von dort zum Grenzübergang in der Nähe von Kikinda zu begleiten.

Als wir Belgrad bei Sonnenuntergang verließen, begann ich bereits, die Folgen zweier nahezu schlafloser Nächte im National-Express zu spüren. Mit unserem in jedem Dorf haltenden, U-Bahn-ähnlichen Zug nach Kikinda fuhren nur wenig Leute – eine relativ kurze Strecke, für die wir jedoch vier Stunden brauchten. Kurz nach 22 Uhr kamen wir auf dem verlassenen Bahnhof an. Es war stockdunkel und sehr, sehr kalt. Eine Straßenbeleuchtung gab es nicht. Der Ort wirkte wie ausgestorben – es hätte zwei Uhr nachts sein können. Schweigend wandten wir uns dem entfernten Stadtzentrum zu, wobei wir über rätselhafte Betonbrocken stolperten. Von meiner Heimreise her waren mir diese trostlosen, sich hinziehenden Städte nur zu vertraut, deren endlos lange Straßen nirgendwohin zu führen scheinen.

Zehn Minuten später murmelte ich verzweifelt: »Aber es *muss* irgendwo ein Hotel geben!«

»Warum eigentlich?«, meinte Rachel.

Ich blieb stehen. Dies war eine gute Frage. Welcher vernünftige – oder unvernünftige – Mensch würde je aus irgendeinem vorstellbaren Grund eine Nacht in Kikinda verbringen wollen? Als ich vorschlug zu campen, brummte sie zustimmend, und wir gingen zurück. Nicht weit hinter dem Bahnhof fanden wir im Sternenlicht ein flaches Stück Land, dessen Stoppeln die im Boden eingebetteten, scharfkantigen Backsteinstückchen verbargen. Es war eine echte Herausforderung, hier mit klammen Fingern beim Schein einer Taschenlampe und auf einem ungewöhnlich unwirtlichen Boden zum ersten Mal (abgesehen von einem »Probelauf« in einem Garten in Clapham) ein neues Zelt aufzubauen. Auf drei nahe gelegenen Bauernhöfen begannen die Hunde hysterisch zu bellen, als wir uns total erschöpft und ausgelaugt mit »dem Neuesten auf dem Gebiet der leichten Einpersonenzelte« herumschlugen. Ich rechnete jeden Augenblick mit dem Auftauchen eines misstrauischen Bauern, aber es kam keiner. Unser Sieg – nach zehn Minuten – über seltsame Ringe und Schlaufen statt Pfosten und Halteseile hob unsere Stimmung. Sie sank indessen wieder, als wir entdeckten, dass es tatsächlich nur ein »Einpersonenzelt« war und sich nicht, wie in mein mir gestohlenes Exemplar, zur Not auch zwei Personen nebeneinander hineinquetschen konnten. So mussten wir aufeinander liegen, wobei wir uns abwechselten. Der »Untermann«, der mit einem Gewicht von 66,5 kg (Rachel) bzw. 73 kg (ich) auf die spitzen Steine gedrückt wurde, litt erheblich. Im Morgengrauen, als wir das Zelt von seiner Eisschicht befreiten, waren wir uns einig, dass dies unsere unbequemste Camping-Nacht gewesen war, an die wir uns erinnern konnten – was, wie Rachel zutreffend bemerkte, einiges besagte.

Gegen sieben Uhr begann in Kikinda, was man hier unter »Leben« versteht. Gruppen von Arbeitern trotteten mit verschlossenen Gesichtern bedrückt zu ihrer Arbeit. Zwei Polizisten starrten uns an, wie Dinge, die von einem Müllwagen heruntergefallen waren. Ein paar kleine Läden waren geöffnet, verkauften aber nur Brot. Falls irgendjemand wusste, wann der nächste Bus zur Grenze fuhr, so verriet er es uns jedenfalls nicht. »Was stimmt mit diesem Ort nicht?«, fragte Rachel ärgerlich.

Ich saß, an meinem trockenen Brot kauend, auf einem von meh-

143

reren Baumstümpfen und stellte mir vor, wie viel weniger trostlos die Straße aussehen würde, wenn man die Bäume nicht gefällt hätte. »Wenigstens«, stellte ich fest, »ist das Brot hier frisch.« Dann fügte ich hinzu: »Vielleicht ist es die Geschichte, die nicht stimmt – am gesamten Banat wurde vielleicht zu lange, zu viel herumgemurkst – so ungefähr dreitausend Jahre lang. Jahrhundertelang war Temesvar die Hauptstadt; jetzt ist Kikinda von seinem geistigen Zentrum abgeschnitten.«

Wir trödelten die Straße hinauf, vorbei an verwitterten, mit roten Ziegeln gedeckten zweistöckigen Wohnhäusern und trostlosen vier- und fünfgeschossigen Büroblocks. Kikinda wirkt, als sei es von und für deprimierte Menschen gebaut. Neben einer Tankstelle stand ein Bus nach Belgrad. Sein Fahrer meinte, dass möglicherweise in ein oder zwei Stunden auch ein Bus zur Grenze fahre.

»Wir könnten versuchen zu trampen«, schlug ich vor – ungeduldig, wieder nach Rumänien zu kommen. »*Ich* warte auf den Bus«, beharrte Rachel, »wer soll denn vielleicht die Bücher tragen?«

Ein langes, niedriges Gebäude in der Nähe der Bushaltestelle entpuppte sich als »Supermarkt«, der neben wenig ansprechenden Nahrungsmitteln Bier anbot. Wir kauften sechs große Flaschen und setzten uns mitten auf einer angrenzenden, mit hartem gelben Gras bedeckten Wiese in die Sonne, die um acht Uhr bereits schön wärmte. »Genau wie in Kamerun«, erinnerte sich Rachel, »Bier zum Frühstück…«

Um 9.30 Uhr waren wir recht fröhlich. »Okay«, meinte Rachel, »lass uns die leeren Flaschen zurückgeben und trampen – ich glaube nicht mehr an diesen Bus.«

Über die langweilige Plattheit des Banats hinweg konnte man unsere enge, verkehrsfreie Straße entmutigend weit verfolgen. Gemessen an der Bevölkerungszahl lag am Wegrand eine erstaunliche Menge Abfall. Eine Stunde später holte uns ein Bus ein und hielt auf unser verzweifeltes Winken hin an. Die vierschrötige, finster blickende Fahrerin beschimpfte uns heftig, während wir uns abmühten, unsere Ladung in den bereits voll gestopften Bus hineinzuquetschen. Aber bellende Hunde beißen nicht; sie ließ uns umsonst mitfahren, weil wir Ausländer waren und nach Rumänien wollten – nach ihrer Vorstellung offensichtlich der reinste Schwachsinn, und von Schwachsinnigen nahm man kein Geld.

Bald hatten wir die letzte Etappe erreicht; ein Zweimeilenmarsch von einem sich hinziehenden, stillen Dorf zur Grenze. Beim Anblick der rumänischen Flagge am Horizont erwachten meine Lebensgeister wieder und ich begann gefühlvoll zu singen – »Olé! Olé! Olé!«

»Und was wird aus mir armem kleinen Wesen?«, fragte Rachel. »Wie komme ich in das grässliche Kikinda zurück?«

»Kein Problem!«, erwiderte ich mit gefühlloser Fröhlichkeit. »Es ist gerade eben Mittag, du hast noch sechs Stunden Tageslicht und keine Bücher zu tragen.«

Wir trennten uns an der jugoslawischen Grenze, und als ich von der rumänischen Seite aus die lange gerade Straße zurückblickte, war meine Tochter nur noch ein entfernter Punkt. Später erzählte sie mir, dass ein alter Schäfer sie kurz darauf auf dem Gepäckträger seines Mopeds mit nach Kikinda genommen und sie zu einem Essen mit seiner Frau in sein Haus eingeladen hatte, bevor er sie um 16.30 Uhr zum Bus nach Belgrad brachte.

Es wäre ein Leichtes gewesen, Jugoslawien unbemerkt zu verlassen. Ich musste erst an eine Tür klopfen und laut rufen, bevor ein irritiert aussehender Offizier herausgelatscht kam, einen Blick in meinen Pass warf und mich weiterwinkte. Ein Laden für harte Währung – nicht mehr als eine größere Hütte – beherrschte das Niemandsland. Im Februar – einem Sonnabendnachmittag mit regem Grenzverkehr – hatte er gut zu tun gehabt. Jetzt aber war er geschlossen.

Die Formalitäten meiner Wiedereinreise wurden zügig, aber ziemlich übellaunig abgewickelt. Zwei gehässige, nach *tuica* duftende Zolloffiziere, rissen mein gesamtes Gepäck auseinander, blätterten die rumänischen Bücher durch und erklärten sie für beschlagnahmt. Daraufhin zückte ich ein Einführungsschreiben an ein hohes Mitglied der Front – ein allseits bekannter Name in Rumänien; jemand, der kurz darauf desillusioniert zurücktrat. Als ich kühn behauptete, dass er mich um alle diese Bücher gebeten hatte, wechselten beide Offiziere die Farbe. Der eine lief rot an, der andere wurde blass. Die Bücher wurden sofort in meine überdimensionale Reisetasche zurückgeworfen. Inzwischen hatte ein dritter – prächtig uniformierter – Gauner meine Plastiktragetasche durchwühlt. Als ich mich von seinen Kollegen abwandte, sah ich ihn gerade mit meiner wertvollen Flasche Scotch im Büro verschwinden. Als ich ärgerlich hinter ihm herrief, holten die anderen sie hastig zurück und murmelten etwas von einem »Irrtum«. Ohne den Brief wäre ich möglicherweise ein zweites Mal an der rumänischen Grenze ausgeraubt worden.

Ich hatte fast alles wieder eingepackt – eine mühsame Arbeit –, als ein rostiges, ziemlich verbeultes jugoslawisches Auto vorbeikam. Das Ehepaar aus Kikinda, schmuddelig und mittleren Alters, erbot sich sofort, mich nach Temesvar mitzunehmen. Sie waren Schmuggler – ein weit verbreiteter lokaler Erwerbszweig – und standen mit den Zolloffizieren auf bestem Fuß.

Fünf Minuten später wurden wir plötzlich vor einer Verkehrsampel am Rand von Jimbolia von einem Dutzend Halbstarker umringt, die dicke Bündel Lei schwenkten und lautstark »wechseln! wechseln!«, verlangten. Sie schlugen mit den Fäusten auf das Dach, schubsten sich gegenseitig weg, arbeiteten aber insoweit zusammen, als sie verhinderten, dass das Auto bei Grün weiterfahren konnte. »Tigan«, (Roma) erklärte der Fahrer überflüssigerweise. Als er sie auf Rumänisch anschnauzte und sich damit als Einheimischer zu erkennen gab, traten sie mit aller Kraft gegen sein Auto – und entfernten sich dann mürrisch und enttäuscht. Es wäre mir übel ergangen, wäre ich ihnen allein und zu Fuß mit meinem brandneuen Rucksack und meinem sonstigen Gepäck über den Weg gelaufen.

In der Stadtmitte bogen wir in eine Seitenstraße ein und hielten vor einer verfallenen Schule. Offensichtlich wurde das Auto bereits erwartet; denn wir wurden sofort von einer Menschenmenge umringt, die fast genauso bedrohlich wirkte wie die Roma. Hektisch umschwärmten sie das Fahrzeug, als die Schmuggler ausstiegen, den Kofferraum öffneten und für riesige Summen in Lei jugoslawische Zigaretten, Seife, Kondome, Zahnpasta und kleine Schmuckkämme verkauften. Vorsichtshalber stieg ich ebenfalls aus, denn auch mein Gepäck lag im Kofferraum. Als ich so dastand und das Ganze beobachtete, schlich sich jemand von hinten an mich heran: ein kleiner Junge mit einem schmutzigen, abgehärmten Gesicht, rot geränderten Augen und dem Ausdruck wilder Verzweiflung. Er versuchte meine Jackentaschen zu filzen, obgleich ich die Hände darin hatte. Unterdessen kämpften die Erwachsenen – gleichermaßen abgehärmt und wild entschlossen – um Seifenstücke und Zigaretten. Wenn man zum ersten Mal nach Rumänien kommt, ist Jimbolia als Grenzübergang nicht zu empfehlen; hier kann sich wohl kaum jemand in das Land verlieben.

Ein paar trostlose, schwäbische Dörfer säumten die Straße nach Temesvar. Sie mussten einmal ausgesprochen wohlhabend gewesen sein. Die freistehenden Häuser waren geräumig und solide gebaut, und über den Eingangstüren konnte man häufig die deutschen Familiennamen und das Baujahr ablesen (1897, 1908, 1922). Als dieses Gebiet 1718 von den Türken an die Österreicher überging, wurden tausende von schwäbischen Bauern hier angesiedelt, um Habsburgs neue und sehr fruchtbare Region zu bestellen. Aber wie viele ihrer sächsischen Vettern in Transsilvanien wanderten auch von ihnen eine ungenannte, aber beunruhigende Anzahl – unterstützt von der Bonner Regierung – in den »Goldenen Jahren« der Ceaușescu-Regierung nach Deutschland aus. Rumänien wird ihren Fortgang bald spüren; als friedliche, hart arbeitende, intelligente Bauern waren sie Teil einer ungewöhnlich produktiven Gemeinschaft.

Bei unserer Ankunft in Temesvar um 13.30 Uhr erboten sich die freundlichen Schmuggler, mich zum Wohnblock meiner Freunde zu bringen – obgleich ihnen die Adresse nichts sagte. Da jedoch niemand vor 15.30 Uhr zu Hause sein würde, bat ich sie, mich im Stadtzentrum abzusetzen. Mein erster Eindruck war: »Wie still es hier ist.« Sicher hatte der Verkehr seit meinem letzten Besuch zugenommen – auch für Privatpersonen stand inzwischen etwas Benzin zur Verfügung –, aber er war in keiner Weise mit dem zu vergleichen, was man von anderen europäischen Städten gewohnt ist. Mühsam schleppte ich mein Gepäck über den von der orthodoxen Kathedrale beherrschten weiten, sonnigen Platz; alle Bänke waren von Einheimischen besetzt, die sichtlich – wie Katzen – die Frühlingswärme genossen. Seit ich sie das letzte Mal gesehen hatte, war die blumengeschmückte Gedenkstätte für die Märtyrer der Revolution noch kunstvoller arrangiert und weit größer geworden. Jetzt waren die stilisierten, geschnitzten Holzkreuze fast völlig unter immergrünen Zweigen, Plastikblumen, liebevoll erneuerten frischen Kränzen und riesigen schwarzen Nylonschleifen begraben, die von weitem irritierend wie riesige Fledermäuse aussahen. Hunderte von dünnen, orangefarbenen Kerzen flackerten noch immer unerschütterlich vor sich hin, und um die Fichtenzweige herum hatte das geschmolzene Wachs solide Seen gebildet. In der Mitte der Gedenkstätte erhob sich nun mit Blick auf die Stufen der Kathedrale, auf denen so viele gestorben waren, ein hoher, von einem Kreuz überragter metallener Bogen. Beide Seitenverkleidungen waren mit lebensgroßen Bildern der Kreuzigung bemalt: wie mir später erzählt wurde, das Werk eines Künstlers aus einem Dorf in Marmarosch. Sie waren eigenartig bewegend und hatten wenig gemein mit den konventionell-korrekten Malereien der vom Staat geförderten Künstler, die in den vergangenen Jahrzehnten viele orthodoxe Kirchen restauriert haben. Um sie herum und über ihnen befanden sich kleinere Darstellungen: Jesus mit der Dornenkrone, die Jungfrau Maria sowie ein verträumt wirkender Pantokrator. Das Ganze war eine eigenartige, aber kraftvolle Verschmelzung des Byzantinischen mit den Impressionisten und zugleich hatte es einen Hauch von El-Greco-Mystizismus.

148

Zwei stämmige, fröhlich wirkende Bäuerinnen mit langen Röcken, gestreiften Schürzen, schmuddeligen Schaffelljacken und schwarzen Kopftüchern versuchten sich freundlich als Kerzenverkäuferinnen. Die vielen anderen Gesichter rund um die Gedenkstätte zeigten die unterschiedlichsten Regungen: traurig, gedankenvoll, hart und verwirrt, und einige waren noch immer voller Schmerz und Entsetzen.

Wie lange wohl, fragte ich mich, würde (oder sollte) diese leidenschaftliche öffentliche Erinnerung an die Toten dauern? Bestand nicht unter Umständen die Gefahr, dass sie zu einem ungesunden Kult würde, zu einer Flucht vor der Realität, zu einem Ersatz für klare politische Aktionen (im Unterschied zu politischen Diskussionen), denn die Trauer um die Opfer machte es nicht leichter, frei zu sein? Man benötigte einen weiteren Schlüssel, um das Tor zur Freiheit zu öffnen, einen komplizierten Schlüssel, der nicht in ein paar Tagen verwegenen, verzweifelten Heldentums geschmiedet werden konnte. Dann aber tadelte ich mich selbst, den seelischen Bedürfnissen einer Stadt gegenüber zu gefühllos zu sein, die erst vor kurzem so viel Leid erfahren hatte – vielleicht geistig noch mehr als physisch. Und trotzdem beunruhigte es mich, dass die Rumänen, ähnlich den Iren, gefährlich anfällig für die Verehrung von Märtyrern sein könnten. Das politische Märtyrer-Syndrom, das auf dem natürlichen Verlangen beruht, tapfere Patrioten zu verehren und bei ihnen Inspiration zu suchen, lässt häufig Mythen entstehen, die ganze Generationen in die Irre führen und paralysieren.

In dem kleinen, schmutzigen »Restaurant« gab es ausschließlich ein als »Bitter« bezeichnetes Getränk, von dem mir der Kellner einen Becher voll hinstellte. Es hatte einen einmaligen Geschmack und sah aus wie abgestandenes Blut. Am Nebentisch debattierten drei schäbig wirkende, unrasierte Männer leidenschaftlich über das Verfahren gegen vier hohe Securitate-Offiziere, das vor ein paar Tagen in Temesvar eröffnet worden war. Kurz darauf kam ich mit Gheorghe ins Gespräch, einem gut aussehenden Jugendlichen mit hellbraunem Haar, dunkelbraunen Augen, rosigen Wangen und einem offenen Gesichtsausdruck. Er arbeitete in einer Schuhfabrik und brachte sich selbst die Grundbegriffe des Englischen bei. Durch einen der glücklichen Zufälle, die meinen Weg durch Rumänien begleiteten, wohnte er in einem Wohnblock, der hinter dem meiner Freunde lag – etwa zwei Meilen von hier entfernt – und wollte gerade nach Hause gehen. So wurde er mein Träger, und wir verabredeten uns gleich für den nächsten Morgen um sieben Uhr. »Heute abend mache ich ein Programm für Sie!«, erklärte Gheorghe. »Für mich sind Sie wie eine Englischstunde im Radio.«

Vintila und Elise lebten in einem standardisierten Dreizimmerappartement (plus Küche und Bad) in der obersten Etage eines zehnstöckigen Wohnblocks, mit der Aussicht auf ähnliche Wohnsilos ringsum. Elise war Paulas Schwester. (Mit Paula war ich nachts von Bukarest nach Oradea gefahren.) Sie und Vintila waren inzwischen beide erklärte Gegner der Front, obgleich sie einräumten, dass sie nach der Revolution durchaus einige Wochen lang für Iliescu gewesen seien – »bevor wir Zeit hatten, Beobachtungen anzustellen und unsere Schlüsse daraus zu ziehen…«. Ihre beiden Söhne, 13 und 11 Jahre alt, waren schockiert, als sie herausbekamen, dass ich keine Ahnung hatte, wie die Chancen der Iren im World-Cup standen. Sie zumindest zweifelten in keiner Weise an der realen und zentralen Bedeutung der Revolution, konnten sie doch jetzt *alle* World-Cup-Spiele im Fernsehen verfolgen.

Gespräche auf Englisch werden für niemanden dadurch leichter, dass die Rumänen nur ungern das Gespenst im Schrank zum Schweigen bringen. An diesem Abend jedoch gab es zwei Sendungen im Fernsehen, die sehr aufschlussreich waren – sowohl inhaltlich als auch in ihrer weiteren politischen Bedeutung, wie sie von meinen Freunden interpretiert wurde. Die erste zeigte mit einer Überfülle an technischen Details, wie der Staat in der Vergangenheit Telefone, Wohnungen, Büros, Fabriken, Läden und die Gebäude der Kollektivfarmen abgehört hatte. Die Polizeioffiziere, die

die zahllosen, geheimnisvollen elektronischen Wunder vorführten, taten dies mit dem Ausdruck aufrechter Empörung, was aber keinerlei Eindruck auf meine Freunde machte. Vintila erklärte, dass dieselben Offiziere noch vor drei Monaten wahrscheinlich genau diese Geräte und Tricks benutzt hätten, die sie jetzt mit solch virtuoser Verachtung anprangerten. Und Elise fügte hinzu: »Und in drei Monaten benutzen sie sie vielleicht schon wieder!«

Die zweite Dokumentation illustrierte, wie Ceauşescus manische Industrialisierung Rumäniens Luft, Boden und Wasser bis zu einem mörderischen Grad vergiftet hatte. Elise runzelte die Stirn und knackte mit den Fingern. »Mir ist dies alles zu raffiniert! Das Ganze ist lediglich eine Kampagne, um uns auf Ceauşescu zu fixieren – wie böse und verschlagen er war, wie viel Unheil er angerichtet hat. Auf diese Weise werden die Leute wegen unserer nationalen Errettung mehr und mehr Dankbarkeit für Iliescu und die Front empfinden. Und weil die Front erlaubt, dass solche Anti-Ceauşescu-Filme gezeigt werden und die einfachen Leute ›Ceauşescu‹ mit ›Kommunismus‹ gleichsetzen, werden sie schließlich glauben, die Front sei antikommunistisch – so werden sie sich in Sicherheit wiegen und bereit sein, sie zu wählen!«

Vintila gab sich – wie viele andere – die größte Mühe, mich davon zu überzeugen, dass »Rumänien nie ein kommunistisches Land war, und die meisten Rumänen *niemals* den Marxismus unterstützten«. Rumäniens politische Szene zwischen den beiden Weltkriegen hatte – kaum überraschend – eine beträchtliche Anzahl kommunistischer Sympathisanten hervorgebracht. In der Hauptsache waren es Bergleute sowie Öl- und Transportarbeiter, die den Versuch unternahmen, eine Protestbewegung gegen habgierige ausländische Firmen und ihre korrupten rumänischen Verbündeten zu organisieren – einschließlich des Königs Carol II. und seiner Geliebten (die er erst sehr viel später heiratete), der berüchtigten Magda Lupescu. Die Armee schlug, gedeckt durch die damals scheinbar regierende National-Liberale Partei, alle diese Proteste und Streiks brutal nieder. (In Wahrheit regierte – wenn überhaupt jemand – der König.) Die schlimmsten Ausschreitungen der Armee in dieser Zeit ereigneten sich im Februar 1933, als Gheorghiu-Dej von der illegalen Kommunistischen Partei einen Streik der Öl- und Eisenbahnarbeiter anführte. Nach der Niederschlagung wurden er und andere Kommunisten jahrelang in Doftana inhaftiert, einem feuchten, stockdunklen, völlig unmöblierten, unmenschlichen Loch, wo eine Generation zuvor die Überlebenden des Bauernaufstands von 1907 Gefangenschaft und Folter erlitten hatten.

Ebenfalls in den 1930er Jahren gewannen die rumänischen Faschisten – Codreanus Eiserne Garde – unter der traditionell antisemitischen Bevölkerung schnell an Stärke. Als diese Gangster anfingen, nicht nur antisemitische, sondern auch antimonarchische Töne anzuschlagen, verbot der König im Februar 1938 kurzerhand alle politischen Parteien – ein Schritt, der ihn keine große Überwindung kostete. Neun Monate später ordnete er an, dass Codreanu »auf der Flucht« zu erschießen sei.

Es gibt bemerkenswerte Ähnlichkeiten zwischen König Carol II. und Ceauşescu. Nach der Depression, als die meisten Rumänen an akutem Mangel litten, brachte er mindestens 40 Millionen Dollar auf seinen ausländischen Bankkonten in Sicherheit. Ein Großteil dieser Beute stammte aus Geschäften mit Leuten wie Max Aushnit, der Rumäniens Stahl-Trust gründete, und Nicolae Malaxa. Letzterer war ein Rüstungsmilliardär, ein glühender, wenngleich geheimer Förderer der Eisernen Garde, ein bekannter Nazi-Kollaborateur und – als er 1946 in die USA floh – Schützling eines gewissen Richard Nixon, der ihm bei der Beschaffung seiner Aufenthaltsgenehmigung behilflich war.

1940 übernahm Marschall Antonescu als *Conducator* die Macht (das rumänische Äquivalent für »Führer«), nachdem König Carol II. abgedankt und sein Erbe, der gegenwärtige Ex-König Michael, die diktatorische Macht an den von der Eisernen Garde gestützten Marschall abgetreten hatte. Antonescu war jedoch »nicht der Schlechteste« – wie man in Irland sagt. Seine persönliche Integrität stand außer Frage, was einmal eine nette Abwechslung war. Auch war er in seiner Einschätzung der rumänischen Chancen für einen wirtschaftlichen Aufschwung ungewöhnlich realistisch; und er scheint den ernsthaften Wunsch gehabt zu haben, die Früchte dieses Aufschwungs der gesamten Bevölkerung zukommen zu lassen. Im September 1940 begründete er, gestützt auf die Eiserne Garde (ihr formeller Titel lautete: »Die Legion des Erzengels St. Michael«), den »National Legionary State« und behauptete nie, etwas anderes zu sein, als ein faschistischer Militärdiktator. Aber dies beunruhigte die Rumänen nicht weiter, die ihn ab Juni 1941 mehrheitlich aufrichtig unterstützten, als er vorschnell Rumänien in den Krieg gegen die UdSSR verwickelte, bis zum August 1944, als die sowjetischen Truppen das geschlagene Rumänien besetzten – das prompt die Seiten wechselte, wenn auch nicht schnell genug, um sich die angloamerikanische Unterstützung zu sichern und sich vor dem Kommunismus zu bewahren. Einer meiner Freunde brachte es auf den Punkt: »Antonescu kämpfte nur deshalb an der Seite Hitlers, um für uns die Bukowina und Bessarabien zurückzubekommen – und das war seine Pflicht. Die Briten kämpften zusammen mit den Sowjets, weil es *ihre* Pflicht war, gegen die Nazis vorzugehen. Das bedeutete nicht, dass sie Kommunisten waren oder Stalins Todeslager in Sibirien guthießen!«

Ein Teil der gegenwärtigen Demoralisierung Rumäniens muss in seiner vorkommunistischen Geschichte verwurzelt sein, obgleich verschiedene »revidierte Versionen« einige der weniger angenehmen rumänischen Führer als nationale Helden verherrlichen. Die Sozialgeschichte eines Volkes muss jedoch nicht von jeder Generation wieder neu aus Büchern gelernt werden, um ihre instinktiven Reaktionen zu beeinflussen. Und ein vergleichsweise junges Kapitel – ausländische Ausbeutung – trug sicherlich zu dem postrevolutionären Zögern bei, die wirtschaftlichen Türen Rumäniens wieder für den freien Markt zu öffnen. Die Rumänen hatten niemals eine demokratisch gewählte Regierung mit ver-

antwortlichen Repräsentanten gehabt, die sich für das Wohlergehen ihrer Wähler interessierte. Warum sollten sie daran glauben,
dass in den 1990er Jahren eine Koalition aus fundamental rechts-
gerichteten Parteien – wenngleich mit einem Hauch von »Libera-
lismus« versehen – sie nicht wieder zu ihrem eigenen Vorteil betrügen wird?

Am nächsten Morgen um 6.55 Uhr wartete Gheorghe bereits
vor dem Haus auf mich. Er hatte »mein Programm gemacht«: Ich
würde Marie kennen lernen, seine – angeheiratete und inzwischen
wieder geschiedene – Tante, die in einer großen Schule am anderen Ende der Stadt Englisch unterrichtete. »Sie hat eine große
Vorliebe für Leute, die Englisch sprechen«, erklärte mir Gheorghe.
»Dann gehe ich zur Arbeit und hinterher reden wir wieder.«

Zunächst war Marias Englisch etwas eingerostet; ganz klar
konnte sie ihrer »Vorliebe« nicht oft frönen. Aber nach einer halben Stunde sprach sie es wieder fließend, und dann sagte sie: »Ich
glaube, wir haben die gleiche Wellenlänge, stimmt's?« Ich versicherte ihr, dass dieses Gefühl auf Gegenseitigkeit beruhte. Ihre
sämtlichen Großeltern waren aus Ruthenien gekommen, als es
noch Teil der Tschechoslowakei war. »Deshalb sehe ich nicht wie
eine Rumänin aus, und manchmal fühle ich mich auch nicht so…«
Sie war klein, plump, flachsblond und blauäugig, mit sanften, etwas verschwommenen Gesichtszügen und viel Traurigkeit hinter
ihrem Lächeln.

Das Lehrerzimmer – lang gestreckt, niedrig, senffarben gestrichen – wäre trostlos gewesen, hätte nicht die Morgensonne hi-
neingeschienen. Während wir an einem wackeligen Plastiktisch
saßen, stellte mich Marie ihren Kollegen vor, die laufend hereinkamen. Die Mehrheit zeigte eine vorhersehbare Tendenz, ihre
Schüler zu vergessen, als Marie verkündete, dass ich den Morgen
mit ihr verbringen würde. Wiederholt öffnete sich die Tür, und Jugendliche beiderlei Geschlechts schlüpften scheu herein, um den
Lehrerinnen Primel-, Krokus- oder Veilchensträuße zu bringen,
die mit jungem Fichtengrün verwoben waren. Heute sei Welt-

Frauen-Tag, erklärte mir Marie, ein Tag, der in Rumänien sehr ernst genommen wird.

Dann erschien ein schlaksiger, errötender, qualvoll unter Akne leidender Jüngling mit einem voll beladenen Tablett – vermutlich das Frühstück für die Lehrer. Aber Marie legte mir fest die Hand auf die Schulter und drehte mich in Richtung der Platten mit Wurst und Salami, den drei Sorten Käse, den hart gekochten Eiern und dem Berg dickgeschnittener Brotscheiben. »Essen Sie«, drängte sie mich, »es ist Ihr Frühstück.«

Meine Beteuerung, ich hätte erst vor einer Stunde gut gegessen, wurde nicht akzeptiert. »In Temesvar müssen Sie oft essen«, erklärte Marie, »weil Sie in Marmarosch vielleicht etwas zuzusetzen haben müssen!« Dann machte sie sich an die aufwendige – und in meinen Augen gefährliche – Aufgabe, Kaffee zu kochen. Das Wasser musste in einem Becher erhitzt werden, der ein winziges elektrisches Bauteil enthielt; die Steckdose war so locker, dass man den Stecker die ganze Zeit festhalten musste – und das Wasser im Becher brauchte länger zum Kochen als zu Hause ein ganzer Kessel.

Plötzlich kam eine aufgeregte junge Frau herein, warf ihre Aktentasche auf den Tisch und klatschte in die Hände. Sie war die Überbringerin so sensationeller Neuigkeiten, dass ich vorübergehend vergessen war. Ein älterer Lehrer, der rätselhafterweise ein paar Tage gefehlt hatte, war zu seinem Bruder nach Amerika geflohen. Irgendwie hatte er erfahren, dass er Gefahr lief, als Hauptinformant der Securitate an der Schule entlarvt zu werden. Die begeisterte Reaktion auf diese Nachricht zeigte, dass man ihn als Kollegen nicht gerade geschätzt hatte. Mehrere riefen: »Ich habe es euch immer gesagt!« – oder Ähnliches. Es wurde viel auf Kosten des Flüchtigen gelacht; nur Marie blickte nachdenklich. Sie winkte die junge Frau heran und fragte auf Englisch: »Und was ist mit seiner Frau?« Ihre Kollegin zuckte mit den Schultern. »Sie bleibt hier. Er würde doch keinen Dollar für *ihre* Überfahrt verschwenden!«

Marie sah mich an und seufzte. »Derzeit werden zu viele Familien zerstört, weil einer von ihnen einen ›Tipp‹ bekommt. Letzte Woche erlitt meine Nachbarin einen hysterischen Zusammenbruch. Ihre siebenjährige Tochter war zu Tode erschrocken und kam zu mir gelaufen. Ihr Mann war über Nacht verschwunden, ein freundlicher, gütiger Ehemann und Vater, ein ebenso liebevoller und großzügiger Sohn und Bruder. Er hinterließ eine Nachricht, dass er nach Deutschland gehe, da ihn jemand aus Rache töten wolle. Er schrieb ihr, sie solle in einem Schrank nachsehen und ihm dann folgen. Sie fand dort versteckt 2700 Dollar, für uns ein riesiges Vermögen. Dann wurde ihr klar, wo sein Problem lag – mit seiner Arbeit konnte er niemals so viele Dollar verdient haben. Aber sie kann ihm nicht folgen. Er ist nicht mehr der, für den sie ihn gehalten hat. Jetzt fürchtet sie sich sogar vor ihren beiden Kindern, weil sie *seinen* Kindern nicht länger traut. Er ist für sie plötzlich eine andere Person, und sie hasst ihn, ihr ganzes Selbst ist zerbrochen. Was sie für Realität gehalten hat – ihre gute Ehe –, war nur ein Traum.«

Die Verantwortung dafür, dass an diesem Tag kein Unterricht mehr stattfand, lag nicht allein bei mir. Die meisten Lehrerinnen und auch einige der Lehrer hätten ohnehin zu Ehren der Frauen der Welt ausgespannt. Und nun waren sie alle begierig darauf, der Ausländerin die Revolution zu »erklären«.

Eine der jungen Frauen behauptete: »Über unseren Mut ist eine Menge Unsinn geredet worden, denn die Demonstranten haben nie damit gerechnet, dass man auf sie schießen würde mit jungen Frauen und kleinen Kindern in der vordersten Reihe!«

»Aber«, warf ein älterer Mann ein, »als sie erkannten, wie gefährlich es war, blieben sie auf der Straße – selbst einige von den Frauen.« Marie lehnte sich »drohend« über den Tisch: »Besonders *heute* sprichst du mir nicht abfällig von den Frauen!«

Ein schwermütig dahockender Mann in den Vierzigern bemerkte düster: »Das alberne Geschwätz nennt unsere Tragödie eine *Revolution*. Sie wurde von Iliescu und seinen Kameraden vorbereitet. Sie haben uns hier in Temesvar dazu benutzt, den einen Diktator loszuwerden, um Platz für den nächsten zu schaffen.«

»In Bukarest«, sagte Marie, »glauben sie, sie seien den Diktator losgeworden.«

Eine große, schlanke junge Frau mit lockigem schwarzen Haar und wütenden grauen Augen erwiderte: »Und warum hat Bukarest dann fünf Tage gewartet, bis es sich uns angeschlossen hat?«

Inzwischen waren ungefähr ein Dutzend Lehrer im Zimmer, und man konnte fühlen, dass sie sich in ihrer Opposition gegen Bukarest einig waren.

»Wie viel hat Bukarest wohl gewusst?«, fragte Marie. »Als mich meine Freunde von dort anriefen, um sich zu erkundigen, was an den Gerüchten dran sei, hatte ich Angst, ihnen überhaupt etwas zu erzählen. Hat irgendjemand hier seinen Bukarester Freunden genau berichtet, was sich in der Stadt abspielte?«

Es folgte ein viel sagendes Schweigen. Ich brach es, indem ich bemerkte: »Uns erscheint es erschreckend, dass die moderne Kommunikation in einem solchen Maß kontrolliert werden konnte, dass Bukarest zwei bis drei Tage lang wirklich nicht wusste, was in einer anderen rumänischen Stadt geschah, die nur 563 Kilometer entfernt ist.«

»Natürlich *wussten* sie es«, erklärte die junge Frau mit den wütenden Augen. »Sie erfuhren es von der BBC und Radio Free Europe und Voice of America.«

»Wie viele Leute hören schon ausländische Sender?«, forderte Marie sie heraus. »Nur wenige! Die meisten konnten es nicht!« Sie wandte sich an mich. »Eine Diktatur beruht allein auf der Grundlage einer kontrollierten Information. Und Ceauşescu verfügte über diese totale Kontrolle, mehr noch als Stalin, weil Rumänien nur klein ist. Wo sonst benötigte man für den Besitz einer Schreibmaschine eine polizeiliche Genehmigung!«

Eine junge, blond gefärbte Frau mit hohen Backenknochen, die sich ihre sehr langen Fingernägel mit geschmuggeltem Nagellack aus Ungarn anmalte, warf ein: »Nicht alle Securitate-Leute können nicht schlecht gewesen sein. Wenn sich nicht die meisten zurückgehalten hätten, hätte es viele tausend Tote gegeben! Man sollte daher jetzt auch nicht alle bestrafen.«

»Nicht *einer* wird bestraft werden«, stieß der ältere Mann heftig hervor. »Und sie haben sich nur zurückgehalten, weil sie die Seiten gewechselt haben, von einem Diktator zum anderen. Wenn Iliescu ihnen morgen sagt, ›Tötet Tausende!‹, würden sie ihm gehorchen.«

Dorana, eine hagere Kettenraucherin mit grau werdendem Haar, griff aus einer Ecke heraus in die Debatte ein, wo sie mit übergeschlagenen Beinen gegen eine Fensterbank gelehnt stand. »Ich glaube, dass letztes Jahr sogar einige Securitate-Leute Mitleid mit dem Rest von uns hatten. Sie ahnten, dass wir bald rebellieren würden. Es lag in der Luft. Ich habe die Gesichter auf der Straße beobachtet. Letzten Herbst konnte man sehen, wie die traurige Hoffnungslosigkeit in verzweifelten Trotz umschlug. Der Kessel begann zu sieden. Als der Aufstand begann, dachte niemand: ›Ich beginne eine Revolution.‹ Aber der Kessel kochte über. Die Leute *mussten* ihren Hass auf die Ceauşescus loswerden – sie haben dabei nicht wirklich auf große Veränderungen gehofft oder sie geplant.«

»Dann«, meinte der vor sich hin brütende Mann, »werden sie ja nun auch mit ihrer kleinen Veränderung zufrieden sein.«

Irgendwann wurde beschlossen, dass die Irin als Ehrengast an der Welt-Frauentag-Party der Schule in einem der todschicken Restaurants von Temesvar teilnehmen müsse. Kurz nach 13 Uhr quetschten wir uns daher alle in eine Armada klappriger Dacias und wurden quer durch die Stadt zu einem exklusiven, fensterlosen »Bankettsaal« in einem im stalinistischen Stil erbauten Hotel gebracht. Die Küche war jedoch mit ihrem Zeitplan etwas durcheinander geraten, sodass wir alle bereits vom *tuica* leicht angeheitert waren, bevor es etwas zu essen gab. Während ich die übrigen Gäste betrachtete – solange ich noch klar sehen konnte –, fiel mir auf, wie artverschieden ihre Gesichter waren: italienisch, türkisch, irisch, deutsch, jüdisch, slawisch und von allem etwas.

Der leidenschaftliche junge Mann zu meiner Rechten – Marie saß links von mir – wollte wissen, wie lange Irland noch brauchen würde, um sich von den »britischen Imperialisten« zu befreien. Er war der Meinung, die IRA habe in England Tausende umgebracht und sah in Nordirland einen zweiten blutgetränkten Libanon. Für ihn waren die IRA-Leute »Friedenskämpfer«, und er rückte ein Stück von mir ab, als ich sie ihm ein wenig anders beschrieb. »Sie verraten Ihr Land!«, schnauzte er und starrte mich voller Verachtung an.

Marie intervenierte. »Vielleicht ist das Problem komplizierter. Dervla könnte mehr darüber wissen, als wir hier in Rumänien.«

Der junge Mann winkte ab, wobei er eine *tuica*-Flasche umwarf; aber er rettete sie so schnell, dass kaum etwas verloren ging.

Ich fragte Marie: »Woher bezieht ihr eure Informationen über unser irisches Problem?«

»Früher von der Sowjetunion – aber nun nicht mehr. Inzwischen hat man die antibritische Propaganda eingestellt. Heute hören wir nur noch etwas über Irland, wenn die IRA wieder jemanden getötet hat, wobei jetzt von ›Terroristen‹ die Rede ist. Das Ganze ist für uns sehr verwirrend.«

»Für uns auch«, versicherte ich ihr. Ich fühlte mich zu deprimiert, um mich auf eine Debatte darüber einzulassen, warum die heftig antisowjetisch eingestellten Rumänen sich dennoch in ihrem Verhältnis zu Irland von Moskaus Propaganda so sehr hatten beeinflussen lassen. Auf jedem der vier Kontinente, die ich kenne, ist die IRA der Propaganda-Renner, der beweist, wie wenig die Briten von den Problemen in Nordirland verstehen – und zugleich, wie schief sie diese darstellen.

Der Schulleiter war nicht unter den Anwesenden, und es fehlten auch ein paar andere Lehrer, die den ganzen Morgen über in und außerhalb des Lehrerzimmers gewesen waren, ohne sich an dem Gespräch zu beteiligen. »Es besteht eine große Kluft«, erklärte Marie, »zwischen denen, die in die Partei eintreten mussten, wie die meisten hier am Tisch, und jenen, die sich heute als Ex-Kommunisten bezeichnen, nur weil es die Partei nicht mehr gibt!«

Ich erkundigte mich, wie viel Unterrichtszeit durch politische Schulung verloren gegangen sei. »In den letzten Jahrzehnten nicht viel. Eine direkte Gehirnwäsche, wie ich sie vor dreißig Jahren in der Schule erfahren habe, war nicht mehr nötig. Der gesamte Lehrplan war so vom Kommunismus durchdrungen – unserem eigenen nationalen Kommunismus –, dass fast jede Unterrichtsstunde eine indirekte Indoktrination war. Und das ist eigentlich das schlimmere Übel. Einige Kinder können einer direkten Beeinflussung widerstehen, aber diese indirekte Art gleicht einer Luftverschmutzung – man nimmt das Ganze in sich auf, ohne zu merken, dass es einen zerstört. Dies ist auch der Grund, warum einige unserer besten Lehrer ausgeschieden sind und sich andere Jobs gesucht haben, selbst wenn diese Jobs weniger attraktiv waren. Ihnen war es unmöglich, nicht unbeeinflusst unterrichten zu können. Andere, wie auch ich, hatten nicht den Mut, diesen Schritt zu tun. Und einige von uns hofften – klammheimlich –, auch ein wenig echtes Wissen vermitteln zu können. In den Dörfern und Kleinstädten war dies etwas leichter. Und jetzt ist es eins unserer größten Probleme – wir haben nur wenig wirklich gebildete Leute. Wir lebten in einem intellektuellen Gefängnis, und was wir zu essen bekamen, hatte keinen Nährwert. Deshalb ist es so wichtig, dass sich Ausländer mit uns unterhalten und uns Bücher mitbringen. Dies ist die Hilfe, die wir am meisten benötigen, sogar dringender als Medikamente und Essen.«

Maries Eltern waren pensionierte Universitätslehrer –»mit einer kleinen Pension und großen Sorgen! Seit der Revolution hat sich so vieles *nicht* verändert … Ich habe seit meiner Geburt mein eigenes kleines Haus – natürlich gehörte es meiner Mutter, aber sie durfte es nicht behalten, weil man Vater ebenfalls ein kleines Haus besaß. Ihres wäre konfisziert worden. Aber die Häuser sind alt, und Reparaturen sind teuer. Zunächst geht man zu einer Behörde und bezahlt das benötigte Material im Voraus – Fußbodenbretter, Dachziegel, Fensterrahmen, Türgriffe. Dann wartet man lange Zeit, geht immer wieder hin, stellt sich an –, und dann schließen sie, wenn man bis zur Hälfte der Schlange vorgerückt ist. Also noch einmal das Ganze am nächsten Tag und in der nächsten Woche – bis man schließlich die Auskunft erhält, dass leider *keinerlei* Material vorhanden ist. Aber das Geld bekommt man nicht zurück. Also zahlt man den Schwarzmarktpreis und bekommt das Material für eine horrende Summe, aber auch nur, wenn man vorher den offiziellen Preis entrichtet hat. Wir wären reicher, wenn wir in einem Wohnblock lebten, aber eben nur in finanzieller Hinsicht. Meine Mutter wäre ohne ihre Katzen todunglücklich, und mein Vater würde sterben, wenn er keine Weinstöcke mehr hätte und nicht jedes Jahr Wein machen könnte. Und auch ich hätte keinen Garten, um für uns alle Blumen und Gemüse zu ziehen. Solange also unsere Häuser nicht in sich zusammenfallen, sollten wir uns glücklich preisen!«

Später, als wir allein waren, erklärte mir Marie, dass sie wegen Unfruchtbarkeit geschieden worden sei. Vor der Revolution musste sie jährlich 2400 Lei Strafe wegen »Kinderlosigkeit« zahlen (ihr monatliches Gehalt betrug 3000 Lei), und wenn sie verheiratet geblieben wäre, hätte ihr Mann noch einmal die gleiche Summe zahlen müssen. Bald nach der Scheidung hatte er wieder geheiratet und hatte nun zwei Kinder.

Als ich am dritten Tag meines Aufenthaltes in Temesvar ins Zentrum ging, sah ich ein beklemmendes Graffiti (in Rumänien etwas sehr Seltenes) an der Wand einer *alimentara*. In großen schwarzen Buchstaben stand dort: »KEINE ZUKUNFT«. Der Platz war gut gewählt. Vom gegenüberliegenden Bürgersteig aus konnte ich durch das große Schaufenster in dem leeren Laden exakt das gleiche Angebot an staubigen Flaschen und rostigen Dosen sehen, das schon im Februar dort gestanden hatte. In Temesvar war diese Inschrift von besonderer Bitterkeit und vermittelte präzise die

Stimmung fast aller, mit denen ich seit meiner Rückkehr gesprochen hatte.

Während ich am Botanischen Garten vorbeiging, erschien es mir plötzlich seltsam, wie sehr das Leben um mich herum schon wieder einem ganz normalen europäischen Alltag glich: junge Liebende, die sich auf den Parkbänken küssten; Kinder, die mit ihren Hunden spielten; Eltern, die sich über Zeugnisnoten aufregten; junge Frauen auf der Suche nach einer neuen Frühlingsbluse; alte Leute, die sich über ihre Krankheiten und Gebrechen unterhielten; Heranwachsende, die vor einem Kino Schlange standen... Die Normalität hatte offensichtlich wieder die Oberhand gewonnen. Und trotzdem stellte man bei den einzelnen Gesprächen immer wieder fest, dass von den Rumänen nach 45 Jahren kommunistischer Unterdrückung nur wenige wirklich »normal« waren.

Im Zentrum kaufte ich mir – für 15 Pence – einen echten Ledergürtel. Im Verlauf unseres Gesprächs meinte die Verkäuferin: »Waren Sie schon in unserer Kathedrale? Haben Sie schon eine Kerze an der Gedenkstätte entzündet? Es ist gut zu glauben... Vor der Revolution war die Religion hier in Temesvar unsere letzte Zuflucht. Wir hatten sonst nichts mehr, nur unsere Hoffnung und unser Vertrauen in Gott. Im Oktober/November wurde es so schlimm, dass wir uns fragten, ob Gott uns vergessen hat. Aber wir hielten trotzdem an unserem Glauben fest und beteten, und dann geschah das Wunder der Revolution. Wir wissen nicht, warum Gott ein so großes Opfer verlangte – so viele junge Tote. Aber wir dürfen nicht mit Gott rechten. Und es war richtig, dass die Ceauşescus am Weihnachtstag getötet wurden. Es war symbolisch: die Geburt Christi, der das Gute verkörpert, und der Tod der Ceauşescus, die das Böse waren.« Diese junge Frau, die ein so hervorragendes Englisch sprach, hatte keinen besseren Job, weil ihre beiden Eltern Halbinvaliden waren. »So musste ich die Schule schnell beenden und Geld verdienen«.

An diesem Abend aß ich zusammen mit Dorana in ihrer Einzimmerwohnung zu Abend. Sie war mit ihren 37 Jahren noch unverheiratet, was in Rumänien ungewöhnlich ist. »Ich bin zu sehr Individualistin, um zu heiraten«, erklärte sie – es schien mir zu stimmen. Sie wäre gern eine allein erziehende Mutter geworden – »ich liebe Kinder sehr und sie mögen mich« –, aber das war unmöglich. Für ihren verehrten und »altmodischen«, verwitweten Vater wäre eine Welt zusammengebrochen. »Er wäre vor Scham gestorben. Mit einer ›schlechten‹ Tochter wäre er seines Lebens nie wieder froh geworden!« Jetzt plante sie, eins der Kinder aus Rumäniens unrühmlichen Waisenhäusern (richtiger: Kinderheimen) zu adoptieren. Dorana hatte für eine Rumänin eine ebenso ungewöhnliche Einstellung zu Roma und Juden, wobei sie mit den Ersteren sympathisierte und Letztere ausgesprochen verehrte. Viele der etwa drei Millionen Roma, erzählte sie mir, seien seit langem sesshaft. Einige Städte hatten besondere Häuserblocks für sie gebaut; woanders neigten die Rumänen dazu, bestimmte Wohngegenden zu verlassen, sobald die Roma dorthin zogen. Es dauerte schon einige Zeit, bis diese ihre »Anpassungsprobleme« überwanden – Möbel und Türen als Feuerholz zu verwenden und über einem offenen Feuer mitten auf dem Fußboden zu kochen –, aber inzwischen lebten die meisten wie »normale Leute« und hatten eine gute Arbeit. Dennoch zögerte eine beträchtliche Minderheit noch immer, ihre Kinder zur Schule zu schicken, da sie es als gewinnbringender ansehen, wenn sie sich mit Betteln, Diebstahl und/oder Schmuggel beschäftigten. Dorana selbst war mit mehreren Roma in eine Klasse der Elementarschule gegangen. Einer der Jungen war ziemlich langsam, und der Lehrer hatte Dorana gebeten, ihm bei den Hausarbeiten zu helfen. Einige Jahre lang hatten sie zusammen gelernt. Dann war die Verbindung abgerissen, bis eines Tages plötzlich eine Straßenbahn mitten im Zentrum außerplanmäßig gehalten hatte, der Fahrer herausgesprungen war und Dorana umarmt hatte. Aber sofort war er wieder auf Distanz gegangen: »Vielleicht mögen Sie sich nicht an mich erinnern? Jetzt, da Sie

Ihr Diplom haben und ich nur ein einfacher Arbeiter bin?« Dorana ließ ihn nicht lange im Zweifel und verbrachte bald darauf einen Abend in seiner Wohnung, wo sie auch seine Frau kennen lernte – ebenfalls eine Roma, die in einem *magazin* arbeitete – und ihre beiden Kinder.

Während wir ein zartes, hervorragend mit Kräutern gewürztes Brathähnchen verzehrten, machte sich Dorana Gedanken über die Zukunft, die sie recht düster sah. »Das System wurde durch unsere so genannte Revolution nicht wirklich erschüttert. Warum nicht? Weil in jedem Laden, jeder Schule, Fabrik, Universität, jedem Krankenhaus, jeder Behörde und Staatsfarm untüchtige Leute das Sagen haben. Wenn der Kommunismus abgewirtschaftet hätte, wären sie längst arbeitslos. Sie haben ihre Jobs nur aus einem einzigen Grund bekommen, der nichts mit Können oder Ausbildung zu tun hat. Eine wirkliche Revolution hätte sie wegfegen müssen. Aber dann hätte man sie finanziell unterstützen müssen, was sich unsere Regierung nicht leisten konnte. Wenn die Situation erst einmal *so* ist, braucht das Land einen moralischen und intellektuellen ›Riesen‹, um eine Revolution zu machen. Aber wo ist unser Riese? Vielleicht ist er unter den Jungen … Es ist wie ein Wunder, aber wir haben viele engagierte, kluge junge Leute – besonders in Temesvar. Nur eines ist sicher: Wir brauchen eine zweite Revolution – und diesmal muss sie mit dem Kopf gemacht werden statt mit Blut.«

Ich zweifelte nicht an Doranas Einschätzung der gegenwärtigen Parteiführer und ihrer Gefolgsleute. Dennoch hatte in der zweiten Hälfte der 1950er Jahre der von der Partei erreichte industrielle Aufschwung viele einfache Arbeiter ebenso wie ihre engagierten und fähigen Führungskräfte mit berechtigtem Stolz erfüllt. 1962 war Rumäniens industrielle Zuwachsrate die höchste in Osteuropa, und der Handel mit der nicht kommunistischen Welt nahm rapide zu. Heute kann man nur mit Wehmut an diese Zeit zurückdenken, als der rumänische Widerstand gegen den sowjetischen Block dazu geführt hatte, dass das Land (mit den Worten Stephen

Fischer-Galatis) »von den Einheimischen und den sympathisierenden Beobachtern im Ausland als ein respektables Mitglied der internationalen Gemeinschaft, als ›dritte Kraft‹ in der internationalen kommunistischen Bewegung, als die einflussreichste kleine kommunistische Nation im Welthandel« angesehen wurde.

8

Ein Zwischenfall in Marmarosch

Während ich auf dem Bahnsteig in Temesvar auf einer Bank saß und auf meinen Zug nach Satu Mare wartete, wurde ich – nicht zum ersten Mal – Zeuge der Gewalttätigkeit und Brutalität, die in Rumänien Hand in Hand mit spontaner Freundlichkeit und Großzügigkeit geht. Eine Gruppe junger Rekruten, die auf den Zug nach Bukarest warteten, alberte ausgelassen und völlig harmlos auf dem Bahnsteig herum. Kurz darauf erschien ein recht junger Offizier, der sie brutal und ohne erkennbaren Grund mit Faustschlägen und Fußtritten in den Zug trieb. Sie reagierten darauf wie misshandelte junge Hunde, duckten sich ängstlich und winselten. Man konnte sich diesen Offizier leicht in der Eisernen Garde vorstellen – mit seinen harten hellen Augen, seinem verkniffenen Mund und seiner offenkundigen Freude an dieser Art Macht, die ihm das »Recht« verlieh, andere körperlich zu misshandeln. Nach unserer Rechtsauffassung wäre er dafür bestraft worden. Aber hier nahm man an dieser Art von lizenziertem Rowdytum offenbar keinen Anstoß, denn obgleich für jeden sichtbar, schien sein Verhalten bei niemandem sonst auf der überfüllten Plattform Missbilligung – oder auch nur Überraschung – auszulösen.

Sechs Stunden später wären Satu Mares schadhafte Bürgersteige ohne das helle Mondlicht für mich zur Stolperfalle geworden, denn während meiner langen Wanderung zu Agnes' Haus in der Nähe des Zentrums flackerte nur gelegentlich einmal für kurze Zeit eine trübe Straßenlampe auf. Da Rumänien nicht gerade für sein Nachtleben berühmt ist, war auch niemand zu sehen, den ich nach dem Weg hätte fragen können – bis ich vor der katholischen Kirche auf einen älteren ungarischen Priester stieß, der sich zu Agnes' Freunden zählte, mich sofort für den nächsten Tag zum Kaffee einlud und zu einer langen, breiten Straße in der Nähe führte. Wie ich später sah, bestand die ganze Straße aus eingeschossigen, hundert Jahre alten Stuckvillen – ungestrichen und sehr bürgerlich –, einige völlig verfallen, andere nur halb, und auf der einen Seite mit einem kleinen Garten voller Sträucher, den man von der Straße aus durch sechs Fuß hohe Gittertore betrat, die – typisch – sämtlich verschlossen waren.

Ein fetter, fremdenfeindlicher Dackel namens Isty (Abkürzung für Istvan) kündigte hysterisch kläffend meine Ankunft an. Petru nahm ihn hoch, bevor er mich einließ. Petru – Agnes' rumänischer Ehemann – war groß und stämmig, mit dichtem, zerzaustem, grauem Haar und einem geröteten Gesicht. Dass er kein Englisch sprach, tat der Warmherzigkeit seiner Begrüßung keinen Abbruch; während er mich küsste, versuchte Isty, mir die Nase abzubeißen. Agnes rief von der Tür her: »Warum haben Sie uns nicht wissen lassen, mit welchem Zug Sie kommen? Wir hätten Sie abgeholt – Sie müssen sich ganz verloren gefühlt haben!«

Als ich erklärte, ich hätte stundenlang versucht, Satu Mare telefonisch zu erreichen, lachte Agnes: »Selbst schuld, wenn Sie in dieses schreckliche Land zurückkommen, wo nichts funktioniert!«

Aufragend hinter seiner kleinen Mutter erschien Gabor im Türrahmen. Unter dem Arm geklemmt trug er ein sehr kleines Baby – so ähnlich wie Petru Isty festhielt. »Mein Sohn«, stellte Agnes vor, »er ist gerade Vater geworden und noch etwas unbeholfen.« Sie befreite das Baby und führte mich in einen großen, völlig übermöblierten Wohnraum. Lisa, die junge Mutter, bereitete in der angrenzenden Küche die Flasche für das Baby.

»Meine Frau kann das Baby nicht nähren«, erklärte Gabor traurig. »In den ersten sechs Monaten ihrer Schwangerschaft haben wir in Bukarest gewohnt, und dort hat sie nie genug Gutes zu essen bekommen.«

»Außer, was wir ihr geschickt haben«, warf Agnes ein, »aber obgleich wir getan haben, was wir konnten, bekam sie die Sachen nicht regelmäßig.«

Ich behauptete, keinen Hunger zu haben, aber natürlich ohne Erfolg. Erstklassige russische Salami, süßer Schafskäse, Kartoffel- und Eiersalat, altes Brot, selbst gemachte Pflaumenmarmelade und ein hübscher Porzellantopf mit russischem Tee wurden flink vor mir auf einem weißen, mit breiter Spitze umrandeten baumwollenen Tischtuch aufgebaut. Während ich aß, fütterte Lisa das Baby, und Agnes bereitete mir ein Bett neben dem gigantischen Ofen – zweimal so groß wie normal und halbkreisförmig. Danach zeigte mir Gabor – der fließend Englisch sprach – stolz ein dickes, ledergebundenes Album mit Farbfotos von den Familienferien in den 1980er Jahren in Frankreich, Deutschland, der Schweiz und Spanien. Zum Nachtisch wurde eine Zweikiloschachtel russische Pralinen – mit einer riesigen Nylonschleife obenauf – feierlich herumgereicht. Danach hatte ich die Wahl zwischen feinstem russischem Wodka, echtem schottischem Whisky oder doppelt destilliertem Kirsch-*tuica* – dem besten *tuica*, den ich je getrunken habe.

Neben seiner Tätigkeit als Lehrer für Rumänisch und Russisch war Petru viele Jahre lang als Führer und Dolmetscher für Reisegesellschaften tätig gewesen. Er hatte russische Gruppen durch ganz Rumänien begleitet, für die eine solche Reise die Belohnung für die Erreichung des Produktionszieles war.

Ich fühlte mich ein klein wenig unbehaglich (obgleich ich mir sagte, dass meine Reaktion albern war), als ich mir klar machte, dass diese sympathische Familie mein erster bewusster Kontakt mit Ceauşescus »Establishment« war. Natürlich hatte mir Agnes während unserer langen Januar-Gespräche in meinem Hotelzimmer davon nichts gesagt, aber hier lagen die Beweise nun offen vor mir. Inzwischen waren sie begeisterte Anhänger Iliescus – »ein anständiger, kluger Mann«.

Die Familie sprach zu Hause Ungarisch, obgleich Agnes Petru

immer wieder wegen seiner Fehler aufzog – »nach dreißig Ehejahren!« (Ich fand das absolut nicht verwunderlich.) Sie hatten sich als Studenten in Klausenburg kennen gelernt. »Damals gab es dort unter den jungen Intellektuellen viele Mischehen – neuerdings hält man mehr auf Abstand. Natürlich hätten sich meine Eltern als Ehemann für mich lieber einen römisch-katholischen Ungarn oder doch wenigstens einen *Ungarn* gewünscht. Aber Petru war ein sehr netter junger Mann – Sie sehen, er ist immer noch ein sehr netter alter Mann! So regten sie sich nicht allzu sehr auf. Und er hat unsere beiden Kinder zu religiösen Ungarn erziehen lassen, während wir respektieren, dass Papa ein atheistischer Rumäne ist.«

Am nächsten Tag war »Reunion Day«, als ich – sehnsüchtig erwartet – meine Bücher bei allen Ungarn ablieferte, die mir im Januar in den Stunden der Not ihre Freundschaft erwiesen hatten. Eva lud uns alle – und noch ein weiteres halbes Dutzend – zu einem Lunch-Büfett ein; auch sie lebte in einem vergleichsweise großen alten Haus in derselben Straße. Ihr Ehemann, Tamas, verdarb mir ein wenig den Appetit auf das köstliche Mahl, als er erklärte: »Hier, wie in der UdSSR, bedeutet Freiheit, dass sich der Nationalismus äußern kann. Wir haben lange darauf gewartet, der Welt endlich sagen zu können, wie sehr die Ungarn hier gelitten haben. Jetzt muss die Welt uns zuhören und die Rumänen zwingen, uns gerecht zu behandeln. Jetzt müssen wir eine Entschädigung dafür erhalten, dass unsere Kultur siebzig Jahre lang diskriminiert worden ist.«

Das Problem Transsilvanien lässt Nordirland wie ein Puzzlespiel für Vierjährige erscheinen. Fast jeder Englisch sprechende Ungar oder Rumäne, den ich getroffen habe, wollte meine Meinung zu dieser Frage hören, und meine Antwort musste abgedroschen sein – obgleich nichtsdestoweniger vernünftig. Ich konnte nur sagen, es sei an der Zeit, dass die Menschen endlich aufhörten, ständig zurückzublicken und ihren alten – oft irrelevanten – Groll künstlich am Leben zu halten. In der politischen Vergangenheit sei für die meisten von uns vieles schief gelaufen; nützlich nur im negativen Sinn: als Warnung. Aber in der Zukunft könne vieles besser werden, wenn man den von Michail Gorbatschow in seinem Buch *Perestroika* vorgeschlagenen Weg gehen würde. Da jedoch keiner meiner Gesprächspartner in Rumänien das Buch gelesen hatte (und dies auch zukünftig nicht vorhatte), blieb der Applaus aus.

Am Morgen hatten Gabor (mein Dolmetscher) und ich mit Vater Banyasz in seiner geräumigen, mit Büchern voll gestopften Wohnung in einem umgebauten ungarischen Herrenhaus Kaffee getrunken. Der einst herrliche Garten mit seinen zusammengebrochenen steinernen Springbrunnen wurde von phantasievollen, aber verfallenden schmiedeeisernen Balkons überragt, und die breite Außentreppe des Hauses hatte ein herrlich geschnitztes, aber verrottendes Geländer. Das Ganze erinnerte mich lebhaft an die georgianischen Slums in Nord-Dublin.

Vater Banyasz war klein, dünn und kahl, mit tief liegenden grauen Augen und einem ausgeprägten Kinn. Seine ausgebleichten Jeans und sein abgetragener roter Pullover wirkten fehl am Platz. Wir bekamen deutschen Instantkaffee und wurden aufgefordert, uns auf eine lange, wackelige Rosshaarcouch zu setzen – während Vater Banyasz, der sich in einem permanenten Kriegszustand mit seiner Pfeife (oder vielleicht auch dem Tabak) befand, vor uns auf einem hohen Hocker Platz nahm. Diese seltsame Sitzordnung gab mir das Gefühl, er wolle uns eine Predigt oder Vorlesung halten – was er dann auch tat. Es wurde sehr bald deutlich, dass er mich für eine eifrige, irische Katholikin hielt – ein Irrtum, in dem ich ihn erst einmal beließ.

»Wissen Sie«, begann Vater Banyasz, »dass wir hier mehr als eine Million ungarische Katholiken haben?« Ich gab zu, dass ich es nicht gewusst hatte. »Ja – wir sind etwa 1,2 Millionen, vorwiegend in Transsilvanien, in den Diözesen Satu Mare, Oradea, Temesvar und Alba Julia.« (Er benutzte die ungarischen Namen, die ich Ihnen indessen ersparen möchte, wie z. B. Gyulafehervar für

Alba Julia). »Wir haben rund 650 Priester und 800 Kirchen für etwa 520 Gemeinden. Und wir sind sehr stolz, weil nur die Katholiken ihre Unabhängigkeit unter dem Kommunismus bewahrt haben. Wie in Polen blieben wir frei; wir sind in keiner Hinsicht Kompromisse eingegangen – *nie*. Die orthodoxen Rumänen und sogar die ungarische reformierte Kirche wurden vollständig von der Partei kontrolliert. Die Regierung bestimmte ihre Oberhäupter, und so gehorchten diese wiederum der Regierung. Für die ungarische geistige Freiheit, für unsere Gewissens- und Glaubensfreiheit hat *allein* die katholische Kirche gekämpft – und gewonnen!«

Als unser Gastgeber durch die geräumige Halle in die Küche ging, um noch mehr Kaffee zu machen, sagte Gabor: »Für die katholische Kirche ist es unter einer Diktatur immer leichter, ihre Unabhängigkeit zu bewahren – mit dem Vatikan im Rücken. Aber die anderen Ungarn waren ebenso gute Christen, obgleich viele ihrer Priester sie im Stich gelassen haben; so wie auch Laszlo Tokes von seinem Bischof verraten wurde. Es gibt hier ungefähr eine Million Calvinisten und mehrere kleine Gemeinden wie die Baptisten und die Adventisten. Wir nehmen das Christentum weit ernster als die Rumänen, die nicht einmal ihren eigenen orthodoxen Kult wirklich verstehen.«

Ich fühlte, wie sich der nun schon vertraute rumänische Nebel auf mein Gehirn senkte. Vorsichtig brachte ich diese abermaligen Ungereimtheiten zur Sprache: »Wie ist es dazu gekommen, dass die Ungarn zwischen den beiden Kriegen die Linken unterstützten? Und warum haben so viele von ihnen die Machtübernahme durch die Kommunisten befürwortet, wenn sie doch Christen sind?«

Gabors Miene zeigte deutlich, dass ich einen ziemlichen *faux pas* begangen hatte. In diesem Moment kam Vater Banyasz zurück, und Gabor übersetzte ihm meine Frage. Der Priester wurde richtig wütend: »Das ist nicht wahr! Das ist rumänische Propaganda! Fast alle Ungarn haben den Kommunismus bekämpft!«

Gabor gab ihm Rückendeckung: »Sie hören es; Sie sind einer Lüge aufgesessen, die die Rumänen verbreitet haben, um uns in Misskredit zu bringen – dass nur wir und die Juden die Kommunisten unterstützt hätten.«

Aus Höflichkeit hielt ich den Mund, obgleich ich wusste, dass die Wahrheit etwas anders aussah. Aber man müsste wohl schon ein hoch qualifizierter Psychiater sein, um entweder die rumänischen oder die ungarischen historischen Fehlinterpretationen aufzulösen. Später hat mir in Sibiu ein gelehrter sächsischer Priester erklärt, dass in der Zeit zwischen den beiden Weltkriegen viele Ungarn die damals verbotene kommunistische Partei als ein Bollwerk gegen die faschistische anti-ungarische Regierungselite angesehen hätten. Aus demselben Grund hätten sie auch die kommunistische Machtübernahme unterstützt. Die Ernüchterung sei schnell eingetreten und so erniedrigend gewesen, dass die meisten Ungarn heute diese Tatsachen zu Gunsten eines trostspendenden Mythos verdrängt hätten.

Als wir nach Hause gingen (mein *faux pas* war längst vergessen), meinte Gabor: »Vater Banyasz ist kein typischer Ungar. In Transsilvanien sind wir jahrhundertelang für unsere religiöse Toleranz berühmt gewesen, lange bevor irgendjemand etwas von einer ökumenischen Bewegung gehört hat. Der Vater ist ein klein wenig fanatisch und den orthodoxen Priestern gegenüber nicht immer fair. Auch von ihnen haben sich viele gegen die Kommunisten gestellt und wurden getötet oder verschwanden – Tausende! Die Regierung versuchte, die Menschen davon abzuhalten, in die Kirche zu gehen, weil sie genau wusste, dass einige orthodoxe Priester gegen sie predigten. Besonders in den Dörfern konnte sie sich nicht auf eine Unterstützung durch die Kirche verlassen. Die Kirchenoberen und die meisten Priester in den Städten waren gekauft, das stimmt – aber es war nicht erst der Kommunismus, der sie korrumpiert hat. Die orthodoxen Oberhäupter waren schon immer bereit, jeden Woiwoden, König, General oder Pascha zu unterstützen, wenn er nur genug zahlte.«

Nach ein paar Tagen bei den Ungarn in Satu Mare bekam ich das Gefühl, in einem »Ghetto« zu leben, und genau dieses Wort benutzte Agnes an unserem letzten gemeinsamen Abend. Sie und ich hatten Eniko besucht, die im Januar noch so entschlossen gewesen war, »wegen der Kinder« nach Ungarn zu gehen. Inzwischen hatten sie und ihr Mann Tibor, Evas jüngerer Bruder – ein korpulenter, etwas heiserer und kurz angebundener Mittdreißiger –, ihre Meinung geändert.

Tibor sagte (Eniko übersetzte): »Warum sollten wir uns vor ihnen fürchten und uns vertreiben lassen? Transsilvanien ist unsere Heimat und nicht irgendein anderer Teil von Ungarn (sic!), und wie alle zivilisierten Menschen hängen wir an unserer Heimat. Wir sind keine Roma, zufrieden damit, umherzuwandern und nirgends verwurzelt zu sein.«

Eniko fügte hinzu: »Wichtig ist auch, dass wir zu den Gebildeten gehören. Für die hier bleibenden Ungarn wäre es schlecht, wenn wir fortgingen. Seit Trianon sind Tausende ungarischer Intellektueller ausgewandert, um die kulturelle Freiheit in Ungarn zu genießen.«

Später meinte Agnes zu Gabor und mir: »Ich glaube eher, dass Tibor und Eniko Angst haben wegzugehen. Hier sind sie in eine Gemeinschaft hineingewachsen, die heute in einer Art Ghetto lebt, was für sie in vieler Hinsicht sehr bequem ist – wenn auch zugleich wieder schwierig und vielleicht bald gefährlich. In Satu Mare sind sie bekannt und werden respektiert, wie ihre Familien seit Generationen. Das gibt ihnen eine Art Sicherheit. In Ungarn wären sie nur zwei weitere Flüchtlinge aus Rumänien. Sie haben dort zwar Freunde, die schon früher nach drüben gegangen sind und ihnen helfen könnten. Aber als in den letzten paar Jahren immer mehr auswanderten, wurde es auch für die Ungarn immer schwerer, die Neuankömmlinge zu unterstützen, und heute sind sie nicht mehr ganz so willkommen. Wenn die Budapester Regierung in der Öffentlichkeit zu diesem Problem Stellung nimmt, hört sich das ganze für uns immer sehr einladend an. Aber im täglichen Leben herrscht nicht nur eitel Sonnenschein zwischen uns und den Ungarn. Manchmal habe ich das Gefühl, dass sie das Land und den Reichtum Transsilvaniens mehr lieben als die dort lebenden Menschen!«

Nachts im Bett überlegte ich, dass in einem totalitären Staat nicht alle Kollaborateure unbedingt Schurken sein müssen, miese Typen, mit denen man nichts zu tun haben möchte. Die primitive Trennungslinie des Westens – böse Kommunisten auf der einen Seite und nette Abweichler, die »wie wir denken«, auf der anderen – verwischt sich schnell, wenn man mittendrin steht. Dann beginnt man sich nämlich zu fragen: Wie viele »nette« Leute im demokratischen Westen denken wohl wirklich darüber nach, wie (und auf wessen Kosten) sie ihren Wohlstand erringen? Ist Petrus Linientreue gegenüber der Partei, die ihm eine bessere Versorgung und sonstige Privilegien für seine Familie einträgt, in irgendeiner Weise verwerflicher als die Spekulation eines Kapitalisten an der Wertpapierbörse, der ebenfalls für seine Familie einen Vorteil herausschlagen will? Dies führte mich zu einer Betrachtung der Ehe von Agnes und Petru. Sie schien frei von Spannungen und gesegnet durch gegenseitige Liebe und Rücksichtnahme, obgleich der Ehemann ein religionsloser Parteigenosse und seine Frau eine gläubige Katholikin war. Nach ethischen und ethnischen Gesichtspunkten hätten sie wie Öl und Wasser aufeinander reagieren müssen; stattdessen hatten beide Kompromissbereitschaft bewiesen. In Gedanken transportierte ich ihre Ehe nach Nordirland, und dort klappt das Ganze nicht. Ein derartiges Zusammenleben wäre dort nicht möglich: Voraussetzung wäre die Emigration in eine »pluralistische Gesellschaft«. Waren also die Menschen in Transsilvanien zivilisierter – oder nur schlauer und weniger aufrichtig in ihren Bindungen? An diesem misslichen Punkt fielen mir die Augen zu: Vielleicht hatte es irgendetwas mit dem Balkan zu tun ...

Beim Frühstück am nächsten Morgen wirkte Petru verlegen; wie sich herausstellte, hatte er nicht genug Benzin, um mich nach Baia Mare zu fahren – »könnte ich wohl, bitte, noch einen Tag länger bleiben?« Für den Abend war ihm eine Tankfüllung versprochen worden. Keiner von ihnen verstand meinen Protest, dass sie unter keinen Umständen wertvolles Benzin für meinen Transport verschwenden sollten: Ich war ihr Gast, ihre ausländische Freundin, ich schleppte mich mit schweren Büchern ab – mich nach Baia Mare zu fahren, war ihnen Pflicht und Vergnügen. Um ihr Gewissen zu beruhigen, erklärte ich mich einverstanden, dass Petru mich zum Mitfahrertreffpunkt am Stadtrand brachte. Unterwegs meinte Agnes, es sei sehr wichtig, dass wieder Privatautos fuhren, selbst wenn das Benzin nicht sehr weit reichte. »Für uns alle ist dies ein Zeichen wiedererlangter persönlicher Freiheit. Wir hatten uns das Geld verdient und gespart, um unsere Autos zu kaufen, und dann konnten wir sie nicht benutzen – wir fühlten uns betrogen. Es war zum Aus-der-Haut-Fahren!«

Gegenüber Januar hatte der Verkehr auf der Ausfallstraße erheblich zugenommen, und schon bald wurde ich von einem Fahrzeug mitgenommen, das man woanders als Buschtaxi bezeichnet hätte. Der kleine, von einem Roma gesteuerte Jeep hatte längst sämtliche Türen eingebüßt und verströmte aus allen möglichen Ritzen lebensbedrohende Abgasschwaden. Zwischen einer Anzahl schüchterner, übel riechender, deprimiert aussehender Bauern im hinteren Teil des Wagens eingeklemmt, legte ich 50 Meilen zum Gegenwert von 8 Pence zurück. Keiner der Mitpassagiere reiste weit, und so hielten wir häufig an – gewöhnlich dort, wo ein enger Pfad von der Hauptstraße abbog. Das auf dem Beifahrersitz festgebundene Schaf blökte bei jedem Halt mitleiderregend und hoffte auf seine Freilassung.

Nach einem weiteren Wiedersehens-/Bücherablieferungstag blieb ich die Nacht über bei Justinian, seiner Mutter und seinem kleinen Sohn. Seine Frau, eine Lehrerin, hatte man zwangsweise in ein Dorf nahe der bulgarischen Grenze versetzt.

Mutter stammte aus Moldawien und war zutiefst darüber erbittert, dass Churchill »die Hälfte *meines* Landes« der UdSSR überlassen hatte, und Justinian stellte fest, Rumänien sei schon immer behandelt worden, als sei es unbewohnt – als ein bloßes Stück Land, Faustpfand verschiedener Reiche. Was erschreckend wahr ist… Mutters Wut ging auf das Jahr 1945 zurück; für den ungarisch-amerikanischen Historiker John Lukacs das Jahr »Null«: »Was kümmerten Churchill Bulgarien oder Rumänien, wenn er im Austausch dafür freie Hand in Griechenland bekommen konnte.«

Während des gesamten Abendessens schimpfte Justinian auf die Imperialisten, ließ aber zugleich durchblicken, dass die kulturelle und wirtschaftliche Entwicklung der einzelnen rumänischen Regionen stets von der Tüchtigkeit ihrer Eroberer abhängig gewesen war. Und trotz seiner Wut über das Verhalten der Engländer gegenüber Rumänien hielt er dem britischen Empire zugute, dass es zumindest die »primitiven Farbigen zivilisierte«.

Am nächsten Morgen, als ich in Richtung des Gutii-Passes wanderte, begannen mich plötzlich in regelmäßigen Abständen voll gestopfte Autos zu überholen; offensichtlich hatte gerade eine der lokalen Tankstellen ihre Zuteilung erhalten. Manchmal mussten die Autofahrer 36 Stunden und mehr Schlange stehen, wobei sich Verwandte und Freunde in der Bewachung des Fahrzeugs ablösten. Die längste Schlange, die ich sah, erstreckte sich über sieben Kilometer am Stadtrand von Klausenburg. Aber das war im Sommer vor einem langen, freien Wochenende – auch eine nachrevolutionäre Neuerung, die alle in Versuchung führt, ins Grüne zu fahren.

Ich war bereits zwölf Meilen gelaufen, als plötzlich aus heiterem Himmel ein Schneesturm losbrach. Trübselig trottete ich weiter; wo eine herrliche Aussicht meine Mühe hätte lohnen sollen, konnte ich gerade noch 50 Yards weit sehen. Schließlich hielt ich einen Bierwagen an. Der junge moldawische Fahrer erbot sich, mich zu dem weit entfernten Suceava mitzunehmen, und war enttäuscht, als ich ihm sagte, dass mein Ziel das nur 25 Meilen entfernte Sighetu Marmatiei (kurz: Sighet) sei, die Hauptstadt von Marmarosch. Er öffnete für mich eine Flasche Bier, trank aber nicht mit, denn für Autofahrer gilt ein absolutes Alkoholverbot, das fast immer eingehalten wird.

Auf dem 3300 Fuß hohen Gutii-Pass parkten bereits mehrere Autos vor einem grässlichen Chalet-ähnlichen »Motel«. In dem großen düsteren Café – ohne Tische und Stühle – standen die Gäste und verschlangen ganze Brathähnchen, als ob es nie wieder etwas zu essen geben würde. Daneben wurden lediglich »Cognac« und echter Kaffee geboten. Dass es wieder Kaffee gab, war die seit Januar dramatischste Entwicklung auf dem Nahrungsmittel- markt, und Bogdan – der Fahrer – bestellte drei Tassen gleichzeitig, lehnte aber das Hähnchen ab, als ich ihn zum »Lunch« einladen wollte.

Als wir das Café verließen, war der Himmel blau, und die Land- schaft glitzerte in der Mittagssonne. Im Norden überragten scharfe Bergspitzen und lange, gezackte Bergrücken enge Täler – funkelnd und verlockend. Aber als ich voller Freude daranging, meinen Rucksack aus dem Fahrerhaus zu holen, zeigte sich Bogdan äußerst alarmiert – es sei gefährlich und albern, zu Fuß zu gehen, es würde noch mehr Schneestürme geben. Er legte mir beschwörend die Hand auf den Arm und sah rührend besorgt aus. Ich zögerte zu- nächst, aber dann erinnerte ich mich, dass man in solchen Situatio- nen besser dem Rat der Einheimischen folgt.

Die nächste halbe Stunde war nervenzerrüttend, während wir sehr langsam und ohne Ketten einen engen, mit zwei Fuß tiefem Neuschnee bedeckten Weg hinabfuhren. Dann kam ein weites, fruchtbares, dicht besiedeltes Tal, wo blassgraue Blechdächer die charakteristischen Marmarosch-Schindeln auf vielen Kirchen, Häusern und Scheunen abgelöst hatten. Im Gegensatz zu den pri- mitiven Wellblechdächern, wie sie überall in der Dritten Welt zu finden sind, benutzte man hier das Blech mit bemerkenswerter Kunstfertigkeit. Die Platten waren sorgfältig zugeschnitten, und man hatte viel Arbeit darauf verwandt, Repliken der traditionel- len geschnitzten Dachtraufen herzustellen.

In der Mitte des Tales erfüllte sich plötzlich Bogdans Voraussage in Form eines dramatischen meteorologischen Phänomens. Bei strahlendem Sonnenschein schob sich plötzlich eine silbergraue Wolkenmasse über eine Bergwand im Nordwesten. Tief über dem Boden und mit der Geschwindigkeit eines Hurrikans raste sie, sich hin und her windend, wie ein gigantisches lebendes Wesen über das flache Feld auf uns zu. Wir befanden uns noch in der Sonne, als sie ein paar hundert Yards vor uns die Straße erreichte und ganze Äste von den dort stehenden Bäumen riss, als seien es dünne Zweige. Sekunden später war die Windschutzscheibe dicht, und es schien, als würde der Lastwagen trotz seiner schweren Ladung umkippen. Bevor wir endgültig anhielten, retteten wir noch ein kleines Mädchen, das allein von der Schule nach Hause ging und vor Angst schluchzte. Innerhalb von zehn Minuten schwächte sich der Hurrikan zu einem bloßen Sturm ab, der fast horizontale Graupelschauer vor sich hertrieb. Als Bogdan ausstieg, um die Windschutzscheibe zu säubern, tauchte in der Ferne eine Gestalt auf, die von den mächtigen Windstößen gebeutelt wurde und wie eine Todesfee heulte. Es war die Mutter des kleinen Mädchens, die ihr Lämmchen schon verloren glaubte. Eine Meile weiter setzten wir die beiden vor ihrer einsamen Hütte neben der Straße ab.

Am »systematisierten« Rand von Sighet stieg ich aus – und stand in knöcheltiefem, gelbem Matsch. Ringsum sah man riesige Kräne neben halb fertigen Wohnblocks. Der Regen hatte kurz vorher aufgehört, aber der Wind war eisig, und das Wasser floss von überall – selbst von den Dächern – in meinen Kragen, während ich auf die vom Sturm entvölkerte, mit Ästen übersäte Piata Libertatii zuging. Glücklicherweise ist Sighets würdiges altes Zentrum der Modernisierung entgangen, mit Ausnahme eines plumpen Zementspringbrunnens (nicht in Betrieb) vor dem Hotel Tisa.

Dieses angenehme dreistöckige, österreich-ungarische Vermächtnis bot die Überreste eines kultivierten Luxus für £ 3,75 pro Nacht an. Mein sehr hohes Zimmer hatte verblasste reliefartig gepresste Tapeten in Rosa mit Silber, große, oben abgerundete französische Fenster, die auf einen breiten schmiedeeisernen Balkon führten, und nebenan ein trockengelegtes Badezimmer. Leider ließ sich das verzogene Fenster nicht richtig schließen, die antike Heizung funktionierte nicht, und um 20.15 Uhr waren meine Finger so starr, dass ich nicht mehr schreiben konnte. Als ich gerade in meinem Schlafsack wieder aufgetaut und am Einschlafen war, begann das Labyrinth der archaischen Badezimmerrohre zu beben, zu grollen und zu zischen. Sekunden später schoss in heftigen Stößen kaltes Wasser aus allen vier Hähnen, die sich nicht völlig abstellen ließen. Als ich an der Kette des Wasserkastens zog – ihr Elfenbeingriff war wunderschön geschnitzt –, stöhnte die Zisterne wie ein großes verwundetes Tier. Weiter geschah nichts. Missmutig zog ich mich an und ging nach unten, um mir klempnerischen Rat zu holen.

In der dämmrigen Halle hielt sich lediglich ein zerlumpter Betrunkener mit einem Siebentagebart auf, der schnarchend neben seinem Erbrochenen auf einem Ledersofa lag. Maria, die junge Frau an der Rezeption, führte gerade einen heftigen Streit am Telefon. Sie war groß und viel zu dünn, hatte ein blasses, ovales Gesicht und trug ihr langes schwarzes Haar straff im Nacken zusammengefasst. Während sie in den Hörer schimpfte, gestikulierte sie beredt mit der freien Hand, als stünde der Feind vor ihr. Ersichtlich war sie nicht in der Stimmung, sich meines Installationsproblems anzunehmen.

Die übrigen Mitarbeiter standen auf hohen Leitern in dem riesigen Restaurant, das sie mit lustigen Fähnchen schmückten. Um 23 Uhr sollte eine Welt-Frauentag-Party beginnen – man hatte sie auf diesen Samstagabend verschoben – und bis zum Morgengrauen dauern. Mein von vornherein zum Scheitern verurteilter Versuch, mich bei ihnen in Zeichensprache über meine defekten Wasserhähne zu beschweren, verursachte ungeahnte Heiterkeit. Zwei Kellnerinnen fielen buchstäblich von der Leiter und kugelten sich lachend auf dem Boden – vielleicht hatten sie schon ein wenig vorgefeiert. Geschlagen kehrte ich zu meinen lärmenden Wasserhähnen zurück; sie waren mäuschenstill.

Drei Stunden später riss mich Maria aus tiefem Schlaf. Die Party hatte angefangen, die Irin wurde eingeladen – gebeten – teilzunehmen. Gereizt knurrte ich: »Nachts pflege ich zu schlafen!«

Maria lächelte grimmig und ging zur Tür. »Heute nacht werden Sie nicht schlafen«, verkündete sie drohend – und behielt Recht.

Mein Zimmer befand sich unmittelbar über der feuchtfröhlichen Feier, und stundenlang quälte ich mich damit herum, mir ins Gedächtnis zu rufen, in welcher ihrer Kompositionen Dvořák, Kodály und Béla Bartók volkstümliche Melodien verwandt hatten. Auch traf ich hier ein einziges Mal auf rumänische Flöhe, die mich eine Woche lang zwangen, mich hemmungslos zu kratzen – eine allgemeine Beschäftigung in Sighet, wie ich bald feststellte.

Sighets Abgeschiedenheit sorgte dafür, dass ich mich sofort in die Stadt verliebte. Mein Tagebuch berichtet:

Sonntag. Nach der die ganze Nacht dauernden Party wäre es gefühllos gewesen, Frühstück zu verlangen. Um acht Uhr war im Hotel noch alles still und das Restaurant ein Schlachtfeld; es stank nach kaltem Zigarettenrauch. Auf der Couch im Foyer schliefen zwei Kellnerinnen mit wollenen Kopfschützern unter einem Berg von Schaffellen.

Das Centru lag verlassen, der Himmel hing tief und grau, der Wind war eisig. Bald darauf begannen volltönende Kirchenglocken zu läuten, was auf der leeren Piata seltsam anmaßend klang. Es gab drei Kirchen: eine orthodoxe, eine calvinistische und eine römisch-katholische. Von letzterer erscholl das Glockengeläut. Die sowjetische Grenze ist hier nur eine halbe Meile entfernt. Da es jedoch keinen Übergang gibt, spürt man trotz der modernen Transportmittel nirgends ihre Nähe. Ich fand kein offenes Café und bummelte durch das alte Villenviertel – lange, gerade Straßen aus dem 19. Jahrhundert mit soliden eingeschossigen ungarischen Häusern, einige in kontrastierenden Pastelltönen frisch gestrichen, andere mit bunten Plastikzwergen, die unter den Portalen hervorgrinsten, oder komischen Holzmasken (einheimische Schnitzereien), die neben den Eingangstüren hingen. Sighet ist eine erfreulich ländliche Stadt: Überall krähen Hähne, Hühner laufen über die Bürgersteige, Puter kollern in den kleinen Vorgärten und unsichtbare Schweine grunzen in ihren Ställen.

Später schloss ich mich der zur Kirche gehenden ungarischen »Bourgeoisie« an. Alle trugen langweilige, anständige Sonntagskleidung und den entsprechenden Gesichtsausdruck. Für Zuspätkommende gab es in der großen, nicht weiter bemerkenswerten Kirche lediglich Stehplätze. Ein hervorragender Kinderchor, der von einem älteren Jungen auf der Gitarre begleitet wurde, machte die Messe zu einem Erlebnis. Dagegen besuchten nur wenige Gläubige (meist ältere Bauern in dörflichen Gewändern) den orthodoxen Gottesdienst in der neuen Kirche – traditioneller Stil, modernes Material, nicht ganz fertig. Die riesige, karge calvinistische Kirche gegenüber ist dagegen halb zerfallen, ihre Fenster sind zerbrochen. Die freudlose Messe zog nur ein paar Dutzend Menschen an. Ich schlich mich nach zehn Minuten wieder hinaus – begleitet von einigen vorwurfsvollen und ärgerlichen Blicken.

Um 11.30 Uhr gab es Brunch: zwei Spiegeleier, vier dicke Scheiben gut gewürzten Schinken, einen Teller geschnetzelten, eingelegten Kohl, sechs Scheiben Brot (etwas besser als im Januar) und starken russischen Tee mit *Zitrone* – eine verblüffende Neuerung!

Ich verbrachte den Nachmittag in einem kalten, schmutzigen, ungemütlichen, rustikalen Café. Es gehörte zum Hotel, war aber mit abenteuerlich aussehenden Typen (Männern wie Frauen) gefüllt, die sich das recht elegante und teure Restaurant nicht leisten konnten. Das Café ist nur von der Straße aus zu betreten; die Verbindungstür zum Hotel wird verschlossen gehalten. Nach der nächtlichen Party war der Alkohol alle. Hinter mir in der langen, nur langsam aufrückenden »Kaffee-Schlange« stand ein gut aussehender Schäfer – groß und gepflegt, mit einem vom Wetter gegerbten, feinen Gesicht, welligem grauen Haar und tiefblauen Augen. Seine knielange Wolljacke und seine eng anliegenden Hosen waren handgewebt und seine Rindslederschuhe handgearbeitet – von ihm selbst. An einem Tisch in der Nähe saß zusammengekauert sein anämisch aussehender Sohn, der wegen Krankheit von der Universität Klausenburg beurlaubt war. Er litt an Asthma und einem Magengeschwür, und es liefen bereits Vorbereitungen für eine medizinische Behandlung in Wien. (Schäfer gehören zu den reichsten Leuten in Rumänien; sie wurden nie kollektiviert.) Während wir unseren türkischen Kaffee tranken, schimpfte der Vater auf die Front, weil sie noch immer die Großwildjagd verbiete. Ceauşescu hatte sich das Recht, *irgendwo* in Rumänien Bären, Wölfe, Rotwild oder Wildschweine zu jagen, ausschließlich selbst vorbehalten, eine Demonstration seines Größenwahns, die mir zwar gefällt, aber total blödsinnig war. Inzwischen verursachen Bären, Rotwild und Wildschweine immense Ernteschäden, und die Wölfe dezimieren die Herden und werden zunehmend auch den Menschen gefährlich. Da Niederwild geschossen bzw. in Fallen gefangen werden darf, finden die sich ungehindert vermehrenden Wölfe in der freien Natur nicht mehr genug Nahrung. Bauern und Schäfer hatten mehrere Massenpetitionen an Ceauşescu gesandt mit der Bitte um Erlaubnis, einen Teil des Großwilds ausmerzen zu dürfen, haben aber nie eine Antwort bekommen. Ich fragte, warum man in abgelegenen Gebieten das Verbot nicht einfach ignoriert habe – eine ziemlich dumme Frage. Man hatte überall Angst vor der Securitate; niemand konnte *allen* Nachbarn trauen, dass er nicht verraten wurde. Der makabre Witz liegt darin, dass Ceauşescu kaum jemals ein Kaninchen geschossen hat – es lag ihm lediglich am Macho-Image »des großen Jägers«. Das letzte Mal war er mit seinem engen Freund, dem Schah von Persien, auf Bärenjagd gegangen. Wie das Schicksal so spielt, verbrachte er seine letzten Tage mit einem anderen engen Freund – sein Name:

Rafsanjani! Er muss sehr anpassungsfähig gewesen sein. – Der Schäfer hat mich zu einem Besuch in seinen kleinen Dorf eingeladen, irgendwo in den Bergen zwischen hier und Salva; sein Sohn hat einen detaillierten Plan auf die Rückseite meines Notizbuches gezeichnet und mich vor den Wölfen gewarnt – bin mir nicht sicher, ob er nur einen Witz machen wollte…

Montag. Ein wolkenloser Himmel, warmer Sonnenschein, eine kühle Brise. Habe ein paar Dörfer auf den hohen, straßenlosen Bergen westlich von Sighet besucht; die steilen Pfade waren ziemlich matschig, da die erste Frühlingswärme den Altschnee und den vereisten Boden auftaut. Fotografierte das schönste der völlig aus Holz gebauten Häuser, die kunstvoll errichteten Heumieten unter ihren Schindeldächern und die lange Kette der verschneiten, nicht allzu weit entfernten, sowjetischen Berge. Dabei wurde ich plötzlich von einem ziemlich jungen Bauern angegriffen, der hinter einer Heumiete hervorgeschossen kam, mir den linken Arm umdrehte und mir die Kamera wegzunehmen versuchte. Natürlich war ich einigermaßen perplex, umso mehr, als *er* mich entsetzt ansah, als er merkte, dass ich Ausländerin war. Ziemlich kleinlaut entschuldigte er sich fast mit Tränen in den Augen und lud mich in sein gemütliches Holzhaus zu einem *tuica* ein. Er und seine Frau (blond, blauäugig, mit schlechten Zähnen) versuchten verzweifelt, das Missverständnis aufzuklären, aber mir blieb das Ganze schleierhaft. Immerhin schieden wir als beste Freunde. Die Frau umarmte mich, strich mir übers Haar und schenkte mir ein besticktes Tischtuch. Später klärte mein Freund Mircea die Angelegenheit auf. Der Bauer hatte mich für den »Spion« einer politischen Partei gehalten, die für eine sofortige Aufteilung des kollektiven Ackerlandes eintritt und allen den gleichen Anteil geben will. Klingt gut – *aber*: Vor der Kollektivierung gab es Groß- und Kleinbauern, und die Nachkommen der ersteren wehren sich dagegen, mit denen der letzteren in einen Topf geworfen zu

183

werden. So bekämpfen sie diesen Plan leidenschaftlich und sind misstrauisch – und ziemlich oft aggressiv – gegenüber unangekündigt auftauchenden Fremden, die kommen, um über die Lage des Landes zu berichten – buchstäblich! Da dies hier kein Touristengebiet ist, machte mich meine Kamera sofort höchst verdächtig. Die Konsequenzen für die Zukunft der Demokratie sind düster – wenn man politische Gegner überfällt, sobald sie irgendwo auftauchen.

Als ich um 15 Uhr nach Sighet zurückkam, brauchte ich einen Drink, aber es gab nur Mutfalar, »Wermut«. Ich nahm eine Flasche mit auf mein Zimmer, wo ich mit Mircea verabredet war. Nicht an Wermut gewöhnt (falls es überhaupt welcher ist), trank ich ihn weg wie Wein und war ganz schön angesäuselt, als Mircea erschien. Schwebte ins Restaurant hinunter, um mithilfe von zartem Schweinebraten, Stangenbohnen aus der Dose, Spaghetti, einem weiteren Napf eingelegten Kohl und einer Menge Brot wieder nüchtern zu werden. Der eingelegte Kohl, sagt Maria, wird jedem Gast zu jeder Mahlzeit serviert, bis die Hotelquote aufgebraucht ist – und von eingelegten Gurken oder Äpfeln abgelöst wird. Nur unter Ceauşescu konnte jemand auf die Idee kommen, kleine, saure, ganze Äpfel einzulegen: Das Resultat ist so ekelerregend, dass es sich jeder Beschreibung entzieht. Im Übrigen ist meine linke Schulter mal wieder ausgerenkt, was mir leicht passiert, nachdem ich sie mir das erste Mal ausgerenkt habe, als ich in den Anden von einem Pfad abstürzte. Jener Bauer hatte wirklich eine Wut auf »politische Spione«. Mircea hat sie mir wieder eingerenkt – eine einfache Sache –, aber es wird sicher ein paar Tage dauern, bis sie ganz in Ordnung ist.

Mircea glaubt, dass die Front »für Rumänien sehr gut ist«, hält es aber für einen großen Fehler, dass sie der Securitate gegenüber zu weich sei. Die meisten Mitglieder liefen noch immer frei herum und könnten ihre Freiheit ausnutzen, um zukünftig Schwierigkeiten zu machen. Er würde es gern sehen, dass sie, unter strenge Militärkontrolle gestellt, gezwungen würden, von sieben bis 19 Uhr ohne Entgelt zu arbeiten und danach den ganzen Abend in ihrer Wohnung zu bleiben. Da sie ihr Gehalt in Dollar bekamen, hält er sie alle für so reich, dass sie den ganzen Tag in den Kneipen herumsitzen können, um die politischen Gespräche zu belauschen – womit sie den Einzelnen in der Hand hätten, wenn sie erst wieder an der Macht seien. Ich warf ein, dass die Front, wenn sie es mit der Errichtung der Demokratie ernst meine, nicht alle Securitate-Offiziere zu harter Arbeit zwingen und einem Ausgehverbot unter militärischer Kontrolle unterwerfen könnte. Ohne formell angeklagt und verurteilt zu sein, könnten sie nicht bestraft werden. Mircea sah das anders, obgleich er behauptete, »ein echter Demokrat« zu sein.

Was die Revolution betraf, so war Mircea überzeugt, dass viele Menschen einen weiteren Winter nicht überlebt hätten. Er hat einen Sohn (fünf Jahre) und eine Tochter (zwei Jahre), und eines Morgens im vergangenen November hatte er buchstäblich nichts mehr für sie zu essen gehabt; Kinder, wie hungrig auch immer, essen keinen eingelegten Kohl, Gurken, Apfel usw. Da er erst eine vergleichsweise kurze Zeit in der Stadt lebte, hatte er auch keine »Kontakte«. Zwar gab es auf dem schwarzen Markt immer etwas Fleisch, Milch und Eier, aber für jemanden, der 2800 Lei im Monat verdiente, waren diese Dinge unerschwinglich. An jenem Novembermorgen musste er ein halbes Monatsgehalt opfern, um Nahrung für zwei Tage einzukaufen.

Dienstag. Zum Frühstück ein riesiges Omelette und sechs Scheiben in der Pfanne aufgewärmten Schweinebraten von gestern: möglicherweise tödlich, aber sehr schmackhaft. Ein weiterer Tag unter einem tiefhängenden, grauen Himmel, aber milder als gestern und ohne Regen. Besuchte drei große Dörfer an der am linken Ufer der Tisa entlangführenden Straße. Der nicht sehr eindrucksvolle Fluss, der sich zwischen den hier und da wachsenden Erlen hindurchschlängelt, bildet an dieser Stelle die Grenze. Um zu dokumentieren, dass ich mich im freien Rumänien befand, fotografierte ich ein paar Wachtürme: Die meisten waren jetzt leer. Von dem einen, der noch besetzt war, winkten mir zwei Soldaten fröhlich zu – und posierten dann mit angelegten Gewehren in Richtung UdSSR. Trotz allem *hat* es in Rumänien eine Revolution gegeben, wie unzureichend und unbefriedigend auch immer. Wie auch anderswo arbeitet fast die gesamte örtliche Garnison mit im Kollektiv. Zwei jungenhafte Rekruten hielten zuvorkommend ihren Pferdewagen an, um sich fotografieren zu lassen. Am vergangenen Abend hatte im Hotelrestaurant ein junger Karriereoffizier mit mir an einem Tisch gesessen, der sich ärgerlich darüber ausließ, dass die Front keine Neigung zeige, die Armee ernst zu nehmen, sondern sie als unerschöpfliche Quelle für Sklavenarbeit betrachte.

In dem einen Dorf geriet ich mitten in einen Landreform-Streit – die wütenden Männer und Frauen beschimpften sich gegenseitig unter heftigen Drohgebärden. Die Positionierung der beiden Gruppen – etwa ein Dutzend Menschen auf jeder Seite der breiten Straße – schien seltsam ritualisiert, aber gelegentlich mussten doch ein paar Frauen ihre Männer zurückhalten, um den Streit nicht eskalieren zu lassen. Als ich einen Jugendlichen auf Englisch ansprach – bewusst ziemlich laut –, hörte der Streit sofort auf, und eine der »neutralen« Frauen ergriff strahlend meine Hand und führte mich in ihr geräumiges Bauernhaus. Herrlich geschnitzte hölzerne Bierkrüge hingen unter der Decke, bestickte Kissen verschönten jede Ecke des Raumes, und ich wurde mit hart gekochten Eiern und *tuica* bewirtet. Sehr bald füllte sich die Stube mit aufgeregten Streitern beider Seiten, die ihre Feindschaft vorübergehend begraben hatten. Keiner sprach Englisch, aber mithilfe meines Miniwörterbuchs konnten wir uns ganz gut verständigen.

Selbst für rumänische Verhältnisse ist die Gastfreundschaft in Marmarosch außergewöhnlich. In Sighet bestehen häufig mir völlig fremde Menschen darauf, mein Essen, meinen Kaffee oder meine Drinks zu bezahlen (zumeist ärmlich aussehende Bauern) – und erlauben mir nie, die nächste Runde auszugeben. Ich bin selbstverständlich ihr Gast, weil Irland Rumänien kurz nach der Revolution »so viel Fleisch geschenkt« hat.

Mittwoch. Mittags war es in der Sonne schön warm und das Centru voller Menschen, zumeist Bauern, die jeder zwei große gestreifte, wollene Säcke über der Schulter trugen – einen vorn, einen hinten, wie bei einem Lasttier. Warum haben sie keine weniger masochistische Methode für den Transport schwerer Güter entwickelt? Sighet ist eine herrlich lebendige Stadt: Man fragt sich, wie es hier wohl vor der Revolution ausgesehen hat. Diese Unbeschwertheit kann nicht neu sein – vielleicht hat sie ja ihre Randlage in gewissem Umfang vor der Ceauşescu-Depression bewahrt. Auffallend ist auch, dass die Menschen hier nicht dauernd über Politik reden. Zudem scheinen sie weniger ausgehungert als ihre übrigen Landsleute. Aber auch hier wirken zu viele junge Gesichter alt, und die meisten Grundschulkinder (ich habe sie *en masse* beobachtet) haben dunkle Ringe unter den Augen: hungrige Kinder schlafen nicht gut. Das Problem der auf Eiweißmangel beruhenden Hirnschädigungen ist in Rumänien niemals zur Sprache gekommen, obgleich mit Sicherheit einige der um 1984 herum geborenen Kinder darunter leiden werden.
Glücklicherweise sind sich die meisten Eltern dessen nicht bewusst.
Das Leben in den rumänischen Städten lädt zur Flucht vor der Wirklichkeit ein; wenigstens die Hälfte der 40 000 Einwohner von Sighet leben im neuen Ceauşescu-Land. Aber ich habe mich auf das gelassen eindrucksvolle, vormals wohlhabende alte Sighet beschränkt. Ein großer Teil dieses Wohlstandes beruhte auf dem absolut schicklichen Schmuggel von und nach Ruthenien – der damaligen Ostprovinz der Tschechoslowakei. Aber Orte,

die (architektonisch) so erkennbar uneins mit ihrer derzeit überwiegenden Bevölkerung sind, haben immer etwas Eigenartiges an sich. Heute dominieren die Bauern aus Marmarosch das Stadtbild – sie und andere Rumänen, die nach Ceaușescu-Land umgesiedelt wurden. Die ungarischen Nachfahren der Gründer und Erbauer Sighets sind dagegen in der Minderzahl. Kein Wunder, dass die meisten von ihnen abweisend und mürrisch wirken.

Das ethnographische Museum in Sighet hat unter Fachleuten einen internationalen Ruf, ist aber die meiste Zeit des Jahres geschlossen und wird nur auf Anfrage hin geöffnet. Es hieß, der Kulturoffizier der Stadt habe den Schlüssel. Ich vermutete daher, ihn im Haus der Kultur zu finden, einer bizarren Mischung aus viktorianischem Gefängnis und Loire-Schloss aus dem Jahr 1911. Ursprünglich ein ungarisches Theater, ist es seit langem einem stillen, traurigen, feucht riechenden Verfall preisgegeben. Im Innern schwingt sich eine weiße, riesige und schmutzige Marmortreppe zu einer umlaufenden Galerie hinauf, wo die Reste eines Flügels – Beine in die Luft – einen Abfallhaufen zierten. In den von dieser Galerie abzweigenden hohen, engen, knarrenden Korridoren schrieben kleine Mädchen in kleinen Büros auf Schreibmaschinen. Meine Ankunft veranlasste sie, ungläubig über ihre klobigen (Jahrgang 1911?) Maschinen hinwegzuspähen und nervös zu kichern, aber niemand machte den Versuch, mich in irgendeiner Sprache anzusprechen.

Schließlich fand ich zwei ältere, säuerlich blickende Frauen; sie teilten sich einen schmalen Tisch inmitten hoher Aktenschränke und waren im dichten Zigarettenqualm kaum auszumachen: Der Kulturoffizier übte seine Tätigkeit in der Tat nicht im Haus der Kultur aus, aber sie versuchten ihn – wenig begeistert – anzurufen. Sie brauchten 17 Minuten, um durchzukommen, obgleich sein Büro weniger als eine Meile entfernt war, was ihr Zögern verständlich machte. Ein schlankes, blauäugiges junges Mädchen, das vor lauter Schüchternheit nicht den Mund aufmachte, wurde abgeordnet, mich zum Museum zu bringen.

Dumitru – schlank und dunkelhäutig, mit langem Haar und herabhängendem Schnurrbart – sprach fließend Englisch. Leider waren die Schlüssel zu den Ausstellungsräumen in seiner Wohnung in einem weit entfernten Wohnblock. Aber er würde sich glücklich schätzen, mich am nächsten Tag herumzuführen – vielleicht könnten wir einstweilen zusammen Kaffee trinken.

Über unserer ersten Tasse begann Dumitru mir sein Herz auszuschütten. Seine Frau, eine Ingenieurin, war wegen Krankheit beurlaubt. Sie litt an einer ernsten Verschlechterung ihrer Augen, und sie sparten für eine Reise nach Ungarn oder in die UdSSR, um dort eine »Spezialbrille« für sie zu bekommen. Aber wie lange würden sie bei einem gemeinsamen Einkommen von 7600 Lei im Monat noch warten müssen? Noch dazu mit zwei Kindern, die ernährt sein wollten …

Über unserer zweiten Tasse enthüllte mir Dumitru, dass er bis 1985 Lehrer in Temesvar gewesen sei. Aber im Alter von 32 Jahren fühlte er sich gezwungen, seinen Beruf aufgeben, bei dem er sich »verlogen« vorkam. Den einzigen seiner Qualifikation entsprechenden Job konnte er in Sighet bekommen, wo sich seine Frau »die ganze Zeit einsam und ruhelos« gefühlt habe.

Über unserer dritten Tasse bemerkte Dumitru, dass alle Rumänen jetzt unter einer Kollektivschuld litten und sich fragten, warum sie sich von den Ceaușescus nicht schon zehn Jahre früher befreit hätten, ohne hierauf irgendeine ihr Gewissen beruhigende Antwort zu finden. »Es ist wichtig, dass Ausländer dies verstehen, denn unsere derzeitige Geistesverfassung macht es für uns schwer, uns so zu verhalten, wie es der Westen von uns erwartet. Man muss Geduld haben, bis wir unseren Selbstrespekt wieder gewonnen haben. Kurz nach der Revolution begann die Front, die wahre Natur des Ceaușescu-Regimes in allen Einzelheiten zu enthüllen; Skandal auf Skandal wurde angeprangert und im Fernsehen diskutiert. Alle diese bewiesenen Gräueltaten haben uns traumatisiert – bis dahin war das alles ein Gerücht gewesen. Wir hatten jahrelang gewusst, dass die Dinge schrecklich falsch liefen, aber Ceauşescus Propaganda hatte uns so verwirrt, dass wir nicht verstehen konnten, wie oder warum das Land immer mehr zu einer Hölle wurde. Die Fernsehdokumentationen ließen uns wie Narren aussehen. Wir haben der Propaganda zwar nicht geglaubt, aber wir sind auch nicht klug genug gewesen, die Wahrheit zu erkennen. Wir machten einfach im alten Trott weiter und ließen wie hypnotisiert alles mit uns geschehen, bis jene tapferen Revolutionäre in Temesvar Bukarest veranlassten, die Ceauşescus umzubringen. Und jetzt schämen wir uns unserer Schwäche. Besonders meine Generation, deren Kinder geschädigt wurden.«

Ich war erleichtert, als Dumitru am nächsten Tag etwas fröhlicher, ja fast schon freudig erregt war: so sehr liebte er sein Museum – und so selten kam jemand, dem er es zeigen konnte. Die meisten Ausstellungsstücke sind Holzschnitzereien aus Marmarosch, was immer sich an Haushaltsgegenständen und landwirtschaftlichem Gerät vorstellen kann, von Salzlöffeln bis zu Pflügen. Am schönsten waren die zehn Fuß hohen, überdachten Hoftore, die traditionellen Statussymbole der Bauern: Je größer und künstlerischer ein solcher Torbogen war, um so mehr waren die Nachbarn beeindruckt. Da meine Begeisterung für Holzschnitzereien der Dumitrus gleichkam, verbrachten wir einen herrlichen Vormittag. Aber er endete mit einem Schlussakkord in Moll: »Bald werden Traktoren die Statussymbole sein«, meinte Dumitru. Es wäre unrealistisch gewesen, hierüber mit ihm zu streiten.

Eines Abends fragte ich Mircea nach den starken, maschenartigen Eisengittern, die viele Schaufenster in Sighet schützen. Er erklärte, sie seien ein Relikt aus der Vorkriegszeit, als die meisten der reichen Kaufleute in der Stadt Juden gewesen, die abgekapselt vom Rest der Bevölkerung gelebt und misstrauisch gegen jedermann gewesen seien. »1944«, fügte er hinzu, »hat die ungarische Polizei sie alle weggebracht, um die Deutschen zu unterstützen. Denn während des Krieges regierten die Ungarn wieder im nördlichen Transsilvanien, einschließlich Marmarosch. Hitler gab es ihnen, damit sie Deutschland beistanden. Nachdem Deutschland besiegt war, haben wir das Gebiet dann zurückbekommen.« Gemein, wie ich bin, stellte ich die Frage: »Und was geschah 1944 mit den Sigheter Juden?«

»Sie kamen nicht zurück. Die Rumänen bekamen ihre Geschäfte, was gut war.«

»*Warum* kamen sie nicht zurück?«

»Ich glaube, die Deutschen haben sie umgebracht«, erwiderte Mircea. »Hitler mochte keine Juden – sie hatten zu viele in Deutschland. Sie nahmen ihnen das ganze Geld weg.« Später fragte ich Dumitru, ob die Sigheter Juden Grund gehabt hätten, ihren Nachbarn gegenüber misstrauisch zu sein. »Natürlich nicht«, sagte er, »aber sie waren sehr nervöse Menschen. Sie sehen, wie freundlich die Rumänen sind; Sie haben mir erzählt, wie viel gute Freunde Sie hier finden. Aber die Juden fürchteten sich vor jedem.«

Die Leute hier nach den Juden zu fragen, ist keineswegs taktlos. Die Geschichte des Antisemitismus in Rumänien ist längst »revidiert« worden. Bei meinem nächsten Besuch in Bukarest lieferte mir ein vierzigjähriger Historiker die offizielle Version: »In der ersten Hälfte des 19. Jahrhunderts wurden Moldawien und die Walachei zunächst von den Osmanen und dann vom zaristischen Russland beherrscht, von dem man für kurze Zeit glaubte, es würde die rumänischen Christen vor den Türken schützen. Damals kamen aus Polen und Russland viele Juden ins Land und übernahmen nach und nach den einheimischen Handel, indem sie unsere Krämer und Hausierer an die Wand drückten, denn Juden hatten immer mehr Kapital. Und sie steckten alles Geld ins Geschäft, denn zunächst war es ihnen nicht erlaubt, Land zu erwerben. Dann wurde 1859 Rumänien gegründet, und eine der Bedingungen für die internationale Anerkennung war, dass die Juden gleiche Rechte bekamen – was kein Problem war. Aber bald wurden viele Juden zu Gutsverwaltern der Bojaren, die es ihrerseits vorzogen, in der Stadt zu leben, nur Geld sehen wollten und sich nicht um ihr Land und ihre Untergebenen scherten. Die meisten dieser Verwalter waren genauso habgierig und grausam wie ihre Fürsten, und so wurden die Bauern und kleinen Kaufleute immer wütender auf die Juden im Allgemeinen. Deren Zahl nahm ständig zu, und sie wurden immer mächtiger und reicher. 1918 stellten sie ein Drittel bis die Hälfte der Einwohnerschaft von Jassy. In der Stadt – überhaupt in Moldawien – waren sie alles andere als beliebt. In den 1920er Jahren demonstrierten viele Studenten in Jassy gegen die Juden und zertrümmerten die Schaufenster jüdischer Geschäfte – aber das war nicht weiter ernst zu nehmen. Dann gründete ein bekannter Professor die Liga der Nationalen Christlichen Verteidigung, und jüdische Studenten wurden am Betreten der Universität gehindert; nicht durch Gesetz oder direkte Gewaltanwendung, sondern durch Drohungen. Einer der studentischen Führer der Liga, Corneliu Codreanu, gründete bald danach die Legion des Erzengels St. Michael – die Eiserne Garde –, die großen Einfluss gewann und später von den Nazis benutzt wurde.«

Mein Tutor führte mich in die Irre – wenn auch bestimmt nicht mit Absicht. Er gab nur die »revidierte« Fassung weiter, deren Wahrheitsgehalt seine Generation nicht hatte überprüfen können. Die menschenverachtende antisemitische Kampagne der Eisernen Garde in den 1920er Jahren – tatkräftig unterstützt insbesondere von den Bauern Moldawiens, nachdem Codreanu sie in einen wahren Blutrausch versetzt hatte – wurde nicht erwähnt. Auch nicht die antisemitische Gesetzgebung der Bukarester Regierung im Jahr 1937. Man erhielt den Eindruck, als sei die Eiserne Garde erst unter dem Einfluss der Nazis zu Judenschlächtern geworden – unterstützt von den seit Ewigkeiten unterdrückten Bauern, die sich nur zu leicht überreden ließen, ihre ganze wütende Frustration an Europas traditionellen Sündenböcken auszulassen. Geschichtsfälschung ist in einem »intellektuellen Gefängnis« alarmierend einfach. Mir wurde oft versichert, dass Marschall Antonescu alles nur Mögliche getan habe, um die rumänischen Juden während des Krieges zu schützen – einschließlich der Mär, er habe sie in Züge verfrachtet, die dann immerzu in Rumänien im Kreis herumgefahren seien, um gegenüber den Nazis den Eindruck zu erwecken, man habe sie alle in Konzentrationslager abtransportiert. Obgleich meine Informanten intelligente Leute waren, nahmen sie es mir übel, wenn ich die Glaubwürdigkeit dieser Geschichte in Frage stellte.

Am Ende der Woche war klar, dass ich meine Wanderung durch Marmarosch ein weiteres Mal verschieben musste. Zwar hatte sich das Wetter beruhigt, nicht aber meine Schulter; ich konnte noch keinen Rucksack tragen. An einem aufreizend perfekten Frühlingsmorgen bestieg ich um 7.20 Uhr den Zug nach Salva – Richtung Klausenburg.

Auf dem Weg zum *gara*, den Rucksack über der rechten Schulter, passierte ich die lokalen Büros der verschiedenen neuen politischen Parteien, einschließlich der Front-Gebäude, in die ich mehrfach vergeblich versucht hatte, hineinzukommen. Es schien für Sighet charakteristisch, dass sie stets verschlossen waren und niemand wusste, wie ich zu den Repräsentanten der Parteien Kontakt aufnehmen konnte. Dann bemerkte ich einen ärgerlich aussehenden jungen Mann mit langem braunem Haar, der den weit verstreuten Inhalt dreier übergroßer, umgekippter Mülltonnen fotografierte. Er sprach nur Rumänisch, aber was er sagte, war simpel genug, um von mir leicht verstanden zu werden. Als Mitglied des örtlichen Front-Komitees schimpfte er auf Sighets Müllarbeiter, die ihre nachrevolutionäre Freiheit so weit trieben, ihre Arbeit zu vernachlässigen. Wenn sie nicht schleunigst ihren Arsch hochbekämen (sein Tonfall entsprach dieser Ausdrucksweise), würde er seine Fotos an das Hauptquartier der Front in Bukarest schicken. Sighet hat also doch seine politischen Aktivisten. Ich wünschte, wir wären uns früher begegnet.

Der lange, aber fast leere Zug von Sighet nach Salva war für mich ein Wunder. Jedenfalls schien es keine *technische* Erklärung dafür zu geben, woher die neunzigjährige Lokomotive die Kraft nahm, sich überhaupt noch zu bewegen, wenn auch nur mit einer Geschwindigkeit von zehn Meilen in der Stunde. Häufig blieb sie stehen, um nach Luft zu ringen, wie es Neunzigjährige nun mal tun, und gab mir damit reichlich Zeit, die Landschaft zu genießen.

Etwa eine Stunde trödelten wir an der Grenze entlang; die wenigen russischen Dörfer mit ihren Holzhütten am gegenüberliegenden Ufer der Tisa sahen weit weniger wohlhabend aus als ihre rumänischen Nachbarn. Dann wandte sich der Zug nach Süden, und wir überquerten mehrere furchteinflößende Schluchten. Es gab noch kein frisches Grün, das Tauwetter hatte gerade erst begonnen. Die Schafe standen noch zusammengedrängt in ihren Pferchen, die kunstvoll aus Baumrinde geflochten waren, und fraßen Heu aus geschnitzten, ausgehöhlten Baumstämmen. Als wir tiefer kamen, entdeckte ich die ersten Lämmer – sowie zwei Wasserbüffel, die einen Karren zogen und Sehnsuchtsgefühle nach Indien in mir wachriefen. Ihre Vorfahren hatten wahrscheinlich die ersten einwandernden Roma begleitet.

Auf dem Bahnhof in Salva traf ich meinen alten Freund wieder, den Jassy-Temesvar-»Express«. Jetzt erschien er mir wirklich wie ein Express: Für die 50 Meilen von Sighet bis hierher hatten wir fünfeinhalb Stunden gebraucht.

9

Klausenburg/Kolozsvar/Cluj-Napoca: Transsilvaniens Hauptstadt

Ich hatte Glück, das Vladeasa zu finden, Klausenburgs ältestes Hotel, das inzwischen längst zu einem Wirtshaus für Bauern und Roma degradiert worden ist. Nur durch puren Zufall entdeckte ich das unauffällige Schild an einem alten Torbogen – zwei Gehminuten vom Platz der Freiheit entfernt. Hinter der hohen hölzernen Doppeltür führte ein gewölbter Durchgang – breit genug für Pferd und Wagen – zu einem stillen, mit Büschen bewachsenen Hof, von dem aus eine gewundene Treppe zu schwankenden Holzgalerien hinaufführte. Von ihnen gingen viele kleine, aber bequeme Schlafräume ab, jeder mit einer Waschschüssel. Und jeden Abend wehten aromatische Düfte aus den Räumen der Roma herüber, wenn diese auf ihren selbst gebauten Holzkohleöfen das Abendbrot bereiteten.

Es sah so aus, als habe das Vladeasa schon lange keine Touristen mehr beherbergt. Die angespannt wirkende junge Frau an der Rezeption bekam ein nervöses Zucken im Gesicht, als sie meinen Pass sah. Besorgt konsultierte sie einen bärtigen Alten, der nur noch einen Zahn hatte und böse hinkte. Er untersuchte mein Visum, als handele es sich um eine verdächtige Geldnote. Dann nickte er der jungen Frau zu und hinkte davon, ohne mich weiter zu beachten. Mein letzter Lei ging für die Hotelrechnung drauf – £ 1,10 für ein Bett ohne Frühstück. So machte ich mich sofort wieder auf den Weg, um Dollar einzutauschen.

Vieles vom alten Klausenburg ist »neu«, was dem Ganzen aber keinen Abbruch tut. Überflüssig, aber trotzdem attraktiv beleben neugotische und neuromanische Schnörkel viele Gebäude am

Centru, und am Siegesplatz stehen sich eine neubyzantinische, orthodoxe Kirche (um 1930) und ein prächtiges neubarockes (Helmer und Fellner) Opernhaus gegenüber. Rings um den Platz der Freiheit sehen kapriziöse Türmchen und lustige Kuppeln auf die sanften roten Ziegeldächer der stattlichen drei- oder viergeschossigen, ehemals ungarischen Herrenhäuser herab. Das überladenelegante Hotel Continental in der einen Ecke ist ein zaghafter Versuch in Neo-Renaissance, und inmitten all dieser »Neuheiten« steht St. Michaels echt gotische, römisch-katholische Kirche – von außen nicht weiter aufregend und durch seinen im 19. Jahrhundert errichteten Nordturm nicht gerade schöner geworden.

Wenn man unterwegs Geld wechseln möchte, findet man häufig niemanden, der dies auch will – oder kann. Spät am Nachmittag ging ich daher widerstrebend zum Tourist Hotel hinauf, wo ich mit Sicherheit meine Dollar würde umtauschen können. Dieses, den Cetatuia-Berg beherrschende Krebsgeschwür ist fast von jedem Punkt der Stadt Klausenburg aus zu sehen und scheint perfekt die 45 Jahre kommunistischer Schikane zu symbolisieren. Hunderte von zerbrochenen Betonstufen führen den steilen – zum Teil bewaldeten und mit Abfällen übersäten – Hang hinauf, wobei die stinkenden Schwaden von der in der Nähe vor sich hin schwelenden Müllkippe des Hotels zunehmend unangenehmer werden. Auf halbem Weg stößt man dann noch auf eine jener, das Auge beleidigenden Geschmacksverirrungen, eine jener hirn- und seelenlosen »Dekorationen« (stets in Beton), gegen die ich inzwischen einen pathologischen Hass entwickelt habe. Vor dem Eingang parkten vier sowjetische Busse. In einem von ihnen waren sämtliche Sitze mit in Rumänien hergestellten Kloschüsseln belegt – jede mit dem Namensschild des neuen Eigentümers.

Der riesige, grellfarbige Teppich im Foyer war voller Zigarettenstummel und schmutziger Papierservietten. Das Hotelpersonal wirkte halsabschneiderisch und mürrisch. Die Regale des »Dollar«-Ladens waren nahezu leer – Beweis für eine nachrevolutionäre Zunahme des Dollarumlaufs –, und überall hingen halb leere

Schaukästen, in denen zu skandalös überhöhten Preisen Volkskunst angeboten wurde. Niedrige Stufen führten zu einer verräucherten Kaffeebar von der Größe eines Fußballfeldes hinab. Sie war von heiseren sowjetischen Bustouristen überlaufen, die sich ihren Wodka mitgebracht hatten, sowie von ehemaligen Securitate-Mitarbeitern aus der örtlichen Society. Das Dekor bestand aus einem wilden Durcheinander aus farbigem Glas, gebogenem Metall und glänzend lackiertem Holz. Stalinistische Architekten und Innendekorateure erreichen gelegentlich in ihrem Bemühen, zu Gunsten der mit harter Währung zahlenden Touristen etwas ganz besonders »Tolles«, zu schaffen, einen Grad an Geschmacklosigkeit, der selbst ihre hässlichsten Bauwerke in den Städten weit in den Schatten stellt.

Ich musste meinen niedrigen Tisch – zwei Stühle an beiden Seiten – mit einem unsympathischen Paar teilen. Der asthmatische Mann mir gegenüber trug eine Fuchspelzjacke und hielt mit seinen mehrfach beringten Händen seinen fetten Schmerbauch fest. Sein junger, dunkelhäutiger Gefährte, der mit zusammengepressten Lippen und blutunterlaufenen Augen neben mir saß, hatte eine teure Kamera bei sich. Beide taten so, als sei ich nicht vorhanden. Da von ihrer Seite keine Freundlichkeit zu erwarten war, widmete ich mich meinen Notizen – und versuchte zwischendurch, die Aufmerksamkeit der Kellnerin zu erringen. Offensichtlich herrschte Personalmangel, und die allein bedienende, schwitzende junge Frau hatte ein entschuldbares menschenfeindliches Glitzern in den Augen.

Zehn Minuten später wandte sich der Dunkle plötzlich zu mir um und fragte: »Warum sind Sie in Rumänien? Wie lange wollen Sie in unserem Land bleiben?«

Kühl erwiderte ich: »Ich schreibe ein Reisebuch und werde mich also wohl mehrere Monate hier aufhalten.«

Der Schmerbauch lehnte sich vor, um einen Blick in mein Tagebuch zu werfen (was für ihn eine große Anstrengung bedeutete) und sagte anklagend: »Sie schreiben in Stenografie! Verstehen Sie Rumänisch?«

»Ich stenografiere keineswegs«, schnappte ich zurück, »und ich verstehe auch kein Rumänisch.«

Darauf wieder der Dunkle: »Was ist das, ein *Reisebuch?*«

»Es schildert meine Erlebnisse in fremden Ländern.«

Schmerbauch blickte mich finster an: »Warum schreiben Sie über Rumänien? Woher haben Sie das Geld dazu? Wer bezahlt Sie?«

»Bisher niemand«, erwiderte ich, »aber wenn das Buch veröffentlicht wird, bezahlen mich die Leute, die es kaufen.«

Beide sahen mich ärgerlich und ungläubig an, und Schmerbauch brüllte fast: »Das gibt es nicht – sagen Sie sofort, welche Regierung Ihnen das Geld gegeben hat, damit Sie über uns schreiben! Wer will wissen, was Sie in Rumänien sehen?«

Endlich kam mein Kaffee. Ich trank ihn hastig aus und erwiderte: »Im Westen arbeiten Schriftsteller für sich selbst – niemals für eine Regierung, nur für sich allein.«

Plötzlich sah der Dunkle auf seine Uhr und brüllte nach der Kellnerin, die sofort angerannt kam. Seine Brieftasche quoll über: Dollar auf der einen und Lei auf der anderen Seite – aber im Gegensatz zu den verarmten Einwohnern von Sighet bot er mir nicht an, meinen Kaffee zu bezahlen.

Zehn Minuten später bat mich die Kellnerin, sie im Waschraum zu treffen. Dort wurden wir handelseinig, und sie bestätigte meinen Verdacht. Jene »Stinkstiefel« waren tatsächlich ehemalige Securitate-Offiziere, die einzigen, mit denen ich mich meines Wissens je unterhalten habe – wenngleich die Kellnerin, wie die meisten Angestellten des Touristenhotels, höchstwahrscheinlich zu den berufsmäßigen Informanten gehörte.

Auf dem Gipfel des Cetatuia-Berges setzte ich mich mit dem Rücken zum Hotel auf einen Grashang und ließ den Blick über Klausenburg schweifen. Daker und Römer nannten die Stadt Napoca. Die Sachsen bauten hier die moderne Stadt Klausenburg – für die Ungarn: Kolozsvar. 1974 bestimmte Ceauşescu, dass die Stadt zukünftig den Namen Cluj-Napoka tragen solle, um jeden daran zu erinnern, dass die Vorfahren der Rumänen hier bereits seit 1000 Jahren ansässig waren, bevor die Vorfahren der Ungarn – von wer weiß woher – nach Westen zogen.

Seit 1970 hat eine hektische Industrialisierung Klausenburg verändert. Vom Cetatuia-Berg erscheint das alte Zentrum wie eine zusammengedrängte Insel verblasster Schönheit, eingekreist vom meilenweiten, monotonen Ceauşescu-Land. Gerüchten zufolge haben sich die örtliche ungarische und rumänische Parteiführung zusammengetan, um das Zentrum vor einer »Systematisierung« zu bewahren. Ich möchte dieses Gerücht gern glauben. Und vielleicht hat die gemeinsame Loyalität gegenüber einem historischen Stadtkern ja wirklich die ererbte Feindschaft überwunden – trotz des sehr unterschiedlichen Images von Kolozsvar/Klausenburg, an dem die beiden Gemeinden festhalten. Für die Ungarn (die immer noch zwei Fünftel der Einwohner stellen) ist Kolozsvar die geliebte Hauptstadt, Symbol für ein Jahrtausend des Erfolges, wo man sie in den letzten 30 Jahren als Bürger zweiter Klasse behandelt hat. Selbst die heutige Studentengeneration denkt sehnsüchtig an jene Zeit zurück, als Kolozsvar für seine Oper und sein Theater, seine kultivierte, anregende Kaffeehausgemeinde, sein aktives literarisches Leben und seine berühmte Universität bekannt war. Im schmerzlichen – und gefährlichen – Gegensatz dazu erinnern sich die Rumänen an Klausenburg als an die Stadt, zu der ihre Vorfahren als Leibeigene Jahrhunderte lang keinen Zugang hatten – verachtet als »Vlachs«, ein Schimpfname wie »Nigger«, der leider noch immer benutzt wird. Die Ungarn legen alte Angewohnheiten nur sehr langsam ab.

Unter den Freunden, die ich in Klausenburg fand, waren zwei ungarische Studentinnen von der dortigen Universität, beide charmante junge Frauen – intelligent, witzig, sehr belesen und mitteilsam. Als wir über Nordirland sprachen, erwähnte ich Corrymeela, wo sich Abgesandte beider Seiten – einschließlich einiger »Extremisten« – regelmäßig treffen, um über die gegenseitigen Standpunkte zu diskutieren. Vorsichtig wies ich darauf hin, dass ähnliche Treffen auch nützlich sein könnten, um den rasch zunehmenden Spannungen im nachrevolutionären Rumänien entgegenzuwirken. Meine Gesprächspartnerinnen starrten mich in verblüfftem Schweigen an. Dann riefen sie fast gleichzeitig: »Aber die Rumänen haben überhaupt keinen Standpunkt!« Die Antwort deprimierte mich. Selbst Nordirlands Paisleyiten gestehen ihren Gegnern einen eigenen Standpunkt zu, so sehr sie deren Meinung auch hassen und verunglimpfen. Dies hier war ein lautes Echo auf die brüske Antwort Koloman Tiszas, der in den 1870er Jahren, als vorgeschlagen wurde, auch die nichtungarischen Schulkinder über ihre nationale Geschichte zu unterrichten, erklärt hatte: »Nicht-Ungarn haben keine nationale Geschichte.« Dieser Führer der ungarischen pseudo-liberalen Partei – der bald darauf für 15 Jahre Premierminister wurde – war bereits wegen eines früheren Ausspruchs unrühmlich bekannt: »Es gibt keine slowakische Nation.« Die Rumänen waren nicht die einzigen Opfer der psychopathischen Arroganz Ungarns.

Betrachtet man die Geschichte der Stadt, so ist es nicht überraschend, dass das moderne Klausenburg in gewisser Hinsicht einen melancholischen Eindruck macht. Sichtbar eine Schöpfung der Ungarn, ist die Stadt heute durch die primitivste Form angewandter Sozialwissenschaft vorwiegend rumänisch geworden. Zwangsläufig hat dies ein unterschwelliges Unbehagen ausgelöst, ein Gefühl zurückgehaltener Tränen. Zehn Jahre nach der Vereinigung schrieb Walter Starkie naiv: »Hier gibt es Ungarn, Rumänen, Sachsen, Szekler, Juden und Roma, die sich alle ihrer eigenen, individuellen Besonderheiten bewusst sind, aber in Frieden zusammenleben. Die Atmosphäre in der Stadt ist ruhig und heiter… Die Rumänen in Klausenburg sind ebenso tolerant in ihren Umgangsformen, wie sie es in ihren Gesetzen sind, und es ist unmöglich, nicht von ihnen bezaubert zu sein.« Er sah für Klausenburg eine glückliche Zukunft voraus. Aber auf der Seite der Ungarn gab es zu viel quälenden Groll und bei den Rumänen zu viel verständliche Unsicherheit und bedauerliche Rachsucht, als dass die Atmosphäre für lange Zeit »ruhig und heiter« hätte bleiben können.

In anderer Hinsicht jedoch fand ich Klausenburg pulsierender und aufgeschlossener als die meisten anderen rumänischen Städte. Für Walter Starkie war Klausenburg »mit seinen Studenten und seinen traditionellen Gebäuden das Oxford Osteuropas«. Heute gibt die große Anzahl der Studenten, darunter viele Ausländer, dem Centru eine merkwürdig vertraute Atmosphäre, wie man sie auch in Salamanca, Berkeley, Oxford, Benares, Galway oder wo immer sonst findet, wo die intellektuell überschäumenden jungen Leute zahlreich genug sind, um den Ton anzugeben.

Auf dem Platz der Freiheit – der jetzt voller Leben war, während die Kuppeln und Türmchen das letzte Sonnenlicht einfingen – »roch« es förmlich nach Politik. Vor der riesigen Universitäts-Buchhandlung hatten sich zahlreiche, angespannt wirkende Studenten und Intellektuelle versammelt und lasen den Text der 4000 Worte umfassenden Temesvarer Proklamation, den man dort soeben an einer langen Anschlagtafel neben Presseausschnitten über die Revolution sowie Fotos aus dem Ausland angebracht hatte, oder debattierten heftig darüber.

Ioan und Bogdam, zwei Zwanzigjährige, boten sich an, mir die wichtigsten Punkte der Proklamation zu übersetzen. Später gesellte sich noch Toni zu uns, einer ihrer Philologielehrer. Gemeinsam gingen wir in das triste Restaurant des Hotels Central, schräg gegenüber von dem Hotel Continental auf der anderen Seite des Platzes, wo es lediglich einen undefinierbaren »Fruchtsaft«, aber nichts mehr zu essen gab. Beide Studenten waren vom Text der Proklamation völlig erfüllt und sahen darin den ersten klaren Entwurf für Rumäniens Zukunft. Nach Säuberung der Front von allen Kommunisten bestand für sie der nächste entscheidende Schritt im Aufbau eines wirklich unabhängigen Fernsehsenders, der nicht nur objektiv berichten, sondern auch die politische Erziehung der breiten Bevölkerung übernehmen sollte. Derzeit, so behaupteten sie, manipuliere die Front noch immer die nationalen wie die internationalen Medien (besonders das nationale Fernsehen), und zwar feiner und effizienter, als Ceauşescu es jemals getan habe. Die gewaltige »Proklamations-Demo« vom letzten Sonntag, die die Stärke der Anti-Front-Einstellung in Temesvar deutlich gemacht habe, sei zwar die ganze Woche über im Fernsehen gezeigt, aber bewusst falsch als Demonstration für die Autonomie des Banats kommentiert worden, angeführt von subversiven Agitatoren im Sold »ausländischer Faschisten«. (Die Autonomie des Banats ist natürlich nicht einmal ein Randthema.)

Ioan sagte: »Ausländische Reporter sind stets begeistert, wenn sie sehen, dass bei uns Pressefreiheit herrscht und seit der Revolution zweihundert neue Zeitungen gegründet wurden – oder vielleicht inzwischen auch dreihundert. Sie schreiben über das Ende der kommunistischen Zensur. Aber wenn sie Rumänisch lesen könnten, würden sie sich schieflachen – die meisten dieser Zeitungen sind Unsinn. Und wie hoch ist der Prozentsatz der Bevölkerung, der überhaupt Zeitung liest, verglichen mit den fast 100 %, die täglich fernsehen? Es ist nichts als Augenwischerei, nach außen das erfreuliche Bild einer freien Presse zu bieten, während das allein zählende Kommunikationsmittel noch immer streng kontrolliert wird.«

Toni überraschte mich und brachte seine Schüler in Rage, als er seine Bewunderung für die Intelligenz, Ernsthaftigkeit und den Mut von Iliescu, Roman, Brucan und verschiedener anderer führender Köpfe der Front zum Ausdruck brachte, schränkte aber sogleich ein, dass er sie nicht wählen würde. »Sie sind zu vielen Gehirnwäschen unterzogen worden, um sich völlig vom Marxismus frei zu machen, und niemand kann ihnen daraus einen Vorwurf machen. Aber natürlich müssen wir vor ihrer nur halb verborgenen Einstellung auf der Hut sein, dass der Kommunismus als solcher gut sei und in Rumänien nur deshalb versagt habe, weil Ceauşescu verrückt war.« Seine Hauptsorge war die Weigerung der Front, sich vor den Wahlen auf irgendeine bestimmte Politik festzulegen – sei es Landreform, freie Marktwirtschaft, Reform der Gewerkschaften oder Erziehung. »Solche Entscheidungen aufzuschieben, widerspricht der Demokratie. Damit verlangt man von uns, die Kontrolle über die Zukunft unseres Landes einer Regierung anzuvertrauen, die sich nicht in die Karten sehen lässt bevor sie gewählt ist! Im Westen muss man doch denken, wir ließen alles mit uns machen!«

Obgleich Toni die Front nicht wählen wollte, glaubte er dennoch, dass es das Beste für Rumänien sei, wenn sie ein klares Mandat erhalte. Keine andere Partei konnte auf eine Mehrheit hoffen, und eine ständig wackelnde Koalition aus sich gegenseitig bekämpfenden kleineren Parteien sei noch weniger geeignet, das Land zu »retten«. »Ich bin mir nicht einmal sicher, ob jene Parteien es fertig bringen, als Opposition zusammenzuarbeiten«, meinte er düster. »Aber ohne eine starke Opposition gibt es keine Demokratie.«

»Die meisten von ihnen wird es ohnehin nach der Wahl nicht mehr geben«, warf Ioan ein. »Nur fünf oder sechs sind wirkliche Parteien. Den Rest benutzt die Front, um die Stimmen zu splitten. Sie hat jedem eine Million Lei angeboten, der eine neue Partei gründen wollte. Und einige ausländische Reporter waren beeindruckt und glaubten, dies sei wahre Demokratie, wenn der Opposition Gelder zur Verfügung gestellt werden!«

»Alles in dieser Stadt«, so begeistert sich Walter Starkie, »nimmt den Fremden für sich ein.« Ich stimme ihm zu, trotz des Fehlens einer Frühstücksmöglichkeit. Keins der Hotel-Restaurants öffnet vor elf Uhr, wenn man damit beginnt, den zahlreichen leicht schmuddeligen Männern ein frühes Mittagessen zu servieren, die bis dahin schon stundenlang um die leeren Tische gesessen und eine moussierende Flüssigkeit getrunken haben. Die Flaschen waren als »Champagner« etikettiert und entsprechend verkorkt; darüber hinaus aber hatte das Getränk mit dem Sekt gleichen Namens keinerlei Ähnlichkeit, und der Überfluss vor Ort sprach für sich selbst. Jede *alimentara* bot Tausende von staubigen Flaschen an, und ein riesiger Laden verkaufte gar nichts anderes.

Glücklicherweise gab es in zwei der Cafés ab sieben Uhr wenigstens guten Kaffee. Das eine arbeitete nach dem Moskauer System mit zwei »Schlangen«: Zuerst musste man sich für ein blaues Plastikplättchen (Flohspiel!) mit einem Loch in der Mitte anstellen. Es wurde nach Zahlung von 4 Lei von einer Frau mit starkem Bartwuchs, Dreifachkinn und abgesplitterten kirschroten Fingernägeln ausgegeben. Wenn man eine ganze Zeit später den Kopf der zweiten Schlange erreicht hatte, musste man diese Marke wieder abgeben, die dann auf einen aufrecht auf der Theke stehenden Draht gespießt wurde, und bekam eine winzige Tasse Kaffee. Dieses hirnrissige Verfahren macht den wirtschaftlichen Zusammenbruch der kommunistischen Welt besser verständlich. In meinem Lieblingscafé am Platz der Freiheit, fast genau gegenüber einer Skulptur von Romulus und Remus mit der Wölfin, war es nicht viel anders. Dort habe ich frühmorgens dreimal endlos lange Schlangen beobachtet, die langsam von einem einzelnen Mädchen bedient wurden, während ihre Kollegin unterdessen sorgfältig die völlig sauberen Fenster putzte. Aber Cafés müssen jeden Morgen vor dem Öffnen von innen und außen geschrubbt werden. Und auch wenn sich die Mitarbeiter einmal verspäten, wird zunächst sauber gemacht, statt die Kunden zu bedienen, obgleich um neun Uhr kein Mensch mehr ansteht und dann reichlich Zeit zum Putzen wäre.

Eine Wirtschaftsreform kann keinen Erfolg haben, solange sich nicht die Einstellung der rumänischen Arbeiterschaft ändert. Einige meiner Freunde meinten optimistisch, dass die bloße Einführung der freien Marktwirtschaft diese Veränderung herbeiführen werde, da der Kapitalismus als Köder diene. Ich bezweifle dies. Wenn man Menschen ihr Leben lang darauf trainiert hat, auf eine Veränderung der Situation *nicht* mit Eigeninitiative und Phantasie zu reagieren, wie kann man dann von der freien Marktwirtschaft erwarten, dass sie ein plötzliches Umdenken bewirkt? Die Arbeiter mögen den Köder schlucken wollen, aber sie werden nicht in der Lage sein, an ihn heranzukommen.

Jeden Morgen nach dem Kaffee besuchte ich die St.-Michaels-Kirche, um mir ein wenig Gotik »anzutun«, und zwar immer dann, wenn die aufgehende Sonne schräg durch ein herrliches buntes Glasfenster fiel – Erinnerung an Chartres. Leider trafen ihre ersten Strahlen genau auf eine in ihrem gotischen Umfeld völlig unangebrachte Barock-Kanzel in halber Höhe des Kirchenschiffes. Wer immer diese aus dunklem Holz geschnitzte Extravaganz in Auftrag gegeben hat, hätte von St. Michael erschlagen werden sollen. Aber vielleicht gefiel es dem Heiligen ja auch, über der Kanzel zu schweben und über eine Brut lebensgroßer pirouettierender Cherubime sowie eine Reihe sitzender Bischöfe zu herrschen, die verdrossen, drohend oder auch nur fromm aussehen.

Vor der Kirche, ihr den Rücken zukehrend und den Platz überblickend, sitzt König Matthias Corvinus in voller Rüstung auf seinem Schlachtross. Unterhalb der klobigen Sockelplatte sind seine kriegerischen Gefolgsleute versammelt, die dramatisch ihre Fahnen schwingen oder auf dem osmanischen Halbmond-Banner herumtrampeln. Dieses schwerfällige und stereotype Denkmal scheint mir des Mannes unwürdig, der Ungarn von 1458 bis 1490 regierte und in der Encyclopaedia Britannica als »einer der größten Monarchen« bezeichnet wird, »die jemals geherrscht haben«. Es spiegelt eher den Geist seiner Entstehungszeit – die 1890er Jahre – als den des 15. Jahrhunderts. Da König Matthias als Sohn einer rumänischen Adelsfamilie aus Hunedoara in Klausenburg geboren wurde, vereinnahmt Rumänien ihn heute als Nationalhelden, was Außenstehende häufig verwundert. Sein Vater, János Hunyadi, konvertierte zum römischen Katholizismus, der Religion der Ungarn, wie viele andere ehrgeizige Transsilvaner Adelige jener Zeit. Kurz darauf schworen umgekehrt viele irische Adelige dem römischen Katholizismus ab und bekannten sich zum Anglikanismus, dem Glauben der englischen Eroberer. Ambitionen wirken in jedem Klima zersetzend.

Wenn man nicht genau wusste, wann und wo es etwas Bestimmtes zu kaufen gab, erhielt man in den Läden der Stadt nur altes Brot und tiefgefrorene, aus Bulgarien importierte Hähnchen. Letztere waren damals der Clou jeder Klausenburger Abendparty und schmeckten häufig nicht mehr ganz frisch. Außer mir schien dies jedoch niemand zu bemerken; jahrelange Ceauşescu-Kost muss bei den Rumänen zur Verkümmerung ihrer Geschmacksnerven geführt haben. Als ich mich erkundigte, warum Hähnchen eingeführt wurden, während es in Rumänien nur so von ihnen wimmelte, sagte man mir, die einheimischen seien so dünn, dass es nicht lohne, sie zu schlachten.

Auf dem trostlosen Markt der Stadt wechselten sich ganze Reihen leerer Stände mit den üblichen jämmerlichen Häuflein Zwiebeln und einem Überfluss an gerade freigegebenem rotem Chilipulver ab. Nur die Blumenstände am Eingang waren eine wahre Pracht. Jeder von ihnen war überladen und umgeben von Unmengen Osterglocken, roten Tulpen, Maiglöckchen, roten und weißen Nelken, Freesien und Primeln. Während ich sie begeistert betrachtete, merkte ich, dass ich an einem Hunger nach Farben gelitten hatte. Das eintönige Grau der meisten rumänischen Städte bewirkt eine eigenartige *visuelle* Depression; dies muss der Grund dafür sein, warum selbst verarmte Rumänen zwanghafte Blumenkäufer sind und freudig für einen Blumenstrauß mehr ausgeben als für ein Essen.

Es machte mir Spaß, immer wieder Parallelen zwischen Walter Starkies Rumänien und dem der Nach-Ceauşescu-Zeit zu finden, und in Klausenburg deckten sich unsere Erfahrungen. Er hatte geschrieben: »Obgleich ich erst vor zwei Tagen mit dem Rucksack auf dem Rücken als unbekannter Wanderer in Klausenburg angekommen bin, war ich heute bereits Gast eines kleinen Künstler- und Intellektuellen-Zirkels in der Stadt.« Innerhalb von 48 Stunden war auch ich »absorbiert«, und ein halbes Dutzend Freunde versuchten mich zu überreden, zu ihnen zu ziehen. Aber gerade diese überschäumende Gastfreundschaft verhinderte meinen Umzug – denn wie hätte ich eine Familie auswählen können, ohne eine andere zu kränken? Stattdessen aß ich reihum mit allen zu Mittag und zu Abend und kam kaum je vor ein Uhr ins Bett.

Von den Ungarn wurde ich in geräumige, leicht heruntergekommene Wohnungen im oder nahe dem Centru eingeladen, oder in baufällige alte Familienhäuser in baumreichen Vorstädten. Die meisten dieser ehemals vornehmen Wohngegenden haben schwer unter der »Systematisierung« gelitten, aber es ist noch genug übrig geblieben – häufig im Schatten unbarmherzig wuchernder Wohnblocks –, um zu belegen, was es für ein Verbrechen war, den Rest abzureißen. Damals kam es zu zahllosen Nervenzusammenbrüchen und Selbstmorden unter den älteren Menschen, für die der Abbruch ihres Familienhauses, in dem oft mehrere Generationen herangewachsen waren, der letzte, unerträgliche Angriff eines Regimes war, das bereits so viele andere ihrer Lebensbereiche vernichtet hatte.

In einer Centru-Wohnung, die alarmierend vom Hausschwamm befallen war, erzählte mir ein achtzigjähriger Schriftsteller von einem solchen Fall. 1986 hatte man seine vierundsiebzigjährige, verwitwete Schwester gezwungen, in eine Wohnung im 5. Stock eines Wohnblocks umzuziehen, von der aus sie nur auf andere Betonblocks sehen konnte. »Dort war kein Platz für ihren Flügel oder ihre Bücher, und man erlaubte ihr auch nicht, ihren kleinen Hund und ihre beiden Katzen mitzunehmen. Man nahm ihr auch ihren Garten – ohne den sie nicht leben konnte. Es war nur ein kleiner Garten, aber zu allen Jahreszeiten wunderschön. Nach einem Jahr nahm sie Gift. Wir machten *ihr* keine Vorwürfe – nur uns selbst. Wir wollten, dass sie zu uns kam, und wir hätten ihr mehr zureden müssen. Aber Sie sehen, wie es ist – nur drei Zimmer, und unser Sohn ist Invalide …«

Der Besuch meiner rumänischen Freunde war in der Regel mit langen Linienbusfahrten ins Ceauşescu-Land verbunden. Ich lernte bald, neben der Fahrzeit eine weitere Stunde einzukalkulieren, um von der angegebenen Haltestelle zu ihren Appartements zu kommen. Das mag neurotisch klingen, aber man hat ein echtes

Problem, besonders nach dem Dunkelwerden, wenn die Adresse z. B. lautet: Strada Tineretulni Nr. 47, Blocul 8, Scara B, Etajul V, Apart. 32. Erleichtert aus dem Bus zu hüpfen, sobald man »Strada Tineretulni« liest, ist absolut töricht: Nr. 47 kann zwei Meilen entfernt sein. Hat man sie dann gefunden, steigt die Stimmung beträchtlich – aber 20 Minuten später ist sie wieder auf dem Null-punkt angekommen, denn obgleich man Blocul 2, 3 und 6 gefunden hat, scheint es Blocul 8 nicht zu geben. Außerdem kann man sich schon jetzt ausrechnen, dass, wenn/falls man ihn endlich aus-gemacht hat, es abermals 15 Minuten dauern wird, Scara B zu fin-den, die eben noch erkennbar gekennzeichnet sein mag oder auch nicht. Dann geht höchstwahrscheinlich der Fahrstuhl nicht, was einen langen Aufstieg zu Etajul V erforderlich macht. Hier ange-kommen, ist nach Einbruch der Dunkelheit gewöhnlich niemand zu sehen, den man nach Apart. Nr. 32 fragen kann; und wenn gelegentlich doch jemand auftaucht, kennt er sich nur in seinem eigenen Block aus. Eine Taschenlampe wirft wenig Licht auf Num-mern, die 100 Fuß hoch angebracht sind, und die von der Stadt angebrachten Lampen helfen schon überhaupt nicht weiter. Mehr als einmal habe ich verzweifelt an irgendeine Appartementtür ge-klopft und gebeten, das Telefon benutzen zu dürfen (eine weitere zeitverschlingende Operation, selbst von einem Block zum nächs-ten) und dann gewartet, bis ich abgeholt wurde. Aber wie die Rumänen nun einmal sind, wurden meine zerfetzten Nerven während der Wartezeit mit *tuica* gekittet. Es beruhigte mich, fest-zustellen, dass meine rumänischen Freunde gleiche Schwierigkei-ten haben, selbst wenn sie Appartements suchen, in denen sie bereits gewesen sind. Ceaușescu-Land ist nicht dazu bestimmt, menschliche Kontakte zu erleichtern.

Bei einem dieser gescheiterten Tests musste mich Calin aus dem Fahrstuhl befreien, ein älterer Wissenschaftler, der sein Leben lang in einem Job ohne Aufstiegschancen gearbeitet hatte, abgeschnit-ten von allen erforderlichen Mitteln, die seine Arbeit lohnend ge-macht hätte. In seinem Block hielt der Lift in »G« einen Fuß tiefer, als er sollte, und er musste erst mit den Knöpfen herumspielen, als ob er ein Kombinationsschloss öffnen wolle, bevor sich der Fahrstuhl nach oben bewegte und wir zusammenkommen konnten. Müde erklärte er: »Sie müssen sich köstlich amüsieren, wie hier gearbeitet wird. Bei uns sagt man: ›Im Westen hockt der Chef auf seinem Hintern und behält die Arbeit im Auge, in Rumänien dreht er seinen Hintern der Arbeit zu und behält seinen Sessel im Auge!‹ Er will nur seinen Job behalten, indem er sich als guter Parteigenosse erweist – und daran hat sich bisher nichts geändert, obgleich man uns erzählt, wir hätten keine Partei mehr!«

Calin glaubte, Rumänien hätte gezögert, »den Weg der Revolution zu beschreiten«, wenn Ceauşescu nicht verrückt geworden wäre. »Die meisten Leute waren in den späten 60er-Jahren mit ihrem Leben zufrieden und eigentlich bis ungefähr 1977. Wir hatten alle sichere Arbeitsplätze – mit kleinen Gehältern, aber die Preise waren niedrig. Jeder zahlte nur eine geringe Miete, und es blieb genug für Essen und Kleidung übrig. Wir standen nicht unter Leistungsdruck wie die Arbeiter im Westen. Die meisten wussten nichts von Freiheit, Demokratie und Auslandsurlaub. Wer intelligent genug war, konnte kostenlos studieren. Die alte Mittelklasse waren wir zumeist losgeworden – sie war umgebracht, eingesperrt, ins Exil gegangen oder durch Einschüchterung zum Schweigen gebracht. Und was kannte der Rest anderes als den Kommunismus? Rumäniens Bauern und Arbeiter waren schon immer ausgebeutet worden. Als man sie in Wohnblocks steckte, lernten sie einen Komfort kennen, von dem sie vorher keine Ahnung hatten – heißes Wasser, Badezimmer und WCs, Gasherde, Zentralheizung. Erst als Ceauşescus paranoide Wirtschaftspolitik ihnen dies alles wieder wegnahm, wandten sie sich gegen ihn. Iliescu stärkte ihnen den Rücken, und heute lieben sie ihn, obgleich er immer noch Kommunist ist!«

Calins Frau Elena – eine Englischlehrerin – sah es als die Pflicht der Intellektuellen an, noch vor der Wahl den einfachen Leuten Demokratie zu predigen. »Sie brauchen uns«, meinte sie, »auch wenn sie uns zunächst nicht zuhören wollen. Wie können wir sie kritisieren, dass sie nichts von Freiheit wissen, wenn wir zu ängstlich oder bequem sind, sie aufzuklären.«

Ich stimmte ihr zu, obgleich ich den Verdacht hegte, dass Elena instinktiv undemokratisch reagieren würde, falls die einfachen Leute trotz der Erkenntnis, dass es sich um verkappte Kommunisten handelte, die Front wählten, einfach weil sie sich vor dem großen Unbekannten fürchteten: der Privatinitiative.

Selbst Rumäniens Intellektuelle haben ein zwiespältiges Verhältnis zur Demokratie. Es beunruhigt sie ziemlich, dass in einer freien Gesellschaft der Wille der Mehrheit den Ausschlag gibt, wie schlecht auch immer diese Mehrheit ihrer Meinung nach dafür gerüstet ist, eine Regierung zu wählen.

Sehr typisch für viele Diskussionen unter Rumänen ist die Unfähigkeit intellektueller Menschen, ein Problem wirklich logisch und konsequent zu durchdenken – oder ein Ereignis zu analysieren. Gesunde Bäume verkümmern, wenn man sie an den falschen Platz setzt, und viele kluge Köpfe schienen mir beängstigend verkümmert. Jeden Tag wurde mir die Schwere der rumänischen Langzeitprobleme bewusster. Jahrzehnte müssen vergehen, bevor man von dem Land erwarten kann, dass es sich von einem Erziehungssystem erholt hat, das darauf abzielte, unabhängiges Denken zu paralysieren; von einem künstlerischen und intellektuellen Leben, das durch die Zensur verkrüppelt war; von einem Rechtssystem (falls davon überhaupt die Rede sein konnte), das auf Terrorismus beruhte; von einem Wirtschaftssystem, das von den Ambitionen eines Größenwahnsinnigen bestimmt wurde; von einem Gemeinschaftsleben, das durch die Furcht vor Informanten vergiftet war; von einem Familienleben, das von der Sorge um Essen und Medikamente beherrscht wurde, und von einem Sexualleben, das durch bizarre Restriktionen behindert war. Ein paar meiner Freunde bezeichneten ihr Land 1990 als ein Irrenhaus, in dem niemand geistig völlig gesund sei – sie selbst nicht ausgenommen.

Am Ende eines weiteren langen Abends fragte mein übernervöser Gastgeber, ein Professor mittleren Alters: »Wie könnten wir normale Menschen sein wie ihr im Westen? Mein ganzes Leben habe ich unter einem Regime gelebt, dessen Ziel es war, die Seele des Menschen zu zerstören, die Individualität, die Gott jedem Neugeborenen schenkt. Wir wurden bereits vor den 1980er Jahren innerlich so geschwächt, dass unsere späteren Leiden die meisten von uns völlig aus dem Gleichgewicht brachten. Dennoch leben wir in einem der reichsten Länder Europas mit wertvollen Wäldern, fruchtbarem Boden, Gold, Zinn, Kohle und Öl. Wir kennen keine Dürren, Überflutungen, Hungersnöte oder Epidemien. Wir haben herrliche Landschaften und ein glückliches Naturell. Wir sind nicht vom Untergang bedroht, wie einige Völker auf anderen Kontinenten. Wir haben alles, was wir brauchen, um zufrieden zu sein.«

Mir gegenüber saß die heitere vierundsiebzigjährige Mutter des Professors, eine Bäuerin und ein lebendes Beispiel dafür, dass die älteste Generation den kommunistischen Sturm weit besser überstanden hat als ihre Kinder. Sie hatte ein strenges, ruhiges, humorvolles Gesicht, und die Traurigkeit in ihren Augen hatte nichts von dem bitteren, fast an Verzweiflung grenzenden Kummer, wie man ihn häufig in den Gesichtern der Jüngeren findet, obgleich der Kommunismus auch ihr Leben im Alter von 30 Jahren in völlig andere Bahnen gelenkt hatte.

Als ich auf diesen Unterschied zwischen den Generationen zu sprechen kam, meinte ihr Sohn: »Aber meine Mutter ist in Freiheit aufgewachsen. Sie hat immer gewusst, dass es eine andere Art zu leben gibt. Sie hatte Zeit, ihre Individualität zu entwickeln, und die konnte nicht mehr zerstört werden, auch nicht vom Stalinismus. Wir Jüngeren hatten diese Möglichkeit nicht. Es ist nicht wahr, dass man nicht vermisst was man nie gehabt hat. Freiheit ist für den Menschen das Natürliche. Selbst wenn das Bewusstsein sich nicht über ihr Fehlen beschwert, verkümmert die Seele. Und trotzdem fürchten wir uns jetzt vor ihr – selbst ich! Im nächsten Jahr werde ich als Gastprofessor mit meiner Familie in Amerika leben. Für mich ist das eine wunderbare Chance, etwas, wovon ich mein Leben lang geträumt habe. Aber ich grübele ständig über die ungewohnten, für uns neuen häuslichen Verantwortungen in einem kapitalistischen Land nach. Bisher hat sich der Staat um alles gekümmert ... Wenn *ich* schon so denke, wie wird der einfache Arbeiter dann auf die freie Marktwirtschaft reagieren? Es macht mich traurig, dass selbst mein vierzehnjähriger Sohn vor Amerika Angst hat. Andererseits glaube ich, dass es für seine Altersgruppe mehr Hoffnung gibt, falls sie Großeltern haben, die ihnen Mut machen, die Freiheit zu genießen.«

Mikai, der geliebte Sohn – sehr groß, viel zu dünn und sicher einmal gut aussehend –, wies alle Symptome eines lebenslangen Eiweiß- und Kalziummangels auf. Zu Beginn des Jahres 1987 war die Nahrungsmittelknappheit so schlimm geworden, dass die Familie wie viele andere ihr Auto verkaufen musste (für einen absurd niedrigen Preis, da während der Benzinverknappung keine große Nachfrage bestand), um auf dem Schwarzmarkt einkaufen zu können. Bis dahin hatten sie den Schwarzmarkthandel aus Prinzip abgelehnt – eine ungewöhnliche Haltung in Rumänien, aber ich stimmte ihnen uneingeschränkt zu, dass man seine Prinzipien spätestens dann über Bord werfen muss, wenn Kinder hungern.

Ana, die Frau des Professors, eine Grundschullehrerin, erklärte, dass sich viele, die nicht das Glück gehabt hätten, etwas Wertvolles verkaufen zu können, häufig dazu entschlossen hätten, ihre Kinder vor Kirchen oder Polizeistationen auszusetzen, statt zuzusehen, wie sie immer schwächer wurden – und sehr schnell starben, sobald sie sich die albernste Kinderkrankheit holten. Daher Rumäniens überfüllte und inzwischen AIDS-verseuchte Kinderheime, wo die Babys regelmäßig Bluttransfusionen erhielten, um ihre unzureichende Ernährung zu ergänzen.

Zwei Monate nach der Revolution wurden Anas Schüler – 49 Neunjährige – aufgefordert, drei Dinge aufzulisten, die sie sofort ändern würden, »wenn sie zaubern könnten«. 28 nannten an erster Stelle: »Nach der Schule nicht in eine leere Wohnung kommen.« Dies waren die Unglücklichen, die keine Großmutter (oder einen Großvater) zu Hause hatten und deren Eltern bis spät abends arbeiten mussten. 16 wollten nur »irgendwo spielen können«. In diesem Viertel von Ceauşescu-Land sind 40 000 Menschen zusammengepfercht. Dennoch gibt es dort nicht einen Spielplatz, die Schulen haben keine Höfe oder Sportplätze, und das nächste Schwimmbad (Klausenburg hat zwei) ist eine Stunde Busfahrt entfernt und viel zu überfüllt, als dass irgendjemand dort *schwimmen* könnte. Hinzu kommt, dass jeder Quadratmeter der spärlichen freien Bodenflächen zwischen den Blocks von »Privatunternehmen« mit Gemüse bepflanzt ist. So können die Kinder nur auf den Straßen spielen, was die meisten Eltern nicht gern sehen. Die restlichen vier Schüler wünschten sich »mehr zu essen«. Ana führte diese geringe Zahl darauf zurück, dass die Mehrheit nicht einmal einem Zauberer zugetraut hatte, Essbares herbeizuschaffen.

Um 1.30 Uhr erschien mein vom Professor zuvor bestelltes Taxi. Sehr bald nach der Revolution waren in ganz Rumänien unabhängige Taxidienste zum Vorreiter des freien Unternehmertums geworden.

In dieser Woche war es nachts so kalt, dass das aus einem undichten Rohr in der Nähe meines Lieblingscafés strömende Wasser auf dem Bürgersteig zu Eis gefror. Aber um neun Uhr war es in der Sonne schon wieder angenehm warm, und um die Mittagszeit saßen die Menschen rings um den Platz der Freiheit in Hemdsärmeln und genossen die »Maitemperaturen«. Das Wetter war besorgniserregend unnormal: Ein März ohne Regen prophezeit eine kümmerliche Ernte.

Ich setzte mich häufig zu den Sonnenanbetern auf den Platz der Freiheit, um mir Notizen zu machen. Eines Nachmittags kam ein ausgemergeltes, sechs oder sieben Jahre altes Roma-Mädchen und bettelte. Ihr Gesicht war erschreckend ausdruckslos und ihre rechte Hand deformiert – sie war verdreht, und es fehlten drei Finger. Um das Handgelenk trug sie einen Almosenbeutel, und während sie starr geradeaus blickend langsam an uns vorbeiging, hielt sie zwar den Beutel ausgestreckt, tat aber im Übrigen nichts, um an unsere Großzügigkeit zu appellieren. Die einzige Reaktion auf ihr Erscheinen war ein Anflug von Abscheu auf einigen Gesichtern. Von den ungefähr 300 Menschen auf dem Platz bekam sie nicht eine einzige Münze. Ich folgte ihr die Strada Petru Groza hinunter bis zur orthodoxen Kirche, wo sie sich auf den Stufen zusammenrollte und sofort einschlief wie ein müder junger Hund. Der beste Platz für einen Bettler ist noch immer vor den Kirchen aller Konfessionen, wo sich Roma wie Rumänen vor jedem Gottesdienst versammeln.

Der große Bevölkerungsanteil der Roma in Klausenburg fällt heute noch ebenso auf wie in den Tagen Walter Starkies, wenngleich sie nicht mehr »akzeptiert« sind; die gegenwärtige Haltung gegenüber den Roma lässt den britischen Rassismus fast wohltuend erscheinen. Häufig wurden sie mir gegenüber beschuldigt, a) ein Vermögen durch organisierten Schmuggel zu verdienen und b) nie zu arbeiten. Offensichtlich fiel es niemandem auf, dass Schmuggel in großem Umfang ein Geschäft ist, das weit härtere Arbeit erfordert, als der Durchschnittsrumäne in seinen/ihren Job hineinsteckt. Und in einem Land, in dem jeder durch Geschäftemacherei über die Runden zu kommen sucht, klingt die moralische Entrüstung über das freie Marktverhalten der Roma absolut heuchlerisch. Gelegentlich argumentierte ich: »Warum sollten die Roma diese Periode der Quasi-Anarchie nicht ausnutzen, um Kapital anzusammeln? Müsste man ihnen nicht dankbar sein, dass sie lebenswichtige Güter herbeischaffen, die andernfalls nicht zu haben wären?« Die Reaktionen auf meine Bemerkungen enthüllten viel unterschwelligen Neid auf die Vitalität, die Initiative und die pure Unverfrorenheit der Roma – immer zwei Finger breit neben der Loyalität. Sie zumindest haben sich dem Terror und der Standardisierung entzogen.

Zugegeben, viele Roma sind heute unverschämt und aggressiv:

eine natürliche Reaktion, wenn man überall verachtet wird. Früh an einem Morgen, als ein Junge von etwa 12 Jahren »mein« Café betrat und auf die Küche zueilte, trat ein Mann wütend aus der Schlange und forderte ihn auf, das Lokal zu verlassen. Der Junge setzte jedoch seinen Weg mit einer frechen Bemerkung über die Schulter fort, worauf der Mann hinter ihm hersetzte und ihm eine kräftige Ohrfeige verpasste, während alle beifällig zusahen. Aber er ließ sich nicht von seinem Vorhaben abbringen. Er entwischte seinem Angreifer – ich sah ein schmales, dunkles, hassverzerrtes Gesicht – und schoss in die Küche, wo er offensichtlich eine wichtige Verabredung hatte. Der Mann kehrte rot vor Wut auf seinen Platz in der Schlange zurück und wurde von seinen Nachbarn besänftigt.

Zwei Tage später bemerkte ich ein Roma-Trio, dessen Anblick mich noch immer verfolgt: Ein Junge von etwa fünf Jahren – sein nie gewaschenes Gesicht voller Entzündungen, sein einziges Kleidungsstück ein zerrissenes T-Shirt für Erwachsene – führte seine blinde Mutter an der Hand. Ihre Augen waren verklebt, ihr Gesicht vor Schmerz verzerrt. Sie konnte kaum laufen; ein unförmiger blutdurchtränkter Verband bedeckte ihr rechtes Bein vom Knie bis zum Knöchel. Hinter ihr, an ihren kurzen zerrissenen Rock geklammert, trottete schluchzend ein kleines Mädchen – mit Schnupfnase und mit Kot beschmiert: das herzzerreißende Schluchzen eines Kleinkindes, das sein Unglück nicht versteht. Der Junge bat flehentlich um Almosen, wobei er mit einer seltsam erwachsenen und gleichzeitig exaltierten Stimme, die man auf 100 Yards hören konnte, verzweifelt immer wieder den gleichen Satz sang. Seine Augen waren vor Angst und Sorgen verstört. Ich stand entsetzt da, zu schockiert, um auf die Idee zu kommen, mein Portemonnaie herauszuholen. Das Trio ging sehr, sehr langsam den Bürgersteig entlang. Die Leute wechselten die Straßenseite, um ihnen aus dem Weg zu gehen; im Übrigen wurden sie ignoriert. Schließlich rannte ich hinterher und gab dem Jungen alles, was ich in meiner Börse hatte: drei 100-Lei-Noten und ein wenig

Kleingeld. Sofort umringten mich zwei junge Frauen und ein älterer Mann und protestierten ärgerlich – ich vermute gegen diese gefühlsduselige Unterstützung der nichtsnutzigen Roma. Sie entschuldigten sich, als sie merkten, dass sie eine Ausländerin vor sich hatten, blickten aber weiterhin indigniert.

In Indien wird man schnell gegen extremes Leid und extreme Gefühllosigkeit unempfindlich; in Europa ist mir das nicht möglich. Ist dieser Unterschied ein Erbe des Rassismus? Oder macht das Ausmaß des indischen Unglücks das Wegsehen zu einer notwendigen Selbstschutzmaßnahme?

Als ich diesen Zwischenfall einer meiner neuen Freundinnen schilderte – einer Kinderärztin –, tadelte sie mich, dass ich ihren Mitbürgern Gefühllosigkeit vorwarf. »Dafür gibt es keinen Grund«, sagte sie. »Ich werde es Ihnen erklären. Unser Bettlerproblem ist sehr ernst, und es ist wichtig, darüber Bescheid zu wissen. Es gibt drei Kategorien. Nr. 1: Eine Minderheit, die lieber bettelt als arbeitet. Nr. 2: Die Körperbehinderten, die eine Arbeit verrichten könnten, wenn sie einen Rollstuhl, künstliche Gliedmaßen oder auch nur Krücken hätten. Aber sie können sich diese Hilfen nicht leisten, weil sie keine Arbeit haben – und so werden sie auch nie welche bekommen … Wenn Sie genau hinsehen, werden Sie merken, dass wir diesen Leuten sehr wohl etwas geben. Die dritte Kategorie ist schändlich: Man findet ein verlassenes Kind oder entführt eins und verstümmelt es – man schneidet ihm ein Glied ab oder blendet es oder deformiert es auf irgendeine andere schreckliche Art. Viele Babys und Kleinkinder werden gestohlen. Vor zwei Jahren verschwand ein zweijähriges Mädchen aus Klausenburg, das mit anderen Kindern in der Nähe seines Wohnblocks gespielt hatte. Alles wurde getan, um es zu finden, die Öffentlichkeit wie die Polizei suchten nach ihr – schließlich verloren selbst ihre Eltern die Hoffnung. Vier Jahre später bemerkte die Mutter nahe der Tür eines *magazin* ein schmutziges, zum Skelett abgemagertes Bettlermädchen – es hatte nur einen Arm, und man konnte den Stumpf sehen. Sie sah dem Kind in die Augen und war sich sofort sicher: ›Dies ist unsere Tochter!‹ Ihr Mann hielt sie für verrückt, aber sie bestand darauf: ›Ich weiß es, ich *fühle* es!‹ Sie gingen zur Polizei, die zwei Beamte in Zivil zur Beobachtung hinschickte. Bei Sonnenuntergang holte ein Mann in einem geschlossenen Lieferwagen das Mädchen ab und sammelte anschließend noch sieben andere verstümmelte Kinder ein. Die Polizei folgte ihm zu einem alten Haus in einem großen Garten und verhaftete alle – ein älterer Arzt hatte die Verstümmelungen vorgenommen. Er und drei andere erhielten lebenslange Freiheitsstrafen – ich hätte sie erschossen! Ein Muttermal bewies, dass die Frau Recht hatte. Noch heute können die Eltern ihr Kind nicht allein lassen, ohne dass es hysterisch wird – sie lieben es so sehr, dass man heulen könnte, wenn man das sieht... Aber wie kann sie je gesund werden? Die anderen wurden nicht abgeholt und leben heute in einem Kinderheim – und als Erwachsene werden sie wieder betteln müssen. Tadeln Sie also die Rumänen nicht, wenn Sie diese Branche nicht unterstützen!«

Am folgenden Sonntag war die Proklamation von Temesvar eine Woche alt, und überall in Rumänien kam es zu Solidaritätstreffen. Der Professor holte mich mittags im Vladeasa ab, nachdem er sich für diesen Tag zu meinem Übersetzer ernannt hatte; sein Englisch war nahezu perfekt. Wenigstens ein Drittel der sich versammelnden Marschierer waren ältere oder alte Leute, respektable Mittelklasse, in ihrer Sonntagskleidung. Viele kamen gerade aus der Kirche. Unter einem wolkenlosen Himmel versammelte sich auf dem Platz der Freiheit eine riesige Anzahl farbenprächtiger Fahnen und Plakate – nicht besonders künstlerisch, aber witzig in Wort und Darstellung. Sie kamen in der Mehrzahl aus dem nahe gelegenen Universitätsviertel. Die allgemeine Stimmung war ernst, aber trotzdem gelöst, während wir die Organisatoren beobachteten, wie sie auf dem Sockel König Matthias herumkletterten und mit einem archaischen Lautsprechersystem kämpften. Bald floss der riesige Platz förmlich über, als immer mehr Familien kamen – die Babys in Kinderkarren, die Kleinkinder auf den

Schultern ihrer Väter und die Schulkinder mit selbst gemachten, rumänischen Fahnen. Nirgends war ein Polizist oder ein Soldat zu sehen; aber der Professor machte mich auf mehrere »ehemalige« Securitate-Offiziere aufmerksam, die sich durch die Menge schlängelten.

Nach einer andächtigen Rezitation des Vaterunser, in die die meisten Leute einstimmten, folgte eine Schweigeminute zum Gedenken der Opfer der Revolution. Dann sprach Calin Nemes, ein zerbrechlich wirkender junger Schauspieler, der an Klausenburgs Marionettentheater arbeitet und der Erste war, der den bewaffneten Streitkräften am 21. Dezember die Stirn bot, indem er – wie man sagt – aus der Menge hervortrat, vor den Soldaten niederkniete (einige von ihnen sollen verkleidete Securitate-Leute gewesen sein) und rief: »Tötet mich, wenn ihr wollt! Jos Ceauşescu!« Daraufhin zog Captain Dando Carp seine Pistole und schoss Calin in den Magen. Der nachfolgende automatische Feuerstoß tötete acht Menschen. Später behauptete die Armee, Calin sei aus einer nahe gelegenen Bar gekommen und betrunken gewesen. Der Zwischenfall wurde sofort von Colonel Tit Liviu Domsa untersucht. Er ließ zwei Offiziere verhaften und schickte einen Bericht nach Bukarest – worauf die Offiziere wieder freigelassen und der Colonel versetzt wurde. Später schrieb der Herausgeber der Armee-Zeitung, Colonel Gheorghe Vaduva, einen Artikel, in dem er behauptete: »Die Armee wurde zu einer Schießerei provoziert, und eine schreckliche Tragödie nahm ihren Lauf ... Die Soldaten schossen nicht in die Menge. Sie feuerten Warnschüsse in die Luft, aber die Waffen entglitten ihrem Griff.« Wie der Professor bemerkte, war dies nur ein weiteres Beispiel für die Unmöglichkeit, die Wahrheit über irgendeinen Moment der rumänischen Revolution festzustellen.

Die wenigen kurzen Eröffnungsansprachen enthielten dringende Bitten um »keinen Hooliganismus« und »ungarisch-rumänische Einheit«. Dann marschierten wir alle in eindrucksvoller Ordnung los, ohne dass dies erkennbar organisiert wurde. Nach all diesen Bitten um Einigkeit schien mir der enthusiastische Gesang der Menge »Rumänen erwacht!« ein wenig taktlos. Es ist noch nicht vergessen, dass diese »Friedenshymne«, die im 19. Jahrhundert von dem transsilvanischen Dichter Muresianu geschrieben wurde, von den ungarischen Herrschern verboten wurde – wie auch alle anderen rumänischen Lieder und das Zeigen der Nationalfarben.

Während des Zweimeilenmarsches zur Piata Mihai Viteazul machte meine Beobachtungstechnik eine vorübergehende Trennung vom Professor erforderlich. Ich rannte vor und zurück, hielt mich einige Zeit in bestimmten Abschnitten auf, stellte mich an die Seite, um zu beobachten, sauste dann wieder hin und her – ähnlich wie ein Hund bei seinem Landspaziergang. Die Pessimisten, die eine nur geringe Beteiligung vorausgesagt hatten, hatten Recht behalten. Für rumänische Verhältnisse waren etwa 10 000 Teilnehmer bei einer Einwohnerzahl von 300 000 nicht überwältigend. Viele waren offensichtlich Proletarier, aber organisierte, Fahnen tragende Arbeitergruppen fehlten verdächtigerweise. In ganz Rumänien verhärtete sich damals die Einstellung der Arbeiter gegenüber der Front ebenso wie die der intellektuellen Opposition.

Die Marschierenden riefen ohne Unterlass: »*Jos* Iliescu! *Jos Communismul*!« – aber noch öfter und mehr von Herzen kommend: » Temesvar! Temesvar! Temesvar!« Dies war der Schlachtruf, der selbst den robust wirkenden jungen Männern Tränen in die Augen trieb. Die Atmosphäre wurde seltsam exaltiert, aber ich spürte weder unterschwellige Gewaltbereitschaft noch Hass, trotz der Leidenschaft, mit der Tausende den Kommunismus verdammten sowie Iliescu als seinen Handlanger. Dies schien eher ein reines Zelebrieren der Freiheit, eine freudige Ausübung des Rechts auf Protest, als eine Demonstration, in der man seinem Ärger und seiner Frustration Luft machte. Gefühlsausbrüche bei Demonstrationen setzten stets erhebliche Energien frei, aber hier waren sie positiv. Wenn ich gelegentlich die unmittelbare Zukunft Rumäniens mit Sorge betrachte, dann tröstet mich der Gedanke, dass es im ganzen Land solche Minoritäten gibt – die Hefe, die mit der Zeit auch die träge politische Masse der Nach-Ceaușescu-Ära zum Gären bringen muss.

Alte Fotos zeigen den Michaels-Platz eingerahmt von ansprechenden, schlichten Häusern des niederen ungarischen Adels. Heute stehen an ihrer Stelle Betonbauten, die von einer neungeschossigen Aufdringlichkeit des Ceaușescu-Lands beherrscht werden. Eine weitere Zugabe ist Michael der Tapfere auf seinem feurigen Schlachtross, der Rumänien am Ende des 16. Jahrhunderts für kurze Zeit einte und deshalb kein ungarischer Held ist. Unter seinen unzweifelhaft billigenden Blicken begannen die wichtigen Reden, die Punkt für Punkt die Proklamation von Temesvar erklärten. Zweieinhalb Stunden lang stand die Menge bewegungslos und aufmerksam da, von Schulkindern bis zu Urgroßeltern. Zu den Rednern gehörten der schon ältere Bürgermeister von Klausenburg, ein junger Dissident, der vor der Revolution in Deutschland im Exil gelebt hatte (und der bald darauf des Faschismus bezichtigt wurde und abermals fliehen musste), sowie Doina Cornea, Klausenburgs außergewöhnliche Heldin, die den wärmsten Applaus von allen erhielt, obgleich ihre Rede vom Inhalt her keineswegs die Beste war. Inzwischen waren die Babys und Kleinkinder entgegenkommenderweise in der warmen Sonne eingeschlafen, was mich wieder einmal über die Fügsamkeit und Anpassungsfähigkeit der (sehr) jungen Rumänen staunen ließ. Dieser Höhepunkt war nicht weniger bedeutsam und bewegend als der Marsch: eine allgemeine starke Konzentration auf *wirkliche* Politik mit der Intensität von Menschen, die ihr Leben lang nach einer offenen Debatte gehungert hatten.

Der Professor stimmte mit mir überein, dass die Proklamation von Temesvar das (bisher nicht realisierte) Potenzial besaß, die Hoffnungen vom Januar wiederzubeleben, die sich bei meiner Rückkehr im März bereits verflüchtigt hatten. Natürlich hatte ein Rückschlag nach jenem Monat grenzenloser Euphorie nicht ausbleiben können, in dem sich die ganze Nation in einem Freiheitsrausch befunden hatte. Nun aber schien es, als seien die Rumänen bereits mit einem sehr harten Aufprall auf den Boden der Tatsachen zurückgekehrt. Das Misstrauen gegenüber der Front nahm unter den Intellektuellen schnell zu; unter den Arbeitern machte sich ein amorpher, aber beunruhigender, durch Iliescu geweckter Argwohn auf »ausländische Einmischung« breit; man spürte einen generellen Verdruss, weil nichts sich so schnell veränderte, wie man es erwartet hatte. Und man begann zu fürchten, dass die Demokratie in Rumänien ein Hirngespinst sei und dies für eine voraussehbare Zukunft auch bleiben werde. Darüber hinaus schlichen sich zunehmend demoralisierende Zweifel an der Echtheit der Revolution ein. Vielleicht war sie doch nicht die glorreiche Angelegenheit gewesen, für die man sie gehalten hatte, die die Bewunderung der Welt hervorgerufen und dazu beigetragen hatte, Rumäniens Selbstachtung wieder herzustellen? Vielleicht war das Ganze nur ein gerissener Staatsstreich Iliescus gewesen?

Am 27. Dezember 1989 hatten selbst nüchterne Zeitungen wie die *Irish Times* mit der sensationellen Schlagzeile aufgewartet: »Schätzungsweise 70 Tote in Rumänien«. Schon damals hatte ich mich gefragt: geschätzt von wem? Vielleicht von überreizten Medien-Reportern? Aber das war letzten Endes nicht so wichtig: Wir tranken fröhlich auf das befreite Rumänien, und ich schwebte auf »Wolke 7«, weil ich endlich nach Transsilvanien würde reisen können. Aber selbst nach mehreren Drinks konnte niemand, wenn er ein wenig nachdachte, diese Zahl glauben. In Rumänien hatte es keinen Bürgerkrieg zwischen bewaffneten Splittergruppen gegeben, Städte waren weder bombardiert worden noch in Flammen aufgegangen. In einem Land mit einer Bevölkerung von 23 Millionen war es unvorstellbar, dass siebzig bei einem Aufstand umgekommen waren, der sich im Wesentlichen auf zwei Städte und ein paar kleinere Unruhen irgendwo sonst beschränkt hatte.

Schon wenige Tage nach der Revolution hielten einige Beobachter in Bukarest das Ganze für einen Staatsstreich. Hinter der geplanten Beseitigung der Ceauşescus, aufgezogen als Medienspektakel zur Täuschung der Rumänen und der übrigen Welt – so wurde argumentiert –, hatten Iliescu und seine Freunde unter dem Deckmantel einer Interimsregierung geschickt die Macht übernommen mit der Absicht, »faire Wahlen« durchzuführen. In Bukarest erzählten mir zwei meiner Zufallsbekanntschaften, dass sie bereits am Neujahrstag mit eigenen Augen gesehen hätten, dass 55 Lastwagen mit russischen Nahrungsmitteln in der Hauptstadt angekommen seien – trotz der erheblichen Transportschwierigkeiten mitten im Winter. Sie fragten sich natürlich, wie die Sowjets so schnell zur Stelle sein konnten, wenn sie nicht längst vorher Bescheid gewusst hatten.

In den 80er-Jahren hatte es immer wieder Gerüchte über eine Verschwörung gegeben, und sie waren glaubhafter als die meisten anderen, die in Rumänien umliefen. Eines Morgens in den 80er-Jahren kamen der Diktator und seine Frau auch nach Klausenburg, das für seine Anti-Ceauşescu-Einstellung bekannt war, um an mehreren Veranstaltungen teilzunehmen. Sie verließen die Stadt bereits nach der ersten Veranstaltung in aller Eile, um sie nie wieder zu besuchen. Angeblich war für diesen Tag ein Mordanschlag seitens des Militärs geplant gewesen, der mit einem massiven Angriff auf die Securitate-Leibwächter hätte beginnen sollen – so glaubten zumindest die meisten. (Warum wurde diese Lösung des Ceauşescu-Problems nicht schon Jahre vorher irgendwo in Rumänien herbeigeführt? Die allgemeine Erklärung lautete, die Armee habe Angst vor den unvergleichlich besseren Waffen der Securitate gehabt.) Während der 1980er Jahre bedrohten auch zwei »private« Attentatsversuche das von Ceauşescu selbst geschaffene Image, »der geliebteste Sohn Rumäniens« zu sein. Sie wurden erfolgreich vertuscht, erklären aber, warum alle seine Speisen und Getränke in bester mittelalterlicher Tradition vorgekostet werden mussten, und noch verschiedene andere neurotische Vorsichtsmaßnahmen.

Im November 1987, nach dem Ausbruch heftiger Anti-Ceauşescu-Aufstände in Brasov, sagte der damals 71 Jahre alte ehemalige Herausgeber der kommunistischen Parteizeitung, Silvio Brucan, der westlichen Presse: »Der Krug der Entbehrungen ist nun voll, und unsere Arbeiter nehmen es nicht länger hin, dass man sie wie unterwürfige Diener behandelt.« Zehn Monate später schrieb er eine detaillierte und vernichtende Kritik über die Regierung Ceaușescus und schmuggelte sie ins Ausland. Nach ihrer Veröffentlichung zu Beginn des Jahres 1989 hielt ihn die Securitate einige Monate lang in einem Dorf nahe Bukarest unter Hausarrest.

Nach einem Bericht der *Romania Libera* bestand seit 1971 eine Verschwörung gegen Ceaușescu. (*Romania Libera* entspricht in etwa dem britischen *Independent*.) Ihre Initiatoren und Anführer waren angeblich vier Militärs und zwei Zivilisten; einer von ihnen war Mazilu, ein hoher Securitate-Offizier, ein anderer Iliescu. Vielleicht ist es kein Zufall, dass 1971 auch das Jahr war, in dem Iliescu vom Direktor der Kommunistischen Jugendorganisation zum Leiter des rumänischen Wasserwirtschaftsprogramms degradiert wurde. 1984 folgte dann seine noch spektakulärere Degradierung auf einen absolut nichts sagenden Posten in einem technischen Verlag.

Im Verlauf der 1970er Jahre weitete sich die Verschwörung angeblich nach und nach aus und fand 1980 bereits die Unterstützung vieler Ceaușescu-Gegner unter den Securitate-Offizieren. Aber nur wenige realisierten, wie gefährlich Ceaușescu wurde, und außerdem wäre ein Staatsstreich zu jener Zeit unpopulär gewesen.

1980 nahm General Militaru Kontakt mit Moskau auf, wo man ihm im Falle eines Staatsstreichs (lediglich) moralische Unterstützung zusagte. Zugleich knüpfte er Beziehungen zum rumänischen Botschafter in der Türkei an (ein selten unangenehmer Typ) und bat ihn um die Lieferung von Tränengaspatronen: Die Verschwörer planten einen unblutigen Staatsstreich. Der Botschafter erklärte sich einverstanden. Als jedoch die auf Seiten Ceaușescus stehende Securitate seinen »Verrat« entdeckte, wurden er und sein Sohn ermordet und der Rest der Familie eingesperrt. Ab 1983 trug man Ceauşescu regelmäßig Gerüchte über Verschwörungen zu, wonach man ihn gegen Iliescu austauschen wollte, aber ihre Quelle war nicht auszumachen. Wurden sie vom Anti-Ceauşescu-Flügel der Securitate verbreitet, um ihn nervös zu machen, oder von den »Loyalisten«, um ihn zu warnen? Damals war er bereits geistig so gestört, dass ihm niemand offen die Wahrheit über den Verlust seiner Popularität zu sagen wagte; der »Verräter« wäre ohne Zweifel erschossen worden.

Der Bericht der *Romania Libera* behauptete, dass Iliescu, Brucan und noch weitere Verschwörer nach Michael Gorbatschows Amtsantritt insgeheim mehrmals zu wichtigen Gesprächen nach Moskau gereist und einige Male auch in London gewesen seien, während sie offiziell ganz woanders waren. Verbindungsmann zwischen Brucan und Moskau war mittlerweile Stanislav Petukhov, der damalige Korrespondent der *Pravda* in Bukarest. Offenbar hatten die Journalisten der *Romania Libera* Einblick in eine dicke Akte mit den Berichten über Gespräche zwischen Brucan und Petukhov nehmen können, aus denen hervorging, dass Moskau im Frühjahr 1989 Rom und Paris davon in Kenntnis gesetzt hatte, dass die Verschwörer in Bukarest die Unterstützung Moskaus hätten. Dies wusste man auch in Bukarest, was die Ungarn veranlasste, sofort nach der Revolution eine weltweite Kampagne zu starten, um für die Ungarn in Transsilvanien mehr Freiheiten zu fordern.

Zu diesem Zeitpunkt hatte sich bereits die Hälfte der Securitate den Verschwörern angeschlossen. Während des Sommers trafen sich Brucan und Iliescu in unregelmäßigen Abständen in einem öffentlichen Park in Bukarest, um Pläne zu diskutieren. Gleichzeitig stand Iliescu in Verbindung mit Petru Roman. Ihre Vorbereitungen konzentrierten sich wahrscheinlich auf Bukarest, denn bis dahin wusste noch niemand, dass auch in Temesvar bereits eine revolutionäre Lunte schwelte, wo vor kurzem ein ungarischer calvinistischer Priester die internationale Bühne betreten hatte, der in Klausenburg geborene Laszlo Tokes. In seiner von Ceauşescu kontrollierten Kirche war er ein Einzelgänger, der seit 1982 laufend von der Securitate schikaniert wurde. Der Bischof von Klausenburg, Gyula Nagy, ließ ihn in dieser Situation feige im Stich – ebenso wie der Bischof von Oradea, Laszlo Papp, und mehrere seiner Mit-Pastoren. Im Juli 1989 zeichnete das ungarische Fernsehen ein aggressives politisches Interview mit Tokes in seinem Pfarrhaus in Temesvar auf. Nach der Sendung am 24. Juli machten die Ungarn den »Fall Tokes« zu ihrer nationalen Angelegenheit. Zusätzlich erhielt das Interview durch die BBC und Radio Free Europe eine weitere Publizität – unter anderem ging es darin auch um den frevelhaften Abriss ganzer ungarischer Dörfer –, worauf die Securitate ihre Schikanen gegen ihn, seine Frau und sein Kind verstärkte. Am 14. Oktober wurde er von den eingeschüchterten Kirchenältesten seines Amtes in Temesvar enthoben, und seine Vorgesetzten verlangten seine Versetzung (Verbannung) in ein abgelegenes Dorf nordöstlich von Oradea. Bischof Papp, der die Jurisdiktion über das Banat ausübte, stimmte zu; aber Tokes weigerte sich, Temesvar zu verlassen, und seine Gemeinde unterstützte ihn dabei – die Lunte war gelegt.

Trotz des massiven Drucks seitens der Securitate widersetzte sich Tokes einem gerichtlichen Räumungsbefehl für den 20. Oktober, und bereits im November schenkte ihm die Weltöffentlichkeit mehr Interesse als irgendeinem anderen Ceauşescu-Opfer zuvor. Der rumänische Botschafter in Budapest saß in der Tinte; das Europäische Parlament pries Tokes' Mut; die World Calvinist Federation missbilligte seine schlechte Behandlung; die ungarische Nationalversammlung nominierte Tokes und Donia Cornea gemeinsam für den Friedensnobelpreis; die ausländischen Medien brachten laufend Details über »das tapfere Standhalten des einsamen Priesters«.

Am 28. November ordnete das Stadtgericht an, Tokes habe Temesvar innerhalb von sechs Tagen zu verlassen. Er ignorierte auch diesen Beschluss. Am 6. Dezember sandte der Interimspräsident von Ungarn eine Protestnote an den rumänischen Präsidenten; sie wurde ignoriert. Die ganze Zeit über zog die Securitate die Daumenschrauben fester an. Dagegen wurde kein Versuch unternommen, Tokes an dem vom Gericht bestimmten Tag mit Gewalt zu vertreiben. Am Sonntag, den 10. Dezember, teilte Tokes seiner Gemeinde mit, dass das Gericht als neuen Termin für seine Ausweisung den 15. Dezember bestimmt habe, und fügte hinzu: »Falls jemand einer illegalen Vertreibung zusehen möchte, lade ich ihn ein herzukommen.«

Am Morgen des 15. Dezember versammelten sich etwa sechzig Menschen um Tokes' Kirche. Aber die Polizei kam nicht – lediglich ein paar Securitate-Offiziere in Zivil. Bis zum Abend jedoch hatten sich mehrere hundert ungarische Gemeindemitglieder eingefunden, die von Rumänen, Serben, Schwaben und Roma unterstützt wurden. Die Menge hielt die ganze Nacht über »Wache«.

Am 16. Dezember – einem für die Jahreszeit ungewöhnlich warmen sonnigen Samstag – vergrößerte sich die Menschenmenge rapide auf ein paar tausend und bereitete die Bühne für den Eröffnungsakt der Revolution vor. Aber warum wurde Tokes nicht entsprechend der gerichtlichen Anordnung früh am Morgen des 15. Dezember verhaftet, *bevor* sich seine Verteidiger versammelt hatten? Und warum ermutigte er seine Gemeinde am 10. Dezember, sich am 15. um ihn herum zu versammeln? War dies nicht eine unkluge, ja unverantwortliche Geste? Wenn er an jenem Tag gewaltsam vertrieben oder verhaftet worden wäre, hätten zweifellos einige aus der ursprünglich kleinen Gruppe seiner Pfarrgemeinde Widerstand geleistet. Sie wären von der Securitate rücksichtslos niedergeknüppelt worden, ohne dass sich am Status quo Rumäniens etwas geändert hätte. Handelte er selbstständig, darauf vertrauend, dass bei der gegenwärtig verzweifelten Stimmung durch seinen resoluten Widerstand gegen die Staatsgewalt ein größerer Aufstand provoziert werden könnte? Oder handelte er im Einverständnis mit anderen, die sich entschlossen hatten, ihren Nutzen aus der explosiven Situation zu ziehen? Immerhin hatte er bereits in nie gekanntem Umfang das Interesse der Medien geweckt, die an diesem Tag gespannt auf Temesvar schauten. So war diese Stadt ein idealer Ort für den Anfang dessen, was man dann als einen weiteren osteuropäischen »Sieg der Volksgewalt« erscheinen lassen konnte.

Die paar tausend, die sich am 16. Dezember um Tokes' Kirche versammelt hatten, waren nicht genug, um »eine Volksrevolution« zu entfachen. In der ganzen Stadt wütete bald der Vandalismus. Schaufensterscheiben wurden zertrümmert, obgleich kein Laden etwas enthielt, das sich zu plündern gelohnt hätte, und Jugendbanden übten sich willkürlich im Werfen von Steinen. Dieses äußerst urrumänische Verhalten schob man zuerst den Roma in die Schuhe (wem wohl sonst?). Inzwischen aber sehen einige Beobachter darin eine Verschwörung zur Schaffung anarchischer Zustände – einer Atmosphäre, in der es endlich psychologisch möglich war, dem Ceauşescu-Regime die Stirn zu bieten.

Tokes' Verhaftung im Morgengrauen des 17. Dezember brachte weitere Tausende Protestierer auf die Straße. Nach dem Bericht der *Romania Libera* wurden dabei die meisten Opfer von sowjetischen Provokateuren und einigen rumänischen Soldaten erschossen – und nicht, wie man die Rumänen und das Ausland zunächst glauben machte, von Securitate-Mitgliedern.

Am 17. Dezember täuschte Ceauşescu in Bukarest seine Bereitschaft zum Rücktritt vor und stellte die Frage: »Wollt ihr statt meiner Iliescu?« Alle versicherten ihm ihre Loyalität: Jene Tausende lästiger Halbstarker, die zwei Tage lang in Temesvar gewütet und »*Jos* Ceauşescu!« gebrüllt hatten, waren nichts als Rowdys. Es war nie schwer, Ceauşescu davon zu überzeugen, dass 99,9 % aller Rumänen ihn hoch verehrten, und so sandte er sofort folgende Botschaft an den Militärkommandanten in Temesvar (die *Romania Libera* brachte Mitte Januar eine Kopie): »Ich habe Befehl gegeben, auf alle zu schießen, die sich nicht dem Militär unterwerfen. Sie werden gewarnt, und wenn sie sich nicht unterwerfen, müssen sie erschossen werden. Es war ein Fehler, die andere Wange hinzuhalten … In einer Stunde sollte die Ordnung in Temesvar wieder hergestellt sein.« Zufrieden, eine kleine lokale Schwierigkeit wirksam bereinigt zu haben, reiste er daraufhin zu einem dreitägigen Staatsbesuch in den Iran und überließ *ihr* die Staatsführung. (Der iranische Botschafter in Bukarest, der am 17. Dezember Teheran versichert hatte: »Hier gibt es keine Probleme«, wurde neun Tage später nach Hause zitiert, wo ihm Rafsanjani kräftig die Meinung sagte. Eher verständlich meinte auch der *Guardian Weekly* am 17. Dezember: »Die Führungsrolle der Partei und die Ceauşescus scheint nicht bedroht.«)

Unmittelbar nach der Revolution wurde um diesen Teheran-Besuch viel Wesens gemacht. Viele glaubten damals irrtümlich, dass das Elitekorps der Leibwächter des Präsidenten aus Iranern, Libyern, Irakern und Syrern gebildet werde, die man aus der großen Zahl ausländischer Studenten in Rumänien ausgewählt habe. So entstanden wilde Gerüchte: Ceausescu habe versucht, noch mehr Iraner anzuwerben…, er habe den Iran um chemische Waffen gebeten…, er habe Milliarden von Dollar nach Teheran in Sicherheit gebracht… (ich könnte mir einen sichereren Platz für meinen Notgroschen vorstellen). Tatsächlich war es ein Monate vorher vereinbarter Routinebesuch gewesen, bei dem Ceauşescu über den Verkauf von technischem Gerät zur Bohrung verhandelt hatte, das – von hervorragender Qualität – »nur für den Export« in Rumänien hergestellt wurde. Damals (irgendwie etwas zu spät) konnte er überhaupt nur noch Rafsanjani besuchen, der ebenfalls aus dem Weltverein der ehrenwerten Staatsführer ausgeschlossen worden war, wenn er sich seinem Volk auf der internationalen Bühne zeigen wollte.

Ceauşescu kehrte in ein brodelndes Bukarest zurück; die gewaltig übertriebene Zahl der Opfer in Temesvar – »4000 Tote!« – zeigte den gewünschten Erfolg. Der hauptsächlich taktische Schnitzer seines letzten Auftritts auf dem Balkon des Zentralkomitees – sein Versuch, die Bevölkerung abermals um sich zu scharen, obwohl sie längst nichts mehr von ihm wissen wollte – ist nicht zu verstehen. War es seine eigene Arroganz gepaart mit Dummheit und Verrücktheit, oder war er absichtlich falsch beraten worden? Warum hat ihn die Securitate nicht darüber informiert, wie sich die Dinge in seiner Abwesenheit entwickelt hatten? Als die Ceauşescus angesichts der wütenden Massen endlich begriffen, was die Stunde geschlagen hatte und mit einem Hubschrauber die Flucht ergriffen, stürmte die Menge das Gebäude des Zentralkomitees. Warum hat keiner von den Hunderten in der Nähe befindlichen, bewaffneten Securitate-Leute versucht, sie aufzuhalten? Wäre die mit den modernsten Waffen ausgerüstete Securitate in diesem Moment eingeschritten, um den Aufstand niederzuschlagen, hätte es wirklich Tausende von Toten gegeben.

Den ganzen Nachmittag über hörte es sich so an, als würde um das Gebäude des Zentralkomitees weiterhin geschossen, aber vieles davon mag Schwindel gewesen sein. Mit Sicherheit war dies in der Nähe der Fernsehstation der Fall, wo simulierte Feuergefechte dazu benutzt wurden, die Atmosphäre von Gewalt und Gefahr anzuheizen.

Inzwischen war Tokes am 22. Dezember freigelassen worden. Bald darauf bereiste er Europa und Nordamerika, wobei er den Fall tendenziös so darstellte, als habe er stets nur für die (nachrevolutionär) geforderten Zugeständnisse an die Ungarn in Transsilvanien gekämpft.

Irgendjemand legte umgehend eine Liste von 90 Namen vor – ein »spontan gebildetes Komitee«, das vorübergehend die Regierungsgeschäfte übernehmen sollte. Die Geschwindigkeit, mit der sich diese Interimsregierung formiert hatte, weckte bei einigen Leuten sehr bald den Verdacht, dass Rumänien in Wirklichkeit keineswegs eine Revolution, sondern einen Staatsstreich erlebt hatte. Anfänglich gehörten dem Komitee noch einige echte Idealisten und brillante Köpfe an, wie Ana Blandiana, Ion Caramitru und Doina Cornea, die aber bald angewidert aufgaben, als deutlich wurde, dass wirkliche Reformen nicht geplant waren.

Während sich im Gebäude des Zentralkomitees die Front konstituierte, kamen nach Einbruch dar Dunkelheit um 17.45 Uhr auch Ion Iliescu und Petru Roman in Militärjeeps dort an. Als ihre Fahrzeuge erschienen, wurden sofort alle Kampfhandlungen eingestellt. 45 Minuten lang hörte man danach nicht einen Schuss, während sie auf dem Balkon standen und die Flucht und anschließende Gefangennahme der Ceauşescus bestätigten. Wenn also die Securitate wirklich den ganzen Nachmittag über gegen die Armee gekämpft hatte, warum hörte sie dann in diesem Moment damit auf? Wie war es möglich, dass diese beiden »Erzverräter an Ceauşescu« seelenruhig (und angestrahlt!) in Reichweite der Securitate-Scharfschützen auf dem Balkon stehen konnten? Weiter: Hätte die Securitate wirklich die Absicht gehabt, den Fernsehsender in ihre Gewalt zu bringen, so hätte sie dies leicht tun können. Aber es sieht so aus, als hätte sie es gar nicht ernsthaft versucht – obgleich ringsum heftige Scheingefechte geführt und mehrere Gebäude beschossen und angesteckt wurden, um die Illusion von einem verzweifelten Kampf zwischen der »heldenhaften Volksarmee« und den bösen »Söldnertruppen des Tyrannen« zu nähren. Das Ganze war so erfolgreich inszeniert, dass der *Guardian* am 27. Dezember an die »Zehntausende von Menschen« erinnerte, »die in den mehr als eine Woche dauernden Gefechten zwischen den hinter Ceauşescu stehenden Sicherheitskräften und der rumänischen Armee getötet wurden«. Heute räumen selbst die zu melodramatischen Übertreibungen neigenden Rumänen ein, dass es vergleichsweise wenige Opfer gab. Die Monate später offiziell bekannt gegebene Zahl von 689 ist allerdings zu präzise, um wörtlich genommen zu werden, aber generell ist man der Meinung, dass sie in etwa zutrifft. Rumänische Zyniker (oder Realisten) merken an dieser Stelle an, dass die Zahl »70 000«, die für kurze Zeit die westlichen Medien beherrschte, zumindest den nützlichen Nebeneffekt gehabt habe, jene Emotionen im Ausland zu wecken, die riesige Hilfskonvois in Bewegung setzen – Hilfe, die leicht durch den Kleingeist der nüchterner Denkenden gefährdet ist.

Ich habe häufig gehört, dass fast mit Sicherheit sehr bald irgendwo anders eine Revolution ausgebrochen wäre, wenn die Verschwörer die Unruhen in Temesvar nicht für ihre Zwecke genutzt hätten – möglicherweise ein echter Volksaufstand. Dies hätte es zu Beginn der nachkommunistischen Ära für Iliescus Front weit schwerer gemacht, die Regierung zu übernehmen. Das neue Regime konnte sich der Sympathie des Auslands nur sicher sein, wenn es ihm gelang, den Sturz Ceauşescus wie einen »Sieg des Volkes« aussehen zu lassen; ein Staatsstreich durch eine rivalisierende Gruppe Kommunisten hätte ein ganz anderes Echo hervorgerufen. Mein Freund in Klausenburg, der mir den Artikel in der *Romania Libera* übersetzte, betonte, wie beschämend und erniedrigend es für die Rumänen sei, dass man anfangs auch sie – wie den Rest der Welt – getäuscht habe und Hunderte von Idealisten gestorben seien, weil die Front sie raffiniert benutzt habe, um die Ceauşescus endlich loszuwerden und selbst an der Macht zu bleiben. Aber zollt man mit dieser Auslegung den Verschwörern nicht mehr Achtung für ihre Vorausplanung, als sie verdienen?

Einige Details im Artikel der *Romania Libera* stehen im Widerspruch zu gleichermaßen zuverlässigen Beweisen aus anderen Quellen. Dennoch kann nur so etwas wie eine Verschwörung die vielen Widersprüche erklären, insbesondere im Hinblick auf das Verhalten der Securitate. Fest steht, dass eine schwache, aber ständig wachsende Anti-Ceauşescu-Fraktion innerhalb der Bukarester Gruppe schon lange auf ihre Gelegenheit wartete – es wäre verwunderlich, wenn dies nicht so gewesen wäre. Auch die Informanten der Zeitung sind durchaus ernst zu nehmen. General Militaru und Nicolai Radu, alte Soldaten am Ende ihrer Karriere, hatten kein erkennbares Motiv, die Öffentlichkeit irrezuführen. Wahrscheinlich wollten sie mit ihrer Aussage den Versuch unternehmen, die damals um die Revolution entstehenden Gerüchte zu zerstreuen; aber um dies zu erreichen, haben sie nicht genug gesagt.

Meiner Meinung nach beschreiben weder »Revolution« noch »Staatsstreich« die Ereignisse zwischen dem 15. und 25. Dezember ganz genau. Echte Revolutionen haben Führer und werden lange im Voraus geplant. Und auch einen Staatsstreich stellt man sich etwas mehr strukturiert vor – nicht notwendigerweise sorgfältig bis ins Detail geplant, aber sehr viel mehr auf kühler Kalkulation beruhend als auf dem anpassungsfähigen Opportunismus, den die Front während und nach dem Sturz der Ceaușescus an den Tag legte. Was *wirklich* geschah und warum, ist nicht nur von akademischem Interesse. Die damals kursierenden Gerüchte haben viele Rumänen noch weiter demoralisiert, und sei es nur, weil niemand gern als Narr dasteht. Heute sieht es ganz danach aus, als ob ihre strahlende Vision vom Januar – ein freies Rumänien, geheiligt durch das Blut Tausender Helden – ein Hirngespinst war. Das herrliche, neue *Romania Libera* war kein Phoenix, sondern ein Lockvogel.

Das Sprichwort: »Die Wahrheit drängt zum Licht«, scheint in gewissen Ländern nicht zu gelten. Rumäniens Befreiung von den Ceaușescus ist so sehr in Behauptungen, Spekulationen, Anklagen und Täuschungen verstrickt, dass die vollständige Wahrheit wohl nie ans Licht kommen wird. Sie mag nicht einmal im Besitz irgendeines einzelnen Menschen sein; und jene, die Teile von ihr besitzen, vertrauen einander möglicherweise nicht genug, um beim Zusammensetzen des Puzzles zusammenzuarbeiten. Die Geschichte des Balkans ist übersät mit Fragezeichen; dies ist nur das vorläufig letzte.

10

Handel und Wandel

Selbst unmittelbar nach der Revolution entdeckte man in jeder Menschengruppe stets ein paar vergleichsweise wohlhabend wirkende »Überlebende«. Dies waren – wie ich bald lernte – nicht unbedingt Securitate- oder Parteimitglieder, sondern einfache Bürger, die wussten, wie man zurechtkam: So schonten z. B. Universitätsdozenten und Lehrer in den offiziellen Unterrichtsstunden ihre Kräfte und verdienten sich nach Feierabend ein »Zubrot« als Privatlehrer. Ihre Schüler wiederum benötigten diesen Extraunterricht dringend, weil das Niveau der Schulen generell sehr abgesackt war – und die meisten Lehrer sparsam mit ihrer Energie umgingen… Die Schüler vom Land zahlten mit *tuica*, Wein, Fleisch und Milchprodukten. Die anderen zahlten bar oder mit Dingen, die sich ihre Eltern irgendwie beschafft hatten, die ihrerseits natürlich auch die Möglichkeiten ihres Jobs nutzten, um sich persönliche Vorteile zu verschaffen. So verkaufte vielleicht der Angestellte einer Möbelfabrik einem Lehrer, der auf Grund seiner Zusatzhonorare über die notwendigen Mittel verfügte, einen Stuhl (nur für den Export), der nicht nach ein paar Monaten auseinander fiel. Dieser Angestellte konnte dann für das Geld einen bekannten Professor engagieren, der seinen Sohn oder seine Tochter auf die Aufnahmeprüfung der Universität vorbereitete. (In der Praxis hatte sich seit langem eine Art Privatschulsystem entwickelt.) Ein zusätzliches Einkommen eröffnete einem aber auch die Möglichkeit, ausländische Luxusartikel zu kaufen – Seife, Kaffee, Schokolade, Verhütungsmittel, Zigaretten und Alkohol –, die man dann wiederum gegen täglich benötigte, aber kaum je im Laden angebotene Dinge tauschen konnte: Rasierklingen, neue Reifen, Glühbirnen, ein Ersatzteil für den kaputten Herd. Arbeiter, die diese Dinge in ihren Fabriken stahlen, konnten sie stets zu hohen Preisen verkaufen, häufig an einen wohlhabenden Arzt, und sich so Nahrungsmittel leisten, die nur unter dem Ladentisch verkauft wurden. Mir kam dieses fröhliche Karussell maßlos kompliziert vor. Warum konnte nicht ein Arbeiter, der z. B. einen Reifen gestohlen hatte, diesen gegen Lei an einen Arzt verkaufen, statt ihn erst bei einem Lehrer gegen Whisky einzutauschen, und dann den Whisky an den Arzt zu verkaufen? Aber natürlich hing das ganze davon ab, dass man wusste, was jemand zu einem bestimmten Zeitpunkt brauchte, wem man vertrauen und wer was besorgen konnte. Diese Art zu leben sorgt zumindest dafür, dass man geistig beweglich bleibt, zerfetzt jedoch das Nervensystem.

Der Nahrungsmittelschwarzmarkt schien vernünftig unkompliziert. Wenn man Extra-Lei oder ein paar Luxusgüter ergattert hatte, machte man dem Verkäufer oder der Verkäuferin ein angemessenes Geschenk und erhielt dafür etwas Fleisch, Mehl oder Zucker aus einer *alimentara*-Lieferung, die für die verarmte Mehrheit unerschwinglich war. Genauso funktionierte dieses System, wenn man einen Gedichtband begehrte, von dem nur 300 Stück gedruckt worden waren, oder wenn man Benzin brauchte, um die von den Eltern in ihrem abgelegenen Dorf produzierten (oder gestohlenen) Waren abzuholen und zu unverschämten Preisen an den Mann zu bringen.

Je mehr ich von den ausländischen Hilfslieferungen sah, umso weniger gefiel mir das Ganze. Als meine Freundin bei sich zu Hause ein Stück Schmelzkäse auswickelte, den ihre *alimentara* offensichtlich von der freundlichen Front zugeteilt bekommen hatte, sah ich zufällig in einer Ecke eingebettet ein Stück ausländisches Staniolpapier. Nachdem ich es vorsichtig herausgeholt und abgewaschen hatte, bestätigten fünf holländische Worte meinen Verdacht. »Du solltest der Securitate beitreten!«, meinte meine Freundin. Niemand empörte sich darüber, dass in einem staatlichen Laden Hilfsgüter verkauft wurden, die zur kostenlosen Verteilung an die Millionen hungernder Menschen in Rumänien gedacht waren. Die Tatsache, dass die vergleichsweise Wohlhabenden diese geschenkten Waren *kaufen* konnten, war in ihren Augen nur eine Erweiterung jener Privilegien, die die meisten Intellektuellen als selbstverständlich betrachteten.

Offenkundig sieht der Kommunismus nicht vor, dass der einfache Parteigenosse gelegentlich auch über die Bedürfnisse seiner Mitkameraden nachdenkt. Obgleich sich jeder Einzelne auf eine fast übertriebene Art für seine gesamte Familie verantwortlich fühlt, wird der soziale »Bodensatz« in der Regel vergessen. Das Leben in einer kranken, zentralisierten Gesellschaft fördert die primitive Konzentration darauf, was *wir* für uns bekommen können. Aber der Kommunismus ist an dieser Denkweise nicht allein schuld. Der rumänische Feudalismus, der bis ins letzte Jahrhundert hinein überlebt hat, hat die Entwicklung eines sozialen Verantwortungsgefühls verhindert – und zwar auf beiden Seiten der sozialen Trennungslinie.

Abgesehen von der Ceaușescu-Mafia gibt es heute keine reichen Rumänen mehr. Die große Mehrheit der Bevölkerung ist arm, bis auf eine kleine, etwas wohlhabendere Minderheit. Als die Kommunisten die Regierung übernahmen, gelang es dieser Gruppe wenigstens, etwas von ihrem »alten Reichtum« zu retten; die Wirtschaftspolizei, die die Aufgabe hatte, diese Familien auf die Norm »herunterzustutzen«, machte häufig Fehler oder konnte überspielt werden. Aber in letzter Zeit sind die »alten Geldvorräte« schnell zusammengeschmolzen und mussten in vielen Fällen durch den Verkauf wertvoller, ererbter Besitztümer an die verachtete und gehasste Mafia wieder ergänzt werden.

Hier wie in so vielen Bereichen des rumänischen Lebens war der Staatsterrorismus unberechenbar – wobei Unberechenbarkeit in sich schon eine hervorragende Waffe ist, um Menschen zu zermürben und zu demoralisieren. Vor ein paar Jahren überfiel die Wirtschaftspolizei das Haus einer mit mir befreundeten »alten Familie der Mittelklasse«. (Ich habe nur zwei solche Familien kennen gelernt; wahrscheinlich wohnen die meisten der Überlebenden in Bukarest.) Drei Offiziere verwandten zwei Tage darauf, ein Inventar zusammenzustellen, wobei ihr Benehmen die ganze Zeit über bedrohlich und verachtend war. Meine Freunde waren darauf vorbereitet, sie entweder massiv bestechen oder eine gewaltige Extrasteuer zahlen zu müssen. Stattdessen wurde ein wertvolles Bild »beschlagnahmt« und einige Monate später in Bukarest als Eigentum eines Regierungsministers zur Schau gestellt. Die Tochter der Familie, ein junges Mädchen, bekam kurz darauf nervöse Herzbeschwerden und leidet wegen der brutalen Plünderung ihres Heimes noch immer unter Albträumen. Staatsterror wirkt auf die Menschen verschieden; sie hatte die Verachtung der Wirtschaftspolizei gegenüber einem Menschen ihrer Herkunft seelisch nicht verkraftet.

Die andere Familie hatte sich im 19. Jahrhundert in der rumänischen Politik einen berühmten und ehrenvollen Namen erworben auf einem Gebiet, in dem Ruhm und Ehre selten zusammengingen. Heute leben drei Generationen in einem Wohnblock wie viele andere auch – aber in einem Appartement, das nicht mehr das Geringste mit den anderen gemein hat. Verblüfft stand ich in der Mitte eines langen Salons mit hohen Fenstern an beiden Enden. Wie konnte er so *groß* sein? Tina erklärte es mir: Sie und ihr Vater hatten zwei angrenzende Wohnungen gekauft und sie in eine verwandelt. Ich starrte ungläubig auf bis an die Decke reichende Bücherregale mit ledergebundenen Bänden, zarte Aquarelle vom Bukarest-König Carol I., Kashan-Teppiche, Intarsientische, schwere Brokatvorhänge, einen eleganten Sekretär aus Rosenholz und einen glänzenden Mahagoni-Esstisch. Dies zumindest hatte man retten können, als der Rest des Familienbesitzes 1952 »eingezogen« wurde; ein Haus, das sie kurz zuvor in einer anderen Stadt geerbt hatten, hatten die Beamten übersehen. Offensichtlich hatte die Familie auch Geld geerbt: An zwei Wänden des Kinderzimmers stapelten sich auffallende Schachteln mit teurem westlichen Spielzeug. In Rumänien (ein weiterer Bezug zur Dritten Welt) werden Verpackungen oft allein wegen ihres symbolischen Wertes aufbewahrt, was mir bei dieser Familie allerdings seltsam ungereimt erschien. Manchmal werden ausländische Bierdosen, Zigarettenschachteln, Whiskyflaschen und Schokoladenpapier – selbst Instantkaffeedosen – stolz als Wohnzimmerdekoration benutzt.

Die helle, geräumige Küche, auch hier hatte man zwei Räume in einen verwandelt, enthielt eine mit Lamm- und Schweinefleisch sowie Salami gefüllte Tiefkühltruhe. An den Wänden hingen verschiedene Küchengeräte, die man nicht einmal in jeder westlichen Küche findet, und die Waschmaschine im noch größeren Badezimmer funktionierte auch noch. (Die Waschmaschinen meiner meisten anderen Freunde waren seit Jahren defekt.) Aber das Bemerkenswerteste an dieser Familie war, dass sie ohne einen Dollar oder irgendeine andere harte Währung gut zurechtkam. Als »bedrohte Art« hatte sie weit mehr Angst vor der Securitate als meine intellektuellen Exparteifreunde. Als ich Tina bat, mir für Dollar im örtlichen Touristenhotel eine Flasche Scotch zu besorgen, zögerte sie sichtlich, etwas zu tun, das noch bis vor kurzem illegal gewesen war.

Beide, Tina wie ihr Vater, hatten es abgelehnt, der 4 Millionen Mitglieder umfassenden Partei beizutreten, obgleich sie sich mit ihrer Weigerung jede Aufstiegsmöglichkeit verbauten. Fast alle meine anderen Freunde waren eingetreten; andernfalls hätten sie keinen angemessenen Arbeitsplatz erhalten. Es ist bezeichnend, dass die Partei 1944, zu Beginn der kommunistischen Herrschaft, über weniger als 1000 Mitglieder verfügte, ihr aber bereits 1970 27 % der wissenschaftlichen Mitarbeiter an rumänischen Hochschulen und Inhaber von Doktortiteln, 46 % der Ingenieure und 52 % der Lehrer beigetreten waren. Und 1989 war sie mit 25 % der erwachsenen Bevölkerung und 35 % der Arbeiterschaft die proportional größte nationale Kommunistische Partei in Osteuropa – einschließlich der UdSSR. Ohne Zweifel hatte der einmalige nationalistische Anstrich des rumänischen Kommunismus ihre weit verbreitete Akzeptanz gefördert, was ja auch der Sinn gewesen war. Dieser forcierte Nationalismus beruhte auf einer zynisch »revidierten« Geschichtsschreibung, die für mich die am meisten korrumpierende Form der vielen Variationen rumänischer Unredlichkeit ist. Mein Historikerfreund drückte es so aus: »Was wir als Erstes brauchen, ist Hilfe für unsere Seele. Wir brauchen Berufshistoriker aus dem Ausland, die uns die Wahrheit über unsere Vergangenheit erzählen. Wie können wir eine solide Zukunft auf Selbstbetrug aufbauen?«

Das Thema »Verlogenheit« schien zu einer fixen Idee geworden zu sein; fast jeder Rumäne, den ich traf, wies darauf hin. Viele sprachen mit echter Scham darüber, andere mit Resignation, und ein paar prahlten sogar damit – sie waren klug genug gewesen, so unehrlich zu werden, fortlaufend den Staat zu betrügen.

Eine Freundin erinnerte sich: »Wir haben niemals gehungert, nicht einmal in den letzten Monaten vor jenem Dezember, als viele vor Hunger starben. Ich habe immer etwas zu essen auf dem Tisch gehabt, auch für meine Freunde. In meiner Abteilung arbeiten wir zu viert, aber es gibt nur Arbeit für einen. So sind wir abends nicht müde und können stundenlang Privatunterricht geben. Wissen Sie, was das heißt? Wir sind total unehrlich geworden. Nur ein paar Ärzte und Akademiker verrichten eine Arbeit, die ihnen wirklich Spaß macht. Die Regierung beginnt damit, dass sie für die Arbeit eines einzelnen vier Leute einstellt, und wir machen dann in diesem Sinne weiter!«

Für einige schien Unehrlichkeit das kleinere von zwei Übeln zu sein. Als angestellter Tierarzt konnte es sich Dino gar nicht leisten, den von Bukarest erzwungenen Irrsinn zu kritisieren; andernfalls hätte er seinen Job verloren, der es ihm ermöglichte, den pensionierten Farmarbeitern zu helfen. Und selbstverständlich musste er auch die Totenscheine fälschen, wenn eins der Tiere verhungert war. Denn: Auf einer gut geführten Farm verhungert kein Tier, Staatsfarmen sind gut geführt, also sterben auf Staatsfarmen auch keine Tiere an Hunger…

Für andere war das Lügen eine humanitäre Pflicht. Miron, ein älterer Dozent, der die Aufsicht über eine Blutsammelstelle der Universität führte, erklärte, dass es ihm sein Gewissen verbiete, schlecht ernährte und anämische junge Leute zu zwingen, vierteljährlich Blut zu spenden, die noch dazu Angst davor hatten. Bei einer der örtlichen Aktionen hatten sich eine Reihe Studenten mit Hepatitis-B angesteckt. Aber selbst nach dieser Tragödie seien keine vorhergehenden Tests gemacht, noch seien die Nadeln routinemäßig sterilisiert worden. (Die AIDS-Epidemie unter den rumänischen Jugendlichen wurde wahrscheinlich durch das Blut ausländischer Studenten verursacht; die Eltern der meisten Patienten tragen den Virus nicht in sich.) Dennoch fürchtete Miron, dass man ihm seine winzige Pension streichen würde, falls er nicht genug Blutkonserven ablieferte. Die Anstrengung, genug nebenbei zu verdienen, um den »Quoten-Inspektor« hinreichend mit Scotch zu versorgen, war mörderisch. Aber am Ende erhielt er zwei Auszeichnungen aus Bukarest in Anerkennung seines »hervorragenden Einsatzes als Sammler von Blutkonserven«.

Wie viele ehemalige Kommunisten gehörte Miron zu den unverblümtesten Gegnern der Front. Jahrelang hatten sie sich stillschweigend darüber geärgert, dass sie jede Woche Stunden auf die »Parteiarbeit« verschwenden mussten, das öde Abspulen der Propagandamaschinerie. Aber natürlich gab es auch einige, die einmal überzeugte Parteimitglieder gewesen waren – so wie die 33-jährige Suzana, deren bäuerliche Eltern es beide zum Elektroingenieur brachten und stolz auf ihren persönlichen Beitrag zu Rumäniens rascher Modernisierung waren.

»Meine Eltern vertrauten stets den Zukunftsplänen Gheorghiu-Dejs«, sagte Suzana. »Und lange Zeit haben wir auch alle an Ceauşescu geglaubt. Als ich aufwuchs, hatten wir genug zu essen, es war erlaubt, sich mit den Touristen zu unterhalten, und die Studenten konnten Kurse im Ausland besuchen – ich selbst war zwei Monate auf einer Sprachenschule in England. Von der alten Bourgeoisie sah man nichts, und die Stimmung war gelassen. Niemand kümmerte sich um die Securitate. Aber ab 1978 merkten wir, wie die Wirtschaft zusammenbrach. Es begann mit dem schweren Erdbeben 1977 und großen Ölproblemen, dann folgten zwei Missernten. Ceauşescu empfand den Zusammenbruch als ein persönliches Versagen, was es in gewisser Weise sicherlich auch war. Er begann zu behaupten, dass alles in Rumänien perfekt sei. Das letzte Mal, dass er sich einigermaßen normal äußerte, war 1981; damals überraschte seine Rede die ganze Nation. Er gab zu, dass es ein großer Fehler gewesen sei, alle Anstrengungen auf die Industrialisierung zu konzentrieren und die Landwirtschaft zu vernachlässigen. Eine ›landwirtschaftliche Revolution‹ wurde angeordnet, allerdings nach stalinistischen Methoden, was die Dinge nur weit schlimmer machte. Seither war die Produktion stets rückläufig. Niemand wagte, ihm einen Rat zu geben. Sein Größenwahnsinn nahm erschreckende Ausmaße an. Wir sahen, wie er langsam immer verrückter wurde, aber wir sahen nur wie hypnotisiert zu und taten nichts, wie ein Kaninchen vor der Schlange. Man sollte ihm sein Verhalten in diesen Jahren nicht anlasten, obgleich es die meisten von uns tun. Er war immer schlecht, aber man kann niemandem einen Vorwurf daraus machen, dass er verrückt wird. Warum versuchten nicht *sie* und die anderen um ihn herum, sein Verhalten zu kontrollieren?«

Als Dorfschullehrerin zu Beginn der 80er-Jahre ignorierte Suzana wie die meisten ihrer Kollegen die Anordnung, eine Stunde im Monat (nach dem Unterricht) auf kommunistische Indoktrination und eine Stunde in der Woche auf kommunistische Jugendaktivitäten zu verwenden. Mutig erklärte sie ihren Schülern: »Seid vorsichtig; denkt daran, dass wir selbstverständlich politischen Unterricht gemacht haben – wenn jemand fragt –, und nun verschwindet!« Aber sie bezweifelte, dass irgendein Nichtparteimitglied das Selbstvertrauen gehabt hätte, sich so zu verhalten. Als eine von vier Millionen fühlte sie sich in gewisser Weise »geschützt«.

Mehrere meiner besonders heftig gegen Ceauşescu eingestellten Freunde waren ehemalige Parteifunktionäre, nicht zu verwechseln mit jenen unheilvollen Aktivisten, aber dennoch mit einem nützlichen Grad an Autorität ausgestattet.

So bekam ein junger Mann nach sechs frustrierenden Monaten Wartezeit endlich eine Aufenthaltsgenehmigung, nachdem er dem Polizeichef seinen Rang in der Partei offenbarte und ihm mit einer Beschwerde an das Zentralkomitee in Bukarest drohte. Es dauerte keine zehn Minuten, bis die Genehmigung erteilt war. »Warum habe ich bloß sechs Monate stillgehalten!«, lamentierte Titus. »Ich musste wohl erst völlig verzweifelt sein, bevor mir die Idee kam, den Polizeichef ein bisschen einzuschüchtern. Hinterher war ich erstaunt, wie einfach das war!«

Ab Mitte der 70er-Jahre brauchte man für die Städte eine Wohngenehmigung. Damals hatte man sie für »geschlossen« erklärt, um die alarmierende Massenzuwanderung aus den gerade systematisierten ländlichen Gegenden zu unterbinden. Titus hatte nur von einer »geschlossenen« Stadt in eine andere umziehen wollen und schimpfte, diese in die Länge gezogenen Antragsverfahren seien nichts als eine bürokratische Maßnahme zur Schaffung neuer Arbeitsplätze gewesen.

Eine Universitätslehrerin beschrieb eine erfolgreiche Konfrontation mit dem Polizeichef, der ihr die Ausstellung eines Ausreisevisums für die Zeit ihres Urlaubs verweigerte, obgleich einer ihrer ehemaligen griechischen Schüler ihr die Fahrkarte bezahlt hatte. »Ich habe dieses fette Milizschwein wie einen albernen Narren aussehen lassen!« Sie freute sich noch im Nachhinein, um dann zuzugeben, dass sie dies niemals gewagt hätte, wenn sie nicht Funktionärin der Partei gewesen wäre. Kurz darauf narrte sie die Securitate: Während einer internationalen akademischen Konferenz waren jeden Abend einige Ausländer bei ihr zu Besuch gewesen. Die Securitate hatte hinterher einen detaillierten Bericht über alle Gespräche verlangt. Lucia gab ihnen daraufhin eine Akte mit wissenschaftlichen Arbeiten, die sie ihnen – entsprechend umgeschrieben – als »geselligen Meinungsaustausch« präsentierte, wobei sie natürlich den für einen Laien unverständlichen Fachjargon beibehielt. Übrigens habe ich von keinem Fall gehört, in dem jemand bestraft wurde, weil er das Verbot »ausländischer Kontakte« übertreten hatte. Offensichtlich wurde es in der akademischen Welt nicht allzu strikt angewandt, zumindest nicht außerhalb von Bukarest.

Die wenigen Intellektuellen unter meinen Bekannten, die man als »Dissidenten« beschreiben könnte, waren (in mehr als einer Hinsicht) zerstreut und absolut unfähig gewesen, sich zu organisieren. Gegenüber einem verachteten Regime hatten sie sich darauf beschränkt, ihre persönliche Integrität zu bewahren, hatten von der Regierung bezahlte Auslandsreisen ebenso abgelehnt wie irgendwelche Vergünstigungen daheim. Jetzt waren sie ebenso standfeste Gegner der Front, obgleich ihnen bewusst war, dass sie auf ihren schlecht dotierten Arbeitsplätzen in einer freien Marktwirtschaft am Hungertuch nagen würden. Aber sie hatten nie gewagt, eine gemeinsame Untergrundbewegung zu gründen, aus der nach der Revolution ein ernst zu nehmender Rivale für die Front hätte entstehen können, noch hatten sie eine Samisdat-Bewegung ins Leben gerufen – abgesehen von einer kleinen Gruppe von (bezeichnenderweise) Ungarn, die für kurze Zeit ein Heft herausgab. Zunächst hatte ich vermutet, dass ihr passives Verhalten mit der Securitate zu tun hatte, aber bald wurde mir klar, dass die Gründe für ihre Zurückhaltung in der vorkommunistischen Zeit lagen. Wie ein Freund bemerkte: »Wir Rumänen sind vom Verstand her noch immer Leibeigene.«

Andrej Amalriks Essays aus dem Jahr 1969 *Kann die Sowjetunion das Jahr 1984 erleben?* ist in vieler Hinsicht unheimlich prophetisch, und mehrere Passagen deuten darauf hin, dass Rumäniens Handicaps denen der Sowjetunion sehr ähnlich sind. Über die christliche Ethik:

Es ist wichtig zu erwähnen, dass Russland sein Christentum vom erstarrten und langsam absterbenden Byzanz empfing und nicht von einer sich entwickelnden, dynamischen jungen westlichen Zivilisation. Dies musste die russische Geschichte in der Folgezeit stark beeinflussen.

Und über das Anwachsen des sowjetischen Dissidententums:

Selbst 1952–56 gab es viele Menschen, die mit dem Regime unzufrieden waren und zu ihm in Opposition standen. Aber abgesehen davon, dass diese Unzufriedenheit sich zumeist auf interne Diskussionen beschränkte, war sie zugleich stark negativ bestimmt: Das Regime war schlecht, weil es dies oder jenes tat bzw. nicht tat. Die Frage, was wünschenswert war, wurde generell nicht gestellt. Ebenso ging man davon aus, dass das Regime entweder nicht nach der Ideologie handelte, die es vertrat, oder aber dass die Ideologie in sich schlecht war. Die Suche nach einer positiven Ideologie, die stark genug war, die offizielle Ideologie zu bekämpfen, begann nicht vor dem Ende dieser Periode.

In Rumänien hatte diese Suche sogar erst jetzt begonnen – 30 Jahre später –, und bisher waren es nur wenige Suchende, zumeist jung, ziemlich wirr und führerlos.

Meine Freundin Viorica glaubte, dass Rumänien noch eine sehr lange Zeit brauchen werde (wie oft habe ich diesen Satz schon gehört!), bis es sich vom Verlust seiner Führungsklasse erholt habe. »Das ist der Grund, warum unsere Haupt-Oppositionsparteien während des Wahlkampfes von zwei alten Exilanten geführt werden. Sie kamen zurück, um das Vakuum auszufüllen. Aber die einfachen Leute werden sie nicht wählen, denn sie wissen nichts über das *heutige* Rumänien.

Vioricas Vater hatte wie sein Vater und Großvater in Paris studiert, wo er zu den glühenden Verehrern Marschall Antonescus gehört hatte. (Aus Höflichkeit verkniff ich mir die Frage, ob er nicht auch – wie mein sechster Sinn anzeigte – ein glühender Verehrer von Codreanu gewesen war.) 1929 kehrte er nach Bukarest zurück, um als Freiwilliger in der rumänischen Armee zu dienen und stand bald als Verbündeter der Nazis im Feld, mit dem Ziel, Bessarabien und die nördliche Bukowina von der UdSSR zurückzuerobern – die beide im Juni 1940 von ihr besetzt worden waren. Während eines kurzen, leidenschaftlichen Urlaubs heiratete er die Tochter einer Familie, die ebenso vornehm war wie seine eigene. Viorica wurde zur gleichen Zeit geboren, als sich die Truppen aus Leningrad zurückzogen und Papa »wegen herausragender Tapferkeit« mehrfach ausgezeichnet wurde. Diese Orden wurden normalerweise nur an Berufsoffiziere verliehen, aber Papa gehörte zu den vergleichsweise wenigen Überlebenden; während jener Kampfhandlungen fielen unzählige Rumänen.

1947, nach der Abdankung König Michaels, nahmen die Kommunisten Papa die Orden wieder weg. Dann wurde er eines Nachts zusammen mit Tausenden von anderen Antikommunisten in ganz Rumänien verhaftet und zu zwei Jahren Zwangsarbeit am berüchtigten Donau-Kanal verurteilt. Angeblich war dies die Strafe dafür, dass er einen Kandidaten verteidigt hatte, den man wegen unkorrekten Verhaltens bei den (wie gewöhnlich) manipulierten Wahlen vom November 1946 angeklagt hatte.

Der Donau-Schwarzmeer-Kanal – eine »Aufgabe für Helden«, auch bekannt als *canalul mortii* – diente als Vernichtungslager für Nazi-Kollaborateure, unliebsame Intellektuelle, unbelehrbare Bourgeois und Bauern, die unverschämterweise »bürgerliche Ambitionen« gezeigt hatten. Man bezeichnete sie sämtlich als »Faschisten«, und bevor das Projekt 1953 aufgegeben wurde, waren bei den Arbeiten mehr als 100 000 Menschen umgekommen. Ihr Tod war ein wichtiger Teil jenes Planes, Rumäniens religiöse und kulturelle Institutionen und Traditionen zu vernichten. Stalin hatte seinerzeit, (1948–52) ein sehr persönliches Interesse am Übertritt Rumäniens zum Kommunismus. Das damalige Ideal war der »proletarische Internationalismus«, der in Rumänien im April 1964 vom »Nationalen Kommunismus« abgelöst wurde, als sich das Land von der Sowjetunion trennte.

Vioricas Mutter erinnerte sich an die qualvollen Besuche bei ihrem Ehemann. (Um die Arbeit an diesem Projekt weiterhin als »Auszeichnung« zu kaschieren, waren vierteljährliche Besuche erlaubt.) Wie viele andere versuchte Papa daran zu glauben, dass die USA bald intervenieren würden, um Rumänien vor dem Kommunismus zu retten. Das ferne Brummen eines Flugzeugs erweckte jedes Mal leidenschaftliche Hoffnungen: »Vielleicht kommen sie jetzt!« Jahrelang klammerten sich merkwürdig viele Rumänen an diese naive Erwartung. Sie machten sich nicht klar, dass die USA, die kein wirtschaftliches Interesse an Rumänien hatten – die meisten Amerikaner hatten von dem Land noch nie gehört –, dem »Bären« niemals auf die Pranken treten würden, um Rumäniens Freiheit zu retten. Ein kurioser Nachhall dieses deplatzierten Vertrauens war am Wahltag 1990 zu hören, als verdutzte amerikanische »Beobachter« in den Wahllokalen von alten Männern mit den Worten beleidigt wurden: »Haut ab. Ihr kommt vierzig Jahre zu spät!«

Nach seiner Entlassung arbeitete Papa in einer Fabrik; eine Wiederaufnahme seiner juristischen Tätigkeit hätte die Zusammenarbeit mit der Regierung Gheorghiu-Dejs in ihrer repressivsten Phase bedeutet. Zu Vioricas Glück war seine Akte sauber. Da er gewaltsam entführt worden war und nie vor Gericht gestellt wurde, enthielt seine Akte lediglich den Vermerk, er sei von 1950–52 »zu Forschungsarbeiten interniert gewesen«. Seine Tochter war daher nicht als Abkömmling eines »verurteilten Abweichlers« gebrandmarkt und durfte studieren. Dennoch wuchs sie mit dem Wissen auf, dass die »Forschungsarbeiten« ihres Vaters nie erwähnt werden durften, nicht einmal gegenüber ihren besten Freunden – oder ihrem Ehemann.

Viorica und ihre Mutter empfanden Unbehagen über den wachsenden Personenkult um Iliescu. Den Personenkult der Ceauşescus hatten einige ganz komisch gefunden, eine alberne Clownerie, die kein intelligenter Mensch ernst nehmen konnte. Aber wie Viorica betonte, hatten die damit verbundenen Phantastereien – die im Ausland von den demokratischen Regierungen und angesehenen Universitäten auch noch auf eine skandalöse Weise unterstützt wurden – sich jahrelang mit anderen Formen der Unehrlichkeit verzahnt und die Rumänen in ein Gefängnis der Irrealität eingesperrt.

Ich wandte ein, dass auch in westlichen Demokratien eine institutionalisierte Unredlichkeit grassiere und von der Mehrheit als »unumgänglich« akzeptiert werde. Worauf Mutter entgegnete, dass diese Lügen uns aber nicht einkerkerten, weil wir sie immerhin – auch wenn wir dies zu häufig nicht täten – erkennen, diskutieren, aufdecken und bekämpfen *könnten*.

Die größten Schwierigkeiten hatte Viorica seit 23 Jahren damit, dass die medizinischen Berufe vom »Geburtenprogramm« der Ceaușescus profitierten. Sie meinte: »Es wurden längst nicht so viele Kinder geboren, wie man geplant hatte, aber es bescherte uns weitaus zu viele Ärzte, die bereit waren, einer verzweifelten Mutter für nicht weniger als dreitausend Lei zu helfen – ein Monatsgehalt!«

Obgleich die Sozialistische Republik Rumänien angeblich einen kostenlosen Gesundheitsdienst für alle anbot, verhalf nur Bestechung einem Patienten zu der Chance, wenigstens halbwegs angemessen behandelt zu werden. Bezeichnenderweise konnten sich Ärzte und die Ceaușescu-Mafia leicht jene gebrauchten Mercedes-Wagen leisten, die nach der Revolution von Roma aus Deutschland importiert und für eine Million Lei verkauft wurden. Viele Ärzte, für die berufliche Integrität eine Selbstverständlichkeit ist, zogen es vor zu emigrieren, und sind im Ausland heute hoch angesehen – die medizinische Ausbildung in Rumänien hat immer einen guten Ruf gehabt. »Man kann ihnen nicht übel nehmen, dass, sie gegangen sind«, so das generelle Urteil über sie. »Wenn sie geblieben wären, hätten sie als kleine Minderheit nicht viel für uns tun können.«

Von den vielen menschenverachtenden Maßnahmen der Ceaușescus stieß keine das Ausland mehr ab und beleidigte keine die

Rumänen mehr als ihre bevölkerungsstatistischen Erlasse. Im Oktober 1966 wurden Abtreibung und Empfängnisverhütung verboten, die Steuern für kinderlose Ehepaare erhöht und pro Familie ein Minimum von fünf Kindern festgelegt. Daher die heute berühmten »verordneten Babys«, geboren zwischen 1967–69; angeblich die verwegensten und tapfersten Revolutionäre in Temesvar und Bukarest. Ihre Jugend fiel mit dem Zusammenbruch der Wirtschaft zusammen, und sie waren immer viel zu viele, als dass die freien Plätze in den Kinderkrippen, Grund- und höheren Schulen, Ferienlagern oder Universitäten für alle ausgereicht hätten.

1966 betrug die natürliche Zuwachsrate der Bevölkerung 6,1 Promille; 1967 schon 18,1 Promille; 1968 17,1 Promille und 1969 noch 13,2 Promille. Das danach folgende rapide Absinken der Geburtenrate war ebenso spektakulär wie die vorherige Zunahme. Die traditionellen Methoden der Geburtenkontrolle wurden wieder praktiziert, illegale Abtreibungen waren an der Tagesordnung, es entstand ein Schmugglerring für Verhütungsmittel, wer genug Selbstkontrolle besaß, schränkte sein Sexualleben ein, und 1983 war die jährliche Zuwachsrate gegenüber 1966 um gut die Hälfte gesunken: auf 2,9 Promille. (Rumänienbesuchern fiel sofort auf, dass es nur wenige kleine Kinder gab.)

Als offenbar wurde, dass sich der ehrgeizige Wunsch der Ceauşescus – 30 Millionen Rumänen im Jahr 2000 – nicht erfüllen würde, wurden abermals die Steuern für widerspenstige »Zeugungsverweigerer« erhöht, und das Strafmaß für den Handel mit Verhütungsmitteln sowie für Abtreibungen drastisch hinaufgesetzt – und man führte die »Baby-Polizei« ein. Diese Beamten besuchten regelmäßig die Arbeitsplätze (in manchen Gegenden monatlich, in anderen alle Vierteljahr), um Abtreibungen verhindernde Schwangerschaftstests durchzuführen und sicherzustellen, dass ihnen über alle Fälle von Fehlgeburten berichtet wurde, um die Ursache zu klären. Außerdem achteten sie darauf, dass sich jede Frau unter 45 Jahren monatlich gynäkologisch untersuchen ließ. Wie die Tageszeitung der Partei es im März 1984 so treffend formulierte: »Nichts, was in dieser Gesellschaft geschieht, kann sich der Einflussnahme der Partei entziehen.« Bald darauf forderte Ceaușescu von den Parteiorganisationen im ganzen Land, »sich klar zu machen, dass die Erfüllung ihrer Führungsrolle von ihnen verlangt, ihre Verantwortung für die Erreichung des demografischen Ziels zu erhöhen, das eins der fundamentalen Probleme der Aktivitäten unserer Partei und unseres Staates darstellt.« Selbst nach marxistischen Maßstäben waren Ceaușescus Reden dafür bekannt, dass sie sich nicht gerade durch Gedankenklarheit auszeichneten. Übersetzt lautete seine Botschaft: »Informiert euch über demografische Gesetzesbrecher.«

Inzwischen wurden die Lebensbedingungen rapide schlechter. Trockenmilch war rationalisiert worden, andere Milch gab es überhaupt nicht, und die monatliche Zuteilung reichte gerade aus, um ein Baby knapp eine Woche zu ernähren. Energiemangel hatte zur Folge, dass nur noch eine bestimmte Menge Strom verbraucht werden durfte, was durch häufige, überfallartige Kontrollen aller elektrischen Haushaltseinrichtungen überprüft wurde. Selbst die gewieftesten Geschäftemacher fanden es jetzt zu gefährlich, Verhütungsmittel zu kaufen, und die Abtreibungsrate schnellte trotz des medizinischen wie rechtlichen Risikos in die Höhe. Vor 1966 war Abtreibung in Rumänien die verbreitetste Form der Geburtenregelung gewesen, wie überall in Osteuropa. Wenn »Amateur-«Abtreibungen schief gingen, was häufig der Fall war, und die blutenden Frauen eiligst ins Krankenhaus gebracht wurden, wurde ihnen solange nicht geholfen, bis sie der Polizei den Namen ihres »Komplizen« verraten hatten – häufig ein Freund oder der Freund eines Freundes. Mit den Jahren starben so Tausende, weil sie sich weigerten auszusagen; auf Abtreibung stand eine hohe Geld- bzw. lange Gefängnisstrafe. Allein in Bukarest wurden 1989 mehr als 20 000 Frauen wegen Komplikationen nach verpfuschten Abtreibungen behandelt. Außerdem wurden in den 80er-Jahren – wie heute die ganze Welt weiß – zahllose Babys ausgesetzt.

Sofort nach der Revolution hielt die Front zwei Dinge für unbedingt notwendig, um sich die Anerkennung der Öffentlichkeit zu sichern: Erstens schaffte sie die Securitate ab (theoretisch), und zweitens legalisierte sie die Abtreibung. Die Folge war, dass jeden Tag in jedes Krankenhaus der Stadt 40 bis 50 Frauen kamen, um eine Abtreibung vornehmen zu lassen. Die Bedingungen, unter denen diese Operationen vorgenommen wurden, schilderte Dr. Tim Rutter, Facharzt am Marie Stopes International, am 7. Februar 1990 in einem Gespräch mit Angela Lambert vom *Independent*:

Auf den Stationen fehlte es an jeglicher Organisation. Während der Wartezeit mussten sich jeweils drei Patientinnen ein Bett teilen, weil es für sie keine bequemen Stühle oder ein Wartezimmer gab, um sie dort hineinzusetzen. Das Personal wusste sich einfach nicht anders zu helfen. Die Frauen warteten teils im Operationssaal, teils draußen, während andere für die Operation vorbereitet wurden. Es wäre so leicht gewesen, ein paar Dinge zu ändern, und das Ganze hätte viel glatter ablaufen können. Wir arbeiteten mit Dilatation und Kürettage, obgleich ein Abbruch durch Absaugen schneller und sicherer gewesen wäre. Aber insgesamt waren die hygienischen Verhältnisse nicht zu schlecht, und die Ärzte waren hervorragende Operateure... Aber jede Abtreibung hinterlässt physische und psychische Spuren, besonders wenn sie illegal erfolgt. In Rumänien musste man zum Verbrecher werden, um die eigene Fruchtbarkeit zu steuern.

Ende Mai 1990 wurde im Fernsehen berichtet, dass in den meisten großen Krankenhäusern noch immer am Tag durchschnittlich 40 Abtreibungen vorgenommen wurden. Mathe, der mir dies erzählte, meinte, dass viele junge Paare kein Vertrauen in die politische Zukunft hätten und deshalb nicht riskierten, sich ein Kind anzuschaffen; eine kostenlose, legale Abtreibung schiene ihnen vernünftiger. Aber warum tat die Regierung nichts für eine angemessenere Versorgung mit Verhütungsmitteln?

Liliana bereicherte meine Sammlung grauenhafter gynäkologischer Geschichten noch um eine weitere: Als sie 1980 (im Alter von 21 Jahren) schwanger wurde, diagnostizierte man bei ihr einen Tumor am Eierstock, aber ihr Frauenarzt riet von einer Operation ab. Eine Woche vor dem Geburtstermin fuhr er auf Urlaub nach Spanien. Sein Vertreter, ein freundlicher, aber schwacher alter Mann, meinte nach einer Untersuchung, bei dem »Tumor« müsse es sich in Wahrheit um eine Zyste gehandelt haben, denn er habe sich »aufgelöst«.

Um 22 Uhr, als kein Frauenarzt erreichbar war, setzten bei Liliana die Wehen ein. Der Krankenhauspförtner verweigerte ihrer Mutter und ihrem jungen Ehemann den Zutritt, wobei der Letztere Anzeichen einer schweren vorgeburtlichen, nervösen Erschöpfung aufwies. Sie und eine Roma-Frau sollten sich ein, noch dazu schmutziges Bett teilen. Da sie dies unerträglich fand, verbrachte sie die Nacht weinend vor Schmerzen und Angst in einer Ecke bei der Heizung (es war mitten im Winter, und die Temperaturen lagen weit unter dem Gefrierpunkt) und glaubte sich und ihr Baby verloren. Um 23 Uhr ging das Licht aus, nachdem man die acht Frauen, für die es nur vier Betten gab und die alle in den Wehen lagen, ausgescholten hatte, sie sollten nicht solchen Lärm machen und endlich schlafen. Dann wurde die Tür abgeschlossen; das Zimmer verfügte über eine eigene Toilette. Die Roma-Frau schimpfte die ganze Nacht über auf die Männer im Allgemeinen und ihren Ehemann im Besonderen, was für Liliana die Schrecken dieser Nacht noch vergrößerte. Bevor das Personal um sieben Uhr erschien, waren bereits drei Babys geboren.

Stunden später kam der greise Frauenarzt schwerfällig herein. Während der sehr schweren Geburt wies man Liliana wiederholt darauf hin, dass sie ihr Baby verlieren werde, wenn sie nicht kräftiger presse. Sie wundert sich noch heute, dass sie beide überlebt haben; viele junge Frauen, die weniger gut genährt waren und weniger innere Kraft hatten, verließen die Entbindungsstation im Sarg, woran sich zweifellos inzwischen nicht viel geändert hat. Als sie an jenem Abend nach Hause ging, sagte man ihr, es werde wahrscheinlich einen Monat dauern, bis sie sich wieder völlig gesund fühle. Sie solle in sechs Wochen noch einmal vorbeikommen, nicht früher, es sei denn, sie habe ein Problem. Sie hatte tatsächlich eins, aber die Angst vor diesem Krankenhaus hielt sie davon ab hinzugehen.

Drei Monate später diagnostizierte man Lilianas Schmerzen im Unterbauch als Nierenentzündung und behandelte sie entsprechend. Natürlich war es der Tumor, der sich inzwischen um einen ihrer Eierstöcke gelegt hatte und eiligst operiert werden musste. Hätte sich ihr Vater nicht empört mit dem Direktor des Krankenhauses angelegt, dem sich kaum jemand zu nähern wagte, und ihre sofortige Operation durchgesetzt, sie hätte leicht sterben können.

11

Dörfliche Gegensätze

Anfang März lud mich Costin, einer meiner Freunde aus Klausenburg, zu einem langen Wochenende in das Dorf seiner Vorfahren im südlichen Transsilvanien ein. Jahrhundertelang war es ein gemischtes Dorf gewesen mit einer halb ungarischen, halb rumänischen Bevölkerung. Jetzt hatten bis auf vier Familien alle Ungarn das Dorf verlassen, ihre Kirche war halb zerfallen und vom Unkraut bedroht, und nur noch zweimal im Jahr kam ein Priester aus der nächsten Stadt hierher. Sie verließen das Dorf, wie mir Costin erklärte, nicht etwa wegen irgendwelcher lokalen Meinungsverschiedenheiten, sondern weil sie sich hier nicht mehr glücklich fühlten, seit ihr Land 1962 kollektiviert worden war. Die Rumänen waren genauso unglücklich, aber »ihre Herzen erlaubten ihnen nicht fortzugehen«. Stattdessen ging die junge Generation als Arbeiter in die Stadt oder studierte wie Costin und sein Bruder, während sich ihre Eltern mit der Kollektivierung abfanden und das Beste aus den kleinen Familienparzellen zu machen suchten, die man ihnen gelassen hatte, als ihnen ihr geliebtes Land »vom Staat gestohlen wurde«. Die ungarischen Eltern aber hatten diese »Degradierung« nicht ertragen können und hatten ihre Kinder in die Städte begleitet. »Sie waren zu stolz, um sich von den Rumänen herumkommandieren zu lassen«, meinte Costin. »Und ich glaube, sie hatten Angst, Angst davor, alt und ohne ihre Kinder schutzlos zu sein. Nicht Angst vor *uns*, ihren Nachbarn, sondern vor den Parteibossen des Dorfes und den auswärtigen Securitate-Inspektoren.« Ich verstand, was er meinte; jeder musste irgendwann das Gesetz brechen, um zu überleben, aber während man bei den Rumänen häufig ein Auge zudrückte, mochte das bei Ungarn anders sein.

Am Samstagnachmittag wanderten Costin und ich stundenlang über die nahe gelegenen Berge. Es war ein windiger Tag mit gelegentlichen Schauern, der wertvolle Regen zauberte ein fröhliches Grinsen auf die faltigen, alten Gesichter im ganzen Dorf, aber nach wochenlanger Trockenheit blieb das Gras gelbgrau. Trotzdem leuchteten auf den steilen, mit Büschen bewachsenen Hängen Primeln, blaue Waldveilchen und winziger Löwenzahn. Die Sonne ging gerade unter, als wir über eine Lichtung hinabstiegen, auf der vier Rehe ästen und anmutig davonsprangen. Ihre relativ langsam wirkenden Sprünge brachten sie schnell außer Sicht. Augenblicke später flammte der gesamte westliche Himmel tiefrot auf, und ich blieb fasziniert stehen, um die glühenden, am oberen Rand goldgesäumten und wie mit einer langen schwarzen, dünnen Rauchfahne dramatisch unterstrichenen Wolkenberge zu betrachten. War dies ein Lichteffekt, den es nur in Transsilvanien gab?

»Wir können uns von Ceauşescu einfach nicht befreien«, meinte Costin. »Er ist tot. Aber was er meinem Tal angetan hat, lebt weiter! Sie sehen es!« Von dort, wo wir standen, verdeckte ein Bergbuckel den Fabrikschornstein; nur seine horizontale Rauchfahne war sichtbar und sah sogar ganz hübsch aus, solange man nicht wusste, was es war.

Costins Bruder Ion, chemischer Ingenieur in jener Fabrik, war damals ziemlich aufgebracht. Abgesandte der Front aus Bukarest hatten die Belegschaft gewarnt, dass nur Iliescu und Co. sie vor ausländischen Investoren schützen könnten, die entschlossen seien, sie gegen ihre eigenen, im Umgang mit modernen Maschinen erfahrenen Arbeiter auszutauschen. Ein wirksames Manöver, wo Arbeitslosenhilfe unbekannt und Arbeitslosigkeit daher das größte Unglück ist. Als die Arbeiter anschließend aufgefordert wurden, eine Loyalitätsverpflichtung für die Front zu unterschreiben, die ihr ihre Stimmen bei der Wahl garantierte, hatten sich nur vier von 2000 geweigert. Diese eindrucksvolle Ergebenheitsadresse, sagte Ion, würde nun benutzt, um andere Belegschaften zu überreden, ebenfalls der Front ihre Stimmen zu geben, und auf diese Weise wurde der demokratische Prozess in ganz Rumänien sabotiert. Die internationalen Wahlbeobachter, die später fast einstimmig die Wahl für »gültig« erklärten, hätten besser zwei Monate als zwei Tage vor dem 20. Mai ins Land kommen sollen.

Auf dem Heimweg machten wir einen Abstecher. Heute war *Simbata Mortilor,* »der Samstag der Toten«, an dem bei Sonnenuntergang auf den Gräbern von Verwandten und Freunden Kerzen entzündet werden. Die Dämmerung hatte bereits eingesetzt, als wir den Friedhof auf dem Berghang betraten, wo sich in der Ferne ein paar weitere Nachzügler still und schattengleich zwischen den Grabsteinen bewegten. Costins Familie war an der steilsten Stelle zwischen Büschen und jungen Bäumen beigesetzt. Als er zuerst zum Grab seines Großvaters ging und seine Hand zärtlich auf das simple Steinkreuz legte, wurde mir klar, dass dies für meinen atheistischen Freund nicht nur eine jährliche Pflichtübung war, um seine gläubigen Eltern versöhnlich zu stimmen. Leise sagte er: »Dieser Großvater war dreiundzwanzig Jahre lang die wichtigste Person in meinem Leben. Er hat mir alle wertvollen Dinge beigebracht, die man nicht in der Schule lernt.

Wir liebten uns wie *Freunde,* und ich liebe ihn immer noch. Klingt verrückt, nicht wahr?«

»Für mich nicht«, versicherte ich ihm, »ich habe das Gleiche für meinen Großvater empfunden.«

Costin holte drei dünne Kerzen aus der Jackentasche und begann einen sich hinziehenden »Zweifrontenkrieg« mit dem böigen Wind und den rumänischen Streichhölzern – jenen überzeugendsten Symbolen für das Versagen des Kommunismus. Wieder und wieder versuchte er, den drei Kerzen gut zuzureden, am Fuß des Kreuzes brennen zu bleiben. Inzwischen gab ein fast voller Mond, immer wieder von dahinfliegenden Wolkenfetzen verdeckt, dieser abgelegenen, zugewachsenen Ecke die Atmosphäre eines heiligen Grabes. Geduldig baute Costin aus Gras einen kleinen Windschutz und stand dann mit gefalteten Händen und gesenktem Kopf da und sah auf die schwankenden Flammen hinab. Durch dieses ehrerbietige Gedenken seines Vorfahren, das dem Tod nicht erlaubt, das Band aus Dankbarkeit und Zuneigung zu durchschneiden, verlieh er seinem Großvater die einzige Art von Unsterblichkeit, an die ich glaube.

Ein holpriger, sieben Meilen langer, unbefestigter Weg führt zu Costins Dorf, wo er am Fuß eines Berges endet. Von hier aus sieht man über einen breiten, unnatürlich verfärbten Fluss in ein weites, flaches Tal hinein, das durch gigantische petrochemische und Düngemittelfabriken verunstaltet wird. Dahinter erhebt sich eine mächtige Bergkette, etwa 45 Meilen lang und über 7000 Fuß hoch, die aber noch höher wirkt. Vor dieser aufregenden, schneebedeckten Barriere aber ist das Land absolut eben.

Während Costins Kindheit, vor etwas mehr als 30 Jahren, war sein Dorf eine tatkräftige Gemeinde von mehr als 1500 Bauern. Heute leben hier weniger als 500, zumeist alte Menschen. Die wenigen jungen sind mental und/oder körperlich nicht in der Lage, in der Stadt zu überleben. Jeder, der mit dem natürlichen Rhythmus des Dorflebens vertraut ist, muss diesen Ort als tragisch empfinden, in dem das geschäftige, geräuschvolle Hin und Her des Viehs beim Sonnenauf- und -untergang, das Hinauslassen und Wiedereinsammeln des Federviehs und das Arbeiten, Spielen, Lachen und Weinen der Kinder fehlt. Hier sind Kinder stille, in Wohnblocks aufwachsende, zu sauber angezogene Wochenendbesucher. Und obgleich die äußeren Strukturen der Bauernhöfe noch vorhanden sind – Scheunen, Pferde-, Kuh-, Schweine- und Hühnerställe – sind die meisten leer. Die Tiere sind jetzt hinter dem Dorf in langen, standardisierten Kollektivgebäuden aus grauem Beton unter KZ-ähnlichen Bedingungen untergebracht, und viele sterben vor Hunger oder durch irgendeine Nachlässigkeit, während Rumäniens Städte auf schwedischen Käse, deutschen Schinken, dänische Butter, irisches Rindfleisch, italienische Salami und bulgarische Hähnchen angewiesen sind.

In dem für das Dorf-Kollektiv typischen Kuhstall werden 150 Tiere von fünf Roma versorgt (oder auch nicht). Der Boden war zentimetertief mit abgestandener Jauche bedeckt, und die Ammoniakdämpfe bissen mir in die Augen, als ich den Mittelgang hinunterging, um mir mehrere kranke Kühe und Kälber anzusehen. Die Kälber litten an Durchfall, lagen in ihrem verhängnisvoll blassen Kot und hatten nicht mehr lange zu leben. In diesem stinkenden Stall werden die Kühe noch per Hand gemolken von Roma, die sich ihre Hände aber nie waschen und auch sonst kein Wasser an ihren Körper kommen lassen, sodass man sie auf zehn Yards riechen kann. In einer anderen Ecke dieses »Durchschnittskollektivs« – im Hof eines jahrhundertealten ungarischen Herrenhauses – hatten Hunderte von Säcken mit Kunstdünger seit Monaten im Regen gelegen; die Hälfte der Säcke war aufgeplatzt, und ihr Inhalt hatte sich längst in unbrauchbare Klumpen verwandelt. In einer weiteren Ecke stand ein herrliches antikes Sägewerk, das ich liebend gern für irgendein Industriemuseum gerettet hätte. Es verfiel, weil das Kollektiv gezwungen wurde, sein Schnittholz aus einem drei Fahrstunden entfernten Bezirksdepot zu beziehen. Die schönen alten Pferdeställe hatte man lieblos in einen weiteren abstoßenden »Stall« verwandelt. Der Boden war ein urindurchtränkter Matsch aus Stroh und Kot, in dem fünf Schafe lagen, die zu krank waren, um stehen zu können. Unverständlicherweise hatte man ihnen ihre Lämmer gelassen, obgleich es nichts zu saugen gab.

In der Mitte dieser schäbigen Szenerie stand das verfallende aus dem 19. Jahrhundert stammende Gutshaus des ehemaligen Grafen, dem vor seiner Flucht im Jahr 1940 das halbe Dorf gehört hatte. Das restliche Land hatte seit der Agrarreform von 1921 den Bauern gehört. Eine verblasste Notiz an der halbverrotteten Tür dieses bescheidenen kleinen Herrenhauses besagte, dass sich hier jetzt das Büro des Landwirtschaftskollektivs der Gemeinde befindet. In der Erinnerung der alten Leute herrschten hier unter dem Grafen geradezu paradiesische Zustände, verglichen mit dem, was danach kam.

Die Entvölkerung der ländlichen Gebiete ist ein weltweites Problem, aber in Rumänien ist die Art und Weise, in der dies geschah, besonders bedrückend. Als Gast in einem Dorf wird einem das Gewaltsame dieses Vorgangs besonders deutlich, durch den so viele Gemeinden auseinander gerissen wurden. Dies hier sind die Häuser einer intelligenten, sparsamen, kreativen Bauernschaft, die stolz ist auf ihre Kenntnisse in der Tierzucht und im Ackerbau und die heute durch die Kollektivierung erniedrigt und verarmt ist. In weit entfernten Stadtbüros trafen Beamte, die so genannten Landwirtschaftsingenieure, ihre verheerenden Beschlüsse. Dann fuhren sie aufs Land und befahlen den Dorfbewohnern X, Y und Z zu tun, und drohten ihnen mit harten Strafen, falls sie nicht gehorchten. Danach reisten sie wieder ab und ließen die Bauern wutschnaubend zurück, die keine andere Wahl hatten, als zu tun, was nach ihrer Erfahrung *falsch* war, was das Land verderben und das Vieh schwächen musste, und sich dabei ihren Vorfahren gegenüber wie Verräter vorkamen. Eine wechselnde Fruchtfolge war nicht mehr erlaubt. In einigen Gebieten befahl man den Kollektiven, 5000 kg Korn pro Hektar zu produzieren. Eine naturwissenschaftliche Unmöglichkeit, aber das Nichterreichen dieses Zieles hätte die Streichung sämtlicher Gehälter für ein Jahr bedeutet. So wurde die Hälfte des Weidelandes dem Getreideanbau geopfert, und das Vieh bekam seit 1963 nicht mehr ausreichend zu fressen. Man erzählte mir viele Geschichten – »alle wahr«, versicherte mir Costin – über die absolute Ahnungslosigkeit jener Theoretiker aus dem Zentralen Planungskomitee in Bukarest. So kam eines Tages ein »Frucht-Ingenieur«, um einen kollektivierten Obstgarten zu inspizieren, und gab ihnen anschließend detaillierte Instruktionen darüber, was zu tun sei, um die Apfelernte zu verdoppeln. Als er geendet hatte, entgegnete der Sprecher des Kollektivs: »Genosse, wir danken dir. Ich bin mir sicher, dass dies ein sehr guter Hinweis für die Behandlung von Apfelbäumen war, aber dies hier sind Pflaumen.«

Einige meiner akademischen Freunde beharrten darauf, dass die jüngere Generation gern in die Städte gegangen sei, um endlich die Vorteile fließenden Wassers, einer Zentralheizung, nahe gelegener Geschäfte und Kinos zu genießen. Zweifellos trifft dies in vielen Fällen zu. Andere jedoch haben ihr Dorf nur sehr zögernd verlassen, nachdem sie vom Staat enterbt worden waren und sie es nicht über sich brachten, Anbaumethoden anzuwenden, die allen ihren Erfahrungen widersprachen. Die Roma, die häufig ihre Stelle einnahmen, hatten von Landwirtschaft keine Ahnung und waren für einen Hungerlohn gern bereit, den Anweisungen der »Landwirtschafts-Ingenieure« Folge zu leisten. Nach Costins Meinung war die Korruption in diesem kollektiven Farmsystem geradezu heimisch; und da so viele Arbeiter Roma seien (»unsere geschicktesten Diebe«) mit einem »Stall voller Kinder«, erreiche ein bemerkenswerter Prozentsatz des grotesk niedrigen Ertrags nie irgendeinen Markt, weder einen schwarzen noch einen grünen.

Costins Eltern – Anfang 70, groß, würdevoll und vom Wetter gegerbt – empfingen ihren allerersten ausländischen Gast freundlich und warmherzig, ohne großes Getue, obgleich ich unangemeldet kam. Dass ich mich mit Mama nicht ohne Dolmetscher unterhalten konnte, frustrierte mich unsagbar. Sie war noch immer eine gut aussehende Frau und eine höchst eindrucksvolle Persönlichkeit. Sie wollte unbedingt, dass ich einen Begriff davon bekam, wie aktuell einige der von Eminescu vor mehr als 100 Jahren geschriebenen Gedichte für das moderne Rumänien seien. Sie suchte die abgegriffenen, in Leder gebundenen Bände mit den besonderen Gedichten heraus und bat Costin, sie für mich zu übersetzen. Eins lautete wie folgt:

> Fallen among these wolfish fools your glory will be
>   torn to shreds,
> While all that is not understood will be decried by
>   wagging heads.
> Then they will probe your private life, dissecting that,
>   discounting this,

And searching out with eager eyes each little thing
   you've done amiss,
To make you even as themselves. They will not care
   for all the light
You labour poured upon the world, but for the sins
   and every slight
And human failing they can find, and every petty
   thing that must
Befall the life of hapless days, of every mortal child of
   dust.
And every little misery that harassed a tormented
   mind
Will seem more tolerable to them than all the truths
   that you did find.

(Diese Übersetzung stammt von Cornelia Popescu; Costins Übersetzung war nicht ganz so vollendet, aber darum im Rumänien des
Jahres 1990 nicht weniger bewegend.)

Die Welt außerhalb ihres Dorfes war Costins Eltern fremd; mit
Ausnahme dessen, was sie im Fernsehen sahen, konnten sie sich
nicht ausmalen, wie es dort zuging. Sie hatten keine Vorstellung
vom Leben in einem Wohnblock, noch wünschten sie es kennen
zu lernen, nicht einmal für ein paar Tage. Jeder Versuch, sie zu
überreden – »*Bitte* kommt und besucht uns, nur eine Woche!« –,
wurde entschieden zurückgewiesen. Während des Krieges hatte
Papa wie Tausende anderer Schulkinder in einer Munitionsfabrik
in der Stadt arbeiten müssen; aber seit 1945 war er in seinem Dorf
geblieben, abgesehen von seinen höchstens einmal im Jahr vorge-
nommenen Fahrten zum nächstgelegenen, etwa 12 Meilen entfernten Marktflecken. Mama ist im Dorf geboren und hat es nie
verlassen. Dieses Maß an freiwilliger Immobilisierung ist für ihre
Generation offensichtlich nichts Ungewöhnliches, und Costins
Frau Michaela fragte sich, ob der Grund dafür vielleicht der sei,

dass sie sich außerhalb der vergleichsweisen Sicherheit ihrer häuslichen Umgebung dem kommunistischen Rumänien nicht gewachsen fühlte. Alle waren erstaunt, als sie hörten, dass es auch in »meiner Ecke« Irlands einige ältere Dorfleute gäbe, die nie in einer Stadt gewesen seien. Nicht etwa, weil sie es sich nicht leisten konnten, dorthin zu fahren, sondern weil sie schlicht keinen Grund sahen, dies zu tun. (In Irland spricht man nicht von »Bauern«, da diese Bezeichnung dort aus irgendeinem seltsamen Grund eine abfällige Bedeutung hat.) Landbewohner sind keine Reisenden, es sei denn, äußere Umstände zwingen sie dazu. Ihre Welt ist dort, wo sie sind. Und in der ruhigen Sicherheit ihres eigenen Territoriums sprechen sie häufig Weisheiten aus, die die Meinungen der »weit Gereisten« banal erscheinen lassen. Während meiner Besuche in den Dörfern ist mir klar geworden, dass Rumäniens neue Generation der Hochschulabsolventen nicht von bäuerlichen Hinterwäldlern, sondern von willensstarken Denkern erzogen wurde. Äußere Umstände mögen die eigene intellektuelle Entwicklung der älteren Generation eingeschränkt haben, aber ihre geistigen Fähigkeiten haben bei denjenigen ihrer Kinder Früchte getragen, die heute die Stelle der vertriebenen – oder zumindest unterdrückten – Bourgeoisie einnehmen.

Nach der Revolution hatte Costin den Wunsch geäußert, sich als unabhängiger Milchwirt im Dorf niederzulassen und Milch und Butter für den nächstgelegenen Markt zu produzieren. Sein Sohn Ilie, ein schmächtiger, blasser zehnjähriger Stadtjunge, sollte zu einem stämmigen, kräftigen jungen Mann heranwachsen und eines Tages den Hof übernehmen. Ilie teilte diesen Wunsch. Wann immer ich die Familie in ihrem 180 Meilen entfernten Wohnblock besuchte, sprach er nur von Großmama und Großpapa und ihrem Dorf, in dem er *für immer* leben wollte. Costins Bruder Ion – der Fabrikingenieur – hatte ähnliche Pläne. Aber Papa und Mama fanden diese Rückentwicklung äußerst bestürzend. Dreißig Jahre lang hatte nur der »Erfolg« ihrer Söhne ihre Sorgen und Nöte erträglich gemacht. Der Kommunismus hatte ihnen wenigstens erlaubt, in den Kreis der »Intellektuellen« aufzusteigen und Jobs zu bekommen, die es ihnen ermöglichten, ein Auto zu fahren – sofern es Benzin gab. Dies war für ihre Eltern die einzige und hoch eingeschätzte Kompensation für das Elend der Kollektivierung. Nachdem sie so mit einem verhassten Regime einigermaßen ins Reine gekommen waren, fanden sie es auf ihre alten Tage unmöglich, sich noch einmal umzustellen. *Warum* wollten Costin und Ion ihren renommierten Status aufgeben und wieder Bauern werden? Da sie aus eigener Anschauung keine Ahnung von den Verhältnissen hatten, in denen ihre Söhne lebten, konnten sie auch nicht verstehen, dass diese den Wunsch hatten, dem zu entfliehen. Eine Rückkehr ins Dorf bedeutete für sie eine Schande. Alle würden denken, ihre Söhne hätten versagt…

Schon wenige Tage nach meiner Ankunft hatte ich festgestellt, dass Rumänien weit davon entfernt war, eine klassenlose Gesellschaft zu sein. Der Kommunismus förderte das Entstehen einer neuen Mittelschicht ebenso wie der Wohlfahrtsstaat in England, indem er den Kindern der Bauern und Arbeiter ein kostenloses Studium ermöglichte. Und diese sich selbst als »Intellektuelle« bezeichnenden jungen Leute äußern sich in der Regel herablassend, wenn sie vom »einfachen Volk« reden. Ihren eigenen »ungebildeten« Verwandten gegenüber sind sie dagegen liebevoll – pflegen sie im Alter, besuchen »unser Dorf« so oft wie möglich und lehren ihre Kinder, die bäuerlichen Großeltern zu lieben und zu respektieren, deren Lebensweg so ganz anders verlaufen ist als ihr eigener. In einem unguten politischen Klima könnte diese neue Mittelschicht leicht extrem nach rechts abgleiten, so wie viele der »ersten« Generation der Hochschulabsolventen in England begeisterte Anhänger von Frau Thatcher wurden. Aber diese Analogie bedarf einer Einschränkung: Kein Rumäne schämt sich einer niederen Abstammung, was ihre westeuropäischen Kollegen häufig tun. Stattdessen sind sie stolz, dass sie es trotz ihres einfachen Elternhauses und primitiver Dorfschulen zum Hochschulabschluss gebracht haben. War dies ein wohltuender Effekt des Kommunismus?

Trotz des offenkundigen Klassenbewusstseins der rumänischen »Akademiker« wie »Nichtakademiker« ist man bemüht, sich gegenseitig als gleichwertig anzusehen. Dies ist etwas, das man sich in England nicht vorstellen kann, das aber sehr stark, wenn auch nicht überall im modernen Irland festzustellen ist – das ebenfalls im Wesentlichen eine bäuerlich dominierte Gesellschaft ist, obgleich hier diese Entwicklung länger gedauert hat und mühsamer war als in Rumänien. Es faszinierte mich, die alltäglichen gegenseitigen Beeinflussungen zwischen »Intellektuellen« und den »einfachen Leuten« zu beobachten. Gesellschaftlich verkehren sie kaum miteinander, es sei denn – vor der Revolution – bei irgendwelchen Parteianlässen. Aber generell behandelt man sich gegenseitig unbefangen und als ebenbürtig. Bei einem militärischen Abendessen, zu dem ich in Tirgu Mures eingeladen war, kam es beispielsweise immer wieder zu freundschaftlichen Hänseleien zwischen dem Bedienungspersonal und den Gästen – alle hohe Offiziere in umwerfenden Uniformen und Minister der Bukarester Regierung. Wenn sich das Gleiche irgendwo in einer westeuropäischen Demokratie abgespielt hätte, hätte es aufgesetzt gewirkt. Nicht so in Rumänien, und ich glaube, das Schlüsselwort hierfür ist »Unbefangenheit«. Hier sind die »Intellektuellen« nicht nur nett zu den einfachen Leuten, so wie zivilisierte Angehörige einer höheren Klasse überall nett zu den sozial schlechter gestellten sind. Vielmehr besitzen die Rumänen ein starkes und sehr sympathisches Selbstwertgefühl, das sie spontan eine Brücke von Mensch zu Mensch schlagen lässt. Seit der neue Snobismus in Rumänien auf intellektueller Überheblichkeit beruht, sieht man zwar auch hier gelegentlich auf die Arbeiterklasse als solche herab, behandelt aber den einzelnen Arbeiter in der Regel als gleichwertig. Als mir meine Freundin von den brutalen Ausschreitungen bei den Bergarbeiter-Demonstrationen im Juni 1990 in Bukarest berichtete, ein paar Tage nach meiner Abreise aus Rumänien, schrieb sie: »Es ist erschreckend zu sehen, wie für gewöhnlich friedfertige Menschen in eine solche Schweinerei hineingehetzt werden können.« Sie hätte auch schreiben können: »Was kann man anderes erwarten, wenn der Mob von der Leine gelassen wird?« Aber sie sah auch die Hintergründe: Die Bergarbeiter waren jeder für sich durchweg anständige Menschen, die von Iliescu zu Gewalttätigkeiten aufgewiegelt worden waren, wobei er bewusst alte Ressentiments aufwärmte. Die so manipulierten Massen hatten daraufhin alle Hemmungen verloren, die normalerweise jeden Menschen im Zaum halten, und waren zu einer wilden, willenlosen Herde geworden, nicht besser und nicht schlechter als jeder andere Mob.

Keiner von Rumäniens kommunistischen Diktatoren – am wenigsten Ceauşescu – trat für eine echte Gleichheit aller ein, und die schon vor der Revolution aufgebauten Spannungen gegenüber der neu entstehenden Mittelschicht schienen nicht geringer geworden zu sein. Eines Nachmittags, als wir unter blattlosen Weinranken im Hof in der Sonne saßen, meinte Michaela im Hinblick auf eine Wahlkampfsendung im Radio: »Wenn Iliescu so weitermacht, wird Ilie eines Tages als Intellektueller diskriminiert werden. Wir wollen nicht wieder zur sozialen Elite werden, die Privilegien genießt und nur wegen ihrer Herkunft respektiert wird, aber wenn der Kommunismus eine Elite der Arbeiter schafft, ist das auch nicht viel besser… Jetzt werden wir diskriminiert, weil wir denken können, was uns gefährlich macht. Ilies vier Großeltern leben noch in unserem Dorf, einfache Leute, die das Land bestellen, aber heute bringt man den Arbeitern bereits bei, jedes Kind zu verachten, das *denken* kann.«

»Die Rumänen sind im Kopf immer noch Leibeigene«, meinte Costin. »Warum gibt es z. B. bei uns keine Solidarnocs wie in Polen, keine Samisdat-Tradition, keinen Führer wie Havel, keine Geistlichen wie jene, die die Ostdeutschen bestärkt haben, sich zu befreien? Wir können uns nicht selbst regieren, uns muss man sagen, was wir zu tun haben, wie dies bei Leibeigenen eben der Fall ist.«

Wir saßen vor dem fünf Zimmer umfassenden Anbau, der 15

Jahre zuvor der ursprünglich einfachen Hütte angefügt worden war, in der Costin und Ion aufgewachsen waren. Es überraschte mich, dass man selbst in diesen zum Aussterben verurteilten Dörfern mehrere große, gut gepflegte und ziemlich neue Häuser bzw. kunstvolle Anbauten sah. Sicher, das große Badezimmer in Costins Wohnung – modern ausgestattet und ringsum rosa gekachelt – wurde aus dem eigenen Brunnen gespeist und daher selten benutzt: Die ihnen bereits 1962 versprochene Wasserleitung war immer noch nicht gelegt. (Man war allgemein erleichtert, als ich zu verstehen gab, dass mir das jahrhundertealte Plumpsklo in der entfernten Ecke des Hofes neben dem Kuhstall eigentlich sogar lieber sei.) Für Costin war der Hausbau ein wichtiges »Statement«: in der Vergangenheit eine Form des Widerstands, heute des Feierns. Der Plan einer »Systematisierung« tauchte im Parteiprogramm der Rumänischen Kommunisten Partei zum ersten Mal 1968 auf. Von 1955 bis 1965 waren noch Millionen von Privathäusern in den Dörfern gebaut worden. Nach 1968 sorgten dann Mangel an Baumaterial und neue Vorschriften für einen Rückgang dieser privaten Bautätigkeit. Dennoch bekämpften einige Bauern auch weiterhin – zum Teil mit Unterstützung der örtlichen Parteifunktionäre, die die Systematisierung ebenso ablehnten – dieses am meisten verhasste Diktat Ceauşescus. Wie Michaela feststellte, geben Bauern ihr Geld nur für ihre Häuser gern aus, dagegen nicht für Essen, Trinken, Kleidung, Unterhaltung, Autos, Ferien oder Konsumgüter. Dennoch vertrug sich 1990 die zunehmende Bautätigkeit in den Dörfern nicht mit den allgemein niedrigen Einkommen. Einige dieser großartig aussehenden, kleinstädtischen Villen waren denn auch der sichtbare Beweis für die »Geschäftstüchtigkeit« mancher Parteifunktionäre bzw. dafür, wie gut unternehmerische Bauern vor 1984 auf dem schwarzen Markt verdient hatten.

1980 lag das offizielle Einkommen der Bauern 40 Prozent unter dem der Arbeiter, und ihre Pensionen und sonstigen Sozialleistungen beliefen sich nur auf die Hälfte, gelegentlich zwei Drittel dessen, was der übrigen Bevölkerung zustand. Mitte der 1980er Jahre brachte sie eine weitere Verschärfung der Gesetze an den Rand der Hungersnot. Bis dahin hatten sie über die Erträge aus ihren Familienparzellen frei verfügen können und auch über jedes Schaf, das sie auf den nicht kollektivierten Hängen hielten. Nun aber wurden die Parzellen drastisch verkleinert, was zwangsläufig zu einer Verringerung der Ernte führte, und der Überschuss – falls dieses Wunder überhaupt eintrat – durfte nur noch zu festgesetzten Niedrigpreisen verkauft werden. Die Strafen für Schwarzhandel wurden verschärft, und Securitate-Offiziere überfielen die Dörfer und kassierten von jedem Haushalt die bürokratisch festgelegte und oft völlig absurde Abgabenquote. Wie immer litten die Ärmsten am meisten. Eine ältere Witwe, die allein lebte und so sehr unter Rheuma litt, dass sie ihre Parzelle nicht mehr bestellen konnte, hielt dort stattdessen eine Kuh. Im Februar 1989, als diese aus Mangel an Futter keine Milch mehr gab, erfasste die Frau eine solche Verzweiflung, dass sie das arme Vieh umbrachte, indem sie es eines Nachts auf den Eisenbahnschienen festband. Costin wies auf die Verbindung zwischen der Effizienz des Staatsterrorismus und dem relativen Wohlstand des möglichen Opfers hin: »1989 hungerten auch ziemlich hohe Partei- und Securitate-Funktionäre, und während die Gesetze einerseits immer härter wurden, wurden sie andererseits häufig weniger strikt angewandt – vorausgesetzt, man verstand es, mit den Funktionären richtig umzugehen und hatte etwas zu verkaufen. Da jene alte Witwe nichts hatte, wäre sie bestraft worden – und zwar sehr hart. Zum einen als Abschreckung für andere, zum anderen aber auch zum Beweis dafür, dass die örtliche Securitate ihre Pflicht tat und die Quoten streng überwachte – obgleich sie es ebenso häufig nicht tat! Sie war keine Frau, die aus Unverstand so in Panik geriet.«

Es wurde ein beklagenswert alkoholisches Wochenende. Ich litt (mit Freuden) unter einem alten rumänischen Brauch: einem »kleinen« *tuica* vor dem Frühstück, der eine besonders durchschlagende Wirkung hat, wenn nicht vor elf Uhr gefrühstückt wird. Die Familie saß jede Nacht bis in die frühen Morgenstunden und unterhielt sich, um möglichst viel voneinander zu haben, während ich derweil in dem neuen Wohn-/Gästezimmer mit dem üblichen hohen Kachelofen in der Ecke, zwei wunderschönen Vitrinen mit altem geschliffenen Glas und dem »besten Geschirr« und einem hübschen, neuen Esstisch (unmissverständlich: »Nur für den Export«) bereits fest schlief. Wenn ich dann tags darauf gegen neun Uhr halb verhungert von meinen ausgedehnten Morgenwanderungen kam, saßen schon wieder alle um den 12 Fuß langen, weißgedeckten Esstisch im Wohnzimmer. Vom Frühstück war noch nichts zu sehen. Dafür standen eine riesige Karaffe mit blassgoldenem, elf Jahre alten Aprikosen-*tuica* und zierliche Likörgläser auf dem Tisch. Dies war Papas großer Augenblick; niemand sonst im Dorf brannte einen Aprikosen-*tuica* oder verstand es, *tuica* dreifach zu einer so trunkenmachenden Perfektion zu destillieren. Natürlich wurde er nicht jeden Tag serviert, sondern nur, wenn besondere Gäste da waren, wie zugelaufene Irinnen, oder an hohen Festtagen. Und er musste auch »vor Ort« getrunken werden, weil Papa der Ansicht war, dass ihn selbst eine kurze Reise irreparabel schädigen würde.

Aus der alten Küche – voll gestopft, schlecht beleuchtet, gemütlich – wurde schließlich von Mama (einer hervorragenden Köchin) und ihren drei kleinen Enkeln das Frühstück herübergebracht. Wir begannen jeder mit zwei Spiegeleiern, gefolgt von so viel Kalbspastetchen, wie man essen konnte, dünn aufgeschnittenem *slanina*, drei Sorten hausgemachter Wurst und Salami, Büffelmilchbutter und -käse, frischen Rettichen und Schalotten, nicht zu trockenem Brot sowie Kräutertee und echtem Kaffee. Dieser Brunch zog sich gemächlich bis in den frühen Nachmittag hin. Zwischen 17 und 18 Uhr wurde dann ein zweites Bankett aufgetragen: eine kräftige Hammelsuppe mit viel Fleisch, Kartoffeln, Zwiebeln und Knoblauch, Kalbskoteletts, krosse, goldbraune Bratkartoffeln, mehlig gekochte Salzkartoffeln, würzige heiße Rindswürste und eingelegte Pilze. Glücklicherweise folgte diesem »Ma-

rathon« kein Nachtisch; die noch immer bestehende Zucker-
knappheit hatte diese Sitte in Vergessenheit geraten lassen. Rumänien ist das Land mit dem höchsten Fleischverzehr, das ich kennen gelernt habe. Wenn Fleisch zu haben ist, isst man es kiloweise
in jeder nur denkbaren Form – alles gleichermaßen delikat. Vor
dem Abendessen hatte es natürlich wieder (sehr viel) *tuica* gegeben, begleitet von einem ausgezeichneten Rosé, mit dem sich Papa
nun auch als hervorragender Winzer erwies. Er und seine Söhne
drückten ihre bodenlose Verachtung für diejenigen aus, die unge-
hobelt genug waren, bei der Weinherstellung mit Zucker nachzu-
helfen. Und sie versicherten mir (zutreffend), dass man selbst nach
dem größten Besäufnis in einem rumänischen Dorf am nächsten
Morgen keinen schweren Kopf habe.

In Zentraltranssilvanien wohnte ich bei Dinu – dem Freund
eines Freundes – in einem Dorf, das sich von Costins sehr unterschied. Als die ersten Hilfskonvois hier ankamen, staunten die
Helfer nicht schlecht über die vielen wohlhabenden Dörfer an
Transsilvaniens Hauptverkehrsader. Mit ihren in kräftigen Farben
gestrichenen Häusern – einschließlich der lustigen oder senti-
mentalen Wandbilder an den Giebeln, ihren sauberen, schmucken
Gärten, üppigen Weinstöcken und häufig einem Dacia in der
Scheune – straften sie das Bild von den »am Boden liegenden Rumänen« Lügen. Wie meine Tochter Rachel feststellte, als sie von
Skopje herüberkam, um mich nach meinem zweiten Unfall in Ru-
mänien zu retten: »Jugoslawien *wirkt* viel ärmer.«

Diese Dörfer an der Hauptstraße, von denen aus man die umliegenden Städte leicht mit dem Bus erreichen kann, sind deshalb
relativ wohlhabend, weil viele der jüngeren Einwohner in Fabriken arbeiten, aber weiterhin bei ihren Eltern leben. Die ältere Generation, häufig Pensionäre der Staatsfarmen, kümmern sich (soweit vorhanden) um die kleinen Kinder, den Hühnerhof und das
übrige Vieh: gewöhnlich eine Sau und Ferkel und vielleicht ein
paar Schafe, was von der örtlichen Bodenbeschaffenheit abhängt.
An den Abenden und Sonntagen werden die Gärten bestellt, und

durch diesen bäuerlich/städtischen Kompromiss geht es den Pendlern vergleichsweise relativ gut. Zugleich aber machte es sie bei Ceauşescu besonders unbeliebt. Er empfand einen tiefen Hass auf diese Dorfbewohner, die sich offen seiner Direktive vom Dezember 1987 widersetzten: »Jene Arbeiter, die noch in einer Dorfgemeinschaft leben, sollen in die Arbeitersiedlungen an ihrem Arbeitsort ziehen!«

Die Systematisierung gehörte nicht zu Ceauşescus unbedingten Erfolgen. Die Erklärung findet sich in seiner Rede vor der Nationalkonferenz der Rumänischen Kommunistischen Partei im Jahr 1972:

Obgleich wir bereits mehrfach erklärt haben, dass neue Gebäude nur in den inneren Bezirken der Städte gebaut werden dürfen, bauen die Leute weiterhin ihre Häuser, wo sie wollen, und die Volksräte versäumen es, dies genau zu kontrollieren und diejenigen zur Verantwortung zu ziehen, die die Gesetze der Nation in dieser Hinsicht verletzen.

Selbstverständlich versäumte es der Volksrat einzuschreiten, weil er ein Rat des *Volkes* war – dickköpfige Bauern, die die Systematisierung ablehnten. Jahrelang wagte es nicht einmal Ceauşescu, seinen Plan durchzusetzen und etwa 7000 Dörfer durch 250 neue Städte (oder »Agro-industrielle Zentren«) zu ersetzen. 1972/73 wurden hastig 40 Städte hochgezogen; bis dahin hatte es erst eine dieser Art gegeben. Erst 1987, als er in seinem Größenwahn keine Grenzen mehr kannte, kam er auf seinen Plan einer totalen Systematisierung zurück. Schon bald wurde ihm jedoch durch eine anhaltende internationale Protestkampagne, die Rumäniens Wirtschaftsinteressen bedrohte, erneut ein Strich durch die Rechnung gemacht.

Dinus Freunde, Con und Maria, waren bereits pensioniert. Ihr Sohn und ihre Tochter arbeiteten als Pendler in einer Bäckerei, wo auch Con 25 Jahre lang tätig gewesen war. Maria hatte 30 Jahre lang auf der nahe gelegenen Staatsfarm gearbeitet, die vormals einem ungarischen Adeligen gehört hatte. Am 1. März 1990 war ihre Pension von 150 Lei im Monat auf 500 Lei erhöht worden. Damit konnte ein Mensch gerade eben sein Dasein fristen. Die 150-Lei-Pension dagegen war oft einem Todesurteil gleichgekommen: Ceaușescu sah es gern, wenn die Leute bald starben, nachdem sie aufgehört hatten, produktiv zu sein, und die Ärzte waren angewiesen, Patienten über 70 Jahre nicht mehr zu behandeln. Wahrscheinlich hat der *Conducator* deshalb seine Schwiegermutter auch nicht besonders gemocht: Sie starb ein paar Tage nach der Revolution im Alter von 103 Jahren! Eine Fernsehkamera zeigte ihr Gesicht auf dem Totenbett, das dem ihrer Tochter erschreckend glich.

Von meinem Stuhl am schmalen Fenster des überladenen Wohnzimmers konnte ich drei Storchennester sehen, jedes raffiniert ausbalanciert auf der Spitze eines Strommastes. (Das Auge beleidigende Betonmonster – die einzigen hässlichen Dinge in den meisten Dörfern, wo sie die kleinen Häuser überragen.) Dinu erzählte mir, dass dasselbe Paar Jahr für Jahr in dasselbe Nest zurückkehre. Störche brächten Glück. Danach musste dieses Dorf mit seinen mehr als 20 Nestern zu beiden Seiten der langen Straße besonders vom Glück begünstigt sein. Die Rückkehrer waren erst vor kurzem angekommen. Nachdem sie zunächst ihre Nester in Ordnung gebracht hatten, standen sie nun auf jenen sperrigen Bergen von Zweigen und blickten sich gegenseitig stundenlang seelenvoll an. Jedermann amüsierte sich über mein Interesse an ihrer Kolonie; dass es in Irland keine Störche gab, bestätigte ihren Verdacht, dass dort Dauerfrost herrsche.

Dinu war vorzeitig weiß geworden, hatte tief liegende dunkle Augen, ein breites Lächeln und ein langes, schlankes Gesicht, das stets vor Begeisterung und Freundlichkeit zu glühen schien. Dass er mit 45 Jahren unverheiratet war, war für einen Rumänen höchst ungewöhnlich. Als wir uns das erste Mal in seinem Arbeitsdorf irgendwo in Zentraltranssilvanien trafen, hatte er mir gesagt: »Wenn die Securitate nicht so stur gewesen wäre, wäre ich jetzt nicht hier, sondern ein ordentlich verheirateter Mann mit einem sicheren akademischen Arbeitsplatz in einer Stadt.«

Als Sechzehnjähriger war Dinu von der Securitate verhaftet worden, die einen unschuldigen Schuljungenstreich als »subversive Aktivität« missdeutet hatte. Er verbrachte die nächsten fünf Jahre in einem Arbeitslager, zusammen mit zahlreichen Kriminellen und ein paar Dissidenten. Von den Letzteren lernte er, sein von den Kommunisten unterdrücktes Land mit anderen Augen zu sehen, nachdem er in einer apathischen unpolitischen Familie aufgewachsen war. Wütend über die Ungerechtigkeit seiner eigenen Behandlung entschloss er sich, heimlich als Sozialarbeiter zu arbeiten: die einzige Art, wie dies in Rumänien möglich war. Obgleich er in der Stadt aufgewachsen war – sein Vater war Arzt, seine Mutter Physiotherapeutin –, empfand er eine fast mystische Verpflichtung, den kollektivierten Bauern zu helfen, sich ihre traditionellen Fertigkeiten und ihren Selbstrespekt zu bewahren. Er hielt den Kommunismus für so schlecht, dass er schnell – noch zu seinen Lebzeiten – besiegt werden musste. Seine Entlassung fiel mit der Machtübernahme Ceauşescus zusammen. In den nun folgenden »gemäßigten« Jahren gaben sich die meisten seiner Zeitgenossen damit zufrieden, ihre Wunden zu lecken, während er seine Mission weiterverfolgte. Normalerweise wäre es für einen verurteilten Verschwörer unmöglich gewesen, eine Universität zu besuchen. Aber »gewisse Leute«, die um Dinus Unschuld gewusst, aber aus Angst vor der Securitate nicht gewagt hatten, irgendetwas für seine Freilassung zu unternehmen, sorgten nun dafür, dass er eine »saubere Akte« bekam. Daraufhin schloss er die Schule ab und qualifizierte sich mit 28 Jahren als Tierarzt. Seither hatte er auf verschiedenen Staatsfarmen gearbeitet, wobei er seinen offiziellen Job dazu benutzte, unter der Hand die Moral der Bauern zu stärken und sie vor allem energisch ermunterte, weiter die traditionelle Handwerkskunst Transsilvaniens zu pflegen. Das Heiraten verschob er auf später, weil er von einer »netten, gebildeten Frau« nicht erwarten konnte, dass sie sein spartanisches Leben mit ihm teilte.

Dinu führte mich durch die Staatsfarm. Die Tiere wurden auch hier unter Bedingungen gehalten, die nur unwesentlich besser waren als in den Kollektiven, die ich bisher besucht hatte. Der Unterschied entsprach in etwa dem zwischen einem »viktorianischen Gefängnis« und einem »KZ«. Aber dies hier war in erster Linie eine Anbaufarm (meilenweit nichts als Weizen und Zwiebeln). Andere Staatsfarmen dagegen hielten bis zu 3000 Stück Milchvieh, und Dinu hatte erlebt, dass am Ende eines harten Winters allein auf einer Farm mehr als 500 Tiere verendeten. Der Nachbarbezirk hätte zwar genügend überschüssiges Futter gehabt (Stroh), aber die Abgabe von Vorräten an andere Staatsfarmen war verboten. Natürlich gab es auch keine Melkmaschinen; die Dorfbewohner, denen ich sie beschrieb, wollten nicht glauben, dass solche unnatürlichen Einrichtungen tatsächlich existierten, noch hielten sie es für möglich, dass irische Kühe durchschnittlich am Tag neun Liter Milch geben. Die durchschnittliche Leistung der Staatskühe liegt im Sommer wie im Winter bei zwei Litern – das ist nur wenig mehr, als die streunenden Kühe in Indien geben. Die Staatsfarmen beschäftigen jede Menge Roma, um ihre Tausende von Kühen zu melken, und »diese Leute machen Ärger«. Einer ihrer beliebten Tricks war es, verwässerte Milch durch Hinzugabe von Natron zu färben. Eine derart verunreinigte Lieferung ruiniert die ganze Tankladung, die man dann nur noch an die Schweine verfüttern kann. Um die Produktion zu erhöhen, zahlte der Staat seit der Revolution sechs Lei pro Liter an das Kollektiv, obgleich die Milch in der *alimentara* weiterhin 4 ½ Lei kostete. Dinu grinste: »Die Front wird vor der Wahl keine Nahrungsmittelpreise hinaufsetzen.«

Das Elitekorps, das die Traktoren der Staatsfarm fuhr und wartete – bevor diese aus Mangel an Ersatzteilen, Ersatzreifen und Treibstoff zusammenbrachen –, verdiente ein vergleichsweise hohes Gehalt von 3000 Lei im Monat. Aber ein großer Teil der Ackerfläche wurde durch Sklavenarbeit bestellt, durch vom Hunger getriebene Menschen, die lediglich 100 kg Getreide jährlich als freie Ration für ihren Unterhalt bekamen und daher ständig Nahrungsmittel stehlen mussten, obgleich sie regelmäßig gefasst wurden. Als schließlich der Diebstahl auch nur einer Tasche Maiskolben mit der Streichung von sechs Monatslöhnen geahndet wurde, zahlte man den ärmsten Arbeitern – die auch keine Familienparzelle hatten – effektiv überhaupt keinen Lohn mehr: Eine sechsmonatige Streichung reihte sich an die nächste, was einer auf Sklavenarbeit setzenden Bürokratie sehr gelegen kam.

Ins Dorf zurückgekehrt trafen wir die Pendler (zwei bisher herausfordernd kinderlose Paare), die das letzte Tageslicht ausnutzten, um Gemüse zu pflanzen. Beide Frauen waren schwanger – nicht zum ersten Mal, aber diesmal wollten sie ihre Kinder bekommen.

»Sie vertrauen der Front«, sagte Dinu düster. »Alle diese Familien werden für Iliescu stimmen. Ich rate ihnen, die Christlich Demokratische Partei zu wählen, aber sie fühlen sich Iliescu verpflichtet. Sie glauben, er habe uns von Ceauşescu und dem Kommunismus befreit. Für einfache Leute ist Politik schwer zu verstehen.«

Die Christlichen Demokraten gehörten zu den zahllosen Mini-Parteien, die keine Chance hatten, auch nur einen Sitz im Parlament zu erringen. Dennoch waren sie nach Dinus Meinung die Einzigen mit einem klaren Reformprogramm für die Landwirtschaft und die Rechte der Bauern – Probleme, vor denen sich alle übrigen Parteien drückten, einschließlich der wieder zum Leben erweckten Nationalen Bauernpartei, die 1990 ebenso kraftlos wirkte wie sie es 1928–30 gewesen war, als sie Rumänien regierte. Dinu war nicht überrascht, als ich ihm von meinem kürzlichen Treffen mit einem Regierungsminister der Front erzählte, der »in Wahlangelegenheiten« durch Transsilvanien reiste und mir erklärt hatte, er wisse nichts über die Agrarpolitik der Front oder Rumäniens Landwirtschaftsprobleme. Er war leicht verlegen, von einer Ausländerin darüber aufgeklärt zu werden, dass Tausende älterer Arbeiter auf den Staatsgütern um ihre Pensionen fürchteten, falls die Front wirklich »das Land an das Volk verteile«. Aber die feisten Bonzen in Bukarest finden »primitive Bauern« und ihre Sorgen erschreckend langweilig, und er machte daraus auch kein Hehl.

Bevor ich abreiste, nahm mich Dinu in die Dorfschule zu einem Treffen der Pensionäre mit, zu dem er als einer der Führer der Christlichen Demokraten eingeladen hatte: Ein örtlicher Front-Funktionär (ein ehemaliger Partei-Agraringenieur) hatte auch hier im Dorf jenes bösartige Gerücht verbreitet, das ich dem Minister gegenüber erwähnt hatte. Das Ziel war, die Opposition gegen eine Wiederverteilung des Landes zu stärken. Das Ergebnis war, dass die ohnehin bereits Not leidenden Pensionäre höchst beunruhigt waren. Das Gerücht war völlig aus der Luft gegriffen, wurde aber von den Front-Gangstern in vielen Dörfern ausgestreut. Glücklicherweise vertrauten und glaubten – ja verehrten – diese Ärmsten der Armen Dinu, und seine Beruhigungsversuche bewirkten eine sichtbare Entspannung. In den Augen der neben mir Sitzenden sah ich Tränen der Erleichterung. Rumänien könnte sehr viel mehr Dinus gebrauchen, aber ich bin nur einem einzigen begegnet.

12

Hilflos in Moldawien

In der ersten Hälfte des Jahres 1990 bestand eine außerordentliche Anteilnahme an der Entwicklung in Rumänien, das sich damals in einem Zustand befand, den man nur als »psychischen Aufruhr« beschreiben kann. Besucher wurden davon sofort angesteckt und fühlten sich nach einiger Zeit »wie durch die Mangel gedreht«. Ein Ire, der jahrelang nach Bukarest gefahren war und seinen dortigen Freunden sehr zugetan ist, reagierte auf meinen Vorschlag, jetzt einmal nach Transsilvanien zu fahren, mit der Bemerkung: »Ich glaube nicht, dass ich weiteren Kontakten mit Rumänien gewachsen wäre, es ist alles so *zermürbend*!« – was natürlich ein Kompliment für die Rumänen ist. Ihr Land kann man nicht als distanzierter Reisender besuchen; ihr Talent, Freundschaften zu schließen, weckt sofort die Sympathie und das Interesse des Besuchers, der sich ihnen schon bald irrational verpflichtet fühlt. Selbst wenn man keine Möglichkeit sieht, ihnen konkret zu helfen, so wünscht man sich doch, sie wenigstens etwas aufzumuntern. In der Praxis bedeutet dies: zuhören, Kommentare abgeben, wenn erbeten, und vor allem den Menschen, die so voller Selbstzweifel stecken – ohne Schmeicheleien – immer wieder Mut zu machen.

Anfang April 1990 wusste ich, dass ich auf lange Zeit ein Problem mit Rumänien haben würde, sehr ähnlich meinen Sorgen um Nordirland. Es würde mich immer wieder dorthin zurückziehen, einmal um meine Freunde zu besuchen, zum anderen, weil mir die Zukunft des Landes ganz persönlich am Herzen lag. Ich wusste aber auch, dass ich jetzt erst einmal eine Erholungspause brauchte – Einsamkeit, Ruhe, Weite. (Meine geistige Erschöpfung rührte zum Teil daher, dass ich dauernd die Sprachbarriere überwinden musste; die meisten meiner Gespräche – besonders wenn sie übersetzt werden mussten – erforderten höchste Konzentration.) Ich entschied mich daher für eine vierzehntägige Wanderung durch das nördliche Moldawien, eine nicht kollektivierte Gegend, wo in den reizvollen kleinen Dörfern noch geschäftiges Treiben herrscht, sich jeder um seine eigene, gesunde Herde kümmert und an den Hängen die Heuschober der einzelnen Höfe stehen.

Am Mittag des zehnten April erreichte ich hinter einem einsamen, aus einem halben Dutzend Holzhütten bestehenden Dorf die Basis der Südflanke des Rarau-Massivs. Ein Aufstieg von 3000 Fuß würde mich noch vor Dunkelwerden auf den Gipfel bringen. Aufblickend konnte ich nur das erste Teilstück erkennen, einen grasbedeckten Hang. Alles Weitere blieb zunächst dahinter verborgen. Zu beiden Seiten lagen noch steilere Hänge, die alle bewaldet waren. Ich folgte zunächst einem schwach erkennbaren, von der ungepflasterten Fahrstraße abliegenden Pfad. Als ich meinen Aufstieg begann, war der Himmel wolkenlos, die Sonne warm und es wehte eine kühle Brise. Ceaușescus Rumänien war vergessen.

Auf halber Höhe des Berges hörte der Weg auf, aber wenn ich in derselben Richtung weiterkletterte, konnte ich mich nicht ernsthaft verirren. Und wenn doch, war es auch nicht weiter schlimm: Mein Rucksack enthielt eine Campingausrüstung und genug zu essen. Der erste grasbewachsene Berg führte zum nächsten. Inzwischen war es kalt geworden. Vor mir erhob sich ein letzter, dicht bewaldeter Abhang – der steilste von allen –, über dem eben noch sichtbar scharfe Kalksteinspitzen den Gipfel markierten.

Als ich mich dem Wald näherte, erblickte ich plötzlich einen etwa 100 x 20 Yards großen umgepflügten Streifen Land. Wer pflanzte hier etwas an? Die Schäfer waren noch nicht in den Bergen, und seit ich das Dorf einige Stunden zuvor verlassen hatte, war mir niemand mehr begegnet. Ich hatte auch keinen anderen

Acker oder Vieh oder irgendein Gebäude gesehen. Als ich dann das gründlich umgegrabene Rechteck erreichte, erkannte ich, dass es das eigenartig symmetrische Werk von Wildschweinen war. Mein bäuerlicher Freund in Sighet hatte also nicht übertrieben; wenn man dies hier auf ein Maisfeld oder einen Kartoffelacker übertrug, kam es einer wirtschaftlichen Katastrophe gleich. Die nördlichen Karpaten beherbergen den dichtesten Bestand an wilden Tieren in ganz Rumänien: Wölfe, Füchse, Luchse, Bären, Rehe, Wildschweine, Eichhörnchen und Baummarder.

In dem dichten Wald aus alten, mächtigen, noch mit Schnee beladenen Fichten wurde kein Holz geschlagen, und so gab es auch keinen Pfad. (Wie ich am nächsten Tag erfuhr, ist hier ein Naturreservat.) Die Fichte der Bukowina ist seit Jahrhunderten in ganz Europa berühmt, und viele Stämme waren so dick, dass ich sie nicht umfassen konnte. Die Zahl der umgestürzten Bäume erstaunte mich, bis ich sah, wie flach ihre Wurzeln sind – sie breiten sich sehr weit aus, aber die dünne Bodenschicht gibt ihnen nur wenig Halt. Und die Winterstürme sind hier sehr heftig.

Es war eine schwierige Kletterei. Der zerklüftete Untergrund zwang mich zu einem Zickzackkurs, ebenso wie die zahlreichen herabgestürzten Äste und die am Boden liegenden Stämme. Der Boden war mit schlüpfrigem Matsch bedeckt – Schnee und Eis über einer tiefen Schicht aus schwarzem Humus. Unter den Bäumen wuchs praktisch kein Unterholz, und innerhalb einer halben Stunde sah ich zwei Bären: Der eine grub ganz in meiner Nähe unter einem Baum, der andere tauchte kaum 50 Yards entfernt auf, ein struppiges, ziemlich leichtes, braunes Tier, das mit dem sorgenvollen Gesicht mancher Teddybären gemächlich dahintrottete. Ich muss zugeben, dass ich erschrocken wegsah, als er mich musterte, weil ich das Gefühl hatte – vielleicht völlig zu Unrecht –, dass Blickkontakt hier besser zu vermeiden war. Er war sehr viel größer, als ich mir rumänische Bären vorgestellt hatte, wenigstens fünf Fuß lang und stämmig gebaut. Es wäre ein ungleicher Kampf geworden, wenn er Appetit auf Proteine bekommen hätte. Aber offensichtlich hielt er mich, verglichen mit seinen persönlichen Sorgen, für unwichtig und setzte etwa 50 Yards lang seinen Weg parallel zu mir fort. Ich ging langsamer, um mich seiner Geschwindigkeit anzupassen, wobei die eine Hälfte von mir, die sich nicht fürchtete, die Gesellschaft des Bären begeistert genoss – die in diesem verwunschenen Wald irgendwie sehr stilvoll schien. Dann drehte er ab und verschwand in einer Spalte. Dies war eins jener Erlebnisse, die in der Rückschau sehr viel lustiger sind als im Augenblick des Geschehens; jedenfalls veranlasste mich unsere Begegnung, meinen ursprünglichen Plan zu revidieren. Ich hatte daran gedacht, in der Nähe des Gipfels mein Zelt aufzuschlagen, aber zwei Bären innerhalb von 30 Minuten wiesen auf eine beachtliche Bärenpopulation hin, und es wäre verhängnisvoll, wenn einer von ihnen nachts Hunger bekäme. Durch zahlreiche Erzählungen über die Vorliebe der Karpatenbären für Fleisch – die wahr sein konnten – war ich erfolgreich verunsichert.

Hinter dem Wald lag ein meilenweites, mit Gras bewachsenes ovales Tal, das drei enorme Schafherden beherbergte. Im Westen wurde die tiefe Senke von einer silbrigen, 300 Fuß hohen Kalksteinwand begrenzt, auf der ein Fries aus überfrorenen Zwergkiefern vor dem tiefblauen Himmel glitzerte und mich lächerlicherweise an eine Punkfrisur erinnerte. Schlanke junge Fichten bedeckten den steilen Hang rechts von mir, jeder zarte Zweig unter einer funkelnden Schneelast gebeugt. Ich machte eine Pause, um aus einem an den Ufern noch gefrorenen Fluss zu trinken; das Stadtleben hatte meine Kondition derart geschwächt, dass ich trotz des scharfen, kalten Windes völlig durchgeschwitzt war. Danach legte ich eine weitere Pause ein, um mir eine alte, mit Schindeln gedeckte Schäferkate anzusehen – Generationen zuvor errichtet, aber immer noch intakt, die dicken Fichtenstämme durch ihr eigenes Harz imprägniert. Die einzigen Nägel, die man benutzt hatte, waren aus Eibenholz; die Eibe, bekannt als Moldawiens »Eisenbaum«, steht heute wegen ihres langsamen Wachstums unter Naturschutz. Auf dem letzten jähen Aufstieg zum lang gestreckten Gipfel des Massivs erinnerten mich leichte Atembeschwerden daran, dass ich jetzt auf einer Höhe von 5000 Fuß war.

Der Rarau liegt im Herzen der Bistrita-Berge, und als ich meinen Rucksack abnahm, um meine Flasche *tuica* herauszuholen, fühlte ich mich bereits berauscht, bevor ich sie geöffnet hatte. Im Norden lag ganz nah die Obcina-Kette der Bukowina, eine eigenartig ordentlich aussehende Linie niedriger, runder, gleichgroßer Berge, alle mit Fichten bewachsen und durch Täler voneinander getrennt. Im Osten lagen die Stinisoara-Berge: ähnlich, aber dichter aufgeschlossen. Hinter mir, jenseits der engen Bistrita-Schlucht, von der aus ich heute Morgen aufgebrochen war, erhob sich eine Kette rauer, kahler, den Horizont ausfüllender Felsspitzen. Und im Westen, nur ein paar Meilen entfernt, winkte der Giumalau herüber, ungefähr 500 Fuß höher als der Rarau, mit seinem täuschenden »Vulkan-Kegel«, der in Wahrheit ein Doppelgipfel ist. Ihn würde ich mir morgen zum Ziel nehmen.

Zu meinen Füßen breitete sich eine Schönheit ganz anderer Art aus – etwas, das ich noch nie gesehen hatte und nie vergessen werde: Auf diesem exponierten Bergrücken, wo nur Grashalme wuchsen, hatten Wind und Frost zusammengewirkt und eine Märchenlandschaft aus zerbrechlichen Eisfähnchen geschaffen, die von jedem bereiften Halm wehten. Überall auf dem leicht gewölbten Sattel fingen diese wundersamen Gebilde die Strahlen der untergehenden Sonne ein und zitterten glitzernd im Wind, in makelloser Formation.

Drei ebene Meilen auf dem deutlichen Ost-West-Pfad des Bergrückens endeten mit einem kurzen, jähen Abstieg über den noch immer tief verschneiten nördlichen Hang zur *cabana* des Rarau. Hier konnte ich unterhalb des Weges zu meiner Linken die berühmten *Pietrele Doamnei* (Felsen der Prinzessin) sehen. Diese drei einsamen, Hunderte von Fuß hohen Kalksteintürme wirken aus der Ferne wie die Zinnen einer legendären Wojwoden-Festung.

Dann bekamen die blau-schwarz-orange gestreiften Abendwolken plötzlich einen grauen Schleier, und es begann zu schneien –

278

schmerzhaft das Gesicht treffende, vom Sturm getriebene kleine trockene Eispartikel. In der Nähe der *cabana* kam ich dicht an den Pietrele Doamnei vorbei, schob es aber auf, ihnen meine Referenz zu erweisen; jetzt war nicht der Augenblick herumzutrödeln.

Barmherzigerweise fällt die *cabana* des Rarau durch ihre Lage und die sie einrahmenden Fichten nicht allzu sehr auf. In dieser neunstöckigen Monstrosität (Schweizer Chalet à la Stalin) hatte die nachrevolutionäre Neuerung Gebäude zu heizen noch nicht Fuß gefasst, sodass überall Eiszapfen hingen, selbst an dem nicht funktionierenden Wasserkasten im Klo. Im Restaurant saßen in fröhlicher Runde acht Förster in Fausthandschuhen Schaffelljacken mit hochgestellten Kragen und Fuchspelzmützen mit heruntergeklappten Ohrenschützern. Ihr Teamchef hatte in der National-Lotterie 10 000 Lei gewonnen, und das feierten sie nun, indem sie Cognac, Weißwein, *tuica* und Bier durcheinander tranken, was mir unklug erschien. Noch wusste ich nicht, wie bald ich das Opfer dieser Torheit werden sollte. Die Wände des riesigen Restaurants waren zu 90 Prozent aus Glas, was vielleicht Sommergäste zu schätzen wussten, obgleich die Aussicht durch eine mit Zwergkiefern bewachsene Felswand eingeschränkt wird. Erstaunlicherweise wurde das Abendessen heiß serviert: eine deftige Suppe aus Kartoffeln, Erbsen und zartem (nicht-bulgarischem) Hähnchenfleisch, gefolgt von einem Berg Pommes frites, dicken Scheiben würzigen Schweinebratens, dem unvermeidlichen eingelegten Kohl und einer Flasche hervorragenden Weißweins aus Jassy – das Ganze umgerechnet für 70 Pence.

Selbst nach dem Essen waren meine Hände zu taub, um schreiben zu können. Auf dem Weg ins Bett begegnete ich einem Dutzend völlig erschöpfter Teenager, die gerade durch den Schneesturm von Cimpulung Moldovenesc 3000 Fuß heraufgestiegen waren. Es schien eine Schulgruppe unter der Obhut zweier junger Männer zu sein. Zweifellos hing ihre Erschöpfung mit ihrer verfehlten Ausrüstung zusammen: zerbeulte Koffer statt »nicht lieferbarer« Rucksäcke.

In meinem im sechsten Stock gelegenen Horst bestand die gesamte nach Norden gehende Wand aus Fenstern – die noch dazu schlecht schlossen, sodass es schneidend zog. Aber in meinem Schlafsack schlief ich wunderbar und wachte nur einmal gegen Mitternacht auf, als die Förster singend und rülpsend zu Bett gingen.

Im Morgengrauen war die Welt ringsum weiß und still. Obgleich der graue Himmel noch immer tief hing, hatte der Wind nachgelassen, und es herrschte starker Frost. Cabanas servieren kein Frühstück, und so gab es noch im Schlafsack Brot und *slanina*.

Als ich später im Halbdunkel die Pseudomarmortreppe hinunterging, rutschte ich auf Erbrochenem aus und landete fünf Stufen tiefer auf meinem unter mir verdrehten rechten Fuß. Der Knöchel hatte mein ganzes Körpergewicht plus Rucksack abbekommen, und ich wusste sofort, dass er gebrochen war. Abgesehen von den Schmerzen nimmt man den Vorgang komischerweise auch akustisch wahr: Das Gehirn »hört« das Zerbrechen der Knochen, auch wenn es die Ohren nicht tun. Als ich mich einige Augenblicke später wieder aufrappelte, nachdem der erste Schmerz abgeklungen war, musste ich akzeptieren, dass nun der Zeitpunkt gekommen war, mich der – unfreiwilligen – Erforschung der medizinischen Versorgung Rumäniens zu widmen. Aber so schnell ging das alles nicht…

Die einzige Person, die ich finden konnte, war die unangenehme Frau des *cabana*-Managers, die mich auf Französisch davon unterrichtete, dass die nächste Stadt – Cimpulung – gegenwärtig mit dem Auto nicht zu erreichen sei. Die Aussicht, tagelang in einem *cabana*-Schlafzimmer vor mich hin zu siechen und auf Tauwetter zu warten, und dies mit einer Verletzung, die sofort behandelt werden musste, trug nicht gerade zu meiner Aufheiterung bei. Da ich mich damals im Umgang mit gebrochenen Knöcheln nicht besonders gut auskannte, entschloss ich mich zu dem Versuch, nach Cimpulung hinunterzuhumpeln; aber das erwies sich sehr bald als unmöglich. Und selbst wenn es gegangen wäre, hätte ich Tage gebraucht, um die Stadt zu erreichen. Außerdem wurden die Schmerzen immer schlimmer, was kein Wunder war; wie der Arzt später sehr richtig feststellte, eignet sich ein gebrochener Fuß schlecht zum Laufen. Ich gab auf, als mein Bein selbst oberhalb des Stiefels anschwoll.

Eine Stunde später war ich wieder in der *cabana*, wo – o Wunder! – ein Englisch sprechender Medizinstudent im letzten Studienjahr auf mich zukam, als ich sehr langsam durch das Foyer schlich mit dem einzigen Wunsch, mich hinzusetzen. »Sie haben sich verletzt!«, stellte Virgil fest. Da ich vor Schmerzen keinen Ton mehr herausbrachte, nickte ich nur, worauf er mir die Stufen zu einem Café mit Metalltischen und Stühlen hinaufhalf, wo ich ganz vorsichtig meinen Stiefel auszog (ich sollte ihn erst am 22. Juni wieder anziehen) und den Schaden begutachten ließ. Selbstsicher diagnostizierte Virgil: »Nichts gebrochen!« – weil ich meine Zehen bewegen konnte. Ich widersprach nicht, aber im Geist bedauerte ich seine zukünftigen Patienten. Er und sein Freund Teodor, der Deutsch sprach, trugen mich dann in ein Zimmer im ersten Stock und schritten zur Tat.

Die Ceaușescu-Ära hat auf wunderbare Weise die Volksmedizin wiederbelebt – vielleicht ihr einziger nützlicher Nebeneffekt. Während Teodor meinen Fuß in Eiswasser kühlte, requirierte Virgil in der Küche Zwiebeln. Dann machte er mir einen sehr festen Verband mit einer dicken Lage Zwiebelscheiben und schenkte mir eine Flasche »Cognac«.

Nach zwei sehr großen Cognacs fühlte ich mich wieder in der Lage, Konversation zu machen. Virgil und Teodor führten die Aufsicht über die Teenager, die ich am Abend zuvor getroffen hatte. Diese hatten sich durch besondere wissenschaftliche Leistungen einen Osterurlaub auf dem Rarau verdient. Wenn das Wetter es zuließ, wollten sie zusammen mit Teodor ein geologisches Projekt in Angriff nehmen. Virgil begleitete sie, denn: »In gefährlichen Bergen ist es notwendig, jemanden dabei zu haben, der etwas von

Medizin versteht. So kann ich nun Ihnen Verbände anlegen, nur leider keine Medikamente geben!« Und er fügte hinzu: »Der Rarau ist seit Jahrhunderten verhext. Die einfachen Leute wissen das. Jedes Jahr passieren seltsame Dinge – Menschen sterben durch alberne Unfälle oder haben Pech wie Sie. Man erzählt sich von einem auf dem Rarau liegenden Fluch. Der Prinz von Moldawien tat etwas sehr, sehr Böses, und die Person, zu der er böse war, verfluchte den Berg. Ich bin Wissenschaftler und glaube solche Dinge nicht. Aber manchmal fühle ich, was den Rarau angeht, *nicht* wissenschaftlich!« Später erzählten mir viele Einheimische von dieser Überlieferung, die mich offensichtlich als derzeit letztes Opfer dieses Fluches betrachteten.

Den ganzen Tag über wurde ich von Virgil und Teodor gepflegt, die in regelmäßigen Abständen den Umschlag wechselten und meinen Fuß badeten. Das war nicht ganz so einfach, wie es sich anhört, da Wasser sehr knapp war. Ich schlug daher vor, die volle Schüssel in meinem Zimmer zu lassen; aber es war die einzige Schüssel der *cabana*, und Maria, die auffallend hübsche 21-jährige Kellnerin, brauchte sie zum Aufwischen der Fußböden, ihrer Hauptaufgabe. Dann fiel mir ein, dass eine Schüssel voll Schnee weit schmerzlindernder sein würde als kaltes Wasser: was der Fall war, wenn auch nur für kurze Zeit. Aber trotz dieser liebevollen Fürsorge wurden die Schmerzen immer schlimmer, und die Jungs mussten mich zur *toalet* tragen – die unglücklicherweise ganz am anderen Ende des langen Flures lag.

Bei Sonnenuntergang öffnete sich sehr langsam meine Tür, und Bogdan kam schüchtern herein – ein knorriger kleiner Zwerg von einem Mann, mit Tränen in seinen blutunterlaufenen braunen Augen. Er war es gewesen, der sich auf der Treppe übergeben hatte, und nun von Schuldgefühlen übermannt kam, um meine Vergebung zu erflehen, und mir eine große Flasche *tuica* mitbrachte. Ich war völlig überwältigt; wo sonst auf der Welt hätte der Schuldige unter ähnlichen Umständen sein Vergehen gestanden und wäre auch noch aufrichtig betrübt gewesen? Nachdem wir die

Flasche mit Unterstützung meiner Krankenpfleger geleert hatten, sah Bogdan schon wieder viel fröhlicher aus, zumal ich ihm versicherte, dass ich volles Verständnis für seinen Fehltritt hätte – dass gelegentlich auch ich mich schon derart habe voll laufen lassen. Dieses Eingeständnis von Seiten »Grannys« schockierte nun wieder Virgil und Teodor zutiefst: ein Beispiel rumänischer Sprödigkeit.

Im Februar hatte mich ein Londoner Freund mit einem ganzen Berg an Schmerzmitteln ausgestattet – aus Angst, ich könnte geistesabwesend ohne entsprechende Medikamente nach Rumänien zurückkehren. Aber selbst eine dreifache Dosis brachte mir in dieser Nacht keinen Schlaf. Und Schlaflosigkeit ist nicht gut für die Stimmung, die gegen Mitternacht einen neuen Tiefpunkt erreichte. Nicht nur meine Osterferien waren vermasselt, mir drohten auch ein paar Monate Unbeweglichkeit. Nachdem ich mir 1984 das Rückgrat angeknackst hatte, wusste ich, dass es eher Monate als Wochen sein würden. Etwa gegen drei Uhr hatte ich mich außerdem davon überzeugt, dass meine Trekking-Tage vorüber waren, weil alte Knochen niemals mehr richtig verheilen. Kurz darauf musste ich dringend auf die Toilette – was nur gut war, weil mich dieses Problem endlich von den trübsinnigen Grübeleien ablenkte. Nach einigen Überlegungen ließ ich mich vorsichtig auf den Boden gleiten und rutschte mit Hilfe meiner Hände auf dem Hinterteil zum Balkon.

Am nächsten Morgen war mein Fuß, sachlich betrachtet, eigentlich ganz hübsch: Größe und Form eines Rugby-Balles und blau-grün-braun-rot marmoriert nach Art der im 19. Jahrhundert gebräuchlichen Vorsatzblätter bester Qualität. Virgil meinte, während er weitere Zwiebelscheiben darauf verteilte: »Ich glaube, Sie haben sich den Knöchel ziemlich übel verstaucht.« Teodor, der Geologiestudent, sagte auf Deutsch: »Ich halte ihn für gebrochen.«

Während der zweiten schlaflosen Nacht wurde meine Demoralisierung von »Wenn nur …«-Überlegungen bestimmt – die im mer gefährlich sind und langsam zur Manie werden. Wenn ich nur das Erbrochene gesehen hätte! Dann überlegte ich: »Warum musste mir ausgerechnet in Rumänien dauernd etwas passieren?« Irgendwo in meinem vom Schmerz verwirrten Gehirn gab es darauf eine Antwort, aber sie kam erst sehr viel später an die Oberfläche.

Gegen Morgen stieg die Außentemperatur plötzlich an; es wurde wärmer, als es am vorhergehenden Mittag gewesen war. Als Virgil und Teodor mit Schnee und Zwiebeln beladen hereinkamen, verkündeten sie, dass der Weg nach Cimpulung am Nachmittag wieder befahrbar sein müsste.

Um 15.30 Uhr wurde ich nach unten befördert und vorsichtig auf dem Beifahrersitz des Dacia verstaut. Wie ich neurotisch feststellte, waren seine Reifen völlig abgefahren. Eine weinende Maria brachte meinen Rucksack hinterher. Sie hatte Sehnsucht nach ihrer Mutter, die in Cimpulung wohnte. Ich hatte versucht, den Manager der *cabana* davon zu überzeugen, dass ich dringend Marias Hilfe brauchte, aber er hatte es barsch abgelehnt, ihr auch nur einen halben Tag freizugeben.

Wäre ich fähig gewesen, mir die Natur und den Zustand des Weges vorzustellen, hätten mich keine zehn Pferde in den Wagen bekommen – besonders nicht in einen, dessen Reifen kein Profil mehr hatten. Vor 20 Jahren hatten Sklavenarbeiter (»Helden der Arbeit«) aus Cimpulung ihn aus dem Berg herausgehauen, und seine Haarnadelkurven sind eher für Rehe als für Fahrzeuge mit Rädern geeignet. Das Tauwetter hatte gerade erst eingesetzt, sodass zwar der Neuschnee weggeschmolzen, die darunter liegenden geriffelten, schwarzen Eisflächen und der zusammengepresste fünf Monate alte Schnee aber noch intakt waren. Der Fahrer – nach »Cognac« duftend – stritt sich wütend mit seiner unsympathischen Frau, wobei er sich häufig nach ihr umdrehte, um ihr ins Gesicht zu starren. Ich stellte fest, dass mir der Schock von meinem Autounfall im Januar noch immer in den Gliedern saß – der kalte Angstschweiß stand mir auf der Stirn. Unsere Talfahrt schien

Stunden zu dauern, obgleich wir in 20 Minuten in der Ebene waren, im breiten eisfreien Tal von Cimpulung. Dies ist eine für ihre Schönheit berühmte Gegend, obgleich nicht ganz ohne »entwicklungsbedingte Veränderung des natürlichen Hintergrunds«, – Ceauşescu-Ausdruck für Luftverschmutzung. Und wieder überfiel mich das Selbstmitleid: Ich hatte dieses Tal zu Fuß durchqueren wollen – seit zwei Tagen wollte ich auf dem Weg zum Kloster Putna sein…

Um 16.30 Uhr wurde ich an einem der mehreren Eingänge des 500-Betten-Krankenhauses von Cimpulung mit seinen 25 Ärzten ausgesetzt – von denen aber gerade keiner in der Nähe war. Auch sonst schien niemand da zu sein. Den Rucksack neben mir auf dem Boden, stand ich auf einem Bein am Fuß einer acht Stufen hohen Treppe und klammerte mich ans Geländer. Als der Manager zum Wagen zurückging, hörte ich, wie sein Weib ihn schrill beschimpfte, weil er sich von mir 500 Lei hatte geben lassen, statt *valuta* (Dollar) zu verlangen.

Nach einigen Minuten – ich hatte mich inzwischen auf die Treppe gesetzt – erschien auf dem Flur über mir eine Krankenschwester: eine dünne, kleine, blasse Frau in einer Art abgetragenem Metzgerkittel, der einstmals weiß gewesen sein mochte. Sie starrte erst meinen Rucksack an und dann mich. Ich zeigte zunächst auf mich und sagte: »Irlanda!« und dann auf meinen Fuß und erklärte: »Ruptura!« Auf ihrem Gesicht erschien der Ausdruck tiefen Mitleids: Sie eilte die Stufen herab und umarmte mich. Dem Krankenhaus in Cimpulung mangelte es so ziemlich an allem, nur nicht an liebevoller Fürsorge. Aus ihren Gesten schloss ich, dass sie einen kräftigen Helfer holen wollte: den Ersatzmann für Rollstühle, Bahren und Fahrstühle. Er kam gleich darauf: ein kräftiger, sanfter, älterer Mann mit freundlichen Augen und einem bekümmerten Ausdruck, der mich an meinen Gefährten, den Bären, erinnerte. Er forderte mich auf, meinen Arm um seine Schultern zu legen und zu *hüpfen*. Unglücklicherweise musste ich ziemlich lange hüpfen (mehr als 100 Yards) – und zusätzlich noch acht Stufen hinauf –, bevor wir die Röntgenstation erreichten. (Es erschien mir geradezu sadistisch, dass ein Krankenhaus ohne jegliche Hilfsmittel für die Verstümmelten an jedem Eingang eine Treppe hatte.) Dort wurde ich – wie ich annahm – zu einer weiteren Patientin gesetzt, einer erschöpft aussehenden Frau mit eingesunkenen Wangen, in einem schäbigen braunen Morgenrock über einer schmutzigen schwarzen Trainingshose. Es handelte sich jedoch um die Röntgentechnikerin, die sich im jahrelangen Kampf mit dem Röntgengerät aufgezehrt haben musste. Es war bereits seit 1976 defekt und arbeitete nur, nachdem man in rascher Folge dreimal mit der Faust daraufgeschlagen hatte.

Ich legte mich hin, sie trommelte auf dem Gerät, und mein Fuß wurde geröntgt. Unser nächstes Gehüpfe: zwei Flure entlang und drei Treppen hoch zum *ghips-Raum* – veranlasste meinen kräftigen Helfer zu einer anerkennenden Bemerkung über meine »*curaj*«. Der Experte für »Pariser Pflaster« (Gipsverbände) erklärte, dass er nichts für mich tun könne, bevor sich nicht ein Arzt die Röntgenbilder angesehen habe – er sollte um 19 Uhr seinen Dienst antreten. Daraufhin brachten mich zwei stämmige, strahlende Schwestern in ein Krankenzimmer, wo man sich zwischen den vier engstehenden Betten nur im Krebsgang bewegen konnte. Jeweils zwei Patientinnen teilten sich einen kleinen Spind – und das war's. Jedes Bett hatte eine steinharte Matratze, ein dünnes klumpiges Kissen, schmutzige, zerrissene Betttücher und eine fadenscheinige Decke. Im Winter sorgten die Familien für Extrabettzeug. Das Krankenhaus war halb leer, weil dort nur Frakturen behandelt werden konnten.

Um 18 Uhr rollte eine Krankenschwester einen ratternden, quietschenden Servierwagen herein, auf dem vier Teller mit irgendetwas Undefinierbarem Übelkeit verursachende Düfte verströmten. Todernst verkündete sie: »Präsident Ceauşescu lädt Sie zum Essen ein!« Jeder lächelte säuerlich, und der Wagen wurde wieder hinausgerollt. Dieser rituelle »schwarze Witz« brachte sehr anschaulich die Verzweiflung derer zum Ausdruck, für die sich seit der Revolution nichts geändert hatte. Die meisten Krankenhausessen wanderten in großen Kübeln zu den einheimischen Schweinen – bekanntermaßen ein außergewöhnlich unkritischer Zweig ihres Stammes.

Kurz darauf erschienen die Verwandten meiner Leidensgenossinnen mit Suppen, Stews, Würsten, Brot und Kräutertee. Ihre Hauptsorge galt indessen an diesem Abend dem Wohlergehen der Ausländerin. Da ich keine Angehörigen hatte, bekam ich von allem etwas ab, was mich etwas in Verlegenheit brachte, weil ich natürlich nichts auslassen durfte. Schließlich zog ich mich aus der Affäre, indem ich erklärte, dass mir die Schmerzen den Appetit verdorben hätten, was sogar stimmte.

Als der Arzt kam, begann meine moralische Wiederaufrichtung – nicht durch das, was er zu sagen hatte (»drei Knochen gebrochen«), sondern durch seine fürsorgliche Art. Im *ghips*-Raum erklärte er mir jeden Handgriff, während mein Bein vom Oberschenkel bis zu den Zehen von einer schweren Masse umhüllt wurde, wie sie im Westen seit Jahrzehnten außer Gebrauch ist. Zukünftig würde das Hüpfen weniger schmerzhaft, aber sehr viel anstrengender sein. Als er hinterher anordnete, mich in ein winziges Privatzimmer zu legen, war ich ihm ausgesprochen dankbar. Meine ideologischen Skrupel gegenüber einer bevorzugten Behandlung hatte ich längst abgelegt. Das Schwesternzimmer war gleich nebenan, und wenn ich nachts irgendetwas benötigte, brauchte ich nur hart an die Wand zu klopfen. (Die Idee, eine Klingel anzubringen, hat Moldawien noch nicht erreicht.) Rumänische Krankenschwestern – ungebildet, untrainiert, schlecht bezahlt – haben hier den Status von Dienstmädchen. In Cimpulung waren dieselben Frauen Tag und Nacht im Dienst, »ein Regelverstoß«, wie man mir sagte.

Am nächsten Morgen versetzte mich meine durch ein steifes Bein und ein gewaltiges Gipsgewicht verursachte Unbeweglichkeit in leichte Panik; niemals zuvor war ich körperlich so von der

Hilfe anderer abhängig gewesen. Vladimir, mein Arzt, schlug mir vor, kostenlos im Krankenhaus zu bleiben, bis man den *ghips* im Juni wieder entfernen würde. Aber das war unrealistisch. Ich beschloss, in die Stadt ins Touristenhotel Zimburu umzuziehen (das andere, mir besser gefallende Hotel hatte keinen Lift) und von dort alles Weitere zu planen.

Die »Ambulanzen«, die ich von meinem Fenster aus sehen konnte, hätten ein gutes Startkapital für einen Schrottplatz abgegeben. Drei der Wagen waren seit Jahren nicht mehr benutzt worden; der vierte – ebenfalls seit Monaten nicht mehr gebraucht – wurde nun für mich reaktiviert, obgleich ich ein Taxi hatte nehmen wollen. Am Mittag half mir mein kräftiger Samariter, zum Ausgang zu hüpfen. Anschließend eilte er davon, um einen bedauernswerten Jungen mit einem zerfetzten Bein huckepack zu nehmen, der gerade von einem Pferdewagen gebracht worden war. Niemand konnte mir erklären, warum es in einer für ihre Holzschnitzer berühmten Gegend im Krankenhaus keine Krücken gab. Als ich Vladimir bat, mir bei einem Tischler ein Paar zu bestellen, meinte er, dies werde nicht möglich sein, aber er wolle sich persönlich bemühen, welche aufzutreiben – irgendwie, irgendwo.

Während ich ans Geländer geklammert und vor Schmerzen zitternd auf einem Bein balancierte, kletterte der magere, finster blickende Ambulanzfahrer – gekleidet in einen schmuddeligen Arbeitsanzug – mit einem Gewirr von Kabeln aus der Fahrerkabine und verschwand unter dem Wagen. Zehn grausame Minuten später klang mir das Stottern des Motors wie Musik in den Ohren. Dann half er mir, zu der drei Fuß hohen, hinteren Seitentür zu hüpfen, überließ es mir, mich auf den Boden des Wagens zu setzen und mich rückwärts hineinzuhieven, während er auch schon Gas gab. Auf dem Boden und an den Wänden klebten noch Erbrochenes, Schleim und Blut, aber wahrscheinlich hatte die Zeit alles desinfiziert.

Als Vladimir und seine Frau mich am Nachmittag im Hotel besuchten, schickte ich mit ihrer Hilfe einen SOS-Ruf an Rachel, in dem ich sie bat, mir Krücken zu bringen und mich nach Klausenburg zu begleiten. Dort wollte ich ein Zimmer im Erdgeschoss des gemütlichen Hotels Vladease zu meiner Operationsbasis machen, das in Reichweite der englischsprachigen Bibliothek der Universität lag.

Das Telegramm brauchte vier Tage, um nach Skopje zu gelangen. Am 19. April um 19 Uhr kam Rachel endlich an, völlig erschöpft von einer 46-stündigen Bahnfahrt, aber mit ein paar robusten Holzkrücken, die sie sich von ihrem jugoslawischen Nachbarn geliehen hatte. Abgesehen vom Moment ihrer Geburt habe ich mich niemals so gefreut, meine Tochter zu sehen.

Eine Woche später waren wir in Klausenburg, wo meine Freunde meinen Vladease-Plan mit schauderndem Entsetzen boykottierten und für mich eine gemütliche Erdgeschosswohnung fanden – natürlich mietfrei. Die Rumänen nehmen ihre Verantwortung gegenüber ausländischen Gästen ungeheuer ernst, und innerhalb von 24 Stunden hatte sich eine tatkräftige Dervla-Hilfstruppe formiert. Sieben Wochen lang haben sich diese wahren »Helden der Arbeit« um alle meine Bedürfnisse gekümmert: Bücher, Essen, Trinken, Post, Unterhaltung und Transport – ohne mir jemals das Gefühl zu geben, dass ich ihnen lästig werden könnte. Wie schon Walter Starkie vor 60 Jahren über Transsilvanien schrieb: »Es wäre für mich sehr schwer, wollte ich mich mit Worten für all die von Herzen kommende Gastfreundschaft bedanken, die man mir erwiesen hat.«

Ein gebrochener Fuß im »hintersten« Moldawien mag manchem als besonders großes Pech erscheinen, aber ich entdeckte jetzt etwas sehr Paradoxes: Für Reisende kann Unbeweglichkeit gewisse Vorteile haben. Liebenswerte Bekannte wurden zu vertrauten Freunden – so vertraut, dass sie mir selbst von den übelsten Dingen in Ceauşescus Rumänien erzählten, die nicht unbedingt die dramatischsten waren. Außerdem konnte ich ein paar Studenten bei der Übersetzung rumänischer Theaterstücke und Kurzgeschichten ins Englische helfen – eine faszinierende Übung, bei der sie und ich eine Menge über den Unterschied im Denken zwischen Rumänen und Iren lernten, wie sich am Gebrauch der Sprache zeigte. Meine Versorgung mit ins Englische übersetzten Büchern über Geschichte und Brauchtum sowie mit Gedichten, Essays und Romanen war umfassend und erweiterte meinen Horizont. Und meine Abhängigkeit von der Hilfe anderer, die mich anfangs so sehr belastet hatte, wurde für mich sehr viel erträglicher, als mehrere meiner Freunde mir versicherten, dass unsere Beziehung durchaus zweiseitig sei, da auch sie es als eine große Hilfe empfänden, mit einer Ausländerin über die Probleme Rumäniens (und ihre eigenen) diskutieren zu können.

Meine statische Periode fiel in die letzte Vorbereitungsphase der (angeblich) »ersten freien Wahlen« Rumäniens sowie die spannungsgeladenen drei Wochen danach. Für die prodemokratischen Intellektuellen war dies eine besonders stressige Zeit, da das unheilvolle Muster der Wahlkampagne von Tag zu Tag klarer wurde. In den Wohnungen meiner Freunde erlebte ich hautnah, wie die öffentliche Meinung mit Hilfe der vollständigen Kontrolle über das nationale Fernsehen von der Front manipuliert wurde. Am 20. Mai konnte ich mich mit meinen Krücken wieder soweit bewegen, um sechs Wahllokale in und nahe Klausenburg zu besuchen. Die Wahlen selbst waren in der Tat »fair«, wie überall in Rumänien – mit Ausnahme kleinerer Zwischenfälle. Während der vorausgegangenen zwei Monate hatte eine systematische Einschüchterungskampagne – von sanfter Drohung bis zu tödlichen Gewaltakten – sichergestellt, dass eine nach außen hin echte, geheime Wahl der Front eine Zwei-Drittel-Mehrheit in der Nationalversammlung bringen und Iliescu mit 86 Prozent der Stimmen zum Präsident gewählt würde. Es bestand überhaupt keine Veranlassung, das Wahlergebnis zu fälschen – die Wähler waren bereits vorher erfolgreich manipuliert worden.

Mich quälten die Furcht, Wut und Verzweiflung meiner Freunde nach der Wahl. Fünf Monate zuvor hatten sie das Wunder der Freiheit erlebt – lebendig und Begeisterung weckend. Nun war nichts mehr davon übrig geblieben, und ich verließ Rumänien voller Trauer mit dem Wissen, dass die Kommunisten das Land noch immer fest im Griff hatten – unter dem durchsichtigen Deckmantel der »Front zur Nationalen Rettung«. Dies war am 9. Juni, weniger als eine Woche, bevor sich die pessimistischsten Prophezeiungen meiner Freunde mit dem von Iliescu initiierten Bergarbeiterangriff auf antikommunistische Demonstranten in Bukarest erfüllten.

Auf dem Bahnhof von Klausenburg halfen mir meine »Helden der Arbeit« in den Zug Budapest–Wien–München–London (ich ging noch immer an Krücken) und drängten mich, doch bald wiederzukommen. Ich versprach es ihnen für Anfang 1991- mit dem Fahrrad. Inzwischen hatte mich die Erfahrung gelehrt, dass sich Trekking in Rumänien nicht empfiehlt, weil ein so großer Teil des Landes durch die Industrialisierung geschädigt ist. Mit dem Fahrrad kann man diese trübseligen und häufig gesundheitsgefährdenden Gebiete schnell hinter sich lassen, während man zu Fuß dazu möglicherweise einen halben Tag braucht. Dass überhaupt so viel Schönheit die kommunistische Ära überlebt hat, liegt an der Beschaffenheit des Geländes. Ich freute mich schon sehr darauf, in Harghita umherzuradeln – oder besser rauf und runter –, und auf kleinen, verkehrsfreien Straßen und Pfaden bis in das Herz der Karpaten vorzudringen.

13

Auf zwei Rädern in den Karpaten

Niemand hatte mich gewarnt, dass es wenigstens zehn Tage dauert, um in Budapest ein russisches Fahrrad zu bekommen. (Falls Sie zufällig einen berühmten ungarischen Freund haben, der sich mit dem ganzen Gewicht seiner Persönlichkeit für Sie einsetzt, lässt sich dieser Prozess eventuell auf fünf Tage reduzieren.)

Das gewünschte Rad zu finden ist leicht. Was mir vorschwebte, sah ich schon sehr bald im oberen Teil eines Schaufensters des riesigen, im Stadtzentrum gelegenen staatlichen Ladens namens Szivarvany hängen. Das russische Modell 153–421 war deutlich sichtbar mit 4800 Forint ausgezeichnet, was damals in etwa 60 Dollar entsprach. Alle nichtsowjetischen Modelle kosteten wenigstens 20 000 Forint, eine nicht in Betracht kommende Investition, zumal ich das Rad bei einer rumänischen Freundin zurücklassen wollte. Im Ladeninnern waren Hunderte von 153–421ern in alarmierend unvollständigem Zustand an einer Wand aufgestapelt – man brauchte einen akademischen Grad in Maschinenbau, um sie fahrbereit zu machen. In Zeichensprache flehte ich den mürrischen, untersetzten jungen Verkäufer an, mir das zusammengebaute Modell aus dem Schaufenster zu überlassen. Wie nicht anders zu erwarten, antwortete er mir in Ungarisch, einer Sprache, die ihre Benutzer auf einmalige Art und Weise von sämtlichen Miteuropäern isoliert. Dennoch übermittelten sein Ausdruck und sein Ton eine klare Botschaft: In diesem Staatsladen alter Prägung würde man die Regeln nicht ändern, bloß weil eine Ausländerin etwas haben wollte. Verzweifelt suchte ich jemanden, der Englisch sprach – oder Deutsch oder Französisch. In jeder rumänischen Stadt hätten mich sofort einige Sprachtalente umringt, erpicht darauf, einer Ausländerin zu helfen. In Budapest ist dies anders.

Als Nächstes versuchte ich den jungen Mann zu beschwatzen, mir dann doch wenigstens ein Fahrrad zusammenzubauen. Er war empört und wies den Vorschlag mit einer Serie sehr anschaulicher Gesten von sich. Dann händigte er mir ein 24 Seiten umfassendes Heft auf Russisch aus, das mit 26 grafischen Darstellungen illustriert war: Die erste zeigte einen nackten Mann neben meinem zukünftigen Fahrrad, der die Länge seiner Beine mit der Höhe der Räder verglich. Nun folgte *meinerseits* eine beredte Zeichensprache, Entsetzen und Verzweiflung ausdrückend. Der junge Mann zuckte ungeduldig mit den Schultern und holte ein weiteres beachtliches Formular hervor: fünf DIN-A3-Bögen, die erschreckend an ein Einkommensteuerrückerstattungsformular erinnerten. Indem er mir das Bündel in die Hand drückte, gab er mir zu verstehen, dass mein Problem damit gelöst sei.

Seite 1 trug in Druckbuchstaben die Überschrift: ELVESZETT JOTALLASI JEGYET CZAK AZ ELADAS NAPJANAK HITELT ERDEMLO IGOZOLASA (p1.DATUMMAL ES BELYEGZOVEL ELLATOTT SZAMLA, ELADASI JEGYZEK) ESETEN POTOLUNK! Bedeutete das Ausrufungszeichen, dass dies eine lebenswichtige Information war, die sich potenzielle Käufer des Modells 153–421 sofort zu Eigen machen mussten?

Flott blätterte der junge Mann die nächste Seite auf, borgte sich einen Füllfederhalter und unterstrich: VALLALAT BELYEGZOJE und ADOIGAZGATASI AZONOSITOSSZAMA. Ich sah ihn vorwurfsvoll an und holte meinen »Angol-Magyar«/»Magyar-Angol«-*utiszotar* heraus. Keins der Worte stand drin. Das ähnlichste, das ich finden konnte, war *azonos* (»identisch«), was auch kein Licht in das Dunkel brachte. Endlich lächelte der junge Mann einmal; Ungarn schätzen – durchaus angebracht – selbst den kleinsten Versuch, mit ihrer Sprache zurechtzukommen. Dann bemerkte er einen Stadtplan in meiner Tasche. Er breitete ihn auf dem Ladentisch aus, zeigte auf Egressy ut., schrieb »17-21« an den Rand, nahm sich dann eine andere Seite aus dem Bündel vor und kreiste darauf »XIV Egressy ut. 17- 21«ein. Halb hysterisch kicherte ich los, als ihm der Füller runterfiel. Natürlich! Mein »Rad« musste zusammen mit den Formularen, dem Heft und meiner Quittung zu einer Einrichtung am entgegengesetzten Ende von Pest gebracht werden, wo irgendein Genie es vervollständigen würde. Es war nicht an mir zu ergründen, warum dies so war, sondern es zu tun oder zu lassen. Und so schob ich Modell 153-421 unter Lebensgefahr durch den Budapester Verkehr.

Aber das konnte erst am nächsten Tag geschehen. Heute war es bereits zu spät, um Egressy ut. zu suchen. So verbrachte Modell 153-421 die Nacht auf dem Balkon der Wohnung meiner Freunde im ersten Stock. Mit Erleichterung stellte ich fest, dass es nicht schwer war und ich es ohne Anstrengung hinauftragen konnte – eine wichtige Eigenschaft, da rumänische Wohnblocks häufig keine Fahrstühle haben.

Mein Dreimeilenmarsch zur Egressy ut. war ein Erlebnis. Die Ungarn neigen dazu, Budapests breite, gerade Straßen als Rennstrecken zu benutzen. 70 Meilen pro Stunde sind üblich, was in dieser Stadt auf eine Art Massen-Todessehnsucht hindeutet. Selbst Straßenbahnen und Linienbusse halten munter mit und schwanken wie betrunken hin und her, während Metrofahrstühle rauf- und runterzischen wie in einem Trickfilm. Dem entnervten Besucher kommt es so vor, als ob Budapests Fahrer sämtliche unangenehmen ungarischen Eigenschaften in sich vereinen: Aggressivität, Rücksichtslosigkeit und Egoismus. An meinem ersten Tag in der Stadt wurde eine junge Frau mit einem Kleinkind auf dem Arm neben mir zu Boden geschleudert, als sie bei Grün über den Zebrastreifen ging. Der Wagen kam um die Kurve geschossen und ignorierte die Ampelanzeige, was viele ungarische Fahrer tun. Die Frau musste mit einem gebrochenen Bein und das Kind mit einer Gehirnerschütterung ins Krankenhaus gebracht werden. Der Fahrer floh, aber man versicherte mir, man werde ihn höchstwahrscheinlich schnappen, da Öffentlichkeit und Polizei in solchen Fällen eng zusammenarbeiten. Auch ich hätte mir auf dem Weg zur Egressy ut. leicht das Bein brechen können, als ein neben dem Bürgersteig haltendes Auto plötzlich zurücksetzte, ohne dass der Fahrer einen Blick in den Spiegel geworfen hätte. Ich brachte mich gerade noch in Sicherheit.

Nr. 17-21 Egressy ut. war ein merkwürdiges Überbleibsel der kommunistischen Ära – jedenfalls hoffe ich, dass es nicht zu jenen Einrichtungen gehört, mit denen sich die Ungarn noch immer Tag für Tag herumschlagen müssen. In einem trübseligen Büro von der Größe einer Scheune saßen hinter einem den Raum durchschneidenden Tresen mehrere Männer und Frauen an Metalltischen, umgeben von überquellenden Aktenschränken. Sie sahen blass und verbittert aus – kein Wunder, wenn man dort arbeiten musste. Auf der für die Öffentlichkeit bestimmten Seite des Tresens wartete schon eine lange Schlange auf durchgesessenen, mit Plastik überzogenen Polsterbänken. Ihre Probleme schienen irgendwie mit Autos zu tun zu haben. Jedenfalls beobachtete ich 50 Minuten lang, wie die Männer (und nur Männer) mit gerunzelten Brauen umständlich seitenlange Formulare ausfüllten, die dann – häufig nach langen Diskussionen – mit zahlreichen Stempeln versehen und abgeheftet wurden. Wie sollte ich diese bürokratische Hürde wohl ohne Dolmetscher nehmen? Aber es stellte sich heraus, dass die Formulare vom Szivarvany plus Modell 153-421 keiner weiteren mündlichen Ausführungen bedurften. Eine ältere Angestellte mit leuchtend kupferrotem Haar, wie man es sonst nur bei Zelluloidpuppen sieht, forderte mich lediglich auf, ein weiteres Formular zu unterschreiben, das mich berechtigte, mein Eigentum in zehn Tagen abzuholen.

Ich starrte erschrocken auf das gestempelte Datum – dann lächelte ich die Frau einschmeichelnd an und schrieb kühn ein anderes Datum hin: von heute gerechnet drei Tage. Die Frau kniff die Lippen zusammen und strich mein Datum durch. Zehn Tage oder nie! Eine Gebühr wurde nicht verlangt; der Zusammenbau war kostenlos, und sie war nicht an meinem ungeschickten, wortlosen Angebot interessiert (oder begriff es nicht?), mich finanziell für eine beschleunigte Erledigung erkenntlich zu zeigen. Ein Mann in einem Arbeitsanzug tauchte neben mir auf und übernahm Modell 153-421, wobei er mich aufforderte, ihm zu folgen. Skepsis befiel mich; als er mein Rad zu Hunderten anderer unvollständiger, identischer Modelle stellte – buchstäblich Hunderten. Zehn Tage? Eher ein Monat! Ich füllte einen Anhänger aus, den mir der Mann gab, befestigte ihn wie verlangt am Lenker, bekam eine Quittung – vor Abholung vorzuzeigen – und ging sorgenvoll meiner Wege.

Mein Gastgeber jedoch ließ sich nicht so leicht von dem geheimen Ritual des Fahrradkaufs in seiner Geburtsstadt einschüchtern. Am nächsten Morgen begleitete er mich zur Egressy ut., wo ich als berühmte irische Schriftstellerin vorgestellt wurde, die Budapest unbedingt in drei Tagen verlassen musste, dies aber ohne ihr Fahrrad nicht konnte.

Drei Tage später, zur verabredeten Stunde – Punkt elf Uhr –, wurde ein peinlich genau hergerichtetes Modell 153-421 auf dem Dach des Autos meines Freundes befestigt. Anschließend setzte er uns beide in Nyiregyhaza ab, etwa 40 Meilen vor der rumänischen Grenze. Modell 153-421 zu taufen, war einfach. Ich nannte es »Luke« – zu Ehren meines berühmten ungarischen Freundes John Lukacs.

Radfahrer sind bei den standesbewussten Rumänen nicht sonderlich angesehen. Wenn man sich in meinem Alter nur ein Fahrrad leisten kann, braun gebrannt ist wie eine Roma und schäbig angezogen, kann man nur ein totaler Versager sein und wird entsprechend behandelt. Natürlich nicht in den Dörfern, wohl aber in den Touristenhotels und selbst in den kitschigen Cafés und Restaurants der Städte. (Die Transportmittel werden nach Statusgesichtspunkten wie folgt eingestuft: Autos, Lieferwagen, Pferdewagen, Ochsenkarren, Fahrräder, Eselskarren.) Da die meisten Touristenhotels Luke den Zutritt verweigerten, musste ich gelegentlich zitternd in Wind und Regen draußen auf meinen Bekannten warten, mit dem ich verabredet war. Ich hätte Luke natürlich vor der Tür anschließen können, aber das hätte die kleinen Jungen nicht davon abgehalten, daran herumzuspielen und ihm wahrscheinlich einen irreparablen Schaden an seiner empfindlichen Gangschaltung zuzufügen.

Abgesehen von diesem leicht zu ertragenen Prestigeverlust ist Rumänien für Radfahrer ein ideales Land. Es gibt da nur ein paar kleine Hindernisse: zerbrochenes Glas; ruinierte Betonstraßen; österreichisch-ungarische Pflasterstraßen; Hauptstraßen (als solche in der Karte verzeichnet), die sich als für Fahrräder nicht befahrbare Pfade erweisen; heißer, flüssiger Teer; vorübergehend (so hoffe ich wenigstens) benebelnde chemische Spritzmittel; radfahrerfeindliche Lastwagenfahrer in städtischen Gebieten und – das einzige wirkliche Problem – Schäferhunde, die darauf abgerichtet sind, Eindringlinge in ihr Gebiet umzubringen.

Die Glasscherben brachten mich in einen Konflikt zwischen Selbsterhaltungstrieb und Reifenschutz. Da Reifen hier nicht zu ersetzen waren, behielt Letzterer automatisch die Oberhand. Aus irgendeinem, wahrscheinlich nur von Psychologen zu verstehenden Grund scheinen Millionen Rumänen ihre inneren Spannungen durch das Zerschmettern von Flaschen abzubauen. Wie sonst erklärt sich die schimmernde Ausbreitung von Glasscherben neben jeder Hauptverkehrsstraße? Um nicht in sie hineinzugeraten, ist man als Radfahrer dauernd gezwungen, urplötzlich zur Straßenmitte hin auszuscheren und kann von Glück sagen, wenn man vom nachfolgenden Verkehr nicht überrollt wird.

Ruinierte Betonstraßen mögen manchem harmlos erscheinen, sind es aber keineswegs, wenn man meilenweit über große, unebene Steine holpert, die den Beton überlebt haben. Selbst *neue* Betonstraßen haben so schlecht verlegte Platten, dass man alle fünf Yards einen heftigen Stoß verspürt, und die Gleichmäßigkeit dieser unerfreulichen Hopser wirkt auf die Dauer ziemlich zermürbend. Die gepflasterten Straßen sind ein Kapitel für sich. Wo sie unter den rumänischen (nach »Trianon«) Straßen wieder ans

Tageslicht kommen, sind sie hervorragend erhalten, ein Denkmal der Effizienz ungarischer Verwaltung, aber eine Qual für das Hinterteil eines Radfahrers. Ein paar dieser Straßen, die ursprünglich nur für Pferdefuhrwerke bestimmt waren, werden heute von schweren Lastwagen benutzt, zeigen aber trotzdem keine Ermüdungserscheinungen. Sie sind eher von Hand erstellte Kunstwerke als großartige technische Leistungen.

Die seit langem aufgehobenen »Hauptstraßen« sind für Radfahrer keine Bedrohung, aber einige ihrer Brücken sind so verrottet, dass ein Auto – mangels irgendwelcher Warnzeichen – unweigerlich im Fluss enden würde.

Heißer, flüssiger Teer ist im Frühling nichts Ungewöhnliches, wenn nämlich die Hauptstraßen von erstaunlich nachlässigen und inkompetenten Arbeitern »repariert« werden. Zu diesem Zweck wird reichlich kochender, viel zu flüssiger Teer in das jeweilige Schlagloch geschüttet, das Ganze mit einer Schaufel Kies zugedeckt, und dann überlässt man es dem Zuviel, sich auf der Straßenoberfläche zu verteilen – eine Gefahr für jeden Reifen. Es bleibt einem keine Wahl, als die Fahrbahn zu verlassen, was in einer gebirgigen Gegend nicht immer einfach und ungefährlich ist. Eine alternative Form der Inkompetenz besteht darin, bergeweise Kies in riesige Schlaglöcher zu häufen und auf diese Weise ganz nebenbei jene »verkehrsberuhigenden« Hindernisse zu schaffen, die man in anderen Ländern als »Rampe« bezeichnet.

Meine denkwürdigste Begegnung mit chemischen Spritzmitteln ereignete sich in der Nähe von Tirgu Neamt, wo mir die Bewohner dreier dort parkender Zigeunerwagen verzweifelt Zeichen machten anzuhalten. Sie führten sich auf wie Leute, die vor einem unbeschrankten Bahnübergang warteten. Törichterweise radelte ich unbeirrt weiter, da man mich eindringlich vor Roma-Überfällen gewarnt hatte. Ich sollte mein Misstrauen bald bedauern: Ein Doppeldecker besprühte die ganze Gegend mit irgendwelchen Chemikalien. Nach ein paar Meilen konnte ich kaum noch atmen und musste absteigen – mir war schwindlig und übel, und mein

Herz klopfte wie rasend. Langsam schob ich Luke weiter und erreichte endlich am Ende der Gefahrenzone die entgegenkommende Wagenschlange aus Roma und Dorfbewohnern. Dies war meine einzige Erfahrung mit einer solchen Luftaktion. Normalerweise rumpeln riesige Tankwagen über die Felder und verteilen ihre tödliche Ladung zum Schaden der heimischen Tierwelt. In der Nähe von Gheorgheni, wo ebenfalls intensive Sprühnebel meine Augen und Schleimhäute angriffen, stießen mehrere Schwalben im Flug mit mir zusammen und stürzten anschließend zu Boden. Ich stieg ab, um sie mir anzusehen. Sie waren noch nicht tot, aber offensichtlich betäubt und japsten jämmerlich nach Luft.

Rumäniens Lastwagenfahrer verkürzen sich ihre Langeweile gern dadurch, dass sie mit dem Leben der Radfahrer spielen. Für gewöhnlich röhrten ihre Moloche im Abstand von wenigen Zentimetern an mir vorbei, wobei sich hinterher stets ein grinsender Beifahrer vergewisserte, ob ich wohl überlebt hatte oder nicht.

Und dann gibt es noch die Schäferhunde, die größte Gefahr für Radfahrer zwischen dem Balkan und dem Khyber-Pass; aber davon später.

An einem wolkenlosen Frühlingsmorgen verließ ich um 6.30 Uhr Klausenburg und kämpfte mich eine Stunde lang durch die schädlichen Dämpfe von Ceauşescu-Land. Dann bog ich in einen für Autos gesperrten Weg ein, und um 8.15 Uhr umgaben mich die stillen grünen Hänge Zentraltranssilvaniens. Vor einer großen, alten Mühle an einem geräuschvollen, kleinen Fluss verzehrten mehrere Pferde und Esel ihr Frühstück aus ihren umgehängten Futtersäcken, während ihre aus Weizen oder Mais bestehenden Lasten gemahlen wurden. Eine Gruppe alter Männer und Frauen in bäuerlicher Tracht saß gegen die Wand der Mühle gelehnt und unterhielt sich angeregt – bis ich auftauchte. Sofort verfielen sie in Schweigen und starrten mich an, nicht ganz sicher, ob sie meinen Gruß erwidern sollten. Bald darauf überholte ich einen breiten Ochsenkarren. Die Kuh der Familie war hinten angebunden, während ihr Kalb und drei Schweine hinter dem älteren Fuhrmann und einem kleinen Jungen auf dem Wagen standen. Zweifellos arbeiteten seine Eltern in Ceauşescu-Land. Überall auf dem Land sah man ältere Ehepaare mit ihren noch nicht schulpflichtigen Enkeln auf den Feldern.

In dieser Gegend gibt es nur wenig Staatsfarmen und nicht allzu viele Kollektive. Wo es indessen Staatsbetriebe gab, waren ihre Gebäude im letzten Jahr repariert und frisch gestrichen worden, wahrscheinlich um die Illusion zu wecken, die neue Regierung sei in der Lage, sie erfolgreich zu bewirtschaften. Aber die Maschinen rosteten weiterhin in den überfüllten Reparaturdepots vor sich hin, und die Bauern zogen ihre Pflüge und Eggen wieder selbst – wobei auch die Frauen mithalfen –, so wie es bereits die Daker getan hatten, als die Römer ins Land kamen.

In der kleinen Ortschaft Mociu war gerade der Viehmarkt zu Ende, und auf der Straße drängten sich Karren und Wagen, die von Pferden, Eseln, Büffeln oder Ochsen gezogen wurden und häufig Kälber, Schafe, Fohlen und Schweine transportierten. Ein winziger wuscheliger Esel mühte sich ab, einen kleinen Karren mit »Kinderwagenrädern« zu ziehen, von dem aus eine riesige scheckige Sau, die auf einem Haufen goldenen Strohs ruhte, majestätisch ihre Umwelt musterte – wobei sie unheimlich Queen Victoria in ihren mittleren Jahren ähnelte. In einer anderen Gegend waren zwar die Pferde und Büffel in hervorragendem Zustand, aber die knochigen, schmutzigen Rinder, die auf den weiten Flächen grasten, erinnerten mich sehr an die irischen Rinder am Ende eines Winters, als es die Europäische Wirtschaftsgemeinschaft noch nicht gab.

In Transsilvanien beweist die Größe der Dorfschulen – alles hübsche, vor dem Vertrag von Trianon erbaute zweigeschossige Gebäude –, wie viel dichter hier die bäuerliche Bevölkerung in der vorkommunistischen Zeit war. Einige Schulen sind ganz herrlich: mit attraktiven, dekorativen Stuckaturen unter den Simsen und hübschen Säulen, die lange, schmiedeeiserne Balkons tragen. Andere öffentliche Gebäude stehen ihnen darin in nichts nach: ausgewogen proportionierte Rathäuser, Krankenhäuser, Regierungs-gebäude und Kasernen. Entsprechendes findet man weder in Moldawien noch in der Walachei.

In manchen Orten im heutigen Transsilvanien scheint die Zahl der Schweine die der Menschen bei weitem zu übertreffen. Hinter Mociu legte ich eine Lunch-Pause ein, bevor ich mit dem sehr langen allmählichen Aufstieg begann, wie er für diese Gegend typisch ist. Ich saß gegenüber einem Hof, auf dem 13 erst wenige Tage alte Ferkel wie kleine Hunde herumtollten, während Mama im Boden herumwühlte. Als ich die Straße überquerte, um ein paar Worte mit ihnen zu wechseln – eine meiner spleenigen Angewohnheiten –, sprang ein muskulöser Hund, den ich nicht bemerkt hatte, mit einer solchen Wildheit auf mich los, dass er sich fast mit seiner Kette erwürgt hätte. Ein Diebstahlversuch wäre hier keine gute Idee.

Hoch über Mociu grasten auf den bis zum Himmel hinaufschwingenden Hängen Tausende von Schafen, wobei das zarte Klingen ihrer Glocken die Schönheit der Landschaft ringsum herrlich ergänzte. Die Topographie erinnerte mich an ein Plateau in den peruanischen Anden *en miniature*. Man kann hier meilenweit völlig eben auf dem Gebirgskamm entlangradeln – zwischen breiten, flachen Senken, die sich weit zu beiden Seiten hinstrecken, während in mittlerer Entfernung Faltengebirge auf Faltengebirge den Horizont abstecken – manche bewaldet, manche traurig erodiert mit klaffenden Erdnarben auf ihren grünen Hängen. Und dann geht es lange bergab, meist in ein fruchtbares, mit den roten Dächern der Dörfer gesprenkeltes Tal, jedes Dorf von zwei oder drei Kirchen überragt – mit Sicherheit orthodox und calvinistisch, seltener römisch-katholisch.

Als ich auf dem Weg nach Tirgu Mures durch das einst schöne, aber inzwischen scheußlich industrialisierte Turda fuhr, beobachtete ich einen Zwischenfall, in dem sich mir das Wesen des heutigen Rumäniens zu konzentrieren schien: Auf einer langen, engen Brücke über den Muros verursachten ein paar hundert braune und weiße Schafe und noch einmal halb so viele zumeist neugeborene Lämmer einen riesigen Verkehrsstau. Die Herde befand sich dabei in direkter Konfrontation mit einem jener gewaltigen Lastzüge, die die Kräne von einer Baustelle zur nächsten transportieren. Der Laster, der in der Mitte der Brücke zum Stillstand gekommen war, blockierte diese fast völlig; aber die Schafe mussten irgendwie an ihm vorbei, um zu ihrem Pfad am Flussufer zu gelangen. Von meinem Standpunkt auf der Brücke (dem Lastzug gegenüber) konnte ich hinter ihm sieben weitere lange Zigeunerwagen sowie ein Dutzend Lieferwagen und Autos erkennen. Und auch auf meiner Seite wurde die Schlange der Fahrzeuge immer länger. Zusätzlich stank es erbärmlich, da neun sehr hohe Schornsteine, die zu drei nahe gelegenen Fabriken gehörten, ihre erstickenden Rauchschwaden (grün/schwarz/orange-braun/purpurfarben) in die Gegend pusteten.

Die drei Schäfer waren in knöchellange Fellmäntel gekleidet und hatten wunderschön geschnitzte, sechs Fuß lange Hirtenstäbe. Die beiden weißen Schäferhunde trugen zum Schutz gegen Wölfe mit eisernen Spitzen versehene Halsbänder. Das Entsetzen über den Autoverkehr hatte sie indessen völlig verstört. Mich interessierte die Reaktion der Fahrer. Alle hatten die Motoren abgestellt, aber statt – wie sonst bei einem Stau – ihrem Ärger wütend Luft zu machen, sahen sie interessiert und voller Verständnis zu, wie die Schäfer mit dem Chaos fertigzuwerden versuchten. Und das Chaos war erheblich, da die Lämmer von Panik ergriffen in alle möglichen Richtungen drängten, wobei sie neben den gigantischen Rädern des Lastzuges wie kleine Wollflocken wirkten. Schließlich fing einer der Schäfer den Leithammel ein, der – alles andere als hilfreich – inzwischen versuchte, wieder auf die Bergseite zu gelangen, von wo sie gekommen waren, und zerrte ihn durch den schmalen Spalt zwischen Lastzug und Brückengeländer: worauf der Rest der Herde zögernd folgte, abgesehen von den zahlreichen verzweifelten Müttern, die ihre verloren gegangenen und blökenden Lämmer unter den verschiedenen Lastwagen, Karren und Lieferwagen suchten. Die Blockade dauerte mehr als 20 Minuten, und erst als die Schäfer signalisierten, dass alle Schafe sicher am Flussufer waren, setzten sich die Fahrzeuge wieder in Bewegung. Hier wurde deutlich, wie sehr die meisten Rumänen ihrer bäuerlichen Herkunft verhaftet sind, und dass Schäfer in der traditionellen Gesellschaft noch immer hoch angesehen sind. Außerdem gehören sie zu den reichsten Leuten im heutigen Rumänien. Da der Kommunismus sie aus nahe liegenden Gründen nicht beeinflusst hat, blühte in den Bergen der Kapitalismus, während die Wirtschaft überall sonst in Stücke ging.

Hinter Tirgu Mures war ich bald im Szekelyfold, wo selbst heute wenige Rumänen leben (und auch nicht willkommen sind). Ich hatte mein Ziel erreicht, als alles zweisprachig wurde – z. B. hieß das erste Dorf auf meiner Route auf Rumänisch »Murgesti« und auf Ungarisch »Nyaradszentbenedek«. Im Prinzip trete ich für das Recht der Ungarn ein, ihre eigenen Ortsnamen zu benutzen, nicht nur in den Szekler-Bezirken von Harghita und Covasna, sondern in ganz Transsilvanien. Die Rumänen haben jedoch mehr als einen Grund, darauf zu bestehen, dass auch ihre Namen benutzt werden. Die Propagandisten in Budapest – und ihre Verbündeten in Rumänien – behaupten noch immer, die ungarische Sprache sei in Transsilvanien absolut verboten. Aber das Alter vieler Wegweiser im Szekelyfold und der Straßenschilder in Harghitas Städten beweist, dass es selbst vor 1989 in der Praxis anders war, was immer das Gesetz vorschrieb.

Hinter der Provinzgrenze fallen einem sofort ein paar Veränderungen auf, obgleich die Dörfer von der Anlage her typisch transsilvanisch bleiben. Einige der alten Gebäude, die gleichzeitig als Scheune und Stall dienen, sind so groß wie dreigeschossige Häuser. Sie haben jeweils zwölf Fuß hohe doppelte Scheunentore sowie drei unterschiedlich große Türen, die in den Pferde-, Kuh- oder Schafstall führen. (Schweine sind stets für sich untergebracht.) Die einzelnen Wohngebäude sind im Stil sehr unterschiedlich, und die geschnitzten, bunt gestrichenen Torbogen (viele davon neu) sind Triumphe der Volkskunst. Auffallend auch die vielen, sehr alten Holzhäuser mit ihren wunderschön gearbeiteten Säulen, die die schmalen Balkons unter den breiten Dachüberständen tragen. Einige sind jedoch in einem so baufälligen Zustand, wie ich es sonst in Transsilvanien kaum erlebt habe – abgesehen von jenen traurigen, von den Sachsen verlassenen Dörfern, in die inzwischen die Roma eingezogen sind. Auch Harghatis verlassene Häuser wurden häufig von den Roma mit Beschlag belegt; sie zogen ein, als ihre Eigentümer in den 80er-Jahren nach Ungarn flohen – illegal, sodass sie ihren Besitz nicht vorher verkaufen konnten. (Heute, so sagte man mir, könnten sie ihre Häuser nicht zurückverlangen; falls dies stimmt, wäre es grausam ungerecht.) Die meisten Gebäude tragen an dem zur Straße zeigenden Giebel die Jahreszahl ihrer Errichtung, und die zahlreichen robusten Häuser, die in den 30er und frühen 40er-Jahren gebaut wurden, beweisen, dass die Szekler damals nicht diskriminiert wurden – ohne mich mit der derzeitigen Propaganda anlegen zu wollen.

Ein kleinerer – vielleicht nicht ganz belangloser – Unterschied besteht darin, dass die meisten Szekler Gänse und Hühner in Gehegen aus Weidengeflecht gehalten werden, über die man in der heißen Mittagssonne ein Tuch ausbreitet. Nur die Küken können das Gehege verlassen und sich ihr Futter draußen suchen – sie kommen stets zurück, wenn man sie ruft. Mir leuchtete das Ganze sehr ein, aber einige Rumänen hielten es für ein Zeichen gegenseitigen Misstrauens und Kleinlichkeit. Rumänische Bauern kümmern sich nicht allzu sehr um ihr herumstreunendes Federvieh, sondern gehen davon aus, dass sich Gewinn und Verlust am Ende ausgleichen. Aber die Szekler, so behaupten die Rumänen, verteidigten verbissen ihr Eigentum und seien dafür bekannt, dass sie ihren Nachbarn schon im Streit über ein verlorenes Küken erschlagen hätten. Umgekehrt meinen die Ungarn und Szekler, die Rumänen seien nur zu faul und zu leichtsinnig, um ihren Tieren gegenüber Verantwortung zu übernehmen. (Weil wir gerade von Verantwortung reden: Warum sorgen sich Ganter und Schwanenväter um ihren Nachwuchs, bis dieser erwachsen ist, während Hähne keinerlei Familiengefühle entwickeln?)

Das Szekelyfold ist ziemlich dicht besiedelt, aber eines Nachmittags kam ich in der Nähe von Praid in eine völlig unbewohnte – weil zu steile – Berggegend. Langsam stieg die schmale Straße durch enge grüne Täler zwischen buchenbewachsenen Bergen hinauf. Nur das Gebimmel von Schafglocken und das Rauschen eines Gebirgsbaches unterbrachen die Stille. Dann zeigte ein Straßenschild an, dass es nun elf Kilometer *sehr* steil zum Borzont-Pass hinaufgehe. Ich mag solche Schilder nicht. Es macht viel mehr Spaß, eine Haarnadelkurve nach der anderen zu nehmen und ein privates Ratespiel daraus zu machen, wann endlich der Pass auftaucht. Außerdem wirken Hinweise auf anstrengende Steigungen am späten Nachmittag entmutigend, wenn man bereits rund 70 Meilen gestrampelt ist.

Ich stieg ab und trottete mühsam weiter. Schon bald mischten sich Fichten unter die Buchen und verdrängten sie schließlich ganz. Zwischen ihren mächtigen Stämmen glitzerten im Schatten lange Schneewehen. Gegen Sonnenuntergang begann ich mir langsam Gedanken zu machen, wo ich die Nacht verbringen würde, denn hier konnte ich unmöglich mein Zelt aufschlagen. Mir blieb nichts anderes übrig, als in der Dunkelheit bis zum Pass hinaufzusteigen, wo das Gelände vermutlich etwas ebener war. Wenig später aber kam ich an einem verlassenen Kuhstall vorbei, der auf einem Vorsprung am Flussufer stand, und so bugsierte ich Luke den holprigen Abhang hinab. Der Stall war wenig einladend: Überall auf dem Fußboden lagen Glasscherben und stinkende Lumpen. Angewidert räumte ich eine Ecke frei und breitete meinen Schlafsack auf dem feuchten, modrigen Stroh aus.

Ich saß gerade vor der Tür und verzehrte mein aus Brot und Budapester Salami bestehendes Abendessen, als sich ein Auto näherte – das erste auf dieser Straße – und in der Nähe anhielt. Vorsichtshalber zog ich mich in den Stall zurück – immerhin entsprach Lukes Wert dem von vier Monatsgehältern. Über das

Rauschen des Flusses hinweg hörte ich, dass über mir mit irgendwelchen Werkzeugen heftig gearbeitet wurde. 20 Minuten später kamen drei ölverschmierte Männer den Hang herunter, um sich am Ufer zu waschen. Auf dem Rückweg bemerkten sie mich – der Stall war zu klein, um mich völlig zu verbergen –, zögerten kurz und gingen dann ohne Gruß weiter. Hoffnungsvoll wartete ich auf das Anlassen des Motors; stattdessen aber wurde es da oben jetzt lustig. Es hörte sich an, als finde ein Picknick mit reichlich *tuica* statt. Inzwischen war mir in meiner Hütte gar nicht mehr sehr wohl. Meine rumänischen Freunde haben mich oft besorgt gefragt: »Fürchten Sie sich denn nicht, allein draußen zu schlafen?« Worauf meine Antwort stets lautete: »Es gibt nichts, wovor man Angst haben muss, wenn man wirklich allein ist.« Wenn aber drei heftig dem Alkohol zusprechende Männer wissen, dass man in der Nähe und allein ist, zieht man besser um. Dieser Zwischenfall erwies sich indessen als Segen. Nach einer halben Stunde erreichte ich den gemütlichen Holzstall eines Försters, der auf einem weiteren Vorsprung am gegenüberliegenden Ufer des Flusses lag, den ich (mit einiger Mühe) durchwaten konnte. Er war offensichtlich seit dem letzten Sommer nicht mehr benutzt worden; der 15 Zentimeter tiefe Teppich aus Pferdemist war knochentrocken und gab eine warme, duftende, federnde Matratze ab. Nach Einbruch der Dunkelheit schien das Rauschen des Flusses sehr viel lauter, während ich durch den türlosen Eingang auf zwei riesige Fichten blickte, die symmetrisch von einem funkelnden Sternenhimmel eingerahmt wurden. Dies war der perfekte Abschluss meiner heutigen Radtour.

Um 5.30 Uhr sah ich im Dämmerlicht auf eine frosterstarrte Welt. Ein mir unbekannter Vogel beobachtete meine »Katzenwäsche« am eisigen Fluss – er hatte etwa die Größe einer Drossel, einen goldfarbenen Rücken, rote Flügel, und sein durchdringender Ruf bestand aus einer Folge kurzer, scharfer Pfiffe. Nach einem Frühstück aus Brot und Salami kletterte ich weiter, immer höher hinauf durch dichten Wald, wobei der Schnee hinter jeder Kurve höher wurde. Ich hatte Glück gehabt: Zwischen jenem Stall und dem Pass gab es keinen weiteren Unterstand und auch keine ebene Fläche.

Als ich kurz nach acht Uhr den Borzont-Pass überquerte, nahm der Wind zu, und der Himmel bezog sich. Wie viele Karpatenpässe, ist auch dieser durch ein ausgedehntes »Freizeitangebot« verunstaltet worden. Warum tut man das? Mit seiner Höhe von fast 4000 Fuß lädt der Pass höchstens drei oder vier Monate im Jahr zu »Freizeitaktivitäten« ein. Warum zerstört man also seine natürliche Schönheit, die Reisende das ganze Jahr über genießen könnten? Überall lag noch der Abfall der letzten Saison – genug, um dem ganzen Gebiet das Aussehen einer Müllkippe zu geben. (Die Szekler-Dörfer sind übrigens auffallend sauber; selbst die Straßenränder sind vom Unkraut befreit. Ungarn und Szekler haben sich nicht vom rumänischen Schlendrian anstecken lassen.)

Hinter dem Pass wurden die Abgründe zu meiner Rechten melodramatisch. Wie können die Fichten an so steilen Wänden überhaupt noch Halt finden? Diese Abhänge reichen tief hinab in unsichtbare, ungestörte Schluchten, die zu den wenigen noch erhaltenen Zufluchtsorten vieler europäischer Säugetierarten zählen. Manche Menschen finden solche dichtbewaldeten Berge unheimlich – oder bedrückend oder eintönig. Aber mich erinnern sie in ihrer geheimnisvollen Melancholie stets an die wohligen Kindheitsschauder bei der Lektüre gruseliger Märchen. Und ich freue mich, dass ihre steilen Hänge ein Fällen der Bäume unmöglich oder zu teuer macht.

Eben unterhalb des Passes begegnete ich einem Rudel von fünf braun-grauen Hirschen von Elchgröße, das von einem der wegen ihrer prächtigen Geweihe berühmten Karpatenhirsche angeführt wurde. Als sie mich bemerkten, blieben sie stehen und starrten mich an – aber was sie sahen, gefiel ihnen wohl nicht, und so sprangen sie, mit ihren weißen Wedeln winkend, davon.

Das Wetter brachte mich um den Lohn meines Aufstiegs: eine sechs Meilen weite Freilauffahrt bis zum Dorf Borzont. Ein scheußlicher Wind und durchdringender Regen setzten mir elendiglich zu, und als meine Hände so taub waren, dass ich nicht mehr richtig bremsen konnte, musste ich laufen. Aber die vielen Schlaglöcher hätten mich ohnehin gezwungen abzusteigen. Wenn sie so tief sind, dass man sie nicht mehr einfach ignorieren kann, ist eine Steilfahrt nicht mehr lustig. In Rumänien ist jede Provinz für den Erhalt ihrer Straßen selbst verantwortlich. Aber wenn man nach Harghita kommt, wird bald klar, dass die dortige Verwaltung beschlossen hat, von diesem Recht keinen Gebrauch zu machen, denn die Provinz ist nicht gerade ausgesprochen arm.

14 Tage später, als ich von Gheorgheni nach Odorheiul Secuiesc fuhr, kreuzte ich dieselbe Bergkette auf einer etwas tiefer gelegenen und landschaftlich noch schöneren Straße unter einem wolkenlosen Himmel und bei leichtem kühlen Gegenwind. Auch hier war kein Verkehr, es gab nicht einmal Pferdefuhrwerke. Die dunklen Wälder wechselten mit meilenweitem hügeligen und schlüsselblumenübersäten Weideland, in dem gelegentlich einzelne Fichten oder blasse junge Lärchenhaine standen. Die zahlreichen Sommerhütten der Schäfer, die noch leer standen, waren zumeist neu, aber im traditionellen Stil errichtet. Als ich eine Pause einlegte, um die sonnenbeschienene Einsamkeit zu genießen, sah ich etwas über den Grashang auf mich zukommen, das ich anfänglich für ein kleines Reh hielt. Aber es war ein riesiger Hase, der mich entweder nicht sah oder aber Menschen schlechthin verachtete. Langsam kam er den Hang herauf und hoppelte so nah an mir vorbei, dass ich ihn hätte anfassen können. Die Farbe seines Fells war eine Mischung aus Weiß und Rostbraun, woraus ich schloss, dass Karpatenhasen im Winter ein weißes Fell haben. Er kreuzte die Straße und sprang die steile Böschung hinauf in den Wald, gerade als eine etwas kleinere Version (seine Frau?) unter mir am Hang auftauchte und ihm folgte. Auch sie hoppelte in Reichweite an mir vorbei. Für gewöhnlich bewegen sich Hasen flink und anmutig. Diese beiden wirkten dagegen in ihren langsamen Bewegungen unerwartet schwerfällig. Später sah ich etwas weiter entfernt noch mehr davon.

Vor dem Abstieg vesperte ich erst einmal (Brot und Salami; die yardlange Budapester Salami war inzwischen auf wenige Zentimeter zusammengeschrumpft). Von meinem Sitzplatz unter einer duftenden Kiefer sah ich auf das erste Gebäude des sich vor mir öffnenden Tales: ein allein stehendes, altes, zweigeschossiges Bauernhaus, solide gebaut aus Baumstämmen und Steinen. Es stand zur Hälfte von einem blühenden Obstgarten eingerahmt – einer zartrosa Wolke – in einer löwenzahnbedeckten Wiese, durch die in drei weiten Bögen ein breiter Bach floss, in dem sich das Blau des Himmels spiegelte. Nicht weit entfernt glitzerte der Neuschnee auf einer Kette sanft gerundeter Bergkuppen. Hinter der mit Schindeln gedeckten Scheune – erheblich größer als das Wohnhaus – grasten vier braun-weiße Kühe und eine schwarze Stute, die eine dunkel tönende Glocke um den Hals trug. Der daneben gelegene, einen halben Morgen große Schafpferch war zum Schutz gegen Wölfe mit einem acht Fuß hohen Flechtzaun aus Kiefernholz und Rinde umgeben. Ein Dutzend schon etwas größerer Lämmer graste im Obstgarten, wo sie von zwei kleineren Schäferhundmischlingen bewacht wurden. Ihre Stammbäume mochten nicht reinrassig sein, aber als ein fremdes Lamm aus einem Gehege weiter unten an der Straße in ihren Garten eindrang, nahmen sie es gewissenhaft in ihre Obhut und brachten es ruhig zum Loch in seinem Zaun zurück. Ab und zu kam eine Frau aus dem Haus – mit Kopftuch, weitem Bauernrock und Gummistiefeln. Sie holte Wasser aus dem Bach und Feuerholz aus der Scheune, sammelte Eier ein, trug Eimer in den Schweinestall und hing ihre Wäsche auf. Noch lange, nachdem ich mein Picknick beendet hatte, blieb ich dort faul sitzen, um den Zauber nicht zu brechen, den dieser idyllische Ort auf mich ausübte.

Am frühen Nachmittag war ich in Zetea, einer der schönsten Kleinstädte im Szekelyfold – hügelige Straßen, in allen Winkeln und Ritzen Blumen und hinreißend geschmückte Haustüren. Nur Brot konnte ich leider nicht bekommen. Es war Samstagnachmittag, und in Ungarn wie in Rumänien sind seit der Revolution alle

Geschäfte von Samstagmittag bis Montagmorgen geschlossen, einschließlich der Cafés und Tankstellen. Nur die Kneipen bleiben geöffnet – und sonntags die Kirchen. Die Folge ist eine fast »weihnachtliche« Stille, Frustration bei den Autofahrern, die vielleicht dringend Benzin brauchen, und bei Radfahrern, die sich nach einem Laib Brot oder einer Tasse Kaffee sehnen. Wenn/falls es erst eine freie Marktwirtschaft gibt, wird sich dies wahrscheinlich wieder ändern. Derzeit betrachten viele Rumänen ihre wöchentlich wiederkehrende Chance, nonstop 36 Stunden lang trinken zu können, als die größte, wenn nicht einzige Errungenschaft der Revolution. (Falls dies eine Übertreibung sein sollte, so ist es nur eine kleine.)

Diese Vorliebe der Rumänen für ausgedehnte Trinkgelage war mir schon 1990 aufgefallen, aber damals war sie durch einen akuten Mangel an Schnaps gebremst worden. 1991 nun war staatlich produzierter Alkohol in zahlreichen künstlichen Variationen reichlicher vorhanden als Nahrungsmittel. Bier kostete 12 Lei pro Liter und staatlich gebrannter *tuica* (woraus auch immer) nur 70 Lei die Flasche. Die Zahl der Betrunkenen, die man jetzt jeden Tag überall sah, war ebenso erschreckend wie deprimierend – ein Maßstab für die innere Leere der Menschen, deren Antriebskräfte infolge der marxistischen Gehirnwäsche seit langem verkümmert waren. Selbst Jugendliche von 16 oder 17 Jahren hingen bereits in den Kneipen herum, weil sie nicht wussten, was sie sonst mit ihrer Freizeit anfangen sollten, und wurden von ihren Vätern häufig noch zum Trinken animiert. Glücklicherweise macht Alkohol die Rumänen nicht aggressiv. Wenn sie genug haben, wanken sie friedlich nach Hause ins Bett – wobei sie sich oft schon unterwegs übergeben – oder aber sie fallen am Straßenrand um und schlafen erst einmal, von den Vorübergehenden unbeachtet, ihren Rausch aus. (Das Übergeben ist offensichtlich eine Schutzmaßnahme des Körpers, der sich instinktiv gegen Chemikalien wehrt, die er nicht verdauen kann.) Gelegentliche Streitereien unter Betrunkenen werden eher mit Worten als mit Fäusten ausgetragen, was interessanterweise die Behauptung bestätigt, die Rumänen hätten anders als die Ungarn ein »sanftes Temperament«, obgleich auch sie – wie die Geschichte zeigt – zu größter Brutalität fähig sind, wenn sie von zynischen Anführern aufgehetzt werden.

Im Verlauf eines Tages beobachtete ich: a) um 10.45 Uhr zwei Arbeiter, die bewusstlos auf einem kollektiven Kartoffelacker lagen, eine leere *tuica*-Flasche neben sich; b) einen älteren Mann, der neben einer der Hauptstraßen von Tirgu Neamt unter seinem Fahrrad lag und wieder hochzukommen versuchte; c) den Traktor einer Staatsfarm, der zunächst vor mir her schlingerte und dann plötzlich mitten auf der Straße anhielt, worauf der Fahrer ausstieg und in den Graben kroch. Als ich vorbeifuhr, steckte er sich gerade den Finger in den Hals, um sich zu erleichtern – wahrscheinlich in der Hoffnung, anschließend wieder geradeaus fahren zu können.

Nahe dem Dorf Kukullokemenyfalva wurde ich auf ebener Straße zwischen den mit Winterweizen bestellten Feldern einer Staatsfarm in ein Minidrama verwickelt. Was sich da vor mir abspielte, war sehr komisch, hätte aber für das Opfer, einen riesigen Eber, leicht tragisch enden können. Die beiden älteren Bauern (sturzbetrunken) hatten ihn mit ihrem Wagen derart durch die Gegend geschaukelt, dass er halbwegs heruntergerutscht war und sich an seinem Halteseil zu strangulieren drohte. Die beiden Pferde – offensichtlich an solche Krisen gewöhnt – standen da, ohne sich zu rühren. Während ich zu Hilfe eilte, versuchten die beiden Alten erfolglos ihren quiekenden Eber wieder hochzuhieven, der sich anhörte, als wisse er, dass sein letztes Stündchen geschlagen habe. Plötzlich fielen beide auf die Straße und begannen sich lauthals zu beschimpfen, während sie gleichzeitig versuchten, sich gegenseitig wieder auf die Beine zu helfen. Wäre der Eber nicht in so unmittelbarer Gefahr gewesen, hätte ich sie ihrem Schicksal überlassen. Aber so musste irgend etwas geschehen. Seine Rettung war einfach genug: Mit ein wenig Unterstützung kam er allein wieder auf den Wagen zurück. Den Männern zu helfen – erstens aufzustehen und zweitens, auf den Wagen zu klettern –, war schon schwieriger. Sie waren zwar betrunken, aber nicht *blind,* und als sie den auffälligen kyrillischen Firmennamen auf meinem Fahrrad lasen, bekam ich statt höflicher Worte der Dankbarkeit erst einmal eine antisowjetische Hasstirade zu hören. Aber am Ende setzte ich mich durch und bugsierte sie auf den Wagen, obgleich sie weiterhin fröhlich dem *tuica* aus ihrer Steingutflasche zusprachen. Sobald sie an Bord waren – hinten auf dem Stroh liegend und sich beide an die Flasche klammernd –, zogen die Pferde an. Rumänische Pferde sind sehr klug und müssen dies auch sein. Häufig sieht man sie scheinbar leere Wagen ziehen und auf sich allein gestellt komplizierte Kreuzungen überqueren, während ihre Eigentümer auf dem Wagenboden schlummern. 1991 kostete ein gesunder, kräftiger Dreijähriger etwa 80 000 Lei, fast so viel wie ein Dacia.

Die meisten Szenen mit Betrunkenen entbehrten jedoch jeder Komik. An einem Sonntagmorgen sah ich in Gheorghenis einzigem Restaurant ein seltsames Paar. Der eine war ein blauäugiger Roma, etwa um die vierzig, mit einem lustigen, geröteten Gesicht, einem schwarzen Schnauzbart und einem kurzen krausen Kinnbart. Er trug den für Roma typischen breitkrempigen Hut und eine schmuddelige Schaffelljacke. Sein enormer Bierbauch erlaubte es seinen Jeans nicht, sehr weit über den Schritt hinaufzukommen. Der andere war ein kleiner glatzköpfiger Mann, dessen Schädelknochen sich gespenstisch unter der straffen dunklen Haut abzeichneten. Kleine wollige, graue Haarbüschel hinter beiden Ohren gaben ihm das Aussehen eines Satyrs. Er war taubstumm und gab mitleiderregende schrille, quäkende Laute von sich, die sein Gefährte aber in etwa zu verstehen schien. Es war neun Uhr morgens, und beide tranken Bier und Cognac.

Zehn Stunden später, als ich zum Abendessen zurückkam, saßen sie noch immer am selben Tisch – das Tischtuch inzwischen schwarz von Zigarettenasche und verschütteten Getränken. Irgendwann waren sie zu Wein und *tuica* übergegangen. Eine der Kellnerinnen, bei der ich wohnte, erzählte mir, dass sie Wochenendstammgäste seien. Sie hatten gerade etwas gegessen – »um zu versuchen, wieder nüchtern zu werden, bevor Josefs Frau kommt, um ihn abzuholen«, wie meine Freundin erklärte. Plötzlich stand der Satyr schwankend auf und versuchte, das nahezu leere Restaurant in Richtung *toalet* zu durchqueren, wobei er sich beim Gehen an den Stühlen fest hielt. Mitten im Raum stürzte er und riss sich an der scharfen Ecke eines Metalltischs die Wange auf. Als er heiser zu schluchzen begann, stolperte Josef hinzu, um zu helfen und mit dem Zipfel seiner Jacke das Blut aufzuwischen. Unglücklicherweise hatte der Lärm den Direktor auf den Plan gerufen – angeblich ein Ceauşescu-Mann, den man in die Stadt eingeschleust hatte, um die Szekler auszuspionieren. Jedenfalls gab er sofort Anweisung, den Satyr hinauszuwerfen, obgleich es ein sehr kalter und nasser Abend war. Josef stolperte demütig an seinen Platz zurück und bestellte eine weitere Flasche Wein. Er sagte kein Wort, als sein Freund von zwei Küchenlakaien an die Luft gesetzt wurde – noch immer schluchzend und blutend.

»Es wird ihm nichts passieren«, versicherte mir die Kellnerin, »Josefs Frau wird ihn finden.«

Als ich kurz vor die Tür sah, wurde der anscheinend bewusstlose Satyr gerade von zwei jungen Roma in einen geschlossenen Wagen gehoben.

Als ich wieder ins Restaurant zurückkam, sah ich, dass Josef dicke Tränen über das Gesicht liefen. Kurz darauf kam seine Frau – einst eine Schönheit –, die einen aus Düngemittelsäcken zusammengenähten »Regenmantel« trug. Ihr folgten drei kleine schmutzige und zerlumpte Kinder (die übrigen sechs waren bereits groß genug, um für sich selbst sorgen zu können). Nach einer leise geführten Unterhaltung stopfte sich Josef die Weinflasche in die Jackentasche und ließ sich zur Tür führen. Kurz darauf gab es auf der Straße einen lauten Wortwechsel, und Josef kam zurück, begleitet von seiner Frau, aber ohne die Kinder. Diesmal setzte er sich an meinen Nebentisch und bestellte ein Bier und zwei Gläser *tuica*. Zuerst wies seine Frau ihr Glas zurück, aber nachdem sie noch einmal vergeblich versucht hatte, ihn zum Mitkommen zu überreden, stürzte sie es hinunter, als ob sie noch ein weiteres vertragen könnte. Während ich zu Abend aß, redete sie ihm weiter gut zu, wobei sich in ihren Zügen ein unerklärlicher Rest vom Liebe spiegelte. Als ich ging, saßen sie noch immer da.

Gelegentlich hielt ich auf einen Drink vor einer der staatlich betriebenen Bierhallen, wo ich Luke mit hineinnehmen konnte. Hier zahlt man als Pfand für den Halbliterkrug ebenso viel wie für das Bier selbst. (Lässt dies nun auf eine grassierende Unehrlichkeit schließen, oder auf einen Mangel an Trinkgefäßen in den Haushalten, oder auf die Angewohnheit, das eigene Selbstbewusstsein zu heben, indem man den Staat betrügt?) Diese schäbigen Bierlokale werden von Leuten aufgesucht, die nur eins wollen: so schnell wie möglich betrunken werden. Ein überwältigender Uringestank geht von einem Loch mitten im Raum aus, dessen Sinn es ist, die Betrunkenen davon abzuhalten, sich draußen vor der Tür zu erleichtern und dadurch die einheimische Weiblichkeit zu schockieren. Früher haben Frauen diese Lokale gemieden, aber das hat sich inzwischen geändert. Ich befand mich oft in Gesellschaft anderer Frauen – wenn auch nicht der feinsten Art. Und selbst am Vormittag gab es dort immer ein paar Männer, die es sich nicht nehmen ließen, mir Avancen zu machen, während sie mir ins Gesicht rülpsten. Sie waren bereits zu weit jenseit von gut und böse, um zu merken, dass ich ihre Mutter (oder manchmal auch Großmutter) hätte sein können. Was Rumänien braucht, ist ein Pater Matthew, der Irland Mitte des 19. Jahrhunderts aus einer ähnlichen Situation gerettet hat.

Rumäniens Autos verloren ständig irgendwelche Teile. Jede Hauptverkehrsstraße wies eine ganze Sammlung davon auf. Dies mag für Radfahrer irrelevant erscheinen, ist es aber keineswegs: Als ich gerade sehr schnell vom Toaca-Pass abwärts am Rand der kleinen Stadt Pluton entlangradelte, fiel plötzlich das Kabinendach eines sich nähernden Lastwagens herunter und verfehlte mich nur um wenige Fuß. (Ich kann mir nicht vorstellen, dass irgendwo sonst auf der Welt Kabinendächer auf die Straße knallen, obgleich ich mehr als genug klapprige Fahrzeuge gesehen habe.) Ich bremste so scharf, dass ich stürzte. Ohne mich eines Blickes zu würdigen, stiegen der Fahrer und sein Begleiter aus, um das Dach wieder zu befestigen, was sie mit einer Geschwindigkeit erledigten, die auf lange Übung schließen ließ.

In den Karpaten hatte ich häufiger Glück (vielleicht ein Ausgleich für 1990?), besonders auf dem Rotunda-Pass, wo mir ein »wundersamer« Zufall weiterhalf. Ich war gewarnt worden, dass es dort keine vernünftige Straße gäbe, obgleich meine Karte das Gegenteil behauptete. Aber ich sagte mir, dass der jahrhundertealte Pfad für einen Radfahrer keine Schwierigkeiten bieten dürfte. Notfalls musste ich mein Rad eben schieben.

Nicht weit hinter dem Darf Sant, wo ich am Tag zuvor zu einer ausgelassenen moldawischen Hochzeit eingeladen worden war, brach ich an einem milden, sonnigen Frühlingsmorgen zu meiner nächsten Etappe auf. Die Vögel sangen, und die Wiesenblumen standen in voller Pracht. Zunächst bewegte ich mich jedoch im Schatten; der Weg folgte einige Meilen weit dem Somes, einem zwischen bewaldeten Bergen dahinströmenden Fluss. In diesem engen Tal war die Landschaft noch unberührt: keine Häuser oder Weiden oder abgeholzten Hänge. Und der nie mehr als ein paar Yards entfernte Somes schäumte immer weißer und wilder, je weiter es bergauf ging. Hinter einer scharfen Biegung unter einem Überhang sah ich plötzlich unmittelbar vor mir einen dicken Ast liegen. Das Terrain machte eine Überquerung des Somes erforderlich, aber falls der Ast eine Furt anzeige, so konnte ich sie zunächst nicht erkennen. Es musste sie aber geben, denn der Weg setzte sich jenseits der wirbelnden Wassermassen fort, wo er jetzt den Fluss verließ und hoch um die Schulter des gegenüberliegenden Berges hinaufstieg. Offensichtlich gingen die Einheimischen hier hinüber, wenn auch vielleicht nicht gerade oft mit einem Fahrrad.

Der Somes war hier nicht breiter als 10 Yards. Ich nahm die

Packtaschen ab, suchte mir in der Nähe einen kräftigen Stock, zog mich nackt aus und trug nacheinander die beiden Taschen hinüber. Die Strömung des mir bis zur Taille reichenden, eisigen Wassers war beträchtlich, und das Flussbett wie bei allen Gebirgsflüssen sehr instabil. Mir war nicht sehr wohl bei dem Gedanken, Luke ohne stützenden Stock hinüberbringen zu müssen, denn ich brauchte beide Hände, um ihn fest zu halten. Gerade als ich allen Mut zusammenraffte und Luke ergriff, bog ein Pferdewagen mit drei älteren Männern um die Ecke. Mit einem Ruck brachten sie ihr Pferd zum Stehen, und einen Moment lang waren die Irin und die moldawischen Bauern vor Schreck wie gelähmt, sie geschockt und entsetzt, ich erschrocken und erleichtert. Glücklicherweise hatte ich vorgehabt, meine Kleidung auf dem Kopf zu transportieren, während ich Luke hinüberbrachte. So beugte ich mich schnell hinunter und zog mir mein langes Oberhemd über. Daraufhin kam der Wagen vorsichtig näher. Es bedurfte keiner langen Verständigung. Nachdem sie ihre Blicke von meinen Beinen und angrenzenden Regionen abgewandt hatten, hoben die Männer Luke auf den Wagen, während ich schnell in meine Hose schlüpfte und ihm dann folgte. Das Pferd teilte mein Unbehagen gegenüber dem tosenden Somes und ging erst nach langem Zureden hinein. Am anderen Ufer deuteten meine Retter zaghaft an, dass ich weiter mit ihnen den Berg hinauffahren könne, waren aber ziemlich erleichtert, als ich ihre Einladung ausschlug.

Bevor ich meinen Weg fortsetzte, stärkte ich mich mit Brot und *slanina* und fragte mich beim Kauen, ob ich Luke wohl hätte herüberbringen können. Oder hätte der Somes ihn mir aus den Händen gerissen? Nun, ich werde es nie erfahren… Aber ich glaube noch immer, dass das Auftauchen des Wagens gerade in diesem Moment ein Wunder war, Teil eines karpatischen Märchens. Bis ich vier Stunden später die Autostraße erreichte, stieß ich auf keine weiteren Spuren menschlichen Lebens.

In dieser Gegend mischen sich die Nadelbäume mit Birken, Pappeln, Platanen, Ahorn und gelegentlich Eiben. Hinter tiefen, nicht einsehbaren Tälern waren einige Hänge mit weißen Streifen blühender wilder Birnbäume geschmückt, und das junge Laub der Buchen leuchtete in der Mittagssonne – hellgrüne Lichter inmitten der dunklen, sie umgebenden Kiefern. Bussarde zogen ihre weiten Kreise; Eichelhäher und Spechte lärmten und arbeiteten. Am Wegrand erinnerten die Reste einiger alter steinerner Brunnen – die noch immer frisches Quellwasser lieferten – daran, dass dies einmal ein häufig benutzter Weg war. Jetzt zwang mich seine Unebenheit, mein Rad bergauf wie bergab zu schieben.

Wo der Weg auf die Hauptstraße trifft, steht eine Kaserne, und zwei junge Rekruten, die mich auf dem letzten Teil des Abstiegs beobachtet hatten, fragten ungläubig: »Sie kommen ganz aus Sant?« Und dann: »Was essen die Iren, dass es in Irland so kräftige alte Frauen gibt?« Ich erwiderte, dass ich im Augenblick gut mit Brot und *slanina* zurechtkäme.

Heute war ein Tag der Rekorde: Ich habe zwei der höchsten Karpatenpässe überquert. Der zweite war der 4200 Fuß hohe Prislop-Pass zwischen Bukowina und Marmarosch. Die gleiche Route nahm der Transsilvaner Bojar Bogdan in der Mitte des 14. Jahrhunderts, als er mit seinen Anhängern nach Osten zog und hier das Fürstentum Moldawien gründete. Dies ist eine der gepflegtesten Straßen Rumäniens, und ich konnte fast den ganzen Weg bergauf radeln. Aber trotz des überraschend geringen Verkehrs und der Aussicht auf die mächtigen, verschneiten Bergmassive, die ehrfurchtgebietend war, beschlich mich nach der herrlichen Einsamkeit der Rotunda unvermeidlich ein leichtes Gefühl der Enttäuschung.

Bei meiner Rückkehr nach Harghita über den legendären Bicaz-Pass war es mit dem Bergauffahren vorbei: Über weite Strecken betrug die Steigung 16 Prozent.

Das Dorf Ivo zu finden, kostete etwas Zeit. (Der Ort heißt wirklich so; ich habe nicht etwa die restlichen 20 Buchstaben unterschlagen.) Ich wollte nach Ivo, um Miklos Arpad zu besuchen, für den mir ein ungarischer Freund ein Einführungsschreiben mitgegeben hatte. Miklos ist in zweierlei Hinsicht ein bemerkenswerter Mann: Er hat Jahre darauf verwandt, in ganz Harghita die persönlichen Erinnerungen der älteren Generation an den Zweiten Weltkrieg zu sammeln, und er hat zwölf Kinder. Letzteres, so hatte ich das Gefühl, hatte ihn bei seinen Nachbarn zu einer komischen Figur gemacht. Im traditionellen Harghita sind Familien mit fünf oder sechs Kindern nicht ungewöhnlich. Aber ein rundes Dutzend – und von Miklos wurde gemunkelt, er wolle die zwanzig voll machen – wird allgemein als fahrlässig angesehen. (Manche verwandten noch drastischere Adjektive und stellten unvermeidlich Vergleiche mit den Roma an.)

Im Westen ballten sich schwarze Wolken zusammen, als ich von der Hauptstraße abbog, wo ein unscheinbarer, verwitterter Wegweiser »Ivo« anzeigte. Ein rauer, steiler, morastiger Pfad brachte mich auf einen langen Gebirgsrücken, wo er sich gabelte. Noch schien die Sonne, als ich mich in der heiteren Landschaft aus Weideland und gepflügten Feldern mit den dahinterliegenden niedrigen, bewaldeten Bergen zu orientieren suchte. Schließlich wählte ich die linke Abzweigung – sie sah häufiger benutzt aus. Ich holperte an ein paar schönen Bauernhäusern vorbei, hatte aber kaum eine Meile zurückgelegt, als der Regen losbrach, begleitet von einem böigen Sturm, der das Radfahren in einem Cape auf einem tief gefurchten Weg zu gefährlich machte. Also ging ich die nächsten fünf Meilen zu Fuß, während der Weg langsam in Richtung auf die dunkelblaue, massige Gestalt des Harghita anstieg. Der Bergrücken war hier dicht besiedelt, das Land aber nicht kollektiviert.

Als ich Ivo schließlich um 13 Uhr erreichte, war der Weg zu einem knöcheltiefen, schnell fließenden braunen Bach geworden. Die Regenstürme im nördlichen Rumänien sind – oder waren im Frühjahr 1991– monsunartige Sintfluten, die ein paar Monate später viel Elend über Moldawien brachten. Alle Einwohner Ivos waren natürlich in ihren Häusern. Also suchte ich in der Schule, einem neueren, bungalowartigen Gebäude, nach einem jungen

Arpad. Die rundliche Lehrerin sah kaum weniger erschrocken aus als ihre Schüler, als plötzlich eine unheimliche Gestalt in einem Cape mit Kapuze vom Sturm hereingeweht wurde. Unsicher nahm und las sie mein auf Ungarisch abgefasstes »Empfehlungsschreiben«, in dem erklärt wurde, dass ich eine Schriftstellerin aus Irorszag sei und gern die Bekanntschaft von Miklos Arpad machen würde. Dann rief sie einen mürrisch aussehenden Zwölfjährigen – Miklos' Ältesten –, der sich zögernd aus der Masse der am Boden hockenden Schüler löste, und sagte ihm, er solle mich zu sich nach Hause bringen. Seine offensichtliche Feindseligkeit war ein wenig beunruhigend, aber zweifellos nichts als Unsicherheit.

Meine Hoffnung, bald wieder trocken und warm zu werden, erwies sich schnell als trügerisch. Gyorgy führte mich zunächst eine halbe Meile weit durch den strömenden Regen an einer Reihe sauberer Häuser vorbei, die alle einen großen Garten hatten. Der Weg war ein einziger Morast, und meine Stimmung wurde nicht gerade besser, als wir das letzte Haus hinter uns ließen und einen steilen, bewaldeten Berg hinaufzusteigen begannen. In diesem Matsch das Gleichgewicht zu halten und dabei einen schwer beladenen Luke zu schieben, war nicht ganz einfach. (Ausgerechnet an diesem Morgen hatte mir ein Freund in Szekelyvarhely noch mehrere schwere Bände über die Geschichte Transsilvaniens geschenkt.) Gyorgy machte keine Anstalten, mir zu helfen, aber schließlich bat ich ihn doch, ein wenig mit zu schieben. Zwanzig schreckliche Minuten später blieb er stehen und zeigte nach links auf einen nahezu senkrechten Seitenpfad. Luke dort hinaufzubekommen war ein verzweifelter Kampf. Als es dann auch noch auf einem schmalen Trampelpfad einen Felshang hinaufging, der noch dazu durch Bäume und Unterholz blockiert war, war ich nahe daran aufzugeben. Gyorgy transportierte mürrisch die Satteltaschen nacheinander nach oben, wobei er sich beim Klettern an den jungen Bäumen fest hielt. Da ich Luke tragen musste, konnte ich Letzteres nicht tun und rutschte zweimal kurz vor dem Ziel hilflos wieder hinunter. Aber schließlich schaffte auch ich es, auf ein

Stück Grasland zu kommen, von wo aus man durch den dichten Regenschleier verschwommen das Haus der Arpads sehen konnte: hoch oben, umgeben von einem hölzernen Zaun. Nachdem ich die Satteltaschen wieder befestigt hatte, lavierte ich mich weiter nach oben, wobei ich häufig ausrutschte und mittlerweile vor mich hin zitterte – schweißgebadet unter meinem Cape und von der Taille ab klatschnass vom Regen. Der matschige Hang vom Gartentor zum Haus war nun wirklich zu steil, und so stellte ich Luke unter dem breiten Dachüberstand des Stalles ab.

Und nach all dieser Quälerei stellte sich heraus, dass Miklos nicht zu Hause war. Er war ein paar Stunden zuvor nach Csikszereda aufgebrochen, der Hauptstadt Harghitas, um zu versuchen, seine rechtlichen Ansprüche auf zehn Hektar Wald durchzusetzen, die seit Generationen im Besitz der Familie gewesen waren. (Die juristischen Haie hatten damals ihre profitable Freude an der Landverteilung – und haben sie wahrscheinlich immer noch. Da die Bauern keine schriftlichen Dokumente besitzen, sind sie auf die Aussagen betagter Zeugen angewiesen, die sich noch daran erinnern können, wem was vor 1948 gehört hat.)

Anna nahm meine Ankunft mit Gleichmut hin. Miklos' Hobby bringt öfter Gelegenheitsforscher auf diesen landwirtschaftlichen Außenposten – das letzte Haus vor dem Gipfel des Harghita, zu dem es nicht einmal mehr einen Trampelpfad gibt. Als ich die heiße, dampfende Küche betrat, stand Anna gerade über einen hölzernen, auf zwei Stühlen vor dem eisernen Herd stehenden Waschzuber gebeugt und wusch mit einem Stück selbst gemachter Seife den schwindelerregenden Berg schmutziger Wäsche eines 14-Personen-Haushalts. Sie war eine kleine stämmige Frau mit gesunder Gesichtsfarbe, dickem kastanienbraunen Haar, dunkelbraunen Augen, hohen Wangenknochen und guten Zähnen. Während sie schrubbte, spülte und wrang, betrachtete ich ihre kräftigen Arme. Sie sah keinen Tag älter aus als ihre 29 Jahre (sie hatte mit 16 geheiratet) und strahlte eine solche Zufriedenheit aus, wie man sie in der Stadt kaum bei Müttern mit nur einem Kind findet.

Nachdem Anna ihren Pflichten als Gastgeberin nachgekommen war, indem sie mir Pantoffeln und eine Decke zur Verhüllung meiner Blöße gegeben, meine Sachen über dem Herd aufgehängt und mir einen Sitzplatz auf der Kiste für das Feuerholz freigeräumt hatte, hielt sie sich nicht länger mit mir auf, sondern ging wieder an ihre Arbeit. Sie hatte keine Zeit, müßig zu sein, aber immer Zeit, wenn eins der Kinder etwas von ihr wollte.

Rumäniens Grundschulen haben früh Schluss, und als alle Schulkinder im Abstand von wenigen Minuten nach Hause kamen, begann die Situation leicht irreal zu werden: Immer wieder und noch einmal ging die Tür auf, um wieder einen kleinen Jungen mit »Sträflingsfrisur«, großen dunklen Augen, einem schmalen blassen Gesicht und einem glücklichen Lächeln hereinzulassen. (Die beiden Töchter gingen noch nicht zur Schule.) Jedes Mal begrüßten sich Mutter und Sohn liebevoll und höflich, und die Jüngeren empfingen die Älteren mit fröhlichem Geschrei und wurden kurz geknuddelt und abgeküsst. (Die nassen Sachen wurden nicht gegen trockene ausgetauscht – ein logistischer Kraftakt, der von keiner Mutter mit 12 Kindern zu schaffen ist.) Als alle versammelt waren, ordnete sich das Chaos. Jeder kannte seine Aufgabe und erledigte sie erfolgreich, ohne dass Anna ein Wort zu sagen brauchte. In einer überdachten Vorhalle standen neun leere Eimer. Das Wasser musste aus einem 15 Gehminuten entfernten Fluss am Fuß eines steilen Hanges geholt werden – die Aufgabe der beiden ältesten Söhne. Unterdessen füllte ein weiterer die Holzkiste auf; ein vierter wickelte das Baby – mit 13 Monaten war es fast trocken, aber noch nicht ganz. Und zwei weitere Jungen trugen vorsichtig von der Veranda einen schweren Kessel herein, den Anna auf den Herd stellte. Er enthielt das delikate Abendessen: große Kohlblätter, gefüllt mit kräutergewürztem Reis und Streifen zarten Hammelfleischs, serviert mit dickem, cremigem Joghurt. Ein solches Essen zu bereiten, braucht viel Zeit, und Anna hatte es deshalb schon am Vormittag vorbereitet. Jetzt brauchte es nur noch warm gemacht zu werden. Während der Wartezeit versorgten sich die ausgehungerten Jungen zwischen ihren Arbeiten erst einmal selbst, indem sie sich große Stücke von den wagenradgroßen Broten im Küchenschrank abbrachen. Ein weiterer Eckschrank enthielt die kleine, in Ehren gehaltene Sammlung »besten« Geschirrs und Gläser. Für mich wurde ein schöner alter Keramikteller herausgeholt und sorgfältig abgewaschen. Alle anderen aßen von angeschlagenen Emailtellern, wobei sie schichtweise an dem kleinen Tisch Platz nahmen.

Eine Ecke der quadratischen, hohen Küche nahm ein breites Himmelbett ein. In ihm schliefen die vier ältesten Jungen. Baby und Kleinkind teilten das Schlafzimmer ihrer Eltern über der Küche, und die anderen sechs schliefen in einem tiefer gelegenen Raum, den man von der Veranda aus erreichte. Ich schlief auf dem Heuboden über ihnen. Annas Ungezwungenheit machte es mir leicht, mich wohl zu fühlen. Sie betrachtete es als selbstverständlich, dass ich gerne auf eine Erfrischung wartete, bis das Essen für die Familie fertig war, und genauso gern auf dem Heuboden schlief. Nur der Keramikteller und eine zarte Porzellantasse – statt eines Bechers – gaben mir eine Vorzugsstellung. In ihr wurde mir ein überraschend anregender und duftender Kräutertee serviert, den ich noch nie getrunken hatte. Die älteren Jungen bekamen ebenfalls davon, während der Rest Wasser trank. Als es dunkel wurde, zündete Gyorgy die über dem Tisch hängende Lampe an, und eine zweite, um den Abwasch zu beleuchten, den Anna und zwei ihrer Söhne auf der Veranda erledigten.

Den ganzen Nachmittag und Abend hindurch überraschte es mich immer wieder, wie liebevoll und respektvoll die Familie miteinander umging – nicht nur die Mutter mit ihren Kindern und umgekehrt, sondern auch die Kinder untereinander. Miklos musste eine ebenso bemerkenswerte Persönlichkeit sein wie Anna, dass es ihnen gelungen war, eine so harmonische häusliche Atmosphäre zu schaffen. Das Gegenteil wäre allerdings auch nicht zu ertragen gewesen. Wenn 14 Menschen zusammenleben, muss jeder Abstriche machen. Aber dies zu erreichen und trotzdem jedem

Kind als Persönlichkeit gerecht zu werden, ist in jeder großen Familie eine Riesenaufgabe.

Früh am nächsten Morgen wurde das Oktett auf den Schulweg geschickt – alle sauber und ordentlich, und Anna ging daran, das Abendessen vorzubereiten. Da Miklos erst in einer Woche zurückerwartet wurde, brach auch ich kurz darauf auf, unsagbar dankbar für diese sehr eindrucksvolle – und aufschlussreiche – Begegnung. Dies war die emotional ausgewogenste Familie, der ich in Rumänien begegnet bin, obgleich sie eine der ärmsten war. Sicher hätten es die Arpads in einem städtischen Wohnblock wesentlich bequemer gehabt: fließendes Wasser, Elektrizität, Zentralheizung, Gasherd und Badezimmer. Aber Anna betonte nachdrücklich, dass sie sich nie gewünscht hätte, ihr Heim gegen diesen modernen Komfort einzutauschen. Und dieser von Liebe regierte, wenngleich spartanische Haushalt schien mir eine bessere Starthilfe fürs Leben zu bieten als die normale Stadtfamilie. Sicher ist es nicht gerade empfehlenswert, heutzutage eine so große Kinderschar in die Welt zu setzen. Aber wenn man einmal den gesellschaftspolitischen Aspekt beiseite lässt, bieten große Familien durchaus Vorteile; nicht zuletzt zwingen sie zur Rücksichtnahme auf andere und zur selbstverständlichen Übernahme eines Teils der Verantwortung für das gemeinsame Ganze. Ist es ein Zufall, dass diese beiden Tugenden dort im Schwinden begriffen sind, wo auch die Familien kleiner geworden sind?

Ende Mai wurden zahlreiche Herden auf die Sommerweiden getrieben, wobei ich in Harghita zwischen den Schafen mehr Ziegen sah als woanders. Die Hirten erwiderten meinen Gruß nur selten; meistens starrten sie mich nur verblüfft an und gingen weiter. Mit ihren Herden und Hunden scheinen sie eine soziale Einheit zu bilden, die mit der »Autostraßenwelt« nichts gemein hat. Häufig blieb ich stehen, um die selbstsichere Professionalität der Männer und Hunde zu bewundern, wenn Herden von tausend und mehr Tieren von einem oder zwei Schäfern und drei oder vier Hunden über zerklüftetes, schwieriges Gelände geführt wurden, wobei verhindert werden musste, dass sie vor der Zeit zu grasen begannen – mittags und bei Sonnenuntergang. Es freute mich, so viele junge Schäfer zu sehen. Zurzeit ist dies absolut kein aussterbender Berufszweig, wenngleich sich dies schnell ändern kann, falls Rumänien je der Europäischen Union beitreten und gezwungen sein sollte, die Schafzucht zu »rationalisieren«.

Die Professionalität der Hunde war indessen nur ein schwacher Trost für mich, als ich einen (auf allen meinen drei Karten) namenlosen Pass zwischen dem kleinen Ort Darmanesti und dem großen Dorf Sinmartin überquerte. Dies ist mit Sicherheit eine der schönsten Routen Europas – nicht zuletzt, weil die Straße seit 1918 nicht repariert wurde und daher nicht mehr befahrbar war, auch nicht mit dem Rad, sodass ich Luke wieder einmal mehr als 20 Meilen bergauf schieben musste. Karpatenhänge ziehen sich unendlich in die Länge; ein paar Tage zuvor war ich im Freilauf 28 Meilen weit vom Frumoasa-Pass hinuntergeradelt.

Am frühen Morgen brachte mich zunächst eine von Lastwagen beherrschte Straße von Comanesti – dessen Charme längst vom Ceauşescu-Land erstickt ist – in das ölverschmutzte Darmanesti. Wo heute zahlreiche hohe, schlanke Schornsteine ihren schwarzen Rauch ausspeien, der noch zehn Meilen weiter zu sehen ist, war früher ein liebliches Tal. Jetzt verschmiert so viel stinkendes Öl die Straßen, dass ich in einer Kurve ausrutschte und ins Schleudern kam. Aber dieser Schandfleck lag bald hinter mir, und die Pforten des Paradieses schienen nahe, aber … Unwillkürlich zuckte ich zusammen, als hinter einer Haarnadelkurve eines jener als chic geltenden »Ferienparadiese« auftauchte. Diese aufdringliche Anlage gewährt die Aussicht auf die monumentale Betonmauer eines Staudammes, der das Wasser eines fünf Meilen langen künstlichen Sees zurückhält. Die Idee, eine solche Monstrosität aus Beton als Touristenköder zu benutzen, ist typisch kommunistisch. Ich wandte den Blick ab und radelte ein bisschen schneller. Aber bald hörte die befahrbare Straße auf, und vor mir lag eine herrliche Landschaft.

Ein paar Stunden lang ging es nur leicht bergauf, und nur ein paar alte Verkehrsschilder erinnerten daran, dass dieser Weg anders als der Rotunda-Pfad früher wirklich eine Autostraße gewesen war. Am Fuß der steilen, mit Kletterpflanzen geschmückten Felswände blühten Orchideen – die meisten von einer undefinierbaren Farbe, weder blau noch purpur. Ein schneller, breiter, sauberer Fluss, der aus einer Gegend kam, die Ceauşescu nicht hatte verschandeln können, funkelte und begleitete mich mit seinem Gemurmel. Obgleich ein starker Wind wehte, war es in der Sonne den ganzen Tag über warm. Als ich mich einem Halbkreis mit Buchen bewachsener hoher Berge näherte, bot sich mir ein faszinierender Anblick: die geschmeidige, rhythmische Bewegung jener Myriaden von Bäumen wirkte plötzlich wie ein langsamer, vom Wind dirigierter Tanz. Schließlich ging das Tal in eine kühle, ständig im Schatten liegende Schlucht über, wo zahlreiche Wasserfälle tosend von den Felswänden herabschäumten.

Hinter der Schlucht wurde der Mischwald lichter, das Tal breiter, und auf dem mit Büschen bewachsenen Grasstreifen am Ufer grasten kleine Rinderherden – unbeaufsichtigt und ohne dass man erkennen konnte, wo sie herkamen. Alle trugen Glocken, die sich entsprechend den Altersgruppen in Größe und Klang unterschieden. Dann folgte ein steiler Aufstieg auf einen Kamm grasbedeckter Berge, auf dem nur noch vereinzelte Nadelbäume wuchsen. Über meilenweite Grashänge hinweg sah man in der Ferne die Hütten der Schäfer und die sich bewegenden Punkte ihrer Herden.

Um 17 Uhr wurde es kalt, und ich zog meine wattierte Jacke an. Zu meiner Freude wurde der Boden bald darauf fest genug, sodass ich langsam über den weiten, ebenen Sattel radeln konnte.

Glücklich über das Gelände holpernd, fragte ich mich, ob dies wohl auch hinter dem Sattel möglich sein würde. Kurz darauf schreckte mich wütendes Hundegebell auf. Ich versuchte schneller zu fahren, aber die vier kräftigen auf mich zu jagenden Hunde – von jeder Seite zwei – waren schnell wie Windhunde. Sie griffen mich ohne Zögern an, rissen an meinem Jackenärmel, verbogen zwei Speichen an Lukes Hinterrad und brachten mich zu Fall, wobei ich unsanft auf meinem rechten Ellenbogen landete – gelegentlich erinnert er mich noch immer an dieses Abenteuer. Ein aufgeregter junger Schäfer rief sie gerade noch rechtzeitig zurück. Abgesehen von der ganz real bestehenden Gefahr, von Hirtenhunden zerrissen zu werden, ist auch Tollwut in Rumänien ziemlich verbreitet, und hätte ich nicht meine Jacke angehabt und auch nur einer der Hunde meine Haut angeritzt, ich wäre gezwungen gewesen, sofort nach Hause zu fahren.

Nach einem kräftigen Beruhigungsschluck aus meiner für Notfälle eingesteckten Flasche *tuica* setzte ich mit etwas wackeligen Knien, den fahruntauglichen Luke schiebend, meinen Weg fort. Auf dem nächsten steilen Berg wurde der Pfad wieder schlechter, die Gegend aber dafür noch schöner, als nun die verschneiten Kämme über den blauen Abendschatten aufleuchteten, die die tiefen Täler zu meiner Linken füllten.

Eine Stunde später schlug ich auf dem Pass mein Zelt auf, einem weiteren breiten, grasbewachsenen Sattel voller Enzian. Hier würde ich vor Hunden sicher sein, weil es einfach zu kalt war. Selbst Anfang Juni fror es bei dem launischen Wetter 1991 in dieser Höhe noch so stark, dass ich nicht unter freiem Himmel schlafen konnte. Aber ich ließ wenigstens mein Zelt offen, um mich an dem glitzernden Sternenhimmel zu erfreuen.

Der Abstieg am nächsten Morgen war weit schwerer als der Aufstieg. Der Neigungswinkel war phantastisch, und der Weg machte selbst den schlimmsten Pfaden auf Madagaskar Konkurrenz. Nachdem ich Luke eine Stunde lang über Löcher bugsiert und ständig kräftig abgebremst hatte – verzweifelt bemüht, mir auf den losen Steinen nicht noch einmal den Fuß zu brechen – kam ich schließlich völlig erschöpft in ein herrliches Tal, das sanft nach Sinmartin abfällt. Schon zu bald war ich wieder aus den Bergen heraus und auf der Hauptstraße nach Sepsiszentgyorgy, wo gigantische Hochspannungsmasten breitbeinig und energisch auf fünf Meilen Länge über Weizen- und Zwiebelfelder wachen.

Schon der Name Sepsiszentgyorgy klingt, als handele es sich um eine Krankheit. Ich fand die kleine Stadt deprimiert und deprimierend und hielt mich nur so lange dort auf, bis Lukes Speichen repariert waren, was von einem älteren Mechaniker äußerst geschickt erledigt wurde. Seine Erfindungsgabe war durch langen Mangel geschult. Seine Tochter sprach ein wenig Englisch und riet mir, niemals wieder zu versuchen, vor Schäferhunden zu fliehen. Sie meinte, es sei in jedem Fall besser, stocksteif stehen zu bleiben.

Ich folgte ihrem Rat, als ich das nächste Mal in Gefahr geriet, nachdem ich Harghita »Viszontlatasna!« (auf Wiedersehen) gesagt hatte und von Westen über den Bicaz-Pass nach Moldawien zurückkehrte. Auf halbem Weg aufwärts – und nachdem es seit einer Stunde heftig gegraupelt hatte – kam ich an Hunderten von Schafen vorbei, die sich in dem lichten Wald untergestellt hatten und so halbwegs vor dem Regen geschützt waren. (In Moldawien und Transsilvanien waren bereits viele Tiere eingegangen, weil man sie ungeachtet der völlig abnormen Jahreszeit zu den üblichen Terminen geschoren hatte.) Hier war ich vorgewarnt, als fünf große, wollige Hunde von der Böschung auf die Straße sprangen und mich bellend und zähnefletschend einkreisten. Ich blieb unbeweglich stehen, während sie mich aus ungefähr fünf Yards Entfernung sprungbereit beobachteten. Ich hoffte, ihr wütendes Gebell würde umgehend den Schäfer alarmieren.

Dies war jedoch nicht der Fall. Stattdessen kamen die Hunde mit kleinen, ruckartigen Bewegungen näher, wobei ihr Knurren nahezu hysterisch wurde. Keine sehr angenehme Situation. Irgendetwas musste geschehen. Sollte ich versuchen, die Satteltaschen abzuwerfen und die Hunde zurückzuhalten, indem ich Luke im Kreis um mich herumschwenkte? Ich war ganz schwach vor Erleichterung, als plötzlich eine zerzauste Frau (die Frau des Schäfers?) auf der Böschung auftauchte, mit einer Zigarette im Mundwinkel und einem schafsdämlichen Gesicht. Wie üblich kuschte das Pack sofort auf ihren Befehl. Aber sie zogen sich nur sehr unwillig zurück, knurrten mich weiterhin an und begleiteten mich oben auf der Böschung, bis ich aus ihrem Herrschaftsbereich heraus war – der natürlich immer da ist, wo sich die Herde gerade aufhält. Als ich kurz darauf an einer nahe gelegenen Hütte vorbeikam, sah ich den Schäfer dort neben der Tür auf einem Schaffell liegen – offensichtlich stockbetrunken.

Nach dem ersten Zwischenfall hatte man mir erzählt, dass viele Hirtenhunde zum Töten abgerichtet werden. In bewohnten Gebieten sieht man sie daher nur an der Leine, an einen Wagen angebunden oder in einem Hof an der Kette liegen. Solche »Überfallkommandos« sind unentbehrlich, um die Herden auf abgelegenen Hochweiden zu schützen, wo die Schäfer einer Bande von Viehdieben hilflos ausgeliefert wären; und seit die Grenzen wieder offen sind, sollen häufig motorisierte Banden aus dem sowjetischen Moldawien herüberkommen. »Der beste Freund des Menschen« wird jedoch zum Albtraum, wenn er einen – mit fünf multipliziert – rasend vor Hass umkreist.

14

Die Stimmung im Jahr 1991

Ich wünschte, ich könnte dieses Buch mit einer positiven Bilanz beenden, aber dann müsste ich sie erfinden. Solange ich mit Luke allein durch die Berge fuhr oder mich in abgelegenen Dörfern aufhielt, war meine Freude, wieder in Rumänien zu sein, ungetrübt. Im Übrigen stimmte mich das Wiedersehen oft traurig. Mein Tagebuch berichtet am 18. April:

Einen Monat nach meinem Grenzübertritt sehe ich noch kein Licht am Ende des rumänischen Tunnels. Zahlreiche Hindernisse für einen Fortschritt, die sich im letzten Jahr um diese Zeit nur vage abzeichneten, sind jetzt klar erkennbar. Am schlimmsten ist die allgemeine Abneigung, der Realität ins Auge zu sehen, wenn es darum geht, die Verantwortung für die Zukunft auf die eigenen Schultern zu nehmen, statt lediglich zu analysieren, was in Rumänien derzeit schief läuft. Viele liefern zu diesem Thema hervorragende Diagnosen – objektiv und zutreffend –, aber wenn man ihnen entgegnet, sie könnten doch zumindest in ihrem eigenen Tätigkeitsbereich anfangen, etwas gegen die Missstände zu tun, scheuen sie davor zurück. Eine beliebte Ausrede ist, dass »die Sowjets jetzt Iliescu benutzen, um das Land zu regieren«. Es ist schlimm, wenn sich fähige Leute, die in jedem anderen Ex-Satellitenstaat die natürlichen neuen Führer wären, so ohnmächtig fühlen. Liegt dies daran, dass sie ein völlig verzerrtes Bild vom politischen Umfeld des Jahres 1991 haben? Manchmal kommt es mir so vor, als ob viele die Wahrheit gar nicht wissen wollen, weil sie dann nicht mehr die Hände in den Schoß legen könnten: Wenn die UdSSR Rumänien noch immer kontrolliert, wie kann man dann von irgendjemandem erwarten, dass er etwas unternimmt, um sein/ihr Land von dem Müllhaufen herunterzuholen, auf dem es sich derzeit befindet? Wie die Iren haben auch die Rumänen eine Vorliebe dafür, ihre politische Stimmung in Balladen auszudrücken, und ein populärer neuer Song beginnt: »Ceauşescu, vergib uns! Wir waren betrunken, als wir dich töteten!« Die Ballade fährt fort, Ceauşescu für seinen nationalen Widerstand gegen die Sowjets zu preisen, und vergleicht seine Haltung mit Iliescus angeblicher Unterwürfigkeit gegenüber »Gorbi«, den viele für einen nur sehr dürftig verkappten Teufel halten – obgleich seine Maske gut genug ist, um den leichtgläubigen Westen zu täuschen. Dieser alarmierende Meinungsumschwung zeigt deutlich, dass die Rumänen im Allgemeinen den Wert einer freien Meinungsäußerung und die Möglichkeit, sich ungehindert informieren zu können, nicht wirklich würdigen, obgleich sie zu den wenigen greifbaren Gewinnen der Revolution zählen. Was nun die Intellektuellen angeht… Ich habe viele meiner alten und neuen Freunde gefragt: »Was hat sich nun eigentlich in den neun Monaten meiner Abwesenheit getan? Welche Entwicklungen hat es in politischer, wirtschaftlicher oder psychologischer Hinsicht gegeben?« Sie sahen mich jedes Mal etwas betreten an und meinten dann abwehrend: »Es gibt keine großen Veränderungen. Wir sehen zu, dass wir so gut wie möglich zurechtkommen. Was können wir schon tun, solange wir weiterhin unter dem Kommunismus leben?« Der Kommunismus beherrscht noch immer viele, die in der Theorie alles Marxistische ablehnen. Aber dies ist nicht verwunderlich; niemand von uns ist frei von Indoktrination, wir kommen alle von irgendeinem Fließband. Das Hauptproblem scheint mir zu sein, dass der Kommunismus die Menschen emotional verstümmelt, selbst wenn ihr Verstand die Gehirnwäsche überlebt. Deshalb fürchten sich intelligente Menschen, ihren gesunden

Menschenverstand zu gebrauchen, um Reformen einzuleiten, die sie eindeutig als notwendig erkennen. Sie sind in einem Umfeld aufgewachsen, wo stets drohend das Warnschild aufleuchtete »Keine Eigeninitiative!«. Und es trifft leider immer noch zu, dass die unmittelbaren persönlichen Konsequenzen für sie sehr unerfreulich sein können, wenn sie sich heute als Reformer engagierten: im besten Fall die unversöhnliche Feindschaft ihrer ängstlicheren Kollegen, im schlimmsten der Verlust ihres Arbeitsplatzes. Ein Freund meinte: »Dieses Land kann ohne einen Führer wie Havel nicht mit sich ins Reine kommen. Wir brauchen einen Mann, der nicht nur Politiker ist, sondern kreativ denkt; der uns überzeugen kann, dass es nicht nur richtig, sondern für den Einzelnen auch ungefährlich ist, frei zu handeln!«

Sicher ein zu einfaches Resümee, aber ich verstand, was er meinte.

Ein weiteres Problem ist jene eigenartige, unterschwellige Anarchie, die ich (und auch die Rumänen) im Jahr zuvor ganz lustig fanden. Heute ist sie dies nicht mehr; heute ist sie nicht mehr Symbol einer neugewonnenen Freiheit, sondern eher ein Symbol für das Fehlen jeder konsequenten Regierungskontrolle, sei es auf dem Gebiet des Geldumtauschs, der Baugenehmigungen, der Kraftfahrzeugversicherungen oder des Eisenbahnverkehrs. Jene Art von Diktatur, in der jeder die verrückten Regeln kannte und wusste, wie er sie für seine eigenen Belange zurechtbiegen konnte, ist noch nicht von einem Regime abgelöst worden, das vernünftige Gesetze aufstellt, die allgemein akzeptiert werden. Viele beklagen sich, dass die derzeit maßgeblichen Vorschriften von irgendwelchen, einer momentanen Eingebung folgenden, örtlichen Bürokraten aufgestellt würden, die sich nicht länger vor ihren Parteioberen fürchteten – und letztlich auch nicht vor dem »Conducator«. So kann sich jede Garnele im weiten bürokratischen Ozean als Hai aufführen und auf Kosten ihrer hilflosen Opfer damit durchkommen. Hilflos, aber wütend. Die einfachen Leute merken sehr wohl, was vor sich geht und wer am meisten von der »Freiheit« profitiert, die sie so ausgelassen gefeiert haben, als ich das erste Mal hier ankam.

Seit ich mit Luke unterwegs bin, empfinde ich das Bemühen der Rumänen, alles für mich zu organisieren, als schwer zu ertragen – so sehr ich es genossen habe, als ich krank war. Dieses Bestreben, jeden meiner Schritte im Voraus zu planen, hängt nicht mit ihrem Temperament zusammen, ob jemand nun besonders dominierend ist oder nicht. Sie sind schlicht über meine Art, ins Blaue hinein zu reisen, konsterniert und besorgt. Sie haben das Gefühl, ich setze mich unnötig dem gefährlichen Unbekannten aus – gefährlich nur, weil unbekannt. So bemühen sie sich, meine Route auf ihre Weise zu planen, das heißt so, dass ich zu einem bestimmten Datum bei ihren Verwandten oder Freunden bin, damit sie sich dort überzeugen können, dass es mir gut geht. Dieses Verhalten ist zugleich rührend und irritierend – aber wie kann man diesem Spinnennetz entkommen, ohne jemanden zu verletzen? Ich habe argumentiert, dass ihre zwanghafte Planerei ein kommunistisches Erbe sei, von dem sie sich aus mehreren Gründen so schnell wie möglich befreien müssten. Aber sie können sich einfach nicht vorstellen, dass jemand seine Entscheidung von den jeweiligen Umständen abhängig macht bzw. auf eine veränderte Situation spontan reagiert. Wo es keine institutionalisierten Grenzen gibt, schaffen sie sich selbst welche.

1991 schien die anfängliche Euphorie überall einer zynischen Müdigkeit gewichen zu sein. Natürlich hatte sich manches zum Guten entwickelt. Benzin gab es reichlicher. Jeder konnte ins Ausland reisen, vorausgesetzt seine Reise wurde von einer wissenschaftlichen Einrichtung bezahlt oder er konnte sich die Valuta anderweitig besorgen. Nur noch wenige fürchteten sich vor der Securitate, obgleich überall gemunkelt wurde, sie sei längst unter einem anderen Namen wieder auferstanden – als der am 28. März 1990 von Iliescu gegründete Rumänische Informationsdienst. Ich hatte manchmal den Verdacht, dass einige Rumänen ihr richtig nachtrauerten, dass sie perverserweise jene spezielle, den Adrenalinspiegel erhöhende Gefahr vermissten.

Dann gab es inzwischen zahllose so genannte Boutiquen, kleine private Unternehmen, die Importwaren anboten (gewöhnlich ziemlichen Schund), von denen man im Januar 1990 nicht einmal geträumt, manchmal nicht einmal etwas gewusst hatte. Das begrenzte Angebot an grellbunter Kleidung kam in der Regel aus der Türkei. Eine Busrückfahrkarte Bukarest-Istanbul kostete 10 Dollar, und jede Woche kamen scharenweise Roma und Türken mit ihren Waren über die Grenze. »Luxusgüter«: Seife, Zahnpasta, Schokolade, Orangensaft (zumeist künstlich hergestellt), Nähnadeln, Waschpulver, Dosen mit gesalzenen Erdnüssen, Coca-Cola (von zweifelhafter Echtheit) und Milchpulver wurden zu astronomischen Preisen verkauft. In den Schaufenstern und Regalen der staatlichen Läden aber standen noch die gleichen Waren wie 1990, die Flaschen und Dosen inzwischen noch ein wenig staubiger und rostiger.

Gelegentlich sickerten jedoch auch einmal »Luxuswaren« in das staatliche System ein. In Klausenburg beobachtete ich eine gespannt wartende, 200 Yards lange Schlange von einer Centru *alimentara*. Jeder konnte vier 400-Gramm-Dosen mit leuchtend rosafarbenem chinesischem Frühstücksfleisch kaufen, eine widerwärtige Substanz, die pro Dose 300 Lei kostete. (Das monatliche Durchschnittseinkommen betrug damals etwa 6000 Leij.) Die meisten Käufer waren Pensionäre, die sich für ihre arbeitenden Kinder angestellt hatten. Aber im Gegensatz zu den ruhigen, disziplinierten Schlangen des Vorjahrs gab es jetzt viel unfreundliches Gedrängel und Geschimpfe. Am nächsten Tag standen vor derselben *alimentara* Hunderte von Menschen nach Orangen an. Als die Tür plötzlich geschlossen wurde, gab es einen kleinen Aufstand, und die Wut der Menge hing wie eine schwarze Gewitterwolke in der Luft. Irgendwoher wusste man, dass die Angestellten sechs Kisten für sich zurückbehalten hatten. (Seit die staatlichen *alimentara* ihre inneren Angelegenheiten eigenverantwortlich regelten, sorgte man selbstverständlich zuerst für sich selbst.) Sofort erschien die Polizei, sorgte dafür, dass jene Kisten ebenfalls verkauft wurden und passte auf, dass nicht eine einzige Orange zurückbehalten wurde.

Die meisten privaten Unternehmen gab es in Transsilvanien. Mir war allerdings nicht klar, wer es sich leisten konnte, die vielen neuen Geschäfte und Restaurants aufzusuchen, in denen die Preise grotesk hoch waren. An einem heißen Sonntagvormittag bummelte ich durch das Centru von Klausenburg und frönte dem neuen Feiertagsvergnügen, dem Schaufensterbummel. Den Rumänen eröffneten die Auslagen einen Blick in eine Welt, mit der sie bisher nur durch illegal importierte Pop-Musik oder geschmuggelte westliche Illustrierte in Berührung gekommen waren. Die meisten Sachen waren jedoch minderwertig, besonders das italienische Spielzeug und die »Modeartikel«. Dennoch war jedes Schaufenster von einer staunenden Menge umlagert, und selbst die Kinder, die offensichtlich gar nicht erst damit rechneten, irgendeins dieser Spielzeuge zu bekommen, waren glücklich, sie wenigstens betrachten zu können. Nur vor den sehr langen Benetton-Schaufenstern – einem kürzlich eröffneten Eckladen – war die Stimmung gereizt. Natürlich hatte niemand daran gedacht, dass sich die Rumänen über eine Dekoration ärgern könnten, die einen großen, gut aussehenden Schwarzen zeigte, der eine Blondine küsste, eine schlanke aufreizende Schwarze, die einen blauäugigen nordischen Riesen streichelte und die übliche Reihe chic angezogener Kinder aller Rassen und Hautfarben, die vor gegenseitiger Zuneigung strahlten. Ich wünschte mir, ich hätte eine Kamera dabeigehabt, um festzuhalten, was sich an Empörung, Schrecken, Abscheu und Wut auf den Gesichtern der Umstehenden spiegelte – wobei die Frauen eher Abscheu, die Männer eher Wut erkennen ließen. Wie viel wird dieser Laden wohl in einem der rassistischsten Länder Europas mit dieser Reklame verkaufen? Trotzdem mag sie etwas Gutes bewirken, indem sie den jungen Rumänen, die dazu neigen, den Westen nachzuäffen, unterschwellig die Botschaft vermittelt, dass dort die Gleichberechtigung der Rassen ein respektiertes Ideal ist.

Die Reaktion der Rumänen auf den eben beendeten Golfkrieg war vorauszusehen. Jedermann stellte sich hinter Bush, obgleich viele Frauen die »Notwendigkeit der Gewaltanwendung« bedauerten, sie zugleich aber gegen Saddam Hussein als völlig gerechtfertigt und das Ganze insgesamt als eine »tapfere Tat« betrachteten. In Moldawien äußerte sich der in 500 Jahren osmanischer Ausbeutung angestaute Hass auf die Moslems in Freudenkundgebungen darüber, dass ein islamisches Land von guten Christen in Schutt und Asche verwandelt worden war. Da sie die Russen ebenso sehr hassten, betrachteten sie den Ausgang des Krieges voller Befriedigung zugleich als eine Art Niederlage der UdSSR, zumal man – etwas naiv – allgemein annahm, dass das gesamte Kriegsmaterial der Iraker von den Russen geliefert worden sei. Fernsehbilder von der amerikanischen High Tech-Überlegenheit während der Schlacht versetzten die Zuschauer in helle Begeisterung. Ihrer Meinung nach hatten die diplomatischen Bemühungen der Sowjets, diesen Krieg zu verhindern, lediglich den Zweck gehabt, die Aufdeckung ihrer militärischen Schwäche zu vermeiden. Mein Versuch, die vielen Facetten und die Komplexität der Golfkrise zu erklären – einschließlich der Tatsache, dass auch der Westen Saddam großzügig mit Waffen versorgt hatte –, traf auf taube Ohren. Die amerikanische Propaganda schlägt zu 100 Prozent durch, wenn sie sich an ein Volk wendet, das so schlecht informiert ist wie die Rumänen; was kaum verwundert, wenn man ihre Erfolgsrate selbst unter den Gebildeten der freien Welt betrachtet.

Die vernarrtesten Bush-Verehrer findet man unter den Mitgliedern der von Amerika unterstützten Baptisten-Gemeinde. In Temesvar nahm ich an einem ihrer Sonntagabendgottesdienste in einer Kirche teil, die von Baptisten in den USA finanziert und am

10. Dezember 1989 geweiht worden war. (Zufälligerweise ein bedeutendes Datum in der Geschichte des Aufstands/Staatsstreichs.) Das Gebäude ist sehr schön, schlicht und würdevoll, und das Baumaterial und die Ausstattung sind von einer Beschaffenheit, wie ich sie nirgends sonst in Rumänien gesehen habe – eben amerikanische Qualität. Von freiwilligen Arbeitern errichtet, beweist sie, dass die rumänischen Handwerker unter fachmännischer Leitung noch immer Hervorragendes leisten.

An jenem sonnigen Sonntagabend war die Kirche wie immer gerammelt voll. Die 1500 Mitglieder der Gemeinde erinnerten mich – in Kleidung und Verhalten – an Paisley und seine Anhänger. Später wurde ich auch an ihre Bigotterie erinnert, als bei einem Gespräch vor der Kirche ein glühender Christ bemerkte, es sei schade, dass Hitler seine Arbeit nicht vollendet habe – diese Bemerkung fiel im Hinblick auf die drei jüdischen Führer der Front. Ein anderer Christ meinte, er würde diesen Job gern selbst zu Ende führen. Und ein Dritter äußerte, dass Antonescu 1940 Voraussicht bewiesen habe, als er versuchte, alle Roma in die UdSSR abzuschieben, wo sie bei der Arbeit in den berüchtigten Todeslagern wenigstens umgekommen wären. Überall im Land zeigten die Rumänen ihren Rassismus 1991 immer offener und häufiger. Vielleicht benutzte man ihn als Ventil für nachrevolutionäre Frustrationen.

Die zahlreichen kleinen Kinder blieben während des 2 ¾ Stunden dauernden Gottesdienstes unnatürlich ruhig. Es gab kein gemeinsames Gebet, aber ein 100 Mitglieder umfassender erstklassiger Chor sang, unterstützt von einem kompletten Orchester, zahlreiche Hymnen; auch die Instrumente waren ein Geschenk aus Übersee. Der Pastor fährt regelmäßig nach Nordamerika und sammelt, für die hungernden (?) Rumänen. Er behauptete, während der Golfkrise bei einem Frühstück im Weißen Haus, zu dem Bush die Oberhäupter christlicher Kirchen eingeladen hatte, neben der rechten Hand des Präsidenten gesessen zu haben. Und der Präsident selbst habe ihm gesagt (und darum *musste* es wahr sein!), dass »die

USA unter dem besonderen Schutz Gottes stehen, vom HERRN dazu auserwählt, überall auf der Welt die Demokratie zu verteidigen«! Im Verlauf einer einzigen Predigt wurde dieser Satz viermal auf Englisch zitiert. Auch die anderen Prediger – insgesamt gab es vier – verwiesen immer wieder auf »unsere amerikanischen Freunde« und »den großen Helden, Präsident Bush, der besonders um die Fürbitten der rumänischen Baptisten gebeten habe, dass ihn der Heilige Geist während des Golfkriegs führen möge«. (Es wird niemanden verwundern, dass mir an dieser Stelle schlecht wurde.) Jeder Prediger bediente sich wiederholt des Refrains »Gott segne Amerika!«, worauf die Gemeinde inbrünstig erwiderte: »Amen!« Ganz offensichtlich waren alle vier Prediger in irgendeiner Fernsehschule für Evangelisten trainiert worden. Sie nahmen ihre Zuhörer derart in die Mangel, dass viele tränenüberströmt und schluchzend dasaßen, und ein paar sich berufen fühlten, aufzustehen und halbhysterisches Zeug von sich zu geben.

Draußen machte ich meinen Begleiter darauf aufmerksam, dass dies die erste rumänische Kirche sei, wo keine Bettler vor der Tür hockten. Stolz erwiderte er: »Kein Bettler würde es wagen, in die Nähe unserer Kirche zu kommen!« Vor dem Haupteingang parkte die lange, glänzende Limousine des Pastors, ein Audi Sport. Mein Gefährte erklärte mir voller Stolz, dass sie die einzige ihrer Art in Rumänien sei. Die selbstverständliche Annahme, dass mich dies tief beeindrucken würde, ärgerte mich. Genauso wie der allgemeine Stolz der Gemeinde über den Glanz, der von einem so reichen Pastor auf sie zurückstrahlte. Zweifellos werden sich große Teile der Bevölkerung bald gern unserer »Schnapp-es-dir-bevor-ein-anderer-zugreift«-Bewegung anschließen, für die diese Baptisten-»Mission« die Rekrutierungsstelle zu sein scheint. Ich habe ihre rührigen Agenten bereits in verschiedenen abgelegenen Dörfern getroffen, wo sie ihre auf Band gesprochenen Bush-Lobreden kostenlos an eine leicht irritierte Bauernschaft verteilten.

1990 hatte kaum jemand die Rückkehr des Königs in Erwägung gezogen. Ein Jahr später aber waren zumindest in Transsilvanien und Moldawien bei der einfachen Bevölkerung zunehmend pro-monarchische Strömungen zu beobachten. Dies mochte zum Teil eine Reaktion darauf sein, dass man Ex-König Michael ziemlich unhöflich die Erlaubnis verweigert hatte, Weihnachten 1990 das Grab seiner Familie in der Nähe von Bukarest zu besuchen. (Was vermuten lässt, dass Iliescu es damals für nötig hielt, eventuelle Bestrebungen, den König zurückzuholen, im Keim zu ersticken.) Sowohl in Klausenburg als auch in Temesvar sah ich mehrere, an besonders exponierten Stellen angebrachte Plakate, die eine Wiederherstellung der Monarchie forderten. (Der Ex-König sah darauf seinem entfernten Vetter König Georg VI. auffallend ähnlich.) Aber wer auch nur ein bisschen politischen Verstand besaß, gab dieser rückwärts gewandten Träumerei keine Chance. Ex-König Michael hat keinen Erben, und man kann sich beim besten Willen nicht vorstellen, dass der nicht allzu brillante Siebzigjährige auf einem verstaubten Thron auch nur ein einziges der Probleme des heutigen Rumäniens lösen könnte. Aber die Verunglimpfung durch die Kommunisten hat ihn für viele zu einem »guten« Mann gemacht, was ihn für eine volkstümliche Opposition gegen die Kommunisten zunehmend attraktiv macht: »Er ist der Einzige, der die Front abschaffen könnte.« Allerdings weiß niemand zu sagen, *wie* sich dies erreichen ließe. Er kann weder Wahlen ausschreiben, noch einen Bürgerkrieg anzetteln – selbst wenn er dies wollte –, und ein königliches Edikt würde Iliescu & Co. wohl kaum aus dem Sattel heben.

Als ich das erste Mal nach Transsilvanien kam, schwamm auch ich auf der rumänischen Welle mit und machte »ihn« und »sie« für alles und jedes verantwortlich. Aber bald stellte sich heraus, dass die Realität komplizierter war, als sie vielen Ausländern erschien. Helfer, die spontan zur Rettung eilten, zu Tränen gerührt über das, was man gerade an Schrecklichem erfahren hatte, erwarteten natürlich, dass die Rumänen sich genauso wie sie über die ausgesetzten Babys und jungen AIDS-Opfer aufregten. Die Profis unter ihnen waren nicht ganz so blauäugig. Am Ende war die bittere Enttäuschung mancher Hilfswilliger genauso groß wie ihr emotionaler Einsatz. Vielleicht ist es ein Vorteil, wenn einem bereits an der Grenze der gesamte Besitz von rumänischen Beamten gestohlen wird, sodass man das Land von Anfang an ohne Illusionen betritt.

Als offenbar wurde, dass diese spontane Großzügigkeit des westlichen Europa systematisch missbraucht wurde, begannen sich einige Helfer ärgerlich zu fragen: »Verdient Rumänien so viel Hilfe?« Oberflächlich betrachtet schien die Antwort »nein« zu lauten: Aber dass die Milch der frommen Denkungsart so rapide sauer wurde, lag zum großen Teil an der Naivität, Sentimentalität und Übereiltheit, mit der uninformierte und desorganisierte Helfer losgestürmt waren. Rumänien war ein eben erst vom Kommunismus befreites (oder scheinbar befreites) Land, und jeder weiß, dass Korruption in kommunistischen Gesellschaften gang und gäbe ist. Warum sollte es in Rumänien anders sein? Nur übermenschliche Tugendhaftigkeit hätte die Rumänen befähigt, diese Luxusgüter wirklich an jene zu verteilen, denen sie zugedacht waren – Dinge, die die meisten seit Jahrzehnten nicht mehr gesehen hatten, und von denen daher jeder erst einmal möglichst viel für sich selbst abzuzweigen suchte.

Was die Kinderheime betrifft, so hatte die Bürokratie ihre Insassen buchstäblich zu Nicht-Menschen deklassiert und aus der Gemeinschaft ausgeklammert. Ausländer berichteten mit ungläubigem Entsetzen, dass man diesen Kindern keinerlei Zuneigung oder normale Anteilnahme zukommen lasse. Dies war die brutal logische Konsequenz dieser Institutionen, die an einem ständigen Mangel an Personal, Nahrung, Medikamenten, Heizung, Kleidung und Ausstattung litten. Man hätte das Los der Kinder nur ändern können, wenn das Personal etwas völlig Undenkbares getan und sich wegen der herrschenden Zustände geweigert hätte, beim Betrieb solcher menschenunwürdigen Anstalten weiter mitzuwirken. Wir vergessen zu leicht, dass unser eigener »Fürsorgestaat« eine relativ junge Einrichtung ist, die auf einem nationalen

Wohlstand beruht, den Rumänien nie gekannt hat. Die grundlegenden Veränderungen, die Westeuropa in den letzten hundert Jahren erlebt hat – in den Vorstellungen, Erwartungen und Sensibilitäten –, machen es uns schwer, die relative Gleichgültigkeit der Rumänen gegenüber den Ärmsten der Armen zu verstehen.

Es macht mich traurig, wenn ich heute in zunehmendem Maß kritische Äußerungen höre und lese, in denen alles »Positive« unerwähnt bleibt: der Mut der Rumänen, ihre Energie, ihr ungebrochener Humor und ihre selbstlose Freundlichkeit. Letztere ist mir nirgends sonst in so reichem Maß entgegengebracht worden. Mir völlig fremde Menschen haben keine Mühe gescheut und mir uneigennützig geholfen. Sicher, so manchen kümmert die Tragödie der »Ceauşescu-Kinder« auch heute noch herzlich wenig. Aber unterscheiden sie sich darin so sehr von mir und jedem anderen Europäer, die wir es hinnehmen, wenn in indischen Städten Kinder vor unseren Füßen auf dem Bürgersteig sterben? Wo Hilfe unmöglich ist, kann man sich kein Mitleid leisten, oder man dreht durch. Die freundlichen Rumänen, die sich »umbringen«, um mir zu helfen, fühlen sich gegenüber der Not von Zehntausenden von Kindern schlicht hilflos. Sie sind ein anhaltendes riesiges Problem, das nicht in den Griff zu bekommen ist. Ich dagegen bereitete ihnen höchstens ein kleines, temporäres Problem, das sich irgendwie lösen ließ, selbst wenn es den Betreffenden einige Mühe kostete. Dass jeder einzelne Bürger an der Gesamtverantwortung für die Zustände in staatlichen Einrichtungen mitträgt, ist Teil unserer Auffassung von Demokratie. In einem Staat, der niemals demokratisch war, fühlt sich der Einzelne nicht berufen, irgendetwas zu ändern, das von den Autoritäten angeordnet wurde, seien es nun Bojaren, Phanarioten oder Parteibosse.

Dennoch besitzt Rumänien eine starke innere Kraft. Wie hätten die Bauern sonst Jahrhunderte der Tyrannei und des Elends überleben und zugleich ihre Kultur bewahren können? Sie mögen zwar an einem nationalen Minderwertigkeitskomplex leiden, aber sie haben – anders als wir Iren – keine Identitätsprobleme. Positiv ist auch ihr lebhaft dokumentiertes Rumänientum – das nichts mit politisch unterstütztem Nationalismus zu tun hat.

Was die Gesundung der rumänischen Landwirtschaft angeht, so sind die Wissenschaftler zuversichtlich, obgleich der Boden derzeit durch Raubbau und industrielle Verschmutzung völlig heruntergekommen und ausgelaugt ist. Sie sind davon überzeugt, dass er sich im Laufe der Zeit bei entsprechender Pflege wieder erholen wird. Im übertragenen Sinn mag dies auch für das rumänische Volk gelten.

Historischer Überblick

101 bis 6 v. Chr. Die Römer erobern Dakien, ein Gebiet, das in etwa dem heutigen Rumänien entspricht. Die Rumänen sehen sich als Nachfahren der aus einer Vermischung beider Völker hervorgegangenen Dako-Römer.

271 n. Chr. Kaiser Aurelian zieht seine Legionen aus Dakien ab: Die Verteidigung des Landes gegen einfallende Nomadenstämme wird zu teuer.

271–896 Eine historische Lücke. Man weiß lediglich, dass während dieser Zeit wandernde Volksgruppen – Goten, Gepiden, Hunnen, Awaren, Bulgaren, Petschenegen u. a. – Dakien auf ihrem Weg nach Süden durchquerten.

ca. 896 Die Ungarn beginnen sich nach und nach in Transsilvanien anzusiedeln und das Land zu kultivieren.

ca. 1000 König Stefan von Ungarn stationiert Szekler in den Bergen von Harghita, um die Grenzen zu verteidigen.

1141–61 Auf Einladung Königs Geza von Ungarn wandern Sachsen aus Flandern und vom Niederrhein ins südliche Transsilvanien ein, um hier strategisch wichtige Gebiete zu kolonisieren. Sie erhalten zahlreiche Privilegien.

ca. 1290 Gründung des südlich der Karpaten gelegenen Fürstentums Walachei.

ca. 1360 Bogdan Voda, ein rumänischer Bojar, lehnt es ab, sich der ungarischen Expansion nach Marmarosch zu unterwerfen. Er zieht mit seinen Anhängern über die Karpaten nach Osten und gründet hier das Fürstentum Moldawien.

1374 Einrichtung des ersten orthodoxen Episkopats in Rumänien. Bis dahin unterstand die ins Land gekommene slawische Priesterschaft der Kirche von Ohrid.

1437 Anhaltende Bauernunruhen in Transsilvanien veranlassen die ungarischen, Szekler und sächsischen Adeligen, sich zusammenzuschließen, um ihre Vorrechte zu verteidigen. Während des ganzen 15. Jahrhunderts werden die Heere der Osmanen in Transsilvanien von Hunyadi, in Moldawien von Stefan dem Großen und in der Walachei von Vlad Tepis erfolgreich bekämpft.

16. Jh. Habsburger und Osmanen teilen sich Ungarn. Transsilvanien bleibt unabhängig. Moldawien und die Walachei erkennen die osmanische Lehnsherrschaft an, werden aber nie von türkischen Truppen besetzt oder von türkischen Beamten verwaltet.

1571 Das Transsilvaner Parlament gesteht den »Vier Anerkannten Religionen« – Calvinisten, Lutheraner, Katholiken und Unitarier – gleiche Rechte zu. Die orthodoxe Kirche Rumäniens wird nicht erwähnt.

1599–1600 Michael der Tapfere vereint zum ersten Mal Moldawien, die Walachei und Transsilvanien. Es bleibt ein rein territorialer Zusammenschluss, ohne dass bereits ein rumänischer Staat im modernen Sinn entsteht.

17. Jh. Transsilvanien floriert unter der ungarischen

Herrschaft, aber das Leben der Bauern ist hart. In den beiden Fürstentümern, wo die einheimischen Herrscher als Vasallen der Pforte regieren, geht es ihnen noch schlechter. Als die einheimischen Fürsten dann von phanariotischen Statthaltern des Sultans abgelöst werden, leiden die Bauern entsetzliche Not, und unter den Bojaren beginnt es zu gären.

1718 Die Osmanen ziehen sich aus Ungarn zurück. Habsburg siedelt Schwaben im Banat von Temesvar an, das inzwischen zu Transsilvanien gehört. Sie sollen das von den Türken zurückgewonnene Land kultivieren.

1773 Josef II. bereist incognito Transsilvanien. Seine Mutter, Maria Theresia, bittet ihn vergeblich, die Rumänen in Transsilvanien vor Ausbeutung und Diskriminierung zu schützen.

1784 Ein Bauernaufstand in Transsilvanien wird von den Ungarn unbarmherzig niedergeschlagen. Auf beiden Seiten werden zahlreiche, bis heute nicht vergessene Gräueltaten verübt.

1791 Religiöse und politische Führer der Rumänen bitten Wien um die Anerkennung als »vierte Nation in Transsilvanien«. Ihr Gesuch wird abgelehnt.

1821 In Moldawien und der Walachei wird die phanariotische Regierung durch von Türken und Russen ernannte einheimische Fürsten abgelöst. Die Bauern profitieren davon nur wenig.

1829–34 Beide Fürstentümer sind russisches Protektorat, aber die Pforte fungiert weiter als Lehnsherr. Fürst Kiselev bewirkt wertvolle Reformen.

1848/49 Trotz rumänischer und sächsischer Proteste proklamieren die Ungarn eine Union zwischen Ungarn und Transsilvanien. Wien bittet die Russen um Hilfe, um eine ungarische Anti-Habsburg-Rebellion zu unterdrücken. Transsilvanien wird zur österreichischen Provinz degradiert und unter Kriegsrecht gestellt. Die Rumänen sehen sich nun einer »Germanisierung« statt einer »Ungarisierung« ausgesetzt.

1859 Union der Fürstentümer Moldawien und Walachei unter Fürst Joan Cuza.

1862 Die Union erhält den Namen »Rumänien« (Transsilvanien wird erst 1920 eingegliedert); Abschaffung der Leibeigenschaft. Der den Griechen gehörende Klosterbesitz wird eingezogen und das Land an die Bauern verkauft, was in vielen Fällen zu ihrer Verschuldung führt.

1866 Cuza wird durch einen unblutigen Staatsstreich entmachtet. Bukarester Politiker bieten Fürst Karl von Hohenzollern-Sigmaringen (dem späteren König Carol I.) den rumänischen Thron an.

1867 Ungarn zwingt Österreich, seine Unabhängigkeit anzuerkennen. Gründung der Doppelmonarchie Österreich-Ungarn. Die Ungarn haben nun freie Hand, ihre Politik der »Ungarisierung« in Transsilvanien rücksichtslos durchzusetzen. Trotz heftiger internationaler Missbilligung führen sie diese Politik bis 1918 fort.

1907 Carol I. lässt 120 000 rumänische Soldaten auf marschieren, um den letzten Bauernaufstand in Europa niederzuschlagen. In Moldawien und der Walachei werden mehr als 10 000 Dorfbewohner getötet. Tausende wandern in die Gefängnisse.

1914 Am 9. Oktober stirbt Carol I., ohne dass es ihm gelungen ist, sein Parlament davon zu überzeugen, die Neutralitätspolitik aufzugeben und

England und seinen Verbündeten den Krieg zu erklären. Sein Nachfolger ist Ferdinand I.

1916 Die Entente benutzt Transsilvanien, um Rumänien zu bestechen, Österreich-Ungarn den Krieg zu erklären. Die Armee gilt zwar als tapfer, aber als schlecht geführt und unzureichend ausgerüstet. Die Deutschen erobern sehr schnell Bukarest. Die Regierung flieht nach Jassy, der Hauptstadt von Moldawien.

1918 Im Mai unterzeichnet Rumänien einen Pakt mit Deutschland. Am Vorabend des Waffenstillstands [11. Nov.] rät der amerikanische Botschafter Bukarest, den Krieg wieder zu eröffnen, um seine Position auf der Pariser Friedenskonferenz zu stärken. Am 1. Dezember versammeln sich in Alba Julia Zehntausende Transsilvaner Rumänen, um König Ferdinand I. Treue zu schwören und sich von Ungarn loszusagen.

1920 Mit dem Vertrag von Trianon (4. Juni) geht Transsilvanien an Rumänien – womit sich Ungarn bis heute nicht abgefunden hat.

1920–40 Die Landreformen begünstigen eher die Spekulanten als die Bauern. Die Schaffung einer Demokratie scheitert. Die Regierung manipuliert alle Wahlen. Die den Nazis nahe stehende Eiserne Garde verfolgt die Juden und tötet viele von ihnen, besonders im nördlichen Moldawien. Der deutsche Einfluss nimmt gegen Ende der 30er-Jahre zu, als sich die Eiserne Garde nun auch gegen die Monarchie wendet. Carol II. verbietet alle politischen Parteien und befiehlt, die Führer der Eisernen Garde zu liquidieren.

1940 Carol II. dankt ab. Sein Nachfolger Michael I. tritt alle Macht an den Diktator Antonescu ab, der gezwungen wird, das nördliche Transsilvanien an Ungarn zurückzugeben.

1941 Im Juni tritt Rumänien in den Krieg gegen die Sowjetunion ein. Sowohl die ungarische als auch die rumänische Regierung arbeiten mit den Deutschen bei der Vernichtung der Juden und Roma zusammen.

1944 Im August wird Rumänien durch die Sowjetunion von den Deutschen befreit.

1949 Errichtung einer streng stalinistischen Diktatur. Der Widerstand der Bauern gegen eine Kollektivierung führt dazu, dass 80 000 verhaftet, eingesperrt und gefoltert werden.

1965 Ceauşescu übernimmt die Macht. Für ein Jahrzehnt wird das Leben sehr viel freier. In Opposition zum COMECON entwickelt er eine nationale Wirtschaftspolitik. Die Inanspruchnahme westlicher Kredite und technischer Hilfen führt zu einer hohen Verschuldung des Landes. Mit schon krankhafter Besessenheit versucht Ceauşescu, diese Schulden zurückzuzahlen, während die Bevölkerung nahezu verhungert.

1989 Nicolae und Elena Ceauşescu werden durch einen Aufstand gestürzt und am Weihnachtstag von einem Exekutionskommando der Armee erschossen. Als neue Regierung bildet sich die sog. Front der Nationalen Rettung (FNR). Ion Iliescu wird provisorischer Staatschef.

1990 Bei den ersten freien Wahlen im Mai wird Ion Iliescu als Staatsoberhaupt bestätigt.

1990/91 Bergarbeiter-Unruhen erschüttern das Land.

1991 Rücktritt von Ministerpräsident Petre Roman. Am Ende des Jahres verabschiedet das Parlament eine rechtsstaatliche Verfassung.

1992 Wiederwahl von Präsident Iliescu, der sich auf seine »Partei der Sozialen Demokratie Rumäniens« (PDSR), Nachfolgerin der »Front zur Nationalen Rettung« von 1989 stützt. Unter Petre Roman spaltet sich de PDSR. Roman gründet die »Demokratische Partei« (PD), die für mehr Reformen eintritt, und geht in die Opposition. Die Minderheitsregierung wird von Nicolae Vacaroiu geführt.

1993 Die Partei der Nationalen Einheit (PUNR) tritt in die Regierung ein.

1996 Die Opposition gewinnt die Parlamentswahlen. Emil Constantinescu wird neuer Präsident.

1999 Bei einem Protestmarsch der Bergarbeiter gegen weitere Zechenschließung kommt es zu blutigen Auseinandersetzungen mit der Polizei.

2000 Die PDSR unter Iliescu gewinnt die Parlamentswahlen, während die bisherige Regierungskoalition eine verheerende Niederlage erleidet. Größte Oppositionspartei wird die Großrumänien-Partei (PRM). Minderheitsregierung unter Ministerpräsident Nastase.

Der PDSR-Vorsitzende Iliescu wird im zweiten Wahlgang mit deutlicher Mehrheit zum Präsidenten gewählt.

Danksagung

Viele Rumänen haben mir beim Schreiben dieses Buches wertvolle Hinweise gegeben, insbesondere einige Dozenten der Universität Klausenburg sowie rumänische Freunde, die mich während meiner Arbeit in Irland besuchten. Aus nahe liegenden Gründen habe ich sämtliche Namen geändert.

Rudi Fischer las den ersten Entwurf in Budapest, nahm einige wichtige Korrekturen vor und unterstützte mich mit einer Reihe konstruktiver Vorschläge.

In Cimpulung Moldovenesc waren mein Arzt, seine Frau, seine Tochter und die Mitarbeiter des örtlichen Krankenhauses rührend um mich besorgt und taten, trotz grotesker Umstände, ihr Bestes, einer verunglückten Ausländerin zu helfen.

Meine Tochter Rachel unternahm geduldig von Skopje aus drei beschwerliche Reisen, um ihrer vom Pech verfolgten Mutter beizustehen.

In Hampstead halfen mir – wie nun schon seit 28 Jahren – Diana und Jack Murray mit gewohnter Geduld und Professionalität bei der sich als ziemlich schwierig gestaltenden Geburt dieses Buches.

Ihnen allen meinen herzlichen Dank.

REISEN, MENSCHEN, ABENTEUER